진짜 마윈 이야기

천웨이 지음 | 박해남 옮김

진짜 마윈 이야기

这就是马云

우 리 가 몰 랐 던 마 윈, 그 를 말 하 다

진짜 마윈 이야기

천웨이 지음 | 박해남 옮김

YoungJin.com Y.
영진닷컴

진짜 마윈 이야기

ISBN 978-89-314-4979-2

독자님의 의견을 받습니다

이 책을 구입한 독자님은 영진닷컴의 가장 중요한 비평가이자 조언가입니다. 저희 책의 장점과 문제점이 무엇인지, 어떤 책이 출판되기를 바라는지, 책을 더욱 알차게 꾸밀 수 있는 아이디어가 있으면 이메일, 또는 우편으로 연락주시기 바랍니다. 의견을 주실 때에는 책 제목 및 독자님의 성함과 연락처(전화번호나 이메일)를 꼭 남겨 주시기 바랍니다. 독자님의 의견에 대해 바로 답변을 드리고, 또 독자님의 의견을 다음 책에 충분히 반영하도록 늘 노력하겠습니다.

이메일 : support@youngjin.com
주소 : (우)08591 서울특별시 금천구 가산디지털 1로 24 대륭테크노타운 13차 10층
(주)영진닷컴 기획1팀

STAFF
저자 천웨이 | **역자** 박해남 | **감수** 박서영 | **총괄** 김태경 | **진행** 정은진 | **디자인** 이유미 | **편집** 최영민

박서영

성균관대학교 중어중문학과와 한문교육과를 졸업하고 한샘 번역팀에 근무했다. 지금은 고등학교 중국어과 교사로 재직하고 있다.

마윈 추천사

나와 아내, 그리고 친구 몇 명이 함께 몰디브에서 휴가를 보내기로 했는데, 출발하기 전 비서 천웨이가 나에게 보낸 글이 있으니 시간 날 때 봐달라고 했다.

예전처럼 여기저기서 모은 우스개 얘기인 줄 알았는데, 몰디브에 도착해서 메일을 보니 그런 것이 아니었다.

아주 오래 전의 이야기들을 생생하게 기억하고 있다는 것에 감탄할 수밖에 없었다. 지난 일들과 세세한 사정들은 이미 내 기억의 경계를 넘어 사라졌는데, 지금 그의 글을 보니 다시금 내 머리 속에서 떠오르며, 많은 아름다웠던 시간들이 그리워졌다.

공항에 갈 때마다 나는 늘 마음이 불안하다. 나에 관한 책이 불시에 나타나기 때문이다. 사실 그중에 내가 직접 쓴 책은 한 권도 없다. 그래서 공항에서 나에 관한 책을 사서 사인을 해달라고 하는 사람들을 만나면 종종 난감했다. 나도 그 책을 처음 보기 때문에 무슨 이야기가 들어 있는지 전혀 모르기 때문이다.

하지만 천웨이가 나에게 보낸 글은 대부분 예전의 재미있었던 일화들에 관한 것이다. 가장 중요한 것은 그것들을 유머러스하고 재미있게 써서 부담 없이 읽어볼 수 있다는 점이다.

《진짜 마윈 이야기》는 2015년 1월, 중국에서 출간된 도서 《이것이 마윈이다(这就是马云)》의 번역본입니다.
이 글은 원서의 머리말로, 원서는 2013년 5월에 출간된 《그래도 마윈이다(这还是马云)》의 개정판 도서입니다.

재판 머리말

"처음부터 끝까지 다 읽은 첫 번째 책은 바로 내가 쓴 책이다."
이 말은 3년 전에 ≪그 사람이 마윈이다(这才是马云)≫라는 책을 출간한 뒤 내가 자주 한 말이다. 내가 말하고 싶어 했던 것은 책을 쓰는 것이 생각보다 어렵지 않다고 하고 싶을 뿐이었는데, 아무래도 내가 큰소리를 친 것 같다.
다른 사람들의 '큰소리'는 가짜를 진짜로 보이도록 하는데, 나는 항상 진짜를 가짜라고 말한다.
알리바바의 동료들은 다 꿈이 있는데, 나는 단지 억측만 한다. 매해 연말이 되면 마윈이 내 연봉을 올려줄까? 승진시켜줄까? 등을 억측만 한다는 말이다. 다행히 나는 그런 억측에 대해 큰 기대를 하지 않기에 마윈도 나를 자기의 열정에 동요하지 않는 유일한 사람이라고 한다.
'큰소리'의 제1 요소는 먼저 좋은 청중이 있어야 한다는 것이다. 인간이 스스로 심오하다고 여기는 사상이라도 하느님이 들으면 우스울 뿐이다. 큰소리에는 좋고 나쁨이 없고 다들 기분 좋으면 그만이다. 회사에는 나를 "천 아빠"라고 부르고, 매일 같이 점심을 먹고, 나의 큰소리를 들어주는 친구들이 있다. 그들에게 인생 최고의 꿈은 '책을 낸다'는 것이고, 최소의 바람은 '책에 나온다'는 것이다. 그들의 그 바람을 이루어 주자는 것이 내가 책을 쓴 진정한 목적이다. 원칙 없이 자신의 사람을 도와주는 것이 나의 유일한 원칙이기 때문이다.

1년 전에 재판을 찍은 책이 있었는데 그때 제목은 ≪그래도 마윈이다(这还是马云)≫였다. 첫 책에 새로운 내용을 추가하고 표지도 새로 바꾸니 초판보다도 많이 팔렸다.

며칠 전 항저우(杭州)를 떠난 옛 상사가 나에게 이런 말을 했다. "다른 작가들은 다 3부작을 내는데 자네만 2부작이네. 작년에 마윈의 '퇴직'부터 올해 알리바바의 미국 상장까지 그 사이 많은 일들이 일어났는데 너도 좀 써 봐. 내가 지난 번 재판은 책 제목을 '그래도 마윈이다'라고 지어줬는데, 이번에도 나한테 좋은 생각이 있는데 '이 사람이 마윈이다(这就是马云)'라고 하면 어때?"
공교롭게도 이틀 뒤에 출판사 대표가 나한테 전화를 해서는 "전에 쓰신 두 권의 책은 표지가 너무 가벼워 보이고 진중한 느낌이 들지 않아요. 최근 2년 동안의 일을 더 써서 양장본으로 내는 것이 어떨까요?"라고 제안을 해왔다.

사실 나는 작년 4월부터 300자 이상의 글을 쓴 적이 없는 것 같다. 그 말을 듣고나니 작년부터 지금까지 일어난 일을 정리하기로 마음을 크게 먹었다. 그 결과물이 이 책의 12장과 부록의 일부분이다. 그리고 새로운 판의 제목은 앞서 말한 대로 '이 사람이 마윈이다'로 정했다. 만약 내가 쓴 서문을 보지도 않고 이 책을 산 사람은 보고 보충된 내용이 너무 적거나 재미없다고 후회할 수도 있다. 그런 경우는 이 책을 섣불리 산 자신의 행동을 반성해야 할 것이다.

최근 2년 동안 나는 다른 사람들을 만날 때마다 "당신은 내 다음 책에 나올 것이다."라고 큰소리를 쳤다. 그 말을 믿고 이 책에서 당신의 이름을 찾았다면 당신의 섣부른 기대를 먼저 반성해야 한다. 나는 일반인이라서 꼭 약속을 지켜야 한다고 스스로 내세운 적이 없다.

글을 쓰는 것은 내가 즐기는 바가 아니어서, 혼자 컴퓨터나 대하는 것은 역시나 따분하다. 남들 앞에서 큰소리나 치는 것이 더 재미있다. 그래서 이 책의 내용을 정리하고 다시는 글을 안 쓰겠다고 맹세했다.
하지만 이번의 약속을 지킬 수 있을지는 아직은 알 수 없다.

천웨이

태극선원에서 필자

이 글은 《이것이 마윈이다(这就是马云)》의 개정전 도서인 《그래도 마윈이다(这还是马云)》 의 머리말입니다.

초판 머리말

이 세상을 올려다보면 사람과 사람 사이에 너무 많은 차이가 있음을 보게 된다.
이 세상을 내려다보면, 우리 모두는 지나온 것으로는 모두 억만 년 생물 진화의 과정을 거친 동일한 종점이며, 미래에는 그저 끊임없는 생물 진화 발전 과정 중의 한 단계일 뿐이다.
나는 개인적으로 인생의 의미 있는 주제란 '큰소리치는 것'이라고 생각한다. 무명의 사람이 성공하여 이름을 떨치는 과정은 끊임없이 다른 사람한테 큰소리를 치는 과정이라고 볼 수 있다.
학습과 사고가 '큰소리'의 내용을 결정하고, 노력을 통해 큰소리치는 대상을 바꾸어야 한다.
직원일 때는 직원들과, 매니저일 때는 매니저와, 지도자일 때는 지도자와 큰소리를 치게 되는데, 이것이 인생의 차이이다.

철학자 프랜시스 베이컨은 '아는 것이 힘'이라고 했다. 여기까지는 세상 사람들이 다 알고 있지만, '대부분의 지식은 자랑하기 위한 것이다.'는 뒤의 문구를 아는 사람은 많지 않다. 즉, 큰소리치기 위해 배운다는 말이다.
조금만 생각해 보면 쉽게 이해할 수 있다. 예를 들어 개집을 지을 때 피타고라스 정리를 써본 적이 있는가? 돌을 던질 때 포물선을 계산해 본 적이 있는가? 요리할 때 소금의 양을 정확히 재서 넣은 적이 있는가? 대답은 모두 "아니요"일 것이다. 인공위성을 발사하는 수만 명의 과학자들이라도 그 사람에게 필요한 전문 지식은 조금일 뿐이다.
세상에는 두 부류의 사람만 행복해한다. 즉 큰소리치기를 좋아하는 사람과 다른 사람의 큰소리를 듣기 좋아하는 사람.

큰소리를 치지 않은 사람은 고통스럽다, 다른 사람에게 높은 성취를 안겨주었더라도. 미켈란젤로 같은 사람들 말이다. 큰소리를 칠 수 있는데 마음속으로 큰소리치기를 싫어하는 사람 쇼펜하우어 같은 사람 역시 고통스럽다. 큰소리치는 것을 좋아하고 잘 칠 수 있으면서 다른 사람의 큰소리도 잘 들어주는 사람이야말로 가장 행복한 사람이다. 마윈 같은 사람이 그들이다.
한번은 마윈이 노동자들이 지내는 막사를 지나는데 안에서 들려오는 큰 웃음소리를 듣고 "들어봐! 노동자들이 큰소리치니 얼마나 즐거울까?"라고 부러워하면서 말했다.
나는 "아마 저 사람들은 '내가 마윈이라면 매일 이렇게 하겠다'는 걸로 큰소리칠 겁니다."라고 대답했다.
밀란 쿤데라는 사람들이 모두 이 생활 바깥에서 산다고 말했다.

마윈이 제1차 타오바오 연차 회의에서 "CEO로서 내 일은 그냥 말하고 큰소리치는 것입니다. 이런 CEO를 참아주십시오. 매번 큰소리치는 내용이 '불가능'하게 보이지만 여러분—알리인–들이 매번 '불가능'보다 더 '불가능'한 것을 '가능'으로 이루었습니다. 우리는 늘 잘 해왔습니다."라고 했다.
대략 2,100년 전에 한 무제 유철(劉徹–BC 156~BC 87, 진한 왕조의 제7대 황제)이 ≪사기≫를 본 후 사마천에게 "네가 쓴 것이 정사라고 할 수 있느냐? 너는 짐을 잘 알고 있다고 생각하는가? 이미 일어난 일과 아직 일어나지 않은 일들을……"이라고 말했다고 한다.
역사의 본질은 사상의 선율이며, 기록된 자료는 흩어져 있는 흑백의 피아노 건반과 같아서 사람들은 이 건반들로 멜로디를 추측할 수밖에 없는 것이다.
매년 국제적으로 유명한 대학교의 학자들이 알리바바 그룹에 와서 연구하고 사례 보고서를 작성한다. 사례 보고서를 완성한 후에는 마윈에게 보이고 사인을 요청한다. 이에 마윈은 항상 "당신들이 작성한 것이 알리바바 맞습니까? 이것은 알리바바가 아닙니다!"라고 물었다.
"잘 모르시나 본데, 이것은 분명히 알리바바입니다!"라고 학자들이 말했다.
"글쎄요, 그렇다면 알리바바라고 하죠, 뭐."라고 했다. 마윈이 자신을 반성한 것인지, 아니면 학자들과 논쟁하기가 싫어서 그런지는 알 수 없다.
"그때 이베이(eBay)와 합작을 하지 않았어." 마윈이 말을 이어나갔다. "외부에서 이상하게 생각하는 것이 많았어. 사실 원인은 나만 알고 있지. 내가 이베이 팀의 누군가를 만났을 때 왠지 모르게 불편했어. 그때 만난 여자 CEO는 참 대단했는데도……" 그렇지만 왜 불편한 느낌이 들었는지에 대해서는 마윈은 합리적인 설명을 하지 않았다.

쇼펜하우어의 "우리는 하고 싶은 것을 다 할 수는 있지만, 생각할 수 있는 것을 다 생각해낼 수는 없는 것이다."와는 말과 같았다.

어떤 세균이 날고 싶은데 날개가 없어서, 개구리가 낳은 알 속에 몰래 숨어들었다. 세균에 감염된 채 태어난 개구리는 선천적인 장애로 매에게 쉽게 잡히게 되었다. 매에게 잡혀 하늘로 날아간 개구리, 세균은 이렇게 하늘을 나는 소원을 이루었다.
나는 매가 아니라 하늘을 나는 세균이다.

비서는 특별한 직업이지만, 그 사이에도 큰 차이가 있다.
국가 부와 위원회의 지도자들 비서는 부부장급 간부가 많은데, 연예인의 보좌관은 그저 보모일 뿐이다. 이와 다르게 기업가의 비서는 수행비서가 되기도 하고, 고문이 되기도 하고, 경호원이 되기도 한다.

그러나 나는 아무 것도 아니다. 내가 장지중(張紀中) 감독을 안 지는 10년이 넘었고, 마윈과는 20년 이상 알고 지내는 사이이다. 나는 이 두 사람의 비서로 일했다. 다른 사람들이 내게 주요 업무를 물어올 때마다 나는 항상 대답을 내놓지 못한다. 장지중 감독 밑에서 일할 때도 그랬고, 마윈 밑에서도 그랬다. 비교적 친한 친구를 만날 때면 '어용한인'(御用闲人, 왕의 그림자)이라고 농담을 했다.
내가 그들을 잘 알고 있다는 말은 하지 않겠다. 다만 이 책은 내가 직접 경험한 유명인들의 평범한 일을 적은 것이기에, 이 흑백 건반이 선율에 더욱 가까이 다가갈 수 있도록 할지는 알 수 없다.
이외에 책 안에는 몇 가지 '소문'이 들어 있다. 겉으로 보기에는 마윈과 크게 상관없어 보이지만, 나의 인생 궤적은 마윈이 "마음대로 고침"으로 인해 이렇게 된 것이다. 그래서 다소는 마윈과 관계가 있다고 할 수 있다. 가끔 '주제에서 벗어나'더라도 양해해주기를 바란다.

번역자 머리말

요즘 신문의 경제면은 온통 위기론을 앞세운 중국 관련 기사로 채워져 있다. 그 가운데 거의 매일 만날 수 있는 기업이 '알리바바(Alibaba)'그룹이다. 알리바바는 1999년 마윈이 설립하여 20년이 채 안 되는 시점에 중국 전자상거래의 약 80%를 차지하면서 시가 총액 약 1,600억 달러(약 189조원, 9월 13일 현재)의 거대 공룡이 되었다. 반면에 최근 시가 총액 감소율이 가장 높은 기업이 알리바바이기도 하다. 최근 중국의 경제상황과도 맞물려 있기는 하지만 그만큼 불안하게 보는 시각도 많다는 것 또한 사실이다. 그래서인지 마윈의 말 한 마디 한 마디가 다 언론의 주요 기사로 다루어지고 있다.

이 책은 마윈과 알리바바 그룹의 성장 배경에 관한 이야기이다. 그런데 아직까지 알리바바에 대해 마윈이 직접 쓴 책은 없다. 취재를 통해 엮은 것이 대부분이다. 이 책은 그나마 가장 가까이에 있는 인물이 썼다는 점에서 그 내밀함을 엿볼 수 있다. 저자인 천웨이는 마윈의 비서로 알리바바를 설립하기 전, 마윈이 영어 학원을 운영하던 시기부터 알고 지낸 사이다. 그런 만큼 알리바바의 초기 설립에서 지금에 이르기까지의 성장 과정과 마윈의 내밀한 속살에 대해 보여주는 책이라 할 수 있다.

사실 이 책을 옮긴이도 알리바바의 장래에 대해 아직은 지켜보자는 입장이다. 하지만 이 시점에도 공룡은 여전히 위세를 떨치고 있다. 작년 3월 세계 IT의 중심인 미국 실리콘밸리에 데이터센터를 세웠다. 마윈이 최근 많이 언급하고 있는 데이터 기술(DT)을 위해 클라우드 컴퓨팅(가상 저장 공간) 사업의 시작을 공포한 것이다. 이로써 알리바바는 알리바바닷컴(기업 간 전자상거래), 티몰(소비자대상 전자상거래), 타오바오(소비자 간 전자상거래), 알리페이(결제)에 이어 클라우드로 사업 영역을 확장하였다. 뿐만 아니라 영화 제작, 온라인 동영상, 모바일 게임, 부동산 등으로까지 사업을 확대하고 있다. 그 중심에 마윈이 있는 것이다.

알리바바 그룹을 포함하여 향후 전개될 중국의 정보통신기술(ICT) 업계의 구도를 예측하기 위해서도 마윈을 알 필요가 있다. 바이두(Baidu·인터넷 포털), 알리바바(Alibaba·전자상거래), 텐센트(Ten cent·모바일 메신저) 등 중국 3대 인터넷 기업은 과거 구글, 아마존, 페이스북 등을 추격하는데 급급했지만 이제는 세계 인터넷 산업의 맹주가 되기 위한 주도권 경쟁에 적극 나서고 있다. 그런 점에 있어서도 이 책의 일독(一讀)을 권한다. 그 시발점에 "진짜 마윈 이야기"가 있기 때문이다.

이 책의 번역에는 자오젠쿤(趙振坤, 서울대 대학원 인류학과)과 리멍거(李夢歌, 베이징대 외경제무역대학 대학원) 선생의 도움을 받았다. 덧붙여 전체적인 진행 과정에서 전재진 박사가 수고를 많이 했다. 모두에게 감사한다.

차례

제 3 장 | 마윈과 장지중

제 4 장 | 알리바바, 내가 왔다!

제 5 장 | 가장 바쁜 알리인

제 6 장 | 마윈의 취미와 철학

제 7 장 | 마윈의 태극 꿈

제 8 장 | 사회적 책임과 알리바바의 기업 문화

제 9 장 | 색다른 마윈, 색다른 알리바바

제 10 장 | 마윈과 각계의 인물

제 11 장 | 마윈과 함께 가다

제 12 장 | 퇴직에서 상장까지

부록 |

1 마윈과 그의 영어학원

1992년 초에 마윈(馬雲)을 처음 만났는데, 헤아려 보니 서로 알고 지낸 지가 벌써 20년이 넘었다. 처음에 나는 그가 설립한 야간 영어학원에서 수강하는 학생 신분이었다. 몇 년이 지난 뒤 모두 친해지면서 친구가 되었는데, 이때는 그가 가르쳐준 영어를 모두 되돌려준 뒤였다.

야간 영어학원에서의 날들을 되돌아보면 항상 푸근하고 즐거운 일만 떠오른다. 그때 사람들과의 기억은 내 인생에서 가장 아름다운 추억으로 남았다. 많은 동창들이 지금도 좋은 친구로 지내고 있다. 나의 인생 후반이 당시의 사소한 결정으로 인해 나도 알지 못하는 방향으로 바뀔 거라고는 그때 미처 생각지도 못했었다. 야간 학원을 다닐 때 나는 마윈, 장잉(長英) 부부와 좋은 친구로 지냈는데, 학원을 취재하러 왔던 CCTV(중앙방송)의 판신만(樊馨蔓) 감독과 그의 남편인 장지중(張紀中) 감독을 알게 됐다. 그 후 인연이 이어져서 장지중 감독의 비서를 거쳐 마윈과 함께했다. 지난 일을 돌아보니 감탄까지는 아니더라도 인생에서는 가끔씩 묘한 일들이 일어난다. 지금 무심코 한 행동이 당신의 인생을 바꾸는 기회가 될 수도 있다는 것이다.

지각한 선생님

1992년 봄, 대학을 졸업한 지 3년이 지났는데도 나는 여전히 기숙사에서 생활하고 있었다. 밤에는 할 일이 없었는데, 항저우(抗州) 해방로(解放路)의 기독교청년회(YMCA) 안에 야간 영어반이 있다는 이야기를 듣고 매주 저녁 한두 번은 공부할 수 있겠다는 생각이 들었다. 어차피 시간이 많았으므로 등록하기로 했다. 입학 면접시험 같은 것이 있을까 봐 대학 영어 교재를 꺼내 하루 종일 공부하였는데, 막상 가서 보니 아무런 시험 없이 그냥 강의를 들을 수 있었다.

첫날, 수업 시작 전에 미리 교실로 가서 새 친구들을 만났다. 그중에는 외국으로 유학을 가려는 고등학생, 재학 중인 대학생, 공장에 다니는 노동자도 있었지만 대부분은 나처럼 대학을 졸업하고 취직 준비 중이거나 취직한 지 오래지 않은 사람들이었다.

종이 울려서 학생들이 각자 자신이 원하는 자리에 앉았는데 강단에는 아무도 없고 선생님도 도착하지 않았다. 5~6분이 지나자 교실 안은 소란스러워졌다. 갈수록 사방을 두리번거리는 사람이 많아지고, 어떤 학생은 강의실이 바뀐 것은 아닌지 물어봐야 한다고도 했다.

바로 그때, 한 남자가 갑자기 강단으로 올라왔다. 체구가 아주 왜소한 사람이었는데, 똑바로 서지도 않고 강의를 시작했다. "오늘 우리가 토론할 주제는 '지각'입니다. 나는 지각하는 걸 제일 싫어합니다. 지각은 다른 사람을 존중하지 않는 것이에요. 다른 의미에서 말하자면 지각은 재산을 빼앗고 목숨을 해치는 행동이에요." 이때서야 학생들은 상황을 이해하고 미소를 지었다. 수업 첫날 지각한 선생님은 해학과 자조의 방식으로 학생들에게 사과의 뜻을 전한 것이다. 그 선생님이 바로 '마윈'이다.

마윈은 당시 항저우 전자공업학원(현 항저우 전자과기대학)의 영어 교수였다. 부인인 장잉과는 항저우 사범학원(현 항저우사범대학) 영어과 동창이었는데, 뒤에 항저우 전자공업학원에서 같은 영어 연구실을 쓰는 동료가 되었다. 항저우 전자공업학원은 항저우의 고교생들 사이에서 인기 순위는 낮았지만, 마윈 부부는 항저우 고교생들이 인정하는 '10대 영어 교수'로 꼽혔다.

인사말이 끝나고 수업이 진행되면서, 우리는 그의 영어 강의가 생각했던 것과는 완전히 다르다는 것을 알게 되었다. 이전의 영어 수업은 대개 강사가 학생들에게 교재에 나와 있는 단어를 외우게 하고, 본문을 분석하고, 문법 등을 설명하는 방식이었다. 이런 경우 수업이 끝나고도 학생들은 혼란스러워 하며, 배운 내용을 제대로 이해하지 못하는 경우가 많았다. 이와 달리 마윈은 강의할 때 간혹 교재를 펴지 않거나, 문법과 단어에 대해서는 아주 간략하게 설명하고 많은 사람들과의 회화 연습을 강조했다.

그러고는 신문에서 관심을 끌 만한 화젯거리를 찾아 수업 시간 중에 토론을 시키기도 하고, 익살스런 말과 과장된 몸짓으로 우리 같은 '벙어리 초보자'들에게 학습의 적극성을 불러일으켰다. 우리는 항상 웃고 즐기는 가운데 자신도 알지 못하는 사이에 영어 몇 마디씩을 배우게 되었던 것이다.

마윈은 강의 때마다 주제를 내어 학생들로 하여금 하나의 입장을 택하게 하고, '무리한' 반대의 입장은 그가 맡아서 학생들과 토론을 했다. 학생 중 몇 명이 의약 업계에서 일했던 것 같다. 그러던 어느 날은 주제가 '커미션(Commission)'이었고, 의약 수수료(리베이트) 문제에 대해 토론했다. 우리들은 수수료에 반대하는 입장을 택했고, 마윈은 어쩔 수 없이 지지하는 쪽이었다. 하지만 토론이 진행되면서 우리가 크게 지고 말았다.

토론이 끝난 후 마윈은 사실 자신도 과도한 의약 수수료에 대해 반대한다고 했다. 그러면서 우리에게 "만약 너희들이 아까 이렇게 말했었더라면 내가 많이 곤란했을 거야."라고 했다.

학생들 중에도 말재주가 뛰어난 사람이 있었지만, 내가 기억하기로 마윈을 이긴 경우는 한 번도 없었다. 왜냐하면 마윈은 영어 회화를 우리보다 월등히 잘했고, 문제를 보는 시각 또한 아주 독특했기 때문이다. 그는 '다른 눈으로 세상을 보는' 사람이었던 것이다.

마관조약(馬關條約)

1995년, 항저우 시후(西湖)에서 국제 모터보트 경기 대회가 열렸을 때 200여 명의 항저우 미인들이 앞다퉈 도우미에 지원했다. 당시 마윈의 영어 실력은 이미 항저우에서 알려져 있었기에 주최 측에서 그에게 이 미녀들의 영어 교육을 부탁했다. 최종적으로 50명의 도우미를 뽑을 계획이었다. 당시 마윈은 본업인 대학 강의를 하면서 영어학원 강의와 미녀들을 대상으로 한 교육까지 3가지 일을 맡아 매우 바쁘게 지냈다. 그런데도 그는 한 번도 불평한 적이 없었다. 오히려 신이 나서 우리에게 '미녀반'에서 있었던 일들을 자랑스럽게 이야기했다. "생각해 봐, 200여 명의 항저우 최고 미인들이 나를 바라보고 있다고! 강의할 때도 얼마나 긴장이 되던지."

이때 우리 남학생들이 부러워서 "존경하는 마 선생님! 너무 힘드시면 저희들이 대신 분담해서 강의하겠습니다."라고 농담을 했다.

이에 마윈이 쿨하게 대답했다. "꿈도 꾸지 마. 힘들어도 끝까지 견딜 거야!"

이 미녀들이 도우미로 선발되느냐 아니냐의 '생사' 결정권이 마윈의 손에 달려 있었다. 그래서 우리는 종종 "영웅은 미인관(關)을 넘기 어렵고, 미인은 마윈관(關)은 넘기 어렵다."라고 말했다.–'관(關)'은 왕래할 때 반드시 지나는 길이라는 뜻으로, 험준한 곳에 사람들의 출입을 통제하기 위해 설치한 관문을 이른다. 옮긴이– 이것이 바로 당시 영어학원에서 말하던 '마관조약(馬關條約)'이다(여기의 '마관조약'은 청나라가 주권을 빼앗겼던 굴욕적인 '시모노세키 조약'이 아니니 절대로 나라를 욕하는 의미가 아니다.).

가끔 우리는 마윈에게 어떤 기준으로 도우미를 뽑았느냐고 물어보았다. "몸매? 얼굴? 아니면 영어 회화 수준?"

마윈은 빙긋 웃으며 "다 아니야! 명절이 다가와 우리 집에 햄을 보낸 사람으로 골랐어."라고 대답했다.

그때 시후가의 6공원 안에 영어 코너–잉위자오(英語角, English Coner)는 공원이나 광장 등의 개방된 공간에서 사람들이 주말 또는 저녁 시간을 이용하여 영어로 대화하며 영어 회화를 익히는 모임을 지칭한다. 옮긴이–가 있었다. 매주 일요일 오전에 관심 있는 사람들이 자발적으로 찾아와서 영어 회화를 연습했다. 우리 동창들도 삼삼오오 짝을 지어 가서 열심히 참가하였다. 오전에 영어 코너에서 영어로 수다를 떨면서, 오후에 놀거리를 상의할 수 있으니 그야말로 일거양득이었다.

마윈도 영어 코너를 자주 찾았는데 거기서 영어를 배우고자 하는 사람들의 열정이 아주 높다는 것을 알게 되었다. 매주 한 번의 영어 코너로는 부족하다고 본 마윈은 소년궁 정문 앞 광장에 새로운 영어 코너를 개설하고, 매주 수요일 저녁에 활동을 하였다. 시간이 갈수록 참가하는 사람도 많아져서 큰 영향력을 형성하게 되었다. 게다가 활동 시간이 밤이어서 잘하는 사람이나 못하는 사람이나 서로 얼굴이 잘 안 보이니 용기를 내어 큰 소리로 영어 회화를 할 수 있었다. 수요일 밤이면 광장이 다양한 악센트의 '중국식' 영어가 중국어와 뒤섞여 영어 코너 안이 시끌벅적했다. 자기의 영어가 상대방이 알아들을 수 있는지는 상관하지 않고 흥분하여 손짓을 섞어 가며 재미있게 얘기를 했다.

이런 광경을 보고 마윈은 내내 웃으며 "이건 좋은 생각이야. 영어로 말할 때 상대방이 잘 안 보이면 용기가 생기는 법이지!"라고 했다.

영어 수업이 끝나고는 소년궁으로 들어가서 놀았는데 주로 동창들과 놀이 기구를 탔다. 모두 어린 시절로 되돌아간 것 같이 즐거워했다. 소년궁 영어 코너는 한동안 인기가 아주 높았는데 겨울이 되자 밖이 너무 추워서 중단할 수밖에 없었다.

강의실 밖 생활

나와 마윈은 비교적 가까이 살았기 때문에 수업이 끝난 후 자주 함께 집으로 갔다. 당시 마윈은 항저우의 1세대 전기 자전거를 타고 다녔는데, 소리는 트랙터와 비슷하였지만 빨리 가지를 못해서 요란한 만큼의 감동을 주지는 못했다. 그가 강의 첫날에 지각한 것도 바로 이 '트랙터'가 길에서 고장이 났기 때문이었다.

그때 몇 년간의 시간은 지금 돌아보면 아름다운 추억이 되었다. 영어 공부 외에도

일부 학생을 데리고 다치산에 놀러간 마윈

동창들과 자주 모여 차를 마시고 카드게임도 하면서 재미있는 이야기를 나누었다.

재미있는 이야기로는 내 인기가 제일 좋았다. 가끔씩 다른 동창이 재미없는 이야기를 하면 마윈은 그를 말리며 "'미완성본'을 천웨이에게 알려줘. 그가 제대로 '만들어서' 다시 들려줄 거야"라고 말했다. 당시의 많은 재미있는 이야기, 예를 들어 '미녀를 만난 칼잡이' 등의 이야기는 동창들과 만날 때면 지금도 여전히 화제에 오른다.

1992년 여름, 우리 반에서 가장 예쁜 여학생이었던 왕단(王丹)이 수강한 지 얼마 안 되어 남편과 함께 오스트레일리아로 이민을 가게 되자 동창들은 무척 섭섭해 했다. 그때의 오스트레일리아는 우리에게는 달나라만큼이나 먼 곳이었는데, 우리 주변에서는 오직 마윈만이 그곳에 가 봤었다. 그리고 오스트레일리아는 마윈이 그때까지 가본 유일한 외국이기도 했다. 마윈은 학생들을 불러 모아 푸양(富陽) 신사다오(新沙島)에 가서 수영을 하고 놀자고 했다. 그 여학생을 환송하는 자리였던 것이다.

이 자리에 마윈의 한 살배기 아들도 함께 했다. 모두들 물놀이를 하며 놀 때 마윈은 아들을 우리 반에서 가장 건장하고 수영을 잘하는 아싱(阿興)에게 돌보게 부탁을 했다. 일행들이 물로 들어간 후 아싱도 마윈의 아들을 안고 얕은 물로 들어갔다. 아이가 버둥거리자 품에서 벗어나고자 하는 것으로 여긴 아싱이 "수영할래?"라고 물었더니 아이가 고개를 끄덕였다. 그러자 아싱이 아이를 물속에 놓아 버렸다.

한 살된 아이가 어떻게 수영을 할까? 아싱이 손을 놓자 아이는 그대로 물속으로 가라앉았는데, 공교롭게도 파도가 세게 쳐서 아이가 보이지 않았다. 다행히 물이 깊지 않고 우리가 가까이 있었기에 서둘러 아이를 찾아 건졌다. 10초도 안 되는 시간이었지만 아이는 구출되고 나서 한참 동안 물을 토했다.

지금은 키가 182㎝의 청년이 된 마윈의 아들은 아싱 아저씨 얘기를 하면 바로 이 일을 떠올린다.

영어학원 선생과 제자 간 관계가 아주 돈독했기에 동창들은 외국에 간 후에도 마윈에게 연락처를 알려왔다. 2007년 춘절—음력 1월 1일로 우리의 설에 해당하는 중국 명절. 옮긴이—에 내가 장지중 감독을 수행하여 오스트레일리아에 가게 되자 마윈은 시간이 나면 왕단을 한 번 만나 보라면서 그녀의 브리즈번 주소를 알려줬다.

미인도 세월의 '유린'을 견디지 못했을 것이란 생각에 나는 가지 않았다. 그냥 기억 속의 아름다운 모습으로 남아 있었으면 하는 바람이었다. 자주 만났다면 그녀의 미모가 시간의 흐름을 따라 조금씩 변하는 것을 자연스레 받아들였겠지만, 십여 년 만에 갑자기 만나 아름다운 추억이 갑자기 깨지는 고통을 맛보고 싶지 않았던 것이다.

마윈은 남녀를 맺어주는 것에 열심이었다. 가장 재미있는 일화는 우리 동창 중의

사진 속 손을 든 사람이 필자, 천웨이

한 쌍에 대한 이야기이다. 남자는 체격이 아주 건장하였는데, 중국어와 영어를 말할 때 모두 사오싱(紹興) 사투리—저장성 사오싱 지역의 사투리로 비음이 많이 들어간다. 옮긴이—가 평소 많이 묻어났다. 카드게임을 좋아하지만 진취적인 사람은 아니었다. 반면에 여자는 로맨틱하고 완벽한 것을 추구했는데, 결혼식은 파리에서 해야 한다는 생각을 하고 있었다. 당초 우리는 둘이 안 어울린다고 생각했다. 하지만 남자가 마윈에게 그 여자를 좋아한다는 말을 털어놓자 마윈은 당장 계획을 세워 도와준다는 약속을 했던 것이다. 마윈과 윈신(威信)이 그녀를 강하게 설득해, 마침내 연인이 되었다. 그 후 둘이 결혼을 하고 아들을 낳았는데, 그날이 9월 3일이었다. 운 좋게 그날, 진융(金庸)—김용. 중국을 대표하는 무협 소설가로 《사조영웅전(射英雄傳)》, 《신조협려(神雕俠侶)》, 《의천도룡기(倚天屠龍記)》 등을 집필하였다. 옮긴이— 작가가 항저우에 있었기에, 마윈이 아이 이름을 지어달라고 부탁했다. 진 대협은 아이의 생일을 근거로 '산시

위(三旭)'라고 이름을 지었다. 이 이름 때문에 누구도 그 아이의 생일을 잊기가 어렵다. -'三旭'자를 나누면 아이의 생일인 三 九 日이 된다. 옮긴이- 하늘은 우리가 상상하는 것보다 더 유머러스했다. 다들 안 된다고 생각한 둘은 마윈이 맺어줘서 부부가 되었다. 하지만 이들과 함께 영어반의 양대 '모범 커플'이었던 다른 부부는 결국 헤어져서 동창들이 모두 깜짝 놀랐다.

그 모범 커플 중 여자는 우리 동창인데, 예쁘고 시원시원한 성격이었다. 그녀의 집에는 방이 많아서 항상 사람들을 집으로 불러 카드게임을 하거나 바둑을 두었다. 그녀는 결혼 후 아이를 가졌는데 출산 예정일이 2월 14일 밸런타인데이였다. 마윈은 이런 날에 태어나면 아이가 반드시 다정다감한 사람이 된다고 했다. 남편이 양씨라서 여자아이를 낳으면 '양위환(楊玉環)'이라 하고, 남자아이를 낳으면 '양궈중(楊國忠)'이라고 부르기로 했다.

2월 14일에 남자아이를 낳았다. 나에게 먼저 기별이 왔기에 내가 직접 마윈의 집까지 뛰어가 알렸다. 내가 너무 흥분해서 말하자 마윈의 장모가 "천웨이는 정말 웃기네. 다른 사람의 아이 소식에 이렇게 좋아하다니."라고 웃었다.

마윈도 즐거워하며 "우리도 '궈중'이를 보러 가자."고 했다.

그 후 다른 사람들이 보기에는 특별한 이유 없이 그 모범 부부가 이혼을 하고, 여자 동창은 남편과 아이를 남기고 '깔끔하게' 외국으로 가버렸다. 하지만 우리는 계속 그녀의 원래 집에 가서 카드게임을 하거나 바둑을 두었다. 우리가 그녀의 전 남편과 좋은 친구가 되었기 때문이다.

몇 년 동안, 12월 31일이 되면 동창들은 모두 그 집에 모여 카드게임을 하면서 다음 날 새벽까지 이야기를 나누었다. "우리는 매년 카드게임으로 시작하고 카드게임으로 끝낸다."라며 농담을 했다.

또 다른 예쁘고 얌전한 여학생이 있었는데, 마윈이 일자리를 소개해주었다. 수업 시간에 그녀는 영어로 동화 같은 자신의 연애 이야기를 풀어놓았다. 그녀는 맞선을 보는 것이 무척이나 싫었다고 했다. 그런데 한번은 외할머니가 그녀를 속여서 식사 자리에 가게 했다. 사실은 맞선 보는 자리였는데 그곳에서 '백마 탄 왕자'를 만났다고 했다. 삶을 고맙게 여기고 '속은 것'에도 감사한다는 그녀의 말을 들은 동창들은 모두 부러워했다. 그 후 그녀는 우리를 집으로 초대했는데, 남편은 아주 잘생기고 의젓한 사람이었다. 하지만 얼마 안 되어 둘은 헤어졌다.

이혼 후에 그녀는 영어학원에 나오지 않았는데, 16년 만에 다시 만났다. 다행스럽게 그녀는 여전히 '얌전하게' 말을 아주 천천히 하면서 예전의 모습을 유지하고 있었다.

하이보(海博) 번역사

어느 해, 항저우의 방송국에서 청취자들이 직접 전화로 참여하여 상품을 받을 수 있는 생방송 프로그램을 진행했다. 한동안 듣는 사람들이 많아서 청취율이 꽤 높았다. 특히 외국의 유행가를 전문적으로 소개하는 《외래풍(外來風)》이라는 프로그램의 인기가 아주 높았다. 당시 마윈은 객원 진행자로 초청 받았는데, 많은 항저우 사람들이 이 프로그램을 통해 팝송을 조금씩 이해하고 또 좋아하게 되었다.

마윈은 한동안 일본어를 배우기도 했다. 우리가 어느 정도 배웠냐고 물었더니 그는 즉석에서 긴 문장을 말했다. 확실히 일본어처럼 들려 마윈에게 무슨 뜻이냐고 물었다. 그는 그냥 생각나는 대로 지어낸 것이어서 자기도 무슨 의미인지는 알지 못한다고 했다. 모두들 그의 넉살에 깜빡 속았던 것이다.

개혁개방이 더욱 진행됨에 따라 외국 자료에 대한 번역의 수요도 갈수록 커졌다.

그때 마윈은 주변 동료와 퇴직 교수들 중에 일이 없어 그냥 집에 있는 분들이 많다는 것을 알고는 한 가지 아이디어를 냈다. "내가 항저우에 전문 번역 회사를 세우면 어떨까? 이러면 내 부담을 줄일 수도 있고, 사람들의 생활비도 도와줄 수 있으니 일거양득이잖아."

1994년 1월, 마윈은 청년회 부근 길가의 두 칸짜리 사무실을 빌려 '하이보(海博) 번역사'를 개업했다. '하이보'는 영어 'Hope(희망)'을 음역한 것이다. 마윈이 "바다같이 큰 희망 말이야. 이름 좋지?"라며 뜻을 풀이했다.

번역사를 세울 때 운영에 직접 참여한 동창은 몇 안 되었지만 우린 모두 홍보에 적극적으로 나섰다. 개업하던 날에는 동창들이 모여서 플래카드를 들고 우린광장(武林廣場)에서 몇 차례나 홍보 활동을 해주었다.

당시 번역사 직원이라고는 마윈과 항저우 전자공업학원에서 퇴직한 노교수 몇 명이 전부였다. 당시 마윈의 주 업무는 영어 강의였기에 남는 시간에 번역사를 운영할 수밖에 없었다. 창업 초기에는 노력한 만큼의 성과를 거두지는 못했다. 마윈이 많은 노력을 기울이고 우리가 학교 안팎에서 많은 홍보를 했는데도 불구하고 번역사의 참담한 재정 상태는 나아지지 않았다. 하지만 마윈은 포기하지 않고 계속 나아갔다.

번역사 사무실이 길가에 있었기에 여기서 꽃과 생일 선물을 팔기도 했다. 마윈은 주말이면 우리를 데리고 이우시(義烏市)의 소상품시장(小商品市場)-이우시는 대규모 일용품 도매 시장들이 들어서 있는 중국 동부 최대의 물류 도시이다. 옮긴이-에까지 가서 물품을 구매하여 회사에 두고 판매를 했다. 1995년에 이르러서야 하이보 번역사의 실적이 점점 좋아졌는데, 그 후 마윈이 인터넷으로 사업의 중심을 옮기면서 투자했던 한 학생에게 번역사를 넘겼다.

번역사는 아직도 예전 그 자리에 있는데 외관을 넓히지도 않았다. 지금은 거의 모든 언어를 번역할 수 있고, 주로 번역하는 언어는 20개 정도이다. 하이보 번역사의 웹사이트(http://www.haibofanyi.com)에 접속하면 가장 먼저 '영원히 포기하지 않는다

(永不放棄).'라는 네 글자를 만나게 된다. 이 말은 마윈이 창업 당시에 직접 쓴 것이다.

영어학원의 G 이야기

영어학원의 명성은 시간이 지나며 점점 높아졌는데, 학생도 여러 층이었다. 휠체어를 타고 온 장애인도 있고, 어머니를 모시고 온 방송국 사회자도 있고, 손녀와 같이 강의를 들으러 온 할머니도 있었다. 'Grandma'는 당시 학생들 중의 스타였다. 그녀의 본명을 아는 이가 없었는데, 내가 처음 만났을 때 이미 80세가 넘었었다. 마윈과 학생들은 모두 'Grandma(할머니, 이하 'G'로 약칭한다.)'라고 불렀다.

사실 G는 나의 선배가 된다. 마윈은 YMCA에서 강의하기 전에 융진야간학원 (涌金夜校)에서 영어를 가르쳤었다. 그때 G는 밤에 시간이 있으면 융진야간학원에 왔고, 영어 수업이 있을 때는 뒤에 앉아서 들었다. 처음에 학생들은 나이 든 선생님이 몰래 들어와서 살피는 것인 줄로 오해했다고 한다.

다른 사람들은 단어 외우는 것을 싫어했는데, G는 잠들기 전에 단어를 외우니 두통과 불면증이 해소돼 좋다고 했다.

YMCA에 왔을 때 G의 회화와 듣기 수준은 반에서 평균 이상이었고, 청력과 시력도 양호했다. 마윈은 종종 그녀를 예로 들며 "G를 봐라, 너희들이 공부를 좋아하지 않는 이유가 뭐야?"라고 하였다.

20세가 안 된 G의 외손녀도 수업에 들어왔다. 수업이 끝난 후에는 우리와 어울려 새벽까지 놀다가 집에 갔다. 우리가 이렇게 늦게 집에 가도 되냐고 물어보면 "다른 사람이랑 가면 물론 안 되지만, 할머니께서 제가 여러분들이랑 같이 있는 걸 아니까 괜찮아요. 할머니께서 우리 반은 다 좋은 사람이라고 하셨어요!"라고 대답했다.

하이보 번역사 설립 후에 G는 홍보를 주로 하겠다고 하고는 한 회사와의 업무 연락을 몇 차례 맡았다. 많은 사람들이 그에게 직접 가지 말라고 말렸지만 G는 "내가 가면 일이 더 쉽지. 누가 80세에 영어를 배우는 할머니의 부탁을 거절하겠어?"라고 말했다. G의 말대로 젊은 사람이 못한 일도 그녀가 나가면 한 번에 해결하였다.

당시 G는 자전거를 타고 다녔다. 언젠가 서류를 전달하러 가는 중에 길을 잃어버린 이후로 사람들은 그녀에게 일을 맡기지 않았다. 그때부터 그녀는 호텔을 대상으로 홍보하는 일을 주로 담당했다. 호텔은 겨울에 따뜻하고 여름에는 시원해 환경이 대체로 좋았기 때문이다.

노년은 두 번째 유년이라는 말이 있는데 맞는 것 같다. G도 화를 낸 적이 있었다. 그날 나와 동창이 헐후어(歇後語)—헐후어(歇後語)는 중국인의 독특한 표현법으로 앞부분을 말하면 듣는 사람이 그 말과 음이 같은 다른 단어를 이용하여 그속에 숨겨진 뜻을 찾아 깨닫는 방식의 말을 이른다. 옮긴이—에 대해 토론하면서 "'할머니가 팥죽을 먹는다'는 것은 염치없고 상스럽다는 의미이고, '할머니가 벽에 기대어 팥죽을 먹는다'는 것은 비열하고 염치없고 상스럽다는 의미이다."라고 하였다. 동창들이 듣고는 모두 크게 웃었는데 G는 엄숙하게 이쪽으로 와서 "나는 이런 헐후어가 싫어!"라고 말했다.—'할머니가 팥죽을 먹는다(老太太喝稀飯)'는 이가 다 빠져 팥죽과 같은 묽은 음식을 먹어야 하는 노파를 이른다. '이(齒)가 없어 음식이 흐른다(下流)'는 것은 발음이 같은 부끄러울 '치(恥)'를 사용하여 장난스럽게 해석한 것이다. 뒷 문장에서 '등을 기대다(背壁)' 역시 음이 같은 글자인 비열하다(卑鄙)로 해석해 농담한 것이다. 옮긴이—

그때 G는 장폐색 때문에 수술을 세 번이나 받고 장을 잘라냈다. 그런데도 G의 마음가짐이 아주 긍정적이어서 회복이 매우 빨랐다. 다시 수업을 들으러 나왔을 때 나는 그녀에게 "과학 뉴스에 따르면 채식을 주로 하는 동양 사람은 소화와 흡수 과정이 많아서 고기를 먹는 서양 사람보다 장이 더 길어요. 할머니는 장을 잘라냈으니 영어를 공부하는 데 크게 도움이 될 거예요. 우리보다 서양 사람에 더 가까워졌으니까요."라고 말했다. 이 말을 들은 G는 크게 웃었다.

영어학원 이야기는 CCTV 방송국에도 알려져 《동방시공(東方時空)》의 연출자이자, 항저우 출신 감독인 판신만의 관심을 끌었다. 그녀는 촬영 팀과 항저우로 와 우리를 주제로 단편 다큐멘터리로 제작하려고 했다.

판 감독은 먼저 영어반에 '몰래 들어와' 수업을 두 번이나 들었다. 당시 나는 반에서 머리가 길고 눈이 큰 여학생이 강의 중간에 마윈과 대화하는 것을 보았다. 방송국에서 나왔다고 들었지만 나는 관심이 없었다. 이즈음 반에 들락날락하는 학생이 너무 많아서 그런 모습이 익숙했기 때문이다.

이때 G는 다리가 불편해져서 마윈이 매번 다른 학생을 지정하여 그녀를 모시고 오도록 부탁하곤 했다. 공교롭게도 그날은 내 차례였다.

G의 집 앞에 이르러 평소처럼 문을 두드렸다. 문이 열리자 눈이 부실 정도의 강한 빛이 쏟아져 나와 깜짝 놀랐다. 방송 촬영을 위한 카메라가 G의 집에 이미 여러 대 설치되어 있었던 것이다. 마윈과 동창 몇 명은 나보다 먼저 와 있었다. 처음에 우리가 긴장을 하자 판 감독이 "여러분은 너무 긴장하지 말고 원래 하시던 대로 제가 없는 것처럼 하면 돼요."라고 말했다.

나는 촬영하는 동안 G의 집에서 잠깐 앉아 있었다. 벽에 낡은 사진 한 장이 걸려 있었는데 여러 사람들 가운데에 덩잉차오(鄧穎超)-저우언라이(周恩來) 전 총리의 부인. 옮긴이-가 있었고, 밑에는 '전국 선진 생산자 대표 회의 전 직원 가족 대표'라는 글이 쓰여 있었다.

사진에서 G는 보이지 않았다. G가 직접 남편은 철도 엔지니어였고, 사진을 찍을 때가 1956년인데 베이징에 있을 때였다고 말해줬다. 그때 그녀는 생활단지 안에서 탁아소와 매점을 운영했다고 했다.

판 감독은 우리가 G를 데리고 수업하러 가는 과정 등을 모두 찍었다. 얼마 후 영어학원 이야기는 《동방시공》의 〈생활공간(生活空間)〉 코너에서 방영됐다(프로그램의

핑후추웨에서 G를 위해 준비한 특별 추모 행사

광고 대사는 '나이든 사람이 자기 자신의 이야기를 한다.'였다.). 이 프로그램의 시청률이 높아 방송 다음 날 많은 사람들이 나에게 "어제 CCTV에서 널 봤어!"라고 말했다.

1995년 가을, G가 세상을 떠났다. 당시 《여우(女友)》라는 잡지에 〈홍보하는 할머니〉라는 제목으로 그녀를 소개하는 글이 실렸다. 모두들 그녀의 죽음을 슬퍼했다. 마윈은 전체 동창들을 모아 시후가에 있는 '핑후추웨(平湖秋月)'에서 G를 위한 특별 추모 행사를 마련했다.

마윈은 "G는 하늘에서도 우리와 같이 있을 거예요. 우리가 슬퍼하는 것보다는 기뻐하는 것을 보고 싶어 할 거예요. 오늘 우리가 아름다운 시후가에서 G와 같이 했던 추억들을 되돌아보면서 기쁘게 그녀를 보냅시다."라고 추도사를 했다. 마지막에 우리는 G의 유골을 시후에 뿌렸다.

부자 같은 정

마윈의 과거를 얘기하려면 켄(Ken)이라는 이름을 반드시 언급해야 한다. 마윈이 대학 입학시험을 3번이나 쳤다는 것을 아는 사람은 많지만, 그가 10년 동안 비바람도 아랑곳하지 않고 매일 시후가에서 영어를 공부하고 외국인들과 교류하였다는 사실을 아는 사람은 많지 않다.

켄은 오스트레일리아 출신으로 마윈이 아주 어린 시절에 시후가에서 만난 친구였다. 둘은 부자지간 같은 깊은 정을 나누고 있었다. 한번은 켄이 마윈을 오스트레일리아로 초청한 적이 있었다. 마윈은 그곳에서 본 자본주의가 이전에 상상했던 것처럼 혼란스러운 상태가 아니어서 우리가 나서서 자본주의를 구제할 필요가 없다는 점을 깨달았다. 오히려 빨리 발전하지 않으면 우리가 자본주의의 구원을 받을지도 모른다는 두려움을 느꼈다고 한다.

켄 내외와 함께한 마윈

켄의 두 아이와 함께한 마윈

오스트레일리아에 있는 동안 마윈에게 인상적인 일이 하나 있었는데, 그것은 공원에서 태극권을 하는 사람이 아주 많았다는 것이다. 태극권은 마윈이 제일 좋아하는 운동이다.

켄은 가끔 영어학원에 왔다. 그때 이미 나이가 일흔이 넘었지만 여전히 정정했다. 우리반에는 중국인 여자 G와 외국인 남자 켄, 이렇게 두 노인이 있었다.

그는 말할 때 속어를 많이 사용했기 때문에 우리가 알아듣지 못할 때면 마윈이 옆에서 설명해 주었다. 예를 들어 '매우 좋다'라는 표현을 그는 "피가 줄줄 흐르듯이 좋다(Bloody wonderful)"고 말했다.

켄은 손가락이 굵어서 컴퓨터 키보드로 타자를 칠 때는 주로 젓가락을 사용했다. 그렇지 않으면 한 번에 두 글자를 쳤다.

1998년, 마윈은 일 때문에 주로 베이징에 있었다. 그래서 켄이 항저우에 올 때면 마윈은 나에게 접대를 맡겼다. 일주일 동안 어디를 가든 함께 다녔고, 저녁밥을 먹고서야 호텔에 데려다줬다. 실수 없이 잘 접대한 줄로 알았는데 켄은 마윈에게 내가 자주 음주운전을 하고 여러 차례 권했는데도 고치지 않는다고 일러바쳤다. 당시 나는 별 뜻 없이 한 행동이었는데 지금 생각해보니 내가 잘못했던 것이다.

마윈은 옛 친구를 무척 그리워했다. 켄이 세상을 떠난 지 몇 년이 지났는데도 마윈의 집과 사무실에는 여전히 그와 함께 찍은 사진이 놓여 있다. 켄의 아들은 아버지를 쏙 빼닮았는데, 요가 강사를 한다. 2009년 마윈의 집에서 그를 만난 적이 있다.

노래는 끝나도 사람은 흩어지지 않는다

마윈은 사업을 시작하면서 영어학원을 정리했다. 그런데도 동창들과 계속 만나고, 차를 마시고, 카드게임을 하고, 바둑을 두고, 재미있는 이야기를 나눴다. 마윈은 출장이 많아지면서 항저우에 없는 경우가 많았다. 하지만 동창들이 모두 모였을 때는 그에게 전화로 누가 왔는지, 무엇을 하고 있는지를 알려주었다.

외국에 가서 공부하다가 결혼이 비교적 늦어진 여자 동창이 있었다. 그녀가 혼자 귀국한 후 많은 동창들이 모였을 때 마윈은 전화로 "그녀에게 전해줘. 좋은 남자 만나면 결혼하라고. 나를 기다리지 말고!"라며 농담을 했다. 어느 날은 저녁에 모여 있을

푸춘강(福春江) 구경 때, 가운데 G와 켄이 있다.

때, 마윈에게 전화가 왔는데 선전(深圳)의 포장마차에서 음식을 먹고 있다면서 요즘 재미있는 이야기가 뭐 있냐고 물었다. 내가 두 가지 얘기를 해주자 전화기 저쪽에서 큰 웃음소리가 들려왔다. 잠시 후 마윈이 작은 소리로 "너무 크게 웃어서 옆 사람들이 다 놀랐어."라고 속삭였다.

어느 늦은 가을 주말에 날씨가 아주 좋았다. 마윈이 오랜만에 항저우에 있어서 동창들과 바오쓰산(寶石山)의 바오푸도원(抱朴道院)에 가서 차를 마시고 카드게임을 하였다. 마윈이 멋진 코트를 입고 있는 것을 본 한 동창이 상표를 확인하고는 "악어? 명품이네! 누구의 것과 똑같아."라고 말했다.

마윈이 "누구 거와 같다고? 똑똑히 봐, 똑똑히 보라고! 악어 머리가 어느 쪽이야? 이건 프랑스제야!"라고 대답했다.

우리 옆에는 행복해보이는 노부부가 군기(軍棋)–계급을 가지고 겨루는 장기 놀이. 사령이 가장 높지만 폭탄에 걸리면 죽는다. 옮긴이–를 두고 있었는데 심판이 없었다. 우리 쪽에는 카드게임을 하는 사람이 많았기에 마윈은 지는 사람이 교대로 노부부의 심판을 하게 했다. 노부부는 매우 재미있어 했는데 할아버지가 '폭탄'으로 할머니의 '사령'을 죽이고는 해맑게 웃으며 큰 소리로 "병사들은 폭탄을 싫어하지만 역시 폭탄만한 것이 없다니까."라고 했다. 노부부의 행복한 모습을 보면서 우리도 기분이 좋았다. 사실 행복은 원래 단순한 것이다.

조금 있다가 마윈은 일이 있어 먼저 어디 다녀오겠다며 점심은 와서 먹겠다고 했다. 마윈이 돌아왔을 때는 이미 오후 5시가 넘었다. 그는 앉자마자 자기가 어디를 다녀왔는지 아느냐고 물었다.

동창들이 모르겠다고 하자 마윈은 "광저우(廣州)에 갔다 왔어! 비자를 만드느라고."라고 말했다.

모두들 놀라서 "정말이에요? 광저우를 다녀왔다고요? 그 시간에 우리는 샤오산(蕭山)–항저우 근처에 있는 지명. 옮긴이–에도 못 갔다 오는데."라고 말했다.

1998년에 들어서 마윈은 대부분의 시간을 베이징에서 보냈고 항저우에는 한번 오기가 어려웠다. 하지만 올 때마다 우리와 어울렸다. 한번은 바깥에서 저녁을 먹고 나서 내가 차로 마윈 가족을 집까지 데려다 주었다. 그때 마윈의 아들은 일곱살이었고 약간 통통했다. 차 안에서 마윈의 부인 장잉은 아들에게 계속 "좀 참아. 자지 말고. 조금만 참아!"라고 깨웠다. 나는 이상하게 생각되어 "아이가 자겠다는데 억지로 깨우려고요?"라고 하자, 장잉이 "몰라서 그래. 요즘 애가 무거워서 일단 자면 우리 둘이 애를 들고 6층까지 올라가야 해."라고 대답했다.

2000년에는 내가 이사를 했다. 그날 동창들이 우리 집에 모여 카드게임을 했다. 마윈은 지나는 길에 우리 집에 들러 동창들을 만났다. 그가 왔을 때는 저녁 시간이 지났는데도 아직 밥을 먹지 못했다기에 우리 집에서 국밥을 먹었다. 마윈은 너무 바빠 30분도 못 있고 가야 했다. 가기 전에 그는 사소한 일로 한 동창과 내기를 했는데 져서 200위안을 냈다. 마윈이 "천웨이! 내가 원래 돈을 좀 아끼려고 너의 집에 국밥을 먹으러 왔어. 그런데 너희 집 국밥이 샹그리라 호텔보다 더 비싼 줄은 몰랐네."라고 해 동창들이 한바탕 웃었다.

마윈이 홍콩에서 회의를 했을 때 어느 기자가 "지금 당신 회사의 자본금이 이렇게 적은데 만일 경쟁 회사가 생기면 회사가 살아남을 수 있을 거라고 어떻게 보장하겠습니까? 그리고 '산에 호랑이는 두 마리가 있으면 안 된다'는 말은 어떻게 생각하십니까?"라는 질문을 던졌다.

마윈은 "성별을 잘 봐야 합니다."고 대답했다.

기자는 어리둥절해했다. 마윈이 계속 "나는 산에 호랑이 두 마리가 있으면 안 된다는 말은 맞지 않다고 봅니다. 만일 산에 수컷 호랑이 한 마리와 암컷 호랑이 한 마리가 있다면 그 편이 더 조화로운 것입니다."라고 답했다.

기자가 또 마윈이 생각하는 전자상거래의 기능과 형태에 대해 물었다. 마윈은 "방금 태어난 아기가 무었을 할 수 있겠습니까? 전자상거래도 그렇습니다. 지금은 아직 걸음마 단계 '시싱(雌形)'입니다.--초기 형태라는 말은 '추싱(雛形)'인데 마윈은 항저우 사투리로 '시싱(雌形)'이라고 했다. 옮긴아~"라고 대답했다.

기자가 "'시싱(雌形)'은 무슨 뜻입니까?"라고 물었다.

마윈이 놀라서 "'시싱(雌形)'이 무슨 뜻인지 모릅니까? 바로 병아리, Baby 말이에요."라고 대답했다.

그제서야 기자가 이해를 했다. 그 말은 초기 단계를 가리키는 것이었다. 돌아온 후에도 한참 동안 마윈은 번번이 '시싱(雌形)' 이야기를 했다. "저번에 정말 부끄러웠어. 많은 사람들 앞에서 말이야. 나는 '시(雌)'인 줄 알았거든."

마윈은 바둑 두는 것을 좋아했지만 실력은 보통 수준이었다. 사업을 막 시작했을 때 일본으로 자주 출장을 갔는데, 돌아오는 길에 도쿄공항에서 비행기를 기다리며 일행들과 바둑을 두곤 했다. 바둑은 일본에도 널리 보급이 되어 중국의 탁구처럼 곳곳에 숨은 고수들이 있었다. 마윈 일행이 바둑을 두면 지나가는 일본인들이 와서 보기도 했다. 마윈이 "어떤 할아버지가 잠깐 보고는 머리를 내저으면서 갔어. 잠시 후 어린아이가 와서 잠깐 보고는 또 머리를 내저으면서 갔지. 나는 이렇게 중국인의 체면을 구기는 일을 계속 보여서는 안 된다고 생각했어. 어떻게 했을까? 한 번에 바둑 실력을 높이는 것은 불가능하니 종목을 아예 오목으로 바꿨어! 오목은 내가 천하무적의 고수야. 일본인들이 아무리 봐도 창피하지 않아!"라고 말했다.

처음으로 아프리카 케냐에 갔을 때 현지 사람과 영어로 대화가 가능하다는 것을 알고는 마윈에게 "선생님께 배운 영어가 아프리카에서도 쓸모가 있네요."라는 메시지를 보냈다.

마윈은 "양심 없는 놈!"이라는 답장을 보냈다.

언젠가 헝뎬(横店)에서 드라마를 찍던 중 배우 몇 명과 같이 식사를 했었다. 내가 마윈에게 전화를 하니 그는 항저우 시우보위엔(休博圓)의 국제 레저박람회에 참가하고 있다고 했다. 그는 그곳에서 내가 전에 보낸 메시지를 읽으면서 발표를 진행했다. 그 메시지는 "부자 순위가 나왔는데, 현재 국내의 최고 갑부는 여자이고 자산이 270억 위안이에요. 당신은 한동안 따라가지 못할 거예요. 차라리 휴가를 가서 차나 마시고 카드 게임이나 하세요."라는 내용이었다.

과연 이튿날 항저우의 각 신문에는 "마윈, 레저박람회에 참가해 발표 전 미리 받은 메시지를 읽다."라는 헤드라인이 실렸다.

'야후 차이나'를 매입한 후 어느 날 마윈의 집에 놀러 갔을 때 내가 "선생님은 지금 막대한 부를 소유했으니 저 같은 학생에게 재산을 좀 나누어주세요. 카네기는 많은 돈을 가지고 죽으면 치욕이라고 했잖아요."라고 농담을 던졌다.

마윈이 "그럼 그 반대는?"이라고 되물었다.

"무슨 반대요?"

"돈 한 푼 없이 죽으면 더없는 영광인가?"

마윈은 항상 나보다 한 수 위였다.

2

인터넷과의 첫 만남

1995년에 마윈은 처음으로 창업을 했다. 그가 사업을 시작한 과정은 이미 널리 알려져 많은 사람에게 익숙한 이야기가 되었다. 창업 과정에서 내가 똑똑히 기억하고 있는 것은 마윈과 부인인 장잉이 차이나 페이지(China Page)라는 웹사이트를 만들기 위해 집을 저당 잡히기로 했던 일인데 승부수를 던졌던 결정이었다. 이런 결정은 수없이 많았을 텐데, 더욱 치열하였지만 내가 속속들이 내용을 아는 것도 있고, 전혀 모르는 것도 있다. 그리고 다른 사람들과 나눌 수 있는 이야기도 있지만, 당사자가 영원히 다른 사람 앞에서 꺼내고 싶어 하지 않은 이야기도 있을 수 있다.

"사상가가 가장 불행한 점은 다른 사람의 오해를 받아서가 아니라 이해를 해서이다. 그 이해한다는 것이 자기의 고통이 어떤지를 아는 사람이 있다는 의미이기 때문이다."라는 니체의 말이 있다. 나는 창업하는 사람도 마찬가지라고 생각한다. 남이 자기를 모두 이해해서 불행한데, 그만큼 감당할 수 없는 아픔이 있기 때문이다.

속아서 간 미국

1995년 마윈과 잠시 연락이 뜸한 적이 있었다. 어느 날 갑자기 만나자는 그의 전화를 받았다. 미국을 다녀와서 중요한 이야기를 할 것이 있으니 그의 집으로 모이라는 내용이었다.

그날 마윈의 집에는 많은 사람들이 모였는데 동창들도 있었고, 모르는 사람들도 있었다. 그는 담요를 걸치고 소파에 앉아 있었는데 약간 긴장된 듯하였다. 사람들이 모두 모이자 마윈은 지난 얼마간의 기이한 만남에 대해 이야기를 꺼냈다.

어느 외국계 회사가 마윈에게 저장성(浙江城)의 고속도로 건설 투자 건으로 통역을 부탁하였다. 뒤에 미국으로 함께 갔는데, 식사와 호텔은 모두 좋았다고 했다. 마윈이 머물렀던 라스베이거스의 호텔 방이 꼭대기 층이어서, 버튼을 한 번 누르면 천장이 열려 침대에 누워서도 유리창을 통해 하늘의 별을 볼 수 있었다는 이야기가 기억에 남는다.

마윈은 시간이 지나면서 그들이 거래처와 상담할 때 하는 말이 실제 상황과 전혀 맞지 않다는 것을 알게 되었다. 그리고 마윈에게도 실제와 다른 '조작된 내용'을 말하도록 요구했다. 국제 사기 조직일 수 있겠다는 생각에 마윈은 그들의 제안을 거절하였다.

그러자 그들은 협조하지 않으면 개인 물건을 다 빼앗고 중국으로 돌려보내지 않겠다고 마윈을 위협했다.

마윈은 몇 번의 아슬아슬한 시도 끝에 마침내 마수에서 벗어날 수 있었다.

"정말 나쁜 놈들이야!" 소파에 몸을 움츠리고 앉아 마윈은 이 말을 여러 번 반복했다. 기억하고 싶지 않은 구체적인 일들이 얼마나 많았을 지 짐작이 되었지만, 두려움 때문인지 마윈은 그 일에 대해 다시 언급하지 않았다.

나는 개인적으로 사람의 잠재력이 극단적인 상황에서 강하게 드러난다고 생각한다. 총구가 이마에 닿는 순간에 무너지는 사람도 있고, 오히려 더욱 강해지는 사람이 있다. 그것을 지금 알 수는 없다.

무뢰한들의 소굴에서 벗어난 후 마윈은 바로 중국으로 돌아오지 않았다. 항저우 전자공업대학 교수 시절의 동료 외국인 교수가 말했던 인터넷이 생각났던 것이다. 마침 그 동료의 사위가 시애틀의 유일한 인터넷 회사에 다니고 있었다.

그래서 마윈은 시애틀로 날아가 그 회사를 방문했다. 회사 직원이 그에게 찾고 싶은 내용을 컴퓨터에 쳐보라고 했다. 마윈이 'Beer'를 입력하자 독일과 미국, 일본 맥주에 관한 검색 결과는 나왔지만 중국 맥주에 대한 내용은 없었다. 이어서 'China'를 치자 중국의 역사를 소개하는 간단한 내용밖에 나오지 않았다.

그날 이후 나는 거의 매일 마윈의 집에서 인터넷에 대한 설명을 들었다. 내용을 제대로 이해하지 못했지만, 즐겁게 모여 놀면서 동창도 만나고 마윈의 체면도 세워줄 겸 해서 간 것이었다. 마윈은 매번 손짓발짓을 섞어가며 열심히 설명을 했다. 인터넷 이야기를 마치고 나면 자신의 창업 계획도 말했다. 그러고 나서는 우리에게 어떻게 생각하느냐고 물었다.

우리는 아무런 의견이 없다고 했다.

마윈에게 몇몇 문제를 제기하는 친구들이 있었는데, 대부분 창업절차에 관한 것이었다. 마윈은 대답을 못하고 오히려 그들에게 좋은 방안이 없느냐고 물었다. 이에 다들 고개를 저었고 한숨을 쉬며 "마 선생님, 주점이나 식당 아니면 야간학원을 차리세요. 계속 강사를 하시는 게 낫겠어요. 어떤 거라도 좋지만 이것만은 안 돼요. 도대체 뭐예요? 인터넷이 안 좋다는 것이 아니라, 중국인 중에 아무도 아는 사람이 없어요. 비전이 없어요. 너무 첨단적인 기술이라 중국인들이 받아들이지 않을 거예요."라면서 여기저기서 우려를 표했다.

대부분의 반대에도 마윈은 결코 기가 죽지 않았다. 이전에 말로만 들었던 인터넷을 직접 대하면서 당시 마윈은 신나했다. 마침내 그는 중국에서 인터넷을 전문으로 하는 회사를 차리기로 했다. 미국에 가서 약간의 돈을 지불하고 차이나 페이지(China Page)를 등록하는데 컴퓨터에서 "You are lucky ……(당신은 행운아입니다. 아직 등록되지 않은 도메인입니다)."라는 문구가 나왔다.

같은 날 타이완의 한 젊은이가 '타이완 페이지(Taiwan Page)'를 등록했다고 마윈이 말해주었다. 중국과 타이완이 같은 날 인터넷 시대로 접어들었던 것이다!

이번 창업은 하이보 번역사를 창립할 때와는 같지 않았다. 마윈은 당시 많은 사람들이 철밥통이라고 여기던 대학 교수직을 포기하고 사업에 뛰어들었던 것이다. 내 기억으로는 그도 처음에는 사표를 낼까 말까 망설였다고 한다. 그러던 어느 날 퇴근 무렵에 마윈은 캠퍼스에서 우연히 학과장을 만났다. 학과장은 자전거를 타고 있었는데, 자전거 핸들에는 시장에서 막 사온 채소 두 봉지가 걸려 있었다. 그 분이 마윈에게 영어 교사는 전망이 좋은 직업이니 잘해보라고 의미심장하게 말했다고 한다. "그 선생님의 모습을 보면서 나는 갑자기 깨달았어. 계속 학교에 남아 있으면 그 분의 현재 모습이 바로 나의 장래 '전망'이라는 걸!" 이에 마윈은 지체 없이 사표를 던졌다.

1995년 4월, 마윈은 항저우 원얼로(文二路)에 있는 진디플라자(金地大廈)에 몇 칸의 사무실을 임대해서 '차이나 페이지(China Page)를 열었다. 그에게 듣기로 당시 투자한 돈은 6, 7천 위안이었고, 장모에게도 얼마간의 돈을 빌려서 모두 2만 위안의 자본금으로 시작했다. 이때부터 마윈은 '항저우 하이보 컴퓨터 서비스 유한공사((杭州海博电脑服务有限公司)'라는 명칭으로 회사를 정식 등록했다. 당시 중국 최초의 인터넷 회사에 근무하는 직원은 마윈과 그의 부인 장잉, 허이빙(何二兵) 이렇게 3명뿐이었다. 허이빙은 마윈의 대학 동료였는데 마윈의 전화 한 통에 넘어가서 인터넷이라 불리는 사업에 몸을 담게 되었다.

나는 그때 마윈이 말하는 인터넷이 무엇인지 잘 몰랐지만, 그가 바쁘다면서 도와달라고 할 때마다 적극 힘을 보탰다. 어느 날 회사에서 직원을 모집하는데 머릿수나 채워달라는 부탁을 받았다. 가서 보니 꽤 큰 방에 달랑 책상 하나와 의자 하나가 전부였는데, 어린애들의 소꿉장난처럼 보였다. 이날 뽑힌 마윈의 첫 비서가 바로 리윈(李芸)이다.

마윈이 '차이나 페이지'를 열었을 때 고객이 없어서 먼저 주변 사람으로부터 시작해야 했다. 그때 나는 텔레비전을 수출하는 회사에 다녔고, 여자 동창 한 명은 왕후

호텔(望湖賓館)의 로비 매니저였다. 그래서 마윈은 우리 회사의 14인치 컬러텔레비전에 대한 자료와 왕후호텔의 사진을 인터넷에 올렸다. 이것이 아마 중국에서 처음으로 온라인 광고를 한 상품과 호텔이었을 것이다.

얼마 후 베이징에서 세계여성대회가 열렸는데, 대회가 끝나고 항저우로 놀러 온 몇몇 대표 참석자들이 왕후호텔에 투숙하였다. 왕후호텔은 항저우에서 고급 호텔이 아니었는데도 왜 여기를 선택하여 왔느냐고 묻자 그녀들은 인터넷에서 검색하여 찾을 수

마윈의 두 번째 비서, 저우란

있는 중국 유일의 호텔이었기 때문이라고 답했다.

왕후호텔에서 로비 매니저로 근무했던 여자 동창이 저우란(周嵐)이다. 나중에 마윈의 두 번째 비서로 있다가 다시 알리바바 사무부 책임자가 되었다. 사진에서도 알 수 있듯이, 그녀는 우리 반에서 가장 청순한 미녀 중의 한 명이었다.

'예쁜 외모'가 인생에 어떤 영향을 미치는지에 대해 여럿이서 토론해본 적이 있다. 마윈은 "예쁜 외모는 당연히 도움이 되지. 안 예쁜 사람은 노력해서 사장이 되고, 예쁜 사람은 노력해서 사장의 비서가 되는 거야. 허허!"라고 말했다.

이처럼 홍보를 했는데도 차이나 페이지를 찾는 고객이 거의 없었다. 마윈은 어쩔 수 없이 차이나 페이지를 선전하는 막중한 임무를 맡았다. 광고할 돈이 없었기에 마윈이 직접 회사를 찾아가서 시범을 보이고 설명을 해야 했다. 그때의 일들을 떠올리면 마윈은 지금도 마음이 울컥해지는지 "그때 나는 명의상으로만 사장이었지 사실은 일개 모집원이었어. 길거리에서 보험이나 건강용품을 파는, 다들 대하기조차 싫어하는 판매원과 다를 바 없었지. 그들은 보험 계약이나 상품 판매가 직업이지만 나는 순수하게 자원봉사였어."라고 했다. 한 동창에게서 마윈이 길가의 포장마차에 있는 사람들에게 열심히 설명하는 것을 봤다는 이야기도 들었다. 창업 당시 마윈이 겪어야 했던 일들은 정말 다양했을 것이다.

마윈의 현모양처

"좋은 결혼은 행복을 줄 수 있지만, 불행한 결혼은 당신을 철학가로 만들 것이다." 라고 소크라테스는 말했다. 나는 이 말이 소크라테스가 악처를 만난 것에 대한 자기 위로일 뿐이라고 생각한다. 사람이 세상을 살면서 마음대로 얻을 수 있는 게 얼마나 되겠는가? 만 평의 기름진 땅을 가졌어도 쌀 한 되, 천 칸이나 되는 큰 집을 가졌어도 침대 반쪽만 있으면 된다. 그 침대의 다른 반쪽에는 자기에게 가장 소중한 것이 있기 때문이다. 그래서 마윈은 연설할 때 "집에 돌아가면 제일 중요한 것은 침대가 있어야 하고, 침대에는 좋아하는 사람이 있어야 한다."는 말을 자주 한다.

마윈의 부인 장잉은 그의 대학 동창이었다. 나중에는 항저우 전자공업대학에서 같은 연구실을 썼다.

영어학원에서 가르치던 때에 마윈이 일이 많아 못 오게 되면 장잉이 대신 강의를 했다. 자주는 아니었지만 영어를 가르치는 관점에서 보자면 사실 장잉이 마윈보다 훨씬 나았다. 마윈이 강의할 때는 자기 생각을 많이 이야기하느라 딴 길로 빠지는 경우가 종종 있었다. 하지만 장잉은 영어 문제를 분류해서 단어와 문법을 조리 있게 설명해줬다. 그래서 마윈보다 강의에 더욱 집중할 수 있었는데, 영어 수업 외적인 내용에 대해서는 거의 이야기하지 않았다.

마윈은 시끌벅적한 분위기를 좋아해서 학생들을 자기 집으로 초대하곤 했다. 그것도 매번 여러 명을 말이다. 장잉은 늘 웃으면서 학생들을 대해줬다. 찻물을 준비하고, 때로는 식사도 준비해야 했다. 다들 돌아가고 나면 어질러진 집을 치워야 했다.

그때 그들 부부의 집은 항저우의 서쪽 끝에 있었다. 서쪽으로 더 가면 논이 있었는데, 집안에 있으면 저녁 무렵에는 개구리 울음소리를 들을 수 있었다. 또한 멀지 않은 곳에서는 개 짖는 소리가 간간히 들리기도 했다. 장잉은 강의도 하고 또 마윈의 창업을 도와야 해서 아들을 보모에게 맡겼다. 돈이 없어서 시골에서 온 보모를 고용했는데, 그러다 보니 아들의 말투가 보모를 따라갔다. '배터리'를 '빳데리'라고 하는 등 표준어 발음과 너무 달랐던 것이다. 그래서 장잉은 급하게 보모를 바꾸었다.

앞에서 언급했듯 마윈이 차이나 페이지를 만들었을 때, 자기 집을 저당 잡힐 생각을 했었다. 어느 날 동창 모임에서 마윈은 또 그 이야기를 했다. 장잉은 마윈이 한 번 정하면 쉽사리 바꾸지 않는 것을 잘 알고 있었기에, 그저 옆에서 "집을 저당 잡혀야 돼? 그러면 우리는 어디 가서 살아?"라고 힘없이 말했다.

차이나 페이지를 설립한 후 마윈은 미국으로 자주 출장을 갔다. 처음에는 해외 출장에 신나 하더니 너무 잦아지자 장잉을 대신 가게 했다. 하루는 마윈이 나에게 전화를 걸어 "천웨이, 동문 모임을 준비해. 오늘부터 저녁마다 모이자."라고 했다.

"선생님, 지금 시간이 있으세요?"라고 물으니, 마윈은 "장잉이 미국에 갔어. 15일 동안! 지금 내 기분은 거지가 갑자기 200만 위안을 주웠을 때와 같아. 어떻게 써야할지 모르겠어!"라고 했다.

창업 초기 장잉은 현모양처에다가 회사 업무의 핵심이었다. 차이나 페이지가 처음으로 받은 8,000위안의 '큰 거래'도 장잉이 애써서 성사됐던 것이다.

1998년, 마윈이 베이징으로 사무실을 옮기면서 장잉도 따라갔다. 이동의 편의를 위해 그해 장잉은 운전을 배웠다. 아직 운전이 미숙할 때 한번은 차를 후진시키다가 주차되어 있던 메르세데스 벤츠를 박았다. 비싼 벤츠를 박았으니 집안이 망하는 것이 아닌가? 하면서 매우 놀랐다고 한다. 내려서 살펴보니 그녀의 폭스바겐 뒷부분이 벤츠 위에 올라가 있었다. 당시 벤츠에는 두 명이 타고 있었는데, 그들도 내려서 차 뒷부분을 살펴보니 벤츠에는 아무 문제가 없고 도색 부위도 긁힌 곳 하나 없었다. 장잉은 그때야 충돌했을 때의 긴장되었던 마음이 풀려서 급히 차를 몰고 가던 길을 갔다고 한다.

사업이 성공한 후에도 어쩔 수 없는 일이 있었다. 2008년에 장잉은 자신이 직접 교육시켜 부사장까지 된 어떤 이를 만나러 회사에 갔었다. 회사 로비에서 안내창구 아가씨가 "누구를 찾아 오셨습니까?"라고 물었다.

"저는 ……" 장잉은 안내창구에서 근무하는 자기 아들 또래의 아가씨를 보고 무어라고 대답해야 할 지 몰랐다.

그 후로 장잉은 회사에 거의 가지 않았다. "얼마나 고생해서 차린 회사인데, 지금은 들어가지도 못한다니, 들어간다 해도 무엇을 해야 하는지도 모르겠단 말이지." 장잉은 탄식을 하며 이렇게 말했다.

몇 년 사이에 회사에는 괄목할 만한 변화가 있었지만 마윈의 건강 방면에 대한 장잉의 '관리'는 느슨해진 적이 없다.

마윈은 사람이 오는 것을 좋아해서 사람들과 일로 얘기할 때는 피곤한 줄도 잘 모르고 몹시 흥분하여 그들이 가고 나서야 피로를 느낀다. 장잉은 이것을 잘 알고 있기에 늦게까지 회의를 하면 정해진 시간에 전화를 해서 빨리 끝내라고 재촉을 한다.

마윈의 점심은 대부분 집에서 가져온다. 때문에 점심시간이 지나면 장잉이 꼭 알려준다. 점심 때 마윈의 사무실에 가면 이런 통화 내용을 종종 들을 수 있다. "고기는 두 덩어리 먹었고, 달걀찜도 다 먹었어. 야채도 많이 먹었지. …… 과일은 먹고 있어."

마윈과 가족들의 좋은 밥상을 위해 장잉은 집안일을 도왔던 친정쪽 친척 두 명을 요리학원에 다니게 했다. 지금 그들의 실력은 집에서 '국가 지도자'를 초대할 수 있을 정도이다. 진융, 우샤오리(吳小莉) 등 유명한 사람이 오면 마윈은 종종 집에서 연회를 베풀었다. 그들도 요리사의 솜씨에 대해서는 찬사를 아끼지 않았다.

마윈이 입는 옷은 모두 장잉이 산 것이다. 장잉이 무엇을 사든 마윈은 그대로 입고 나간다. 홍콩에 갔을 때 옷을 사는 데 마윈이 직접 따라나섰는데, 대체로 몸은 함께 했지만 결정은 본인이 하지 못했다.

회사가 커지면서 마윈의 말 한 마디 행동 하나가 모두 주목을 받았다. 마윈이 알리바바와 화이(華誼)의 주식을 매각할 때마다 그가 이혼했다는 소문이 돌았다. 내가 옆에서 보기에 마윈이 이혼하는 것은 알리바바를 다시 만드는 것보다도 더 어려운 일일 것이다.

터무니없는 꿈

마윈에게서 영어를 배울 때 한번은 대화 주제를 "나는 꿈이 있다(I have a dream.)."로 정했다. 학생들의 꿈은 정말 다양했다. 과학자나 우주인이 되고 싶은 사람, 자식을 많이 낳고 싶은 사람 등등. 그러나 가장 많은 꿈은 돈을 벌어 세계를 두루 여행하면서 가고 싶은 곳에 모두 가겠다는 것이었다.

마윈이 그때 뭐라고 말했는지는 기억이 없다. 다만 그는 자기만의 특별한 꿈을 가지고 있는 사람이다. 꿈의 내용이 자주 바뀌기는 했지만 없지는 않았다.

어느 주말, 항저우의 톈주산(天竺山)에 올랐을 때 마윈은 "진융의 모든 무협소설을 여러 번 읽었어. 나의 꿈은 무림고수가 되는 것이야."라고 말했다. 그는 큰 나무 아래에서 지푸라기 하나를 주워서는 "예를 들어 내가 공력을 쓰면 이 지푸라기가 딱딱해지면서 저 나무를 뚫는 거야. 내가 공력을 거두면 이 지푸라기는 다시 처음처럼 부드러워지면서 양쪽이 처진 채로 저 나무에 걸려 있는 것이지. 지나가는 사람들은 지푸라기가 어떻게 나무를 뚫게 되었는지를 알지 못하겠지. 아, 펑칭양(風淸揚)–진융의 무협소설 《소오강호》에 나오는 무림 고수. 옮긴이–처럼 되고 싶어."라고도 했다.

무협에 대한 마윈의 꿈은 한 순간도 사라진 적이 없었다. 알리바바를 창립한 후 어느 날 마윈은 "내가 갑자기 사라진다면 누구도 나를 찾지 못해 다들 쩔쩔매겠지. 일주일 뒤에야 사람들이 찾으면 비서에게 '펑칭양으로 분해 영화 촬영하러 갔다고 대답하라'고 말해줄 거야. 주변에서 언제 오냐고 다시 물어오면 '몰라요. 신문을 잘 보세요. 영화 촬영이 끝나야 돌아오겠지요.'라고 말해주라고 비서에게 일러 놓을 거야. 상상만 해도 너무 재미있을 것 같아."

영어학원의 학생들과 차를 마실 때 마윈은 다른 꿈 이야기를 했다. 조금은 황당한 그 꿈은 다음과 같다. 현대화된 항저우 한복판에 마윈이 지나가는데, 다른 사람들은 다 양복을 입었고 혼자만 흰 명주옷을 입었다. 그리고 선글라스를 쓰고, 머리에는 파리도 못 앉을 정도로 젤을 많이 발랐다. 주변과 전혀 어울리지 않는 차림새이다. 옆에는 자기보다 머리 하나는 더 큰 여자 보디가드 두 명을 데리고 있다. 왼손을 내밀면 보디가드 한 명이 다빙(大餅)–밀가루를 동글고 크게 반죽해 구운 빵. 옮긴이–하나를 건네준다. 그러면 마윈은 한두 입 먹고 도로 돌려준다. 오른손을 내밀면 다른 여자 보디가드가 시가를 건네고 불을 붙인다. 재를 털면 그 보디가드가 손으로 받는다. 피우다가 보디가드의 손에서 시가를 끈다. 손에 연기가 나지만 그녀는 인상을 찌푸리지도 않고 표정 변화도 전혀 없다. 그런 다음 손을 털고 나면 아무 상처도 남아 있지 않다. 그것을 본 주위 사람들은 모두 놀란 표정을 짓고 있다.

나중에 마윈이 회사를 설립하는 과정에서 너무 많은 일을 겪어서 당시의 꿈이 많이 바뀌었다.

꿈 1

모든 직원을 데리고 파리로 춘절 휴가를 떠난다. 다들 매우 즐거워하던 중 저녁식사가 끝나면 연말 보너스로 모두에게 열쇠 두 개가 있다고 알린다. 다들 무엇인지 궁금해할 즈음 그 내용을 말해준다. "모든 직원에게 파리의 빌라 한 채, 그리고 페라리 스포츠카 한 대씩을 지급합니다." 그러자 놀라 심장이 너무 빨리 뛰는 사람들이 생겨 그들을 병원으로 보낸다.

꿈 2

유럽에 있는 어느 호화로운 호텔에 마윈이 들어선다. 종업원이 아시아 사람에게 불친절하게 행동하자 호텔 사장을 찾아가 가격을 말하면 호텔을 사겠다고 한다. 그러자

반려견과 함께 있는 마윈

사장이 3억 달러는 주어야 판다고 했다. 마윈이 수표책을 꺼내 “나는 당신이 5억 달러는 달라고 할 줄 알았다”라고 하면서 금액을 적는다. 거래를 신속하게 끝내고 호텔 사장실의 열쇠를 받는다. 그러고는 그것을 호텔 앞에서 기타를 치고 있는 한 유랑객에게 주면서 “이제부터 이 호텔은 당신 거예요.”라고 한다.

마윈은 혼자서 꿈을 꾸는 것뿐 아니라 사업이 어려웠을 때는 직원들과 함께 꿈꾸는 연습도 했다. 어느 해 연말이었는데 보너스도 없는데다가 추가 근무까지 해야 하는 상황이었다. 어느 날 마윈은 직원들을 불러 모아 회의를 했다. “다들 500만 위안을 보너스로 받는다면 어떻게 쓸 거예요?”라고 묻자 직원들은 각자 제 나름의 생각을 말하였다. 신나게 한 시간 정도 이야기하고 나자 마윈은 “좋아요. 방금 여러분들이 말한 내용은 다 이루어질 거예요. 그러니 계속 일합시다.”라며 회의를 마쳤다.

그러자 한 직원이 “사장님, 조그만 더 이야기해요. 저는 300만 위안밖에 못 썼단 말이에요.”라고 하자 다들 웃음보가 터졌다. 그리고 계속 일을 했다.

‘가난하지만 즐겁다.’는 말은 사업 초창기의 상황을 정확하게 보여준다. 나는 그때 입사하지 않았었지만 집이 바로 옆에 있어서 자주 보러 갔었다. 마윈은 직원들의 기분을 북돋우기 위해 갖은 방법을 다 동원했다. 일을 잘하는 직원에게 물질로 격려하지는 못하지만 대신 그들의 ‘수명을 연장시키는’ 방법을 썼다.

매번 회의를 할 때 이 사람에게는 이백 살, 저 사람에게는 삼백 살을 주곤 했다. 직원들이 모두 자기의 수명을 소중히 여겼다. 성씨가 치엔(錢)인 직원의 수명이 가장 길었는데, 그는 지금 캐나다로 이민을 가서 살고 있다. 2010년 귀국했을 때는 마윈의 집에서 머물면서 태극권도 배웠다. 그가 가장 즐거웠던 일은 자기가 ‘구천 살’이었다는 것이라고 말했다.

2011년 새해 첫날에 이 '구천 살' 동료 치엔이 다시 항저우에 왔다. 마윈의 집 거실에는 구리로 만든 예쁜 말 두 마리가 있었는데 크기가 손바닥만 했다. 그것은 사실 치엔이 청두(成都)에서 주자이거우(九寨溝)로 가는 길에 산 것이다. 마윈이 먼저 그것을 보았지만 한 개에 4,000위안이라 가격을 보고는 안 샀는데, 치엔이 그것을 사서 마윈에게 줬던 것이다.

그 이야기를 하자 마윈은 웃으면서 "한 개에 4,000위안을 달라고 했는데 치엔이 얼마를 주겠다고 했는지 알아? 200에 2개!" 마윈은 눈을 동그랗게 뜨고 오른손으로 V자를 두 번씩 했다. "그러고는 증정품까지 달라고 하더라니까." 마윈은 중의 의사가 손으로 약을 쥐는 흉내를 내면서 계속 말했다.

"그가 흥정하는 말을 옆에서 듣고 있자니 너무 부끄러웠어. 상대방이 몽둥이라도 들고 와 때리기라도 하면 어떡해?"

치엔은 그저 옆에서 순박하게 웃고 있었다. "그게, 예전에 저도 조그맣게 장사를 해 봐서 아는데, 구리의 무게에 따라서 흥정을 하면 돼요. 안 되면 더 주면 되고요." 그는 계속 듣기 좋은 베이징 사투리로 말했다. "만약 2,000위안이라고 했으면 장사하는 사람도 탁 주었겠지요. 하지만 그때는 후회해봤자 소용이 없어요. 안 그래요?"

3

마윈과 장지중

마윈 덕분에 판신만 감독을 알게 되었고, 그 뒤에 판 감독의 남편인 장지중 감독을 알게 됐다. 나는 그의 제작진을 자주 방문했고 저장에서 촬영할 때는 가서 도와주기도 했다. 그러다가 아들이 드라마 《열정이 불타는 세월(激情燃燒的歲月)》에 출연하게 되었고, 나도 장 감독의 비서로 일하게 되었다. 내가 장 감독의 제작진에 끌린 이유 중의 중요한 하나는 그들의 밥맛이 중국에서 최고라는 것이었다.

연예계에서 활동하던 날들을 돌이켜보면 나는 항상 감회에 젖게 되는데, 세상은 확률이 지극히 낮은 무수한 사건들이 모여서 이루어진다는 것이다. 리야펑(李亞鵬)이 《소오강호(笑傲江湖)》의 주연을 맡은 것과 서호논검(西湖論劍)-중국 항저우에서 일 년에 한 번씩 열리는 전자상거래 기업 영수들의 회담. 옮긴이-이 15년 동안 지속된 것 그리고 《신조협려(神雕俠侶)》와 타오바오(淘寶)가 손을 잡게 된 것도 다 그런 연유이다. 나중에 신문에 나온 이들에 관한 기사는 다 처음에는 순간의 선택에서 비롯되었다.

장지중과의 첫 만남

판신만은 1995년에 영어학원에 관한 TV 프로그램을 제작한 인연으로 항저우에 올 때마다 우리에게 연락을 했다. 그때부터 판신만은 마윈을 주목하였고, 나와도 연락하며 지내는 사이가 됐다. 1999년에 판 감독이 나에게 보낸 연하장에는 이런 사정이 자세히 적혀 있었다.

"천웨이 씨, 당신의 친구 마윈은 당신이 곁에 돌아와서 함께 싸우겠지만, 당신들의 친구인 나는 여전히 양쯔강 이쪽에서 싸워야 해요. 목표는 전 인류를 위한 것이지만 당신이 여전히 행복하고 건강하기에 우리 모두에게 위로가 돼요. 적어도 이 세상에 나만 실패한 것이 아니니까요."라고 적혀 있었다. 그해에 마윈은 베이징으로 데리고 갔던 경영진을 다시 항저우로 데리고 왔다. 바로 그해 알리바바가 탄생하였다.

어느 일요일, 마원에게서 같이 점심을 먹자는 전화가 왔다. "판신만 감독과 남편분이 오셨어."

나는 시간에 맞춰서 우린먼(武林文)의 어느 호텔 2층에 도착했다. 모두 왔을 때 보니 영어학원 동창도 2명 정도 있었던 것 같은데 누구인지 기억은 안 난다. 판 감독의 옆자리에는 구레나룻을 기른 남자가 앉아 있었다. 판 감독은 자기 남편 장지중이라며 소개했다.

마원이 옆에서 보충 설명을 했다. "장지중 감독님은 CCTV의 유명한 프로듀서야. 드라마 《삼국연의(三國演義)》가 바로 장 감독님의 작품이고 지금 막 《수호전(水滸傳)》의 촬영을 마치셨어."

나는 프로듀서가 무엇을 하는 사람이냐고 물어봤다.

"예를 들어 감독이 총괄 엔지니어라면 프로듀서는 돈과 사람, 감독도 관리하는 사람이야." 마원은 이렇게 설명했다.

장지중 감독의 머리와 수염은 그때까지만 해도 검은색이었고 살도 안 쪘었다. 장 감독은 특히 항저우 요리를 즐겼는데, 수지(素鷄)-두부로 만든 요리. 옮긴이-, 오리 장조림, 그리고 죽순을 넣고 절인 고기 요리 등을 모두 좋아했다. 음식이 나오자 한 입 먹어보고는 갑자기 눈을 동그랗게 뜨고는 음식을 가리키며 "이 놈들, 엄청 맛있네!"라고 말했다.

"당신 왜 이래요? 그렇게 깜짝 놀라면 다른 사람들이 혀를 깨문 줄 알잖아요."라며 판 감독이 타박했다.

나는 장 감독에게 예전에 항저우에 온 적이 있느냐고 물어 봤다.

장 감독은 1966년 문화대혁명 대교류(大串聯)-문화대혁명 시기에 홍위병(紅衛兵)이 중국 각지로 나아가 교류했던 것을 이른다. 옮긴이- 때 온 적이 있다고 했다. "15세였었는데 그해에 판신만이 태어났어요. 그래서 못 만났죠." 이 말을 듣고 다들 크게 웃었다.

마윈은 장 감독에게 "방송국에서는 다들 장 주임(제작 주임)이라고 하고, 제작팀에서는 다들 장 감독이라고 부르는데, 우리는 '장 Sir'라고 부르면 어떨까요?"라고 물었다(그때 중국에서 홍콩 영화가 많이 방영돼 "Yes, Sir"라는 말이 유행이었다.). 그로부터 우리는 십 몇 년을 '장 Sir'라고 불렀다.

그 이후로 장 감독은 항저우에 자주 왔다. "항저우는 정말 좋은 곳이에요. 싸우고 싶은 마음이 없어지는 좋은 곳이라고요."라고 말했다. 그리고 식사 때마다 "이 놈들, 엄청 맛있네."라는 그의 말을 들을 수 있었다.

장 감독은 1951년에 태어났는데, 집안이 비교적 상위 사회계층에 속한 관계로(할아버지가 베이징의 유명한 자본가였다.) 출신이 안 좋다고 해서 고생을 많이 했다. 그는 열일곱 여덟 살에 산시성(山西城) 위안핑시(原平市) 제춘현(解村縣)에 있었던 공사(公社)의 농천 생산대로 보내져서 빈하중농의 '재교육'을 받았다.

장 감독은 낙천적인 성격이다. 시간이 있으면 항상 예전 이야기를 해준다. 그때의 힘든 삶을 재미있게 이야기하는데 그때의 이야기들을 몇 가지 소개하면 다음과 같다.

"산시에서 농촌 생활을 했을 때 출신이 안 좋아서 도시로 못 돌아갔어요. 어렵사리 영화관에서 입장권을 검사하는 일자리를 구했죠. 하루는 상사의 마누라가 입장권 없이 들어가려고 하는 것을 내가 안 된다고 했어요. 그랬더니 다음 날부터 나 보고 나오지 말라는 거예요. 참으로 그녀에게 감사해요. 안 그랬으면 내가 지금도 거기서 입장권을 검사하고 있겠죠."

"그때 머리를 깎는 데 5푼이었어요. 어떤 사람이 아이를 안고 와서는 3푼만 받으면 안 되느냐고 물었어요. 이발사가 뒤돌아보지도 않고 '대추 씨도 5푼을 받아야 한다.'고 대답했어요. 그 말은 아무리 작은 머리라도 같은 가격이라는 뜻이죠."

"마을에 어떤 남자가 있었는데 맨날 저속한 노래를 부르면서 일했어요. 어느 날 우리에게 좋아하는 여자가 생겼다고, 옆 마을의 여자인데 선녀처럼 예쁘다는 거예요. 궁금해서 옆 마을에 확인하러 가서 보니까, 에이구, 굉장히 못생긴 여자였어요."

진혼곡의 탄생에 얽힌 일화도 들려줬다.

당시 산시 지방에는 반경 수십 킬로미터나 되는 지역에 악단이 하나밖에 없었다. 집집마다 결혼식이 있으면 모두 그 악단에 찾아와서 노래를 해달라고 청했다. 그들은 악기를 연주하면서 신부를 신랑 집으로 보내줬다. 그래서 연주되는 음악도 경쾌한 곡들이었다.

한번은 신부가 너무 흥분해서 도중에 심장병으로 죽고 말았다. 신랑이 무척 애통해하며 악단에게 슬픈 노래로 바꿀 수 없느냐고 물었다. 악단 사람들은 이 노래밖에 모른다고 했다. 어쩔 수 없이 그 노래를 느리게 연주해서 진혼곡으로 바꾸었다. 무슨 곡이든 느리게 연주하면 다 진혼곡이 되는 것이다.

장 감독이 옛날이야기를 하고는 늘 하는 말이 있다. "사실 나는 외딴 농촌에 도울 수 있는 가난한 친척이 있었으면 해요. 드라마 《열정이 불타는 세월(激情燃燒的歲月)》 속의 주인공 시광로(石光勞)처럼 자동차에 고기와 밀가루를 잔뜩 싣고 우리 촬영팀의 요리사들을 데리고 가서 3박 4일 동안 그들에게 잔치를 베풀고 싶어요."

1999년 초, 장 감독이 항저우 시후 호텔에서 머물렀을 때 나와 마윈이 방문을 했다. 당시 장 감독은 드라마 《손중산(孫中山)》—중산은 쑨원(孫文)의 호이다. 옮긴이—을 준비 중이었는데, 여러 어려움을 겪고 있었다. 드라마 이야기가 나오자 마윈이 혹시 진융의 무협소설을 드라마로 만들 생각이 없느냐고 물었다.

"물론 있죠. 그런데 홍콩에서 이미 만들었잖아요."

"15년이 지났는데 지금 다시 찍어서 더 좋은 드라마로 만들면 인기를 끌 수 있을 거예요."

당시 토론 끝에 두 사람은 진융의 드라마를 찍게 된다면 《소오강호》부터 시작하기로 결정했던 것으로 기억한다. 두 사람의 의견이 이렇게 같았다.

장 감독이 나중에 진융의 무협소설로 드라마를 제작한 것은 정말 뜻밖이었다. 그리고 첫 작품이 진짜로 《소오강호》라니! 뜻하지 않게 그 드라마 덕분에 장 감독의 무협 드라마들은 유명 브랜드가 됐다. 많은 중국의 연예인들이 그의 무협 드라마에 출연하는 것을 영광으로 여긴다.

《소오강호》를 만든 계기

1999년 가을, 마윈이 알리바바의 설립을 위해 한창 바빴을 때 진융은 《소오강호》의 판권을 1위안이라는 파격적인 가격으로 CCTV에 내줬다. 진 작가와 CCTV의 조인식이 항저우에서 있었다.

조인식은 마윈이 바쁜 관계로 내가 대신 준비를 해야 했다. 산타이산(三台山)에 있는 조용한 호텔에서 행사를 치루기로 했다. CCTV 부국장과 드라마 제작팀 책임자, 장지중 감독, 그리고 여러 감독과 작가들이 다 베이징에서 왔다. 진융 선생은 그때 저장대학교 인문대학의 명예 학장이었다. 선생의 숙소는 황룽(黃龍) 옆에 있는 저장 세계무역센터 호텔이었는데, 홍치(紅旗)—중국 제일자동차그룹(FAW)이 생산하는 고급 프리미엄 자동차. 옮긴이—와 아우디 두 대가 주차되어 있었다. 나는 진융 선생을 직접 모시기 위해 당시 항저우에서 가장 좋은 시러(喜樂) 호텔 사장에게서 캐딜락 한 대를 빌렸다. 차 내에 냉장고와 테이블이 있고 자리도 마주 보고 앉을 수 있는 차였다. 우리는 차를 가지고 호텔 정문에 가서 홍치 앞에다가 차를 대었다.

조금 있다가 진융 선생이 우리가 준비한 차를 타고 행사장으로 갔다. 조인식을 무사히 마치고 그가 써준 글도 받았다.

사실 장 감독은 이전에 진 선생을 만난 적이 없었지만 평소 그를 깊이 존경하고 있었다. 그래서 장 감독은 판권료인 1위안을 어떻게 전달할 지에 대해 고민을 많이 했다. 다행히 결과는 좋게 잘 진행되었다. 지금도 장 감독은 그때의 일을 생생하게 기억하고 있다. "판권료 1위안을 어떻게 드렸느냐 하면, 내가 중국인민은행에 가서 새로 만든 지폐 한 장을 달라고 했어요. 그것도 번호가 길한 것으로. 크리스털 감사패 안에 넣고 우리 방송국의 이름을 새겨서 드렸죠."라고 그 과정을 전했다.

지폐를 전달하며 사람들이 다 박수를 치고 조인식이 거의 끝나갈 무렵 여러 사람이 진융 선생의 요구사항을 듣고 싶다고 했다. 나중에 드라마를 제작할 때 따라야 할 영역과 기본 원칙이 무엇인지를 알아보려는 것이었다. 그러자 진 선생은 분명하게 "원작을 존중해달라."는 당부를 했다.

'원작을 존중한다.'는 말은 간단한 것 같지만 실제 그렇게 하기는 쉽지 않다. 당시 진융 선생은 홍콩이나 타이완에서 찍은 무협 드라마에 대해 두 가지의 불만을 갖고 있었다. 하나는 야외가 아닌 스튜디오에서 촬영한 장면이 많다는 점이다. 그에게는 이런

1999년의 조인식에서 글을 남기는 진융 선생

마윈에게 글을 써주는 진융

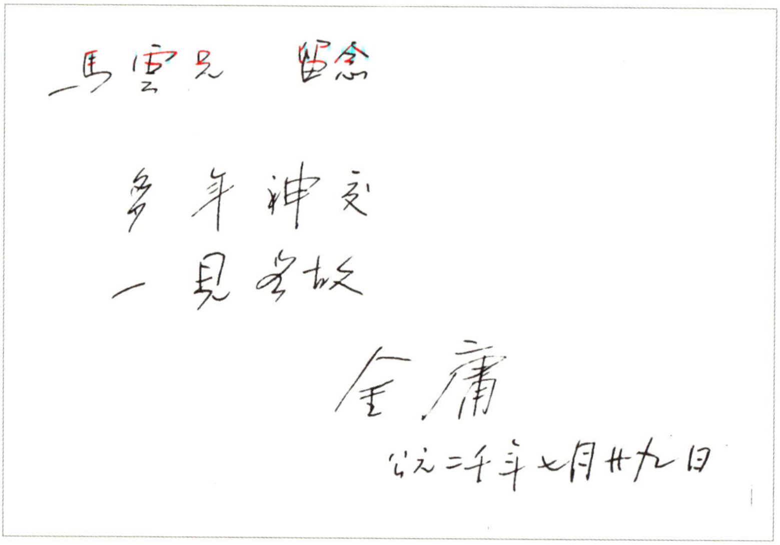

진융의 글씨

부분이 가짜인 것처럼 보였던 것이다. 또 하나는 각색이 너무 많아서 원작이 존중받지 못한 것에 대한 아쉬움이다. 다른 사람을 통해서 "이렇게 많이 고칠 거면 왜 나한테 와서 달라고 그래요? 당신들이 알아서 쓰면 되잖아요."라고 토로했다고 한다.

마윈이 가장 좋아하는 무협 영웅은 바로 《소오강호》에 나오는 펑칭양이다. 원래는 장 감독의 동명의 드라마에서 펑칭양 역을 맡아서 출연하겠다는 생각도 있었지만, 무술을 배운 적이 없어서 포기했다.

그래도 펑칭양에 대한 그의 사랑은 조금도 식지 않았다. 그의 타오바오 ID가 '펑칭양'이다. 하지만 진 선생이 마윈에게 지어준 별명은 '마톈싱(馬天行)'이다. 말이 하늘을 날듯이 구속을 받지 않고 성공한다는 뜻이다. 마윈도 이 이름을 기분 좋게 받아들였다.

2001년 초, 《소오강호》가 첫 방송을 탄 이후로 CCTV는 7,500만 위안을 벌었다. 아울러 홍콩과 타이완에서도 많은 인기를 끌었다. 드라마 속에 나온 촬영지도 유명세를 탔고 드라마 《소오강호》의 원작도 널리 알려졌다.

《소오강호》의 촬영 전 나는 장 감독과 같이 드라마 제작과 관련해 상의하기 위해 저장성 사오싱시(紹興市)에 있는 신창현(新昌縣) 관광국 책임자를 방문했다. 그때 우리를 맞이한 사람은 관광국 국장의 비서였는데 우리를 불친절하게 대했다. 우리가 도착하자 "국장님의 점심 휴식 시간이니까 한 시간만 기다리라."고 하고서는 자기 일을 하러 갔고 더 이상 우리에게 신경을 써주지 않았다. 한 시간 뒤에야 국장이 나왔는데, 다행히 촬영을 위한 면담은 순조롭게 진행되었다.

《소오강호》가 방송된 후 사람들이 드라마의 배경지인 신창이라는 지역을 알게 되고, 신창이 관광하기에 좋은 곳이라는 것이 알려지게 되었다. 이 때문에 신창현의 관광 수익이 수십 배나 늘었다. 그 후 다시 신창에 갔을 때 장 감독은 최고의 대우를 받았다.

2000년 9월에 마윈에게 글씨를 써주는 진융

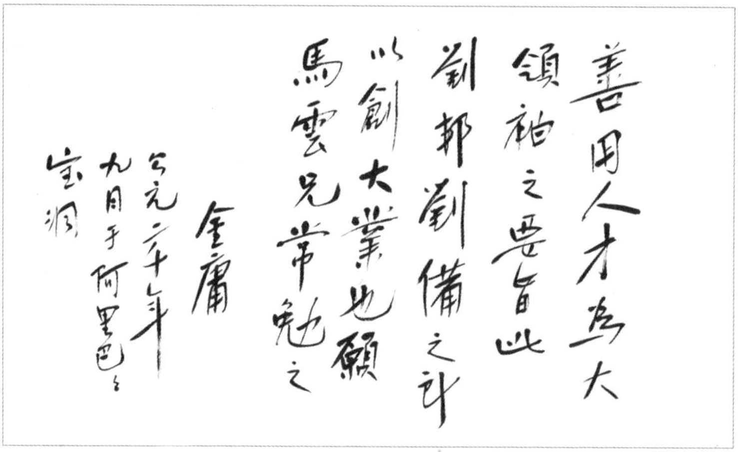

진융이 마윈에게 써준 글

《소오강호》를 만든 후 장 감독과 진융 선생은 더욱 깊은 친분을 쌓았다. 진 선생의 여러 작품에 대한 판권을 얻었고, 물론 이 때에는 1위안의 가격으로 거저 받은 것은 아니었다. 《사조영웅전(射雕英雄傳)》부터 진 선생은 시장 가격으로 판권을 양도했다. 그럼에도 불구하고 장지중 감독이 지불한 가격은 작품당 수십만 위안으로 다른 프로듀서보다는 훨씬 낮은 편이다.

'서호논검'

2000년 7월, 홍콩에서 회의를 마친 마윈은 융지져우쟈 식당(庸記酒家)에서 진융 선생과 처음 만났다. 진 선생은 만년필로 "여러 해의 정신적 교류 끝에 만나니 옛 친구를 만난 것 같다."라는 글을 적어줬다.

진융 선생을 만나기 전, 선생에 대한 마윈의 추앙은 이미 사람들이 모두 알고 있을 정도였다. 웨이샤오바오(韋小寶)-진융의 무협소설 《녹정기(鹿鼎記)》에 등장하는 남자 주인공을 가리킨다. 옮긴이-가 자주 하는 말을 빌리자면, "마치 장강이 흘러가는 것처럼 끊이지 않고, 또 황하가 범람하듯이 막을 수가 없다."고 한 것과 같았다. 알리바바 사무실에 걸어둔 글을 통해서도 그 점을 확인할 수 있다. 외부 사람이 알리바바에 들어오면 마치 무림 성지에 온 느낌이 들 정도이다. '광명정(光明頂)', '달마원(達摩院)', '도화도(桃花島)', '나한당(羅漢堂)', '취현장(聚賢庄)' 등의 이름은 모두 진 선생의 소설에서 가져온 것이고, 화장실 이름조차 '청우헌(聽雨軒)'과 '관폭정(觀瀑亭)'으로 바꾸었다.

마윈의 사무실 안에는 여러 개의 칼이 진열되어 있는데 그중에는 장지중 감독이 선물한 촬영 소품용 용천검(龍泉劍)-옛날 중국의 장수들이 사용하던 보검. 옮긴이- 두 자루가 있다. 믿을지 모르겠지만 마윈은 어디에 가나 이 칼들을 가지고 다닌다. 심지어 일을 처리할 때

2001년 9월, 항저우 메이자우(梅花塢)에서의 마윈, 진융, 장지중

도 예외는 아니다. 전에는 칼을 알리바바의 사무실에 보관했었는데, 나중에 타오바오의 사무실로 옮겼다. 눈부시게 빛나는 칼들을 들고 사무실에서 돌아다니기도 한다. 이런 광경을 보고 나는 마윈이 '생계를 위해 칼을 몸에서 떼지 않고 강호를 달린다'고 놀렸다.

마윈이 홍콩에 다녀온 어느 주말, 나와 친구들은 룽징(龍井)의 웡자산(翁家山)에 있는 어떤 농가에서 차를 마시다가 마윈 이야기를 했다. 그때 마윈은 항저우에서 조금씩 이름이 알려지기 시작할 때였다. 내가 마윈에게 전화를 걸어 "선생님, 우리가 룽징에서 차를 마시고 있는데 시간되시면 같이 식사하실래요? 여기 미녀 6명이 있거든요."라고 했다.

그날 특별한 일정이 없었던 터라 마윈은 우리쪽으로 왔다. 도착하자마자 우리에게 홍콩에서의 일들을 말해주고 자랑도 했다. 당연히 진융 선생을 만난 내용도 포함되었다. 그날 우리는 밤늦게까지 신나게 이야기를 나눴다. 마윈이 항저우에서 인터넷 업계 종사자 영수회담을 한다고 했더니, 미녀들이 이런 저런 문제에 대해서 자기의 의견을 말했다. '서호논검'을 개최하는 것과 진 선생을 심사위원으로 모시는 것은 오기 전에 이미 구상했을지도 모르지만 나는 그날 토론에서 나온 내용이 주된 배경이었다고 생각한다. —서호논검이라는 이름은 진융의 소설 《화산논검(華山論劍)》에서 따왔다. 옮긴이—

그날 이후 마윈은 나에게 임무를 주었다. 서호논검을 치룰 회의장과 유람선을 준비하는 일들이다. 그리고 나를 알리바바에서 '매주 8일 근무하고 32일에 월급을 받는' 비정규 직원으로 채용했다.

2000년 9월 10일, 서호논검 회담이 항저우 시후에서 개최되었다. 중국 전역에서 수천 명이 되는 네티즌과 수백 개의 미디어가 이 회담을 주목했다. 이번 회의의 주제는 '새 천년, 새 경제, 새 인터넷 영웅'이었다. 당시 가장 주목을 받던 인터넷 분야의 호걸들, 시나닷컴의 왕즈둥(王志東), 왕이닷컴의 딩레이(丁磊), 소후닷컴의 장차오양(張朝陽), 8848닷컴의 왕쥔타오(王峻濤) 그리고 마윈이 참석했다. 물론 가장 많은 관심을 받은 이는 단연코 진융 선생이었다. 무협과 별로 관련이 없는 인터넷 경제인 회담이었지만 마윈의 노력을 통해 이번 회담은 무림대회와 같은 분위기를 풍기고 있었다. 진 선생 본인은 인터넷에 대해 문외한이었지만 참석한 5명의 기업가가 모두 그의 광팬이었다는 것은 더욱 놀라운 사실이었다. 심지어 왕쥔타오는 우상인 진 선생을 가까이에서 직접 보고 싶어서 회담에 참가했다고 했다는 이야기를 나중에 전해들었다. 그리고 그의 쌍둥이 딸 이름도 진 선생이 지어줬다.

"인재를 잘 쓰는 것은 지도자의 핵심이고, 이는 유방과 유비가 대업을 이룰 수 있었던 이유이다. 마윈 군은 이것으로 항상 자신을 격려하라."

서호논검 회담 기간 중 알리바바를 방문했을 때 진융 선생은 위와 같은 붓글씨를 남겼다. 그의 글씨는 필체가 자유롭고 빼어나서 대가의 기풍이 크게 느껴진다. 마윈에게 써준 글씨는 큰 것 하나, 작은 것 하나인데, 지금도 시후 국제호텔에 있는 마윈의 사무실에 걸려 있다.

서호논검은 아주 성공적이어서 하나의 전통이 되었다. 매년 가을이면 인터넷 산업에 종사하는 기업가들이 모두 시후에 모여서 '무예'를 겨룬다. 해마다 방문하는 참가자는 바뀌지만 다들 이 업계의 엘리트들이다.

2001년, 《사조영웅전》의 촬영이 시작됐다. 장지중 감독과 배우 리야펑이 항저우에 들렀을 때 나는 식당 룽징차두(龍井茶都) 식당으로 그들을 초청했다.

마윈과 장 감독에게 영향 받아 나도 '무협'이 발동하여 식당 사장에게 메뉴를 '규화보전(葵花寶典)'으로 바꾸라고 하고 한 시간 가량 가르침을 주었다. 그리고 주방장에게도 특별히 요리 두 가지를 일러주었는데, 독고구검(獨孤九劍)--버섯을 중심으로 둘레에 9개의 죽순을 놓은 요리--과 항룡십팔장(降龍十八掌)--드르렁허리라는 생선을 중심으로 오리발을 주변에 두른 요리--이다.

2001년에 룽징차두에서 먹은 항룡십팔장과 독고구검

그날 마윈이 요리를 보고 항룡십팔장에 여덟 개의 손바닥만 있다고 하면서 자기의 손을 내밀어 열여덟 개를 만들었다. 사진을 보면 색깔이 옅은 것이 마윈의 왼손이다.

진융 선생과 장 감독은 둘 다 항저우를 아주 좋아하고, 농가 요리도 즐겨 먹었다.

2001년 가을, 항저우에는 계수나무 꽃이 활짝 피었는데 특히 시골이 더욱 풍성하였다. 햇빛이 좋았던 어느 날, 나는 진융 선생 내외분과 장 감독을 모시고 메이자우(梅家塢)-항저우 시후에서 가까운 유명 차 생산지. 옮긴이-에 갔다.

마윈에게 전화를 했더니 그는 알리바바의 초대 COO(최고 운영 책임자) 관밍성(關明生)과 함께 왔다. 관밍성도 무협 팬이었고, 진융 선생을 아주 존경했다.

그가 진융 선생에게 이렇게 말했다. "제가 홍콩지사에 있었을 때 선생님께서 신문에 기고하신 글을 모두 여러 번 읽었고 스크랩을 해서 책자로 만들었어요. 그러고는 시간 나는 대로 동료들과 무협 이야기를 했었는데, 모두들 좋아했었죠. 그래서 그때 인기가 많았는데, 결국은 모두 선생님 덕분이에요." 진 선생이 그 말을 듣고는 빙그레 웃었다.

마윈은 남아서 같이 식사를 하면서 예전처럼 나와 농담을 주고받았다. 진융 선생과 장 감독은 우리가 농담하는 것을 재미있게 들었다. 내가 좀 지나치면 마윈은 바로 필살기를 썼다. "하루라도 스승이면 평생은 어떻다고?"-'하루 스승이라도 평생 부모처럼 대해야 한다(一日爲師, 終身爲父)'는 중국 속담을 인용하여 농담한 것이다. 옮긴이-

판신만 감독은 그때 항저우에서 보냈던 날들이 뭔가 추구하지 않아도 되었던 생활방식이라 좋았다고 한다. 그 시절은 훗날 그녀가 집필한 도서 《폭주하는 날(暴走的日子)》에서도 언급된다. 이 책에는 나와 내 아들 이야기도 있었다. 그녀는 특별히 나에게 한 권 보냈는데, 책에는 "천웨이 씨, 나와 당신의 차이는 당신은 삶을 살고, 나는 삶을 기술한다는 것이에요. 내가 좀 더 가엾죠."라는 글이 쓰여 있었다.

일자천금(一字千金)

2005년에 알리바바는 야후 차이나(Yahoo China)를 인수했다. '야후(Yahoo) 검색'을 홍보하기 위해 장 감독은 한 가지 제안을 했다. "BMW의 전 세계 광고는 여러 회사에서 기획안을 공모하여 취합된 서로 다른 시나리오를 바탕으로 한 배우가 연기해 동시에 방영하게 하였는데, 큰 호응을 얻었어요. 우리도 이런 방법을 참조할 수 있을 듯해요."

2006년 초, 마윈은 화이 브라더스(華誼兄弟, 화이슝디) 미디어와 협력했다. 3,000만 위안을 투자하여 첸카이거(陳凱歌)와 펑샤오강(馮小剛), 장지중 등 중국에서 가장 유명한 감독 세 사람에게 각각 야후 검색을 홍보하는 광고 영상을 의뢰했다. 제작팀은 즉시 새 야후 광고에 대한 기획 작업에 들어갔다. 당시 나는 광고 시리즈 작가의 한 사람으로 장 감독을 따라 샹산(象山)에서 《벽혈검(碧血劍)》을 촬영하고 있었다. 밥을 먹을 때마다 동료들과 같이 광고 내용을 구상하기 위해 이런저런 재미있는 이야기를 나눴다.

이때 광고 영상 중 마지막에 촬영된 〈전생과 현생(前世今生)〉 편은 내가 시나리오에 참여한 부분도 있지만 중간에 폐기된 이야기들이 더 낫다고 생각한다. 그중에는 내가 쓴 〈삼생의 정(三世情)〉도 있었는데 대강의 줄거리는 다음과 같다. 첫 번째 인생은 고대이다. 연인인 두 남녀가 전쟁으로 헤어지는데 나중에 장군이 된 남자는 모든 성벽에 여자의 초상화를 붙인다. 그리고 남자의 머리가 성성한 백발로 바뀐다. 두 번째 인생은 민국시대(民國時代)-1912~1949년 사이 중국 대륙에 중화민국이 있던 시기. 옮긴이-이다. 먼 나라로 가는 배가 막 출발하려는데 남자는 그가 사랑했던 여자를 발견한다. 두 사람의 시선이 마주치지만 배는 이미 떠났다. 그 후 남자는 여러 신문에다 여자를 찾는 광고를 신는다. 찾아 헤매는 장면에 전생의 여자의 모습을 흐릿하게 비춰준다. 세 번째 인생은 현대의 대도시이다. 지하철에서 남녀가 등을 지고 서 있다가 내릴 때 여자가 고개를 돌려서 남자를 본 그 순간 지하철은 출발한다. 여자는 넋을 잃은 듯이 집으로 돌아온다. 갑자기 벨이 울려서 문을 열어보니 남자는 손에 꽃을 들고 웃으면서 문 밖에 서 있다.

바로 그때 내레이션이 흘러나온다. "이 생에는 다시 안 놓친다. 야후 검색!"

시나리오 때문에 도움을 청하기 위해 마윈을 찾아가기도 했다. 그는 나에게 "사람들은 다 자기가 만든 것이 최고라고 생각하기 마련이야. 내 의견을 말하는 것은 적절하지 않아. 장 감독에게 부탁했으니 그가 정하는 바를 따라야 해."라고 단호하게 말했다.

최종적으로 내 아이디어는 장 감독에 의해 폐기됐다. 최종 선택된 기획안이 지금 볼 수 있는 〈전생과 현생〉 편이다. 광고의 내용은 이렇다. 한 고고학자가 꿈에서 낭떠러지로 떠밀려 떨어지는 고대의 미녀를 자주 본다. 어느 날 고고학자는 당나라 시대 사람의 시신 한 구가 발견됐다는 소식을 듣고 곧바로 조사하러 갔다. 마침내 몸에 달려 있는 옥패를 보고는 이 시신이 꿈에 나타난 당나라 미녀라는 것을 알게 된다. 전생에서 고고학자와 미녀는 사랑하는 사이였다. 하지만 여자의 언니가 질투로 자기 동생을 벼랑에서 밀었던 것이다. 그리고 현생에서 언니는 환생해 고고학자의 아내가 되었다. 고고학자는 고생 끝에 고대로 돌아가서 언니의 음모를 막았고, 현재로 돌아와 보니 아내는 이미 동생으로 바뀌어 있었다.

마윈과 세 명의 감독이 계약한 후 야후와 화이 브라더스도 야후 스타(Yahoo Star)라는 전국적인 오디션 프로그램을 만들었다. 오디션의 목적은 2편의 광고 영상에 출연할 여주인공을 선발하기 위해서였다. 몇 개월이 지나 아이리쟝(艾里江)과 자오리잉(趙麗穎), 허쥐옌(何琢言) 이 3명의 행운아가 오디션 과정을 통해 선발되었다. 신인 탤런트로 뽑힌 그녀들은 각각 첸카이거와 펑샤오강, 장지중 감독과 함께 야후 검색의 광고를 찍게 되었다. 그중 허줘옌이 〈전생과 현생〉에서 당나라 미인으로 출연했다.

오디션 과정에서 재미있었던 이야기도 많았다. 야후 스타의 결승전이 항저우에서 열렸는데, 허줘옌은 외모나 매력에 있어서 최고가 아니었다. 인기나 여러 면에서 그녀보다 더 나은 여자 참가자가 있어 출연에 대해서 감독과도 이미 이야기를 마쳤다. 그러나 결승전 직전에 나와 장 감독의 식사 자리에서 한 오디션의 관계자가 장 감독에게 그 여자 참가자가 거만하다고 하면서 몇 가지 사례를 들어 이야기를 해줬다. 그러자 장 감독은 즉시 허줘옌으로 여주인공을 바꾸었다. 그리고 그 전에 〈전생과 현생〉에 언니로 출연하는 배우는 이미 정해져 있었다. 바로 중국에서 유명한 여배우 뤄하이충(羅海琼)이다.

〈전생과 현생〉에서 고고학자(황샤오밍(黃曉明) 분)가 당나라 여자 시신이 발견된 현장으로 차를 몰고 가는 장면이 있다. 화면에 나온 황샤오밍이 운전하는 허머(Hummer) 자동차는 내가 친구에게서 빌린 것이었다. 물웅덩이가 있는 길에서 급커브를 하는 장면을 찍을 때에는 내가 직접 운전을 했다. 열 번 이상 찍은 그 장면은 너무 위험해서 지금 다시 봐도 손에 땀이 날 정도다.

이 시리즈 광고는 대사도 심사숙고했다. 내가 일찍이 생각했던 광고 문구는 "'검색'의 생활화가 당신의 생활의 '효율'을 만든다"였다. 많은 사람들이 그 문구를 아주 좋다고 했고, 장 감독도 흡족해했다. 그런데 곧바로 뜻밖의 문제가 생겼는데 베이징의 많은 가로등 광고에 "당신 생활을 효율적으로 바꾼다!"는 광고 문구를 이미 다른 사람이 사용했다는 것을 알게 된 것이다. 그래서 부득이하게 새로 다른 말을 찾아야 했다.

최종적으로 장 감독은 내가 쓴 다른 광고 문구를 선택했다. "손가락만 움직이는 사이 내 바람이 이루어진다. 야후 검색!" 그때부터 나는 제작팀에서 '지식인'으로 대우 받았다. 그리고 나는 장 감독에게서 몇 만 위안의 수고비를 받아 단번에 일자천금(日字千金)—글자 하나의 값이 천금의 가치가 있다는 뜻. 옮긴이—의 의미를 알게 되었다.

광고를 찍는 중에 하루는 마윈이 나에게 전화를 했다. 《시나(新浪) 살롱》이라는 프로그램에 출연했는데 같이 인터뷰를 한 사람이 마수(馬蘇)라는 여배우였다고 했다. 그녀가 자기를 너무 잘 알기에 물어봤더니 나에게서 이야기를 들었다고 했다는 것이다. 왜냐하면 마수는 우리가 촬영한 《벽혈검》에서 안샤오훼이(安小慧) 역을 맡았기 때문이다.

나는 "홍마(弘馬)는 내 몫이니까요."라고 말했다.

"홍마가 뭐야?"

"마 회장님을 홍보하는 일이에요."

"허허. 재미있구나. 계속해."라며 마윈은 크게 웃었다.

서로 만나는 하천

2005년 8월에 《벽혈검》의 촬영이 시작되었다. 마윈은 장 감독에게 펑칭양을 빼면 무런칭(穆人淸)–《벽혈검》에 등장하는 화산파의 장문인이다. 옮긴이–이 자기가 좋아하는 무림고수여서 꼭 직접 출연하고 싶다고 말해왔다. 마윈의 말은 농담이었는데, 장 감독은 진담으로 받아들이고는 나에게 그 일을 알아보라고 했다.

나는 며칠에 한 번씩 마윈에게 문자를 보내서 그를 유혹할만한 여러 재미있는 장면들을 보여주었다. '이번 기회를 놓치면 다시는 기회가 없다.'–원래는 '이 마을을 지나면, 더이상 묵을 곳이 없다'는 속담을 차용했다. 옮긴이–고 강조했지만 마윈은 끝내 촬영하러 오지 않았다. 자기는 진심으로 출연하고 싶었지만 부인이 끝까지 동의를 안 해줘서 어쩔 수 없었다고 했다.

마윈이 가장 좋아하는 펑칭양과 무런칭은 둘 다 '검객'인 관계로 결국 위청훼이(于承惠) 선생이 배역을 맡아 연기했다. 위 선생은 그 당시 65세가 넘었지만 정정한데다가 무술의 철학 사상에 대해서도 많이 아는 편이었다. 거기다 그는 흰 수염을 길러서 보기에도 무척 멋졌다. 장 감독의 말로는 수염을 염색할 필요가 없어서 분장할 돈을 아꼈다고 했다.

마윈은 무런칭 역을 맡지는 않았지만 샹산의 촬영 현장을 몇 번 방문했다.

마침 바다낚시철이어서 마윈은 알리바바의 직원 몇 명과 함께 촬영장에 왔다. 촬영장 방문이 끝나고 모두 쾌속정을 타고 중국 연해에서 가장 동쪽에 있는 작은 섬으로 바다낚시를 하러 갔다. 점심은 섬에서 먹어야 했는데, 그 섬에는 아무것도 없었다. 배에는 냄비와 화로, 그리고 마실 물만 있어서 고기를 잡아서 먹어야 했다. 고기를 못 잡으면 굶어야 했다. 도전할 목표가 있어서 다들 좋아했다.

그날 현지 관광국 국장이 가장 큰 물고기를 잡았고, 가장 많이 잡은 사람은 마윈이었다. 반면에 알리바바에서 낚시에 가장 관심이 많은 세스황(謝世煌)은 별로 잡지를 못했다. 세스황은 알리바바 창업자 18명 중 한 사람이다. 그의 꿈은 전 세계를 돌며 낚시를 하는 것이다. 오스트레일리아에 휴가를 가서도 그는 아무 데도 가지 않고 같은 곳에서 5일 동안 낚시만 했다고 한다. 나는 그 이야기를 듣고 정말 한 대 쥐어박고 싶었다. 저렇게 사치스럽게 낚시하러 갔다니!

그날 쾌속정을 타고 섬으로 가는 데 한 시간 이상이 걸렸다. 그래서 돌아오는 길에는 배에서 '더우지주(鬪地主)'–중국식 카드게임의 일종으로 3명씩 진행한다. 옮긴이– 카드게임을 했다.

같이 간 사람 중에 유명한 기업가가 한 사람 있었는데 포커를 아주 즐겼다. 자신에게 천부적인 재능이 있어서 몇 번밖에 배우지 않았는데도 회사에서 적수가 없다고 자랑했다. 그런데 막상 몇 번 해보니 그 분만 졌다. 아주 좋은 카드를 쥐고도 이기지 못했다.

그래서 그는 기분이 아주 상한 것 같았다. 배에서 내려 30분 동안 정도 호텔로 가는 차 안에도 계속 물었다. "마윈, 아까 마지막에 내가 너의 2 세 개를 죽였으면 어떻게 되었을까?"

마윈이 의미심장하게 그의 어깨를 두드리면서 그것은 죽이느냐 마느냐의 문제가 아니라고 했다. "오늘 당신과 카드게임을 한 사람들이 모두 당신 회사 직원이 아니라는 것이 문제지. 그 말 못 들었어? 국장님이 퇴직한 다음 날부터 잘하는 것도 못하게 되더란 이야기를. 카드게임, 바둑, 탁구, 장기 등등 모두. 다들 무서워하지 않기 때문이야. 허허!"

그 기업가의 이름을 정말 여기에 쓰고 싶은 마음이 목까지 치밀었지만, 어금니를 깨물고 꾹 참았다.

어느 춘절에 장 감독이 리야펑, 요우용(尤勇) 등 배우들과 함께 항저우에 놀러온 적이 있었다. 그들의 일정 중에서 가장 중요한 것이 마윈과 같이 부동산을 보러 가는 것이었다. '타후아유엔(桃花源)'-항저우 외곽에 위치한 고급 별장 지역. 옮긴이-이나 '푸춘산귀(富春山居)'-항저우 외곽에 위치한 아름답고 고풍스러운 리조트. 옮긴이- 같은 곳은 추천만 받으면 잊지 않고 반드시 보러 갔다.

그 당시에 이런 부동산들은 건설 중이었다. 춘절 때 노동자들이 휴가를 가서 우리 일행은 몰래 현장에 들어가서 구경을 했다. 하루 일정이 끝나면 다들 온 몸이 먼지투성이가 되었다. 사람마다 보는 관점이 달랐는데, 예를 들어 '타후아유엔'이 좋아서 나중에 정말 구매한 사람이 있었다. 그런데 요우용은 이곳이 너무 떨어져 있어서 항저우와는 관계가 아예 없다고도 했다.

마윈은 때때로 알리바바 직원들을 연예인이 묵고 있는 호텔로 데리고 가서 그들과 단체 사진을 찍기도 했다. 열심히 일한 직원들에게 주는 일종의 보너스였다.

마윈은 유머 감각이 탁월한 사람이라 연예인과 친하게 되면 농담도 잘했다. 어떤 연예인이 건강을 지키기 위해 겨울에도 냉수욕을 한다고 했다. 마윈은 이렇게 농담했다. "그건 별 게 아니에요. 조금씩 온도를 높여서 끓는 물로 목욕할 수 있으면 참 대단한 거죠!"

그해 마윈은 '저장 10대 경제인'이라는 호칭을 받았다. 장 감독이 주최 측의 부탁으로 마윈에게 시상을 했다. 시상식 전에 장 감독은 친구들과 식사를 하면서 시상식에서 할 말을 구상했다. 여러 의견들 중에서 장 감독은 내 말을 인용하였다. "……인터넷은 붐비는 공간입니다. 마윈이 거기를 빠져나올 수 있는 이유는 빠져나오기에 적당한 몸매를 가지고 있기 때문입니다.……" 다음 날에 항저우의 여러 신문에 이 유머가 실렸다.

2006년, 《녹정기》 촬영이 시작되었는데 양저우(揚州)에서의 장면은 모두 조수를 구경하는 관광지인 하이닝(海寧)의 옌관(鹽官)에서 찍었다. 항저우와 가까워서 촬영 기간 중에 마윈의 생일 파티에도 참석했다. 마윈도 저녁에 촬영 현장을 방문한 적이 있는데 호텔에 빈방이 없어서 장 감독과 같은 방을 썼다. 이튿날 아침에는 골프도 같이 쳤다.

그때까지 두 사람은 골프를 배운 지가 얼마 되지 않아서 한창 골프에 맛들이고 있을 때였다. 그래서 내기를 하며 지는 사람이 두 손을 모으고 예를 갖추어 큰 소리로 상대방에게 사부(師父)라고 세 번 부르기로 했다. 내가 기억하기로 내기를 세 번 정도 했는데 매번 이긴 사람이 마윈이라 장 감독은 아주 기분이 상했었다.

앞서 말했듯 마윈은 유머 감각도 있고 모임에서 넌센스 퀴즈도 잘 냈다. 다른 사람이 답을 틀리거나 도저히 이해하지 못하면 그는 박수를 치면서 큰 소리로 웃었다. 그가 낸 퀴즈는 대부분 잊어버렸는데 두 개만 기억이 난다.

1번

일본 병사가 마을에 들어가서 모든 사람을 체포한다. 모두 다리를 건너면서 다리

중간에서 한 마디씩 해야 한다. 만약 거짓말을 하면 목을 베고 참말을 하면 500m 높이의 다리 밑으로 떨어뜨린다. 밑에는 물도 없고 바위만 있다. 그러면 당신은 어떻게 할 것인가?

2번

방 안에 3개의 램프가 있고 방 밖에 3개의 스위치가 달려 있다. 먼저 밖에서 스위치를 켜고(안의 전구는 밖에서 보이지 않는다.) 방 안으로 들어가야 한다. 어느 스위치가 어느 램프와 연결되어 있는지를 어떻게 알 수 있을까?

이런 퀴즈는 지금 보기에는 쉬울지 모르겠지만 그때는 많은 사람들을 골치 아프게 만들었다.

장 감독의 붓글씨 서체는 반듯하지 않은데, 마원의 글씨는 더 심하다. 제1회 전국 장기대회가 닝붜(寧波)에서 열렸는데 장 감독과 마원 둘 다 개막식에 초청을 받았다. 입장하기 전에 방명록에 붓글씨로 서명을 해야 했다. 마원이 아주 '진지하게' 삐뚤어진 글자 몇 개를 적더니 자기도 차마 못 보겠다고 하였다. 그래서 밑에다가 장 감독의 이름을 적었다. 그러고 나서 다시 한 마디를 적었는데 이번에는 더 못 썼기에 이번에는 이름을 안 적고 그냥 입장했다. 얼마 후 뒤에서 장 감독의 목소리가 들렸다. "이건 내가 쓴 게 아니에요. 이렇게 못 썼다면 왜 내 이름을 적겠어요? 알겠다. 마원의 짓이네!"

장 감독은 속으로 마원을 무척 존경한다. 어느 해 저장에서 장 감독을 초청해서 문화 건설에 관한 조언을 구하면서 항저우에서 사업을 해서 성공한 사람의 드라마를 만들자고 했다. 그때 각본은 이미 쓰고 있었다. 항저우 작가협회의 회장을 맡은 여성이 이렇게 말했다. “항저우는 개혁 개방에 서두르지 않으면서도 빠른 성장을 해 왔습니다.” 이 말을 듣고 장 감독은 “항저우에는 좋은 예가 있습니다. 바로 마윈입니다. 시나리오를 마윈의 사업 이야기처럼 잘 쓰면 제가 꼭 찍겠습니다.”라고 했다고 한다.

4

알리바바,
내가 왔다!

2008년 3월, 할머니께서 93세를 일가로 세상을 떠나셨다. 어릴 적부터 나를 키워주셨는데, 내게 남아 있는 가장 오래된 기억은 다섯 살 때 수수께끼를 가르쳐주신 일이다. 할머니의 장례식장에서 나는 부모님의 성성한 흰머리를 보고 마음속에서 크나큰 아픔과 무기력함을 느꼈다. 늙어가는 부모님을 보니 나는 '부모님이 계시면 멀리 가지 않는다.'는 옛말이 생각났다.

그 후로 제작팀에는 다시 안 가기로 했다. 슬픔을 어느 정도 가라앉힌 후 나는 마윈의 집을 방문했다. 그리고 마윈의 비서가 되어 오늘까지 일하고 있다.

새로운 비서, 새로운 시작

2008년 4월 3일은 내가 알리바바로 첫 출근한 날로 오랫동안 보관만 했었던 양복을 꺼내서 입고 나갔다. 이날 마윈과 나는 태국 정따그룹(正大集團) 상하이지사의 정 사장과 함께 정따에서 준비한 업무용 비행기를 타고 후허호아터(呼和浩特)-중국 자치구 중의 하나인 네이멍구(內蒙古, 내몽고) 자치구의 정부 소재지. 옮긴이-에 갔다. 비행기 안에서 정 사장은 얼마 전에 정따그룹의 쉐궈민(謝國民) 회장이 마윈의 영어 연설을 듣고는 아주 좋아했다고 전했다. 그래서 이번에 후허하오터에서 열리는 회의에 마윈이 반드시 참가하도록 청하라고 하면서 아울러 두 아들로 하여금 알리바바를 방문하도록 지시했다는 것이다.

후허하오터에 도착한 후 우리는 먼저 따오자오쓰(大昭寺)를 구경했다. 거기에는 강희제(康熙帝)-중국 청나라의 제40대 황제. 옮긴이-에 관한 이야기들이 전해지고 있었다. 구경하면서 우리는 무엇보다 이민족을 통솔한 강희제의 위대함을 다시 한번 깨달았다. 마윈은 역사에 관심이 많았는데 기억이 잘 안 나는 역사적 사건은 가이드에게 물어 확인했다. 가이드의 말을 듣고 그는 고개를 끄덕이고는 다시 여러 차례 사색에 빠졌다.

구경이 끝난 후 마윈은 태국의 쉐 회장, 그리고 멍녀우(蒙牛) 그룹의 회장과 함께

한 회의에서 '사회주의 신 농촌'의 건설에 관한 문제를 토론했다.

만찬을 마친 후 우리는 다시 비행기를 타고 항저우로 돌아왔다. 돌아오는 비행기 안에서 정 사장은 정따그룹은 사료만 만드는 것이 아니라 양식업과 심지어 전자상거래에도 진출했다고 했다. 그의 말에 따르면 중국인이 매년 먹는 돼지가 6억 5천만 마리나 된다고 한다. 마윈은 눈이 휘둥그레지면서 "그렇게 많아요? 사람이 돼지를 먹어서 다행이에요. 만약 돼지가 사람을 먹는다면 중국인은 2년 안에 다 잡아먹혀 버릴 거예요."라고 말했다.

내가 계산해 봤는데 돼지 한 마리 당 몸길이가 1m라고 가정하면, 중국에서 매년 도살하는 돼지를 이으면 적도를 무려 16바퀴나 감을 수 있다! 그때 내 머릿속에서는 유태인 작가 아이작 싱어(Isac Singer)의 "사람이 다른 동물에게 하는 짓을 보면 나치와 다름이 없다."는 말이 생각났다. 내가 보기에 양식장(사육장)은 사실 사람이 동물들을 가두는 강제 수용소이다.

인류가 다른 선택이 없어서라고 하지만 마음이 편할 수는 없다. 사람은 가장 우수한 동물인 동시에 가장 잔인한 동물이다. 그렇다고 채식주의가 낫다고 보지도 않는다. 만약 10년 뒤에 과학자가 식물이 찢어질 때의 고통이 동물보다 더 심하다는 것을 입증하다면 어떻게 할 거냐고? 이야기가 딴 데로 빠졌네!

먼저 드라마 제작팀에 있었을 때 장 감독에게서 이런 말을 자주 들었다. "나는 너와 비교가 안 돼. 넌 젊잖아." 그래서 한동안 나이가 어리다는 것이 나에게는 자랑거리였다. 하지만 알리바바에 가보니 나는 늙었다는 느낌이 들었다. 내가 우리 그룹의 평균 연령을 몇 살이나 올렸다는 것이 알리바바에 온 후 가장 후회스러운 일이다.

2008년 4월 중순, 마윈은 유럽에서 베이징으로 돌아왔다. 우리는 시간을 내서 궈광창(郭廣昌)-중국 푸싱그룹(復星集團)의 창립자. 옮긴이-이 베이징에서 건설하고 있는 두 동의 아파트를 둘러봤다. 궈 회장은 철학 전공 출신이어서 취향이 남달랐다. 그가 건설하던 아파트 중 한 군데는 구리로 발코니를 만들었는데 녹이 슬어 퍼렇게 변색돼 있었다. 궈 회장은 이 색이 시간이 지날수록 더욱 예뻐진다고 하며 이게 이 아파트의 장점이라고 했다.

안으로 들어가보니 방이 좀 좁고 복도가 무척 넓었다. 우리는 낭비라고 생각했지만 궈 회장의 논리는 '아름다운 삶은 낭비에서 나온다.'고 말했다. 역시 성공한 사람의 생각은 확실히 우리와 달랐다.

4월 29일에 마윈은 베이징에서 랑팡(廊坊)--중국 허베이성(河北城)에 있는 도시로, 베이징에서 40km 정도 떨어져 있다. 옮긴이--에 있는 신아오그룹(新奥集團)을 방문했다. 이번 회의에서 나는 류촨즈(柳傳志), 왕위쉬(王玉鎖) 등 유명한 기업인들을 만났다. 점심 때 장잉에게서 마윈이 밥을 챙겨 먹었느냐는 전화가 왔길래 많이 안 먹는다고 했더니 마윈은 "천웨이가 자기 좋아하는 것만 갖다 줘서 그래."라고 반발했다.

그래서 내가 직접 고르라고 했다. 그가 가져온 것을 보니 내가 갖다준 것과 별반 차이가 없었다. 마윈은 "네가 갖다준 생선보다 내가 가져온 것이 훨씬 예쁘지 않냐?"고 변명했다.

5월 5일에 우리는 홍콩에 갔다. B2B--'Business to business'의 약자로 기업간 거래 혹은 기업간 전자상거래를 지칭한다. 옮긴이-- 주식이 상장된 지 반 년 만에 처음으로 주주총회를 하였다. 주가가 많이 떨어져서 소액주주들이 불만이 있지 않을까 걱정했지만 회의는 조용하게 끝났다. 그때는 모든 주식이 하락하고 있는 상황이라 우리 주식만 오를 리가 없었다.

주주총회가 끝난 후 마윈은 상장사의 사장들과 홍콩의 한 호텔에서 식사를 했다. 식사 때 화제는 "중년에 들어선 사람이 가장 원하는 세 무엇이냐."는 것이었다.

사람마다 다 자기의 생각을 이야기했는데 가장 마지막에 내 차례가 되었다. 나는 농담하듯이 "중년 남자의 가장 큰 소망 세 가지는 승진과 부자가 되는 것 그리고 마누라 죽이기."라고 했다. 예전에 어디에선가 들은 이야기였는데 다들 들으며 즐거워했다. 그 자리에 있었던 유일한 여자 사장만 남자들에 대한 절망을 표시했다.

5월 8일, 나는 마윈과 함께 ABAC회의(APEC Business Advisory Council)에 참가하기 위해 모스크바에 갔다. 회의 장소와 붉은광장 사이에는 모스크바 강이 흐르고 있었다.

5월 9일은 러시아의 제2차 세계대전 승전기념일이었다. 많은 사람들이 붉은광장에서 하는 열병식을 보기 위해 모스크바로 몰려들었다. 저녁에 상트페테르부르크에 도착했더니 거기도 많은 사람들이 길거리에 나와 있었다. 길에서 무료로 제2차 세계대전의 종전을 기념하는 훈장을 나눠주는 사람이 있었는데, 나도 하나 받아서 지금까지 보관하고 있다. 상트페테르부르크는 위도가 아주 높아서 그날 밤에는 해가 지지 않았다.

2003년 '사스'를 성공적으로 퇴치한 후 마윈은 5월 10일을 알리바바의 날로 정했다. 알리바바의 날에는 여러 행사가 있는데 가장 중요한 두 가지 행사가 있다. 하나는 모든 직원의 가족이 회사를 방문하여 식사하고 알리바바그룹의 역사와 업무 방식에 대한 강의를 듣는 것이다. 다른 하나는 합동결혼식인데, 모든 비용을 회사에서 부담한다.

그날 우리는 상트페테르부르크에서 점심을 먹고 있었다. 마윈이 회사에 전화를 해서 합동결혼식에 참여한 모든 신랑 신부에게 평생 행복하게 살라는 축하 메시지를 전했다. 그리고 "나라에는 국법이 있고 집안에도 가훈이 있듯이, 알리바바에서 결혼한 부부는 사는 기간이 제한되어 있습니다. 더도 말고 102년만 같이 살면 됩니다. 우리 회사와 같이."라는 농담도 덧붙였다.

이상이 내가 마윈의 비서가 된 후 한 달 동안 있었던 일정이다. 나는 일기를 쓰지 않지만 중대한 일은 기록을 한다. 지금 돌이켜보니 매일매일의 일들이 모두 기록되었다. 예전과 전혀 다른 인생은 이렇게 시작되었다.

보아오(博鰲)에서 부는 마윈 붐

2008년 4월 11일, 회사 동료 네 명과 하이난(海南)에서 열리는 보아오(博鰲) 포럼에 참가하러 갔다. 보아오에 도착해보니 이미 밤 열두시가 가까웠다. 왕솨이(王帥)가 길에서 초대장을 잃어버려서 모두 체크인을 하지 못했다. 초대장을 재발급 받기까지 거의 한 시간을 기다렸는데 호텔방에 들어갔을 때는 이미 자정이 지나 있었다.

왕솨이는 일찍이 알리바바의 수석 부회장, 타오바오의 최고 브랜드경영자(CBO)와 야후 차이나의 최고 경영 책임자(CEO)를 지냈고, 지금은 알리바바그룹의 최고 마케팅 경영자(CMO)이다. 또 기업 홍보를 아주 잘한다고 정평이 나 있으며, 마윈의 신임을 듬뿍 받고 있기도 하다. 그런데 왕솨이는 규칙의 세세한 항목에는 잘 신경을 쓰지 않는다.

회사에 '왕솨이는 멋지지 않고(王帥不帥)', '라오루(老陸)는 늙지 않는다(老陸不老).' ─두 사람의 이름의 帥(잘생기다)와 老(늙다)의 의미를 각각 부정한 말장난이다. 옮긴이─는 말이 있는데, 항저우의 '장교(長橋)는 길지 않았다(長橋不長).'와 '단교(斷橋)는 끊어지지 않았다(斷橋不斷).'만큼이나 유명하다. 라오루는 타오바오 사장을 지낸 루자오시(陸兆禧)를 말하는데(그는 지금은 알리바바의 CEO이다.) 그의 타오바오 ID가 테무진이지만 우리는 모두 그를 라오루─늙을 '루' 형이라는 뜻. 옮긴이─라고 불렀다. 앞서 말한 것처럼 루자오시는 하나도 안 늙었다.

나는 왕솨이를 볼 때마다 마오쩌둥(毛澤東, 마오쩌둥)─중국의 군인, 투쟁가, 혁명가이며 중화인민공화국을 건국한 정치가이자 초대 국가주석. 옮긴이─ 주석이 딩링(丁玲)에게 써준 시구가 생각난다. "하나의 가는 붓을 무엇과 비교할까? 삼천 명의 정예 병사와 같네!"

왕솨이가 잘생겼는지 아닌지는 보는 사람에 따라 다르겠지만 내가 아는 사람 중에 그보다 더 훤칠하게 생긴 사람은 없었다. 홍보의 책임자로서 왕솨이는 글은 잘 쓰지만 언변이 썩 유창하지는 않다. 그래서 익숙하지 않은 사람은 그가 말을 못한다는 것을 알게 되면 약간은 놀란다. 종종 나에게 왕솨이가 하는 말을 하나도 알아듣지 못하겠다고 하는 사람이 있는데, 자주 만나다보면 그의 굳은 의지를 알게 될 것이다.

왕솨이가 오늘날의 성공을 거둔 주된 이유는 마윈에 대한 숭배 때문이라고 생각한다. 마윈을 숭배하는 사람은 많지만 그 중에서 왕솨이가 제일 심하다.

나는 여러 번 마윈을 수행하여 베이징으로 출장을 갔는데 왕솨이는 아주 늦은 밤에도 마윈에게 전화를 하곤 했다. 늘 술에 취한 상태에서 전화를 해서 두서도 없고 구체적인 내용도 없었다. 프로이드는 일찍이 '꿈의 해석'을 연구했는데 그가 이어서 '취함의 해석'을 연구해보면 비슷한 결론을 내릴 수 있을 것이다. 술에 취한 상태에서 가장 먼저 생각난 사람은 인생에서 가장 중요한 사람인데 예를 들면, 숭배하는 사람, 짝사랑하는 사람, 혹은 원수를 갚아야 하는 사람 들이란 말이다.

마윈은 왕솨이에게 일을 맡기면서 구체적인 내용을 말하지 않는다. 다만 원칙은 명확한데 사실을 날조하지 말 것과 언론을 매수하지 않는 것이다.

이전에는 이 원칙에 대해 평범하다 생각했는데 지금 보니 아주 위대하다. 확실히 지혜로운 자는 영원히 잔꾀를 부리지 않는다. 우유를 파는 사람을 생각하면 충분히 이해가 된다. 길이 멀어야 말의 힘을 알 수 있고, 세월이 오래 되어야 우유의 상태를 알 수 있는 것처럼 말이다.–이 말은 《명심보감(明心寶鑑)》〈교우편(交友篇)〉의 다음 구절 '길이 멀어야 말의 힘을 알 수 있고, 세월이 오래 되어야 사람의 마음을 알 수 있다(路遠知馬, 日久見人心).'를 패러디한 것이다. 옮긴이–

보아오 포럼 기간에 가장 많은 주목을 받은 사람은 마윈과 리롄제(李連杰, 이연걸)–'황비홍' 시리즈, 소림사 등의 영화로 한국에서도 큰 인기를 얻은 중국의 대표 액션 배우. 이연걸의 중국식 발음이 리롄제. 옮긴이–였다. 수십 미터 밖의 복도를 지나가는 데도 팬들에게 사인해주고 사진도 같이 찍어야 해서 시간이 오래 걸렸다. 밥을 먹을 때도 예외는 아니었다.

마윈이 연설을 할 때에도 빈자리가 없었다. 대략 2분마다 박수나 웃음소리가 쏟아져 연설이 중단되기도 했다. 연설이 끝난 후 전임 미국 국무장관 콜린 파월(Colin Powel)도 마윈에게 와서 축하를 하고 이야기를 나눴다. 마윈도 파월의 강연을 감명

깊게 들었다. 그중 리더십에 관한 의견은 뒤에도 자주 언급하였다. “Train him. Remove him. Fire him(훈련시키고, 옮기고, 해고한다.).”

4월 13일에 중국 공산당 후진타오(胡錦濤) 총서기도 보아오를 방문하여 마윈을 비롯한 청년 리더들을 만났다.

회담에 들어가기 전에 청년 리더들이 한데 모였다. 이때 리롄제가 마윈에게 슬쩍 말했다. 많은 사람이 자기를 보고 한 첫 마디가 “저는 당신의 영화를 보면서 자랐습니다.”라는 것이다.

이에 리롄제는 “그런 말을 한 사람이 나보다도 나이가 많아요. 저를 너무나 좋아해서 한 말이지만 제가 가장 듣기 싫은 말이기도 합니다. 그런데 하도 듣다보니 이제 아무렇지도 않아요. 허허!”라고 답했다.

보아오 포럼 기간에 어떤 유명한 웹사이트의 창업자와 같이 식사를 했다. 분위기를 가볍게 하기 위해 그 분이 우스갯소리를 하나 했는데 조금도 웃기지 않아서 우리는 멍한 표정으로 서로를 쳐다봤다.

이어서 그는 영화 《색·계》를 말하면서 그렇게 긴 정사 장면이 필요가 있느냐고 비판했다. 나는 다른 관점에서 말했다. “당신은 그 영화를 잘못 이해하고 있는데 리안(李安)의 영화는 대부분 인간성을 탐색하고 있습니다. 리안 감독은 한 사람의 영혼을 깊숙히 잠식하는 데에는 신념이나 종교, 마약 뿐 아니라 섹스도 한 방편이 될 수 있다는 것을 그 정사 장면을 통해 말하고자 한 것입니다. 남자와 마찬가지로 여자에게도 섹스가 육체를 통해 그 사람의 영혼과 통하는 관문이 될 수 있습니다.

마윈도 “나는 천웨이의 견해에 동의해요. 사실 나도 리안을 아주 좋아해요.”라고 했다.

항저우에 돌아온 후 나는 회사 홈페이지에 〈보아오에서 부는 마윈 붐〉이라는 글을 실었다. 그 전에 회사 홈페이지는 대부분 “누구 지도자가 회사를 방문했는데 회사의 간부 누구와 같이 구경했다”와 같이 회사에 관한 새로운 소속들로 채워졌었다.

그런데 내 글은 아주 다른 스타일이었다. 내 글에는 파월의 뒷모습을 담은 사진이 있는데 다음과 같은 설명을 붙여놓았다. '마윈은 파월의 맞은편에 서 있다. 우리에게는 보이지 않지만 자신의 모습을 감춤으로써 더 넓은 공간을 얻는 방식을 보여주고 있다.'

며칠 뒤에 마윈과 당시 알리바바의 CEO 웨이저(衛哲)가 난징(南京)에 갔는데 돌아온 후 나는 또 홈페이지에 〈난징에서 보내는 신호〉라는 글을 실었다. 그때 마윈은 유럽에 있었는데 나에게 전화해서는 절대로 연예계의 방식으로 '오락 정부로 가서는 안 된다고'(정부를 희화하거나 조롱하지 말라고) 각별히 깨우쳐주었다.

나는 인터넷맹이다

2008년, 회사의 커우베이왕(口碑網)-평판이 좋은 음식점을 모아놓은 사이트. 옮긴이- 웹사이트 개발 사업이 '혁명성지'인 후반화위엔(湖畔花園)에서 은밀하게 진행되고 있었다. 이 후반화위엔은 많은 사람들이 알고 있는 것처럼 원래는 마윈의 집이었다가 나중에 알리바바가 창립됐을 때 사무실로 사용되었다.

2003년 타오바오 개발 사업이 비밀리에 진행되던 당시에도 19명으로 구성된 개발팀이 거기에서 몇 개월 동안 고생하다 마침내 타오바오닷컴을 세상에 내놓았다. 그래서 나중에 방 세 칸짜리 이 집이 우리 회사의 성지가 됐다. 새로운 사업은 모두 이곳에서 그 첫 단추를 뀄다.

어느 날 커우베이왕의 개발팀 책임자가 나를 후반화위엔으로 오라고 해서는 조언을 해달라고 했다. 나는 좀 당황스러웠는데 온 지 며칠 안 됐는데 무슨 조언을 할 수 있겠는가? 가보니 그들은 나에게 디자인을 보여주며 개발과 관련된 나의 의견을 겸허하게 들었다. 나는 그날 몹시 으스대면서 중요하다고 생각하는 것을 말했다. 그런데 나중에 이것이 모두 마윈이 시킨 것이라는 걸 알게 돼 나는 깊은 상처를 받았다. 마윈은 미리 그들에게 "더 많은 고객을 원하면 웹페이지를 인터넷 초보자들도 쉽게 쓸 수 있도록 아주 간단하게 만들어야 한다. 회사에서 인터넷을 못하는 사람은 천웨이밖에 없으니, 그도 쉽게 할 수 있다면 우리의 웹사이트를 내놓을 수 있어."라고 했다고 한다.

그렇게 말한 것이 사실은 나의 체면을 충분히 고려한 것이었다는 것을 뒤늦게 알게 됐다. 마윈은 나에게 이렇게 말했다. "회사에서 관리직으로 승진된 사람치고 망신을 당해보지 않은 사람은 없어. 망신을 당해봐야 아는 척하지 않고 성실하게 일할 수 있어."

그날부터 나는 만나는 사람마다 내가 인터넷맹이라고 말하고 다녔다. 그러자 주변 사람들이 모두 나를 도와주었다. 지금은 하루에 몇 글자씩은 칠 수 있게 되었다.

그때 커우베이왕의 개발은 리쥔링(李俊凌)이 맡았다. 그는 나중에 알리바바 부회장이 됐다. '알리바바에서 제일 공부를 잘하는 사람'으로 공인된 그는 어려서부터 월반을 하며 학교를 다녔고 스탠포드대학교에서 박사 학위를 받았다. 다른 사람에게 그를 소개할 때면 나는 야후의 창시자 양즈위안(楊致遠, 제리 양)과 동기동창이라고 말한다. 양즈위안은 몇 학년을 뛰어넘어서 온 같은 반의 많은 어린 동창들을 받아들이지 못해서 박사를 그만뒀다.

리쥔링은 나중에 여러 부서에서 근무했는데 무슨 일을 맡든 다 잘했다. 한 부서에 있을 때 그가 나에게 "천웨이, 이것이 바로 인터넷의 핵심이야."라고 했다. 이후로 인터넷 분야의 핵심이 무엇인지 묻는 사람이 있으면 리쥔링이 맡은 것이 인터넷의 핵심이라고 대답한다.

리쥔링은 자주 강연 요청을 받는데, 그 강연 주제가 무엇이든 간에 내용은 오직 한 가지이다. 그의 이론은 '세 번 우회전하는 것이 한 번 좌회전하는 것과 같다'는 것이다.

어떤 주제라도 세 마디 이내에 그가 말하고 싶은 내용으로 돌아온다.

비서란 무엇인가

마윈의 비서로 가장 중요한 업무는 각종 행사나 다른 어떤 이유로 그가 어디를 가든 그를 수행하는 것이다. 여기저기 회의 시 마윈을 수행하고 시찰하고 인터뷰하는 것 이외에 마윈의 편지와 우편물을 처리하는 것도 중요한 일과이다.

회사에서 나의 업무 중 반드시 해야 하는 것에는 마윈에게 온 편지를 뜯어보고, 낯선 사람의 전화를 받고, 불청객도 만나는 일도 있다. 마윈을 따라 출장을 갔다오면 편지가 산더미처럼 쌓여 있다.

나는 늘 동료들에게 "알리바바에서 가장 어리석은 일이 마윈에게 편지로 나를 고발하는 것이다."라고 말한다. 왜냐하면 '황제'에게 보내는 모든 '상소문'은 모두 '환관'인 나의 손에 먼저 들어오기 때문이다.

아주 흥분하여 전화하는 사람도 있다. "당신이 정말 마윈 선생입니까?" 마윈은 자기의 전화번호를 외우지 못하는데 내 번호는 잘 기억한다. 밖에서 많은 사람에게 둘러싸일 때 마윈은 명함을 돌린다. 사람들이 거기에 휴대전화 번호가 없다고 하면 그는 가장 익숙한 나의 전화번호를 알려준다.

그래서 나는 "마윈 씨, 저는 지난주에 같은 비행기를 타고 홍콩에 간 누구입니다."라는 식의 문자 메시지를 자주 받는다.

어떤 대학생은 매주 편지 한 통씩을 보낸다. 70여 통을 보냈는데 그 글씨가 무척 반듯했다. 대학 때부터 직장 생활까지의 자기 이야기를 적었는데, 연락처가 없어서 나는 매주 그의 '주간 리포트'를 그냥 볼 수밖에 없었다.

또 어떤 사람은 "마윈 씨, 우리는 아주 닮았습니다. 우선 저는 마윈이라고 합니다."라고 하고서는 뒤에 자기의 신분증 복사본을 붙여놓았다. 보니 역시 동명이인이었다.

또 "마윈 씨, 저는 당신과 비슷한 경험이 있습니다. 5년 동안 가르쳤다는 것입니다. 이제 당신처럼 되고 싶습니다."라고 쓴 사람도 있었다.

그리고 "마윈 씨, 저는 당신과 같은 좌절을 겪었습니다. 저도 대입시험을 3번이나 봤습니다. 다른 것은 당신은 세 번 만에 붙었고 저는 떨어졌습니다."고 한 사람도 있었다.

그 밖에도 "마윈 씨, 저는 가진 것이 아무것도 없지만 창업을 하기로 결정했습니다. 저의 신장 하나를 당신에게 팔고 싶습니다. 신장은 하나만 있으면 됩니다. 저를 믿어주세요. 신장이 하나뿐이지만 저에게는 '두구치우바이(獨孤求敗)'--진용의 무협소설에 나오는 최강의 무협 고수. 옮긴이--처럼 성공할 것입니다."라는 내용도 있었다.

자기의 계좌번호를 적어놓은 차용증을 보낸 사람도 있다. 내가 기억하기로 가장 많은 금액은 6,000만 위안이었다.

얼마 전에도 나는 '소행성 명명(마윈성)'에 관한 문서를 받았다.

번호 : 22XXXX

지름 : 4킬로미터

현재 거리 : 지구로부터 4억 5천만 킬로미터

……

물론 감동적인 진지한 편지도 많다. "안녕하세요, 마윈 씨. 저는 광저우 지사에서 근무했던 린(林) 모모입니다. 비록 저는 알리바바를 떠나서 제 사업을 하고 있지만 여전히 알리바바의 멤버라고 생각합니다. 알리바바의 6가지 가치관은 제 몸과 제 회사에도 깊이 새겨져 일부분이 되었습니다. 제 회사도 당신이 말씀하신 것처럼 사회적 책임을 지는 회사가 되기를 희망합니다. 마지막으로 제가 직접 만든 꽃다발을 당신에 대한 존경의 의미로 보냅니다."와 같은 편지들도 있다.

창업을 하는 사람이 보내온 편지를 받으면 나는 문자나 답장을 보내서 그들을 격려해준다. 사실 그들이 나의 우상이다. 나는 마윈에게서 들은 '포기하지 말아라.', '하느님은 스스로 구원하는 자만 구원한다.', '실패에 핑계를 대지 말고 성공의 방법만 찾아라.' 와 같은 말들을 그들에게 보낸다.

이들은 마음이 나보다 넓고 강하기에 나의 우상이다. 단지 마윈의 말을 전한 것뿐이지 나 스스로는 절대로 그들처럼 창업에 이르지는 못한다.

이런 문자를 받은 적도 있다. "천 선생, 안녕하세요. 저는 ○○입니다. 일 년 전에 귀사를 방문했을 때 많이 가르쳐주셔서 감사합니다. 저는 한 해 동안 많은 곳을 다니면서 갖은 고생을 했습니다. 지금은 다시 톈진(天津)으로 돌아와서 소프트웨어를 개발하는 회사를 차렸습니다." 이런 문자를 받으면 나도 기분이 좋다.

이외에도 각양각색, 심지어 아무런 관계도 없는 방문객들도 만나주어야 한다. 한번은 청신퉁(誠信通) 서비스–알리바바의 계열사인 알리페이에서 알리바바 차이나 사이트의 인터넷 무역 신용 문제를 해결하기 위해 제공하는 고객 상담 서비스. 옮긴이–의 고객이라는 여자가 회사를 방문했다. 알리왕왕–알리바바에서 개발된 실시간 통신 프로그램. 옮긴이–에 동시에 500명의 고객만 연결되어, 자기 사업의 발전에 영향을 준다는 점을 불평하려고 왔다는 것이다. 많은 사람이 와서 그녀에게 상담했다고 해서 자료를 확인했더니 그 여자에게는 열 몇 명의 고객만 있었다. 하지만 그 여자는 가지 않고 우리 회사 로비에서 3일 동안 머물러서 경비들이 끼니마다 도시락을 제공했다. 결국엔 그 여자의 정신에 문제가 있다는 것을 확인한 다음에 경찰에 전화해서 겨우 보냈다.

또 어느 날은 어떤 할아버지가 안내창구에 와서 마윈이 자기의 양부(義父)라고 했다. 내가 보기에 오히려 마윈의 양부가 될 정도로 나이가 많았다.

'마윈의 친구'라고 스스로 칭하는 사람들도 있다. 그런 사람을 만나보면 대부분 가짜 물건을 팔거나 신용을 부풀렸다가 인터넷 상점이 폐쇄된 경우였다. 화를 내면서 그들은 "규칙을 어기는 것은 다른 사람이 나보다 더 심해요!"라고 한 마디씩 덧붙이기도 한다

그러면 나는 "당신이 알고 있는 그런 사람들을 나에게 알려주면 확인해서 우리가 그런 가게들을 다 폐쇄하겠습니다. 법을 어기고도 잡히지 않는 살인자가 있다고 합시다. 강간이 살인보다 약한 범죄이기 때문에, 그가 강간을 해도 된다는 것은 아니지 않습니까. 그런 도리는 잘 아시죠? 우리가 지금 조사해서 진짜로 처리가 심했다면 사정을 고려해서 조취할게요."

하루는 어떤 젊은이가 왔는데, 마윈의 조카라고 하면서 마윈을 만나려고 했다. 나는 그에게 마윈의 조카를 내가 안다고 말하자 가버렸다. 그가 가고 나서 얼마 안 있다가 나에게 전화를 걸어서 "당신 같은 사람을 잘 알아요. 돈 주면 마윈을 만나게 해주고, 돈을 안 주니까 이렇게 못 만나게 하는 거죠."라고 했다.

또한 어떤 젊은이가 마윈에게 편지를 전해달라고 회사 안내창구에 왔다. 그리고 나올 때까지 기다리겠다고 하면서 스위주(史玉柱), 류촨즈(柳傳志)와 같이 세계 경제 문제에 대해서 토론하는 회의를 갖자고 했다. 그래서 내가 가서 이런 말을 해 줬다. "당신 편지를 봤어요. 먼저 하나만 수정합시다. 현재 전 세계 인구는 30억이 아니라 67억 명(2008년 자료 기준이고 이 책이 나올 때 이미 73억을 초과했다.)입니다. 그리고 편지에 오탈자도 같이 봅시다. 세계로 안목을 키우는 것도 좋지만 현실적으로 사는 것도 더욱 중요해요."

부끄러운 순간들

마오쩌둥 주석이 이런 말을 한 적이 있다. "좋은 일 한 가지를 하는 것은 어렵지 않

지만 평생 동안 좋은 일만 하고 나쁜 일을 하지 않는 것은 정말로 쉽지 않다." 나는 이 말에 세 가지 뜻이 있다고 생각한다. 첫째, 올바른 일을 한 가지 하는 것은 어렵지 않다. 둘째, 올바른 일만 계속하는 것도 그리 어렵지 않다. 셋째, 평생 착오를 하지 않는 것은 여간 어려운 일이 아니다.

2008년 5월에 마윈을 수행하며 모스크바에서 열리는 ABAC 회의에 참가하러 갔었다. 나는 마윈의 영어는 알아들을 수 있다. 당연히 그에게 영어를 배웠으니까. 그런데 외국인이 하는 영어, 특히 전문 용어가 많이 섞인 영어는 온전히 알아들을 수 없었다. 중간 중간에 내가 알만한 단어가 나오기는 했지만 무슨 뜻인지 생각하다가 보면 말한 내용이 이미 지나가고 난 뒤였다. 그래서 그날 아침에 나는 5분만 있다가 회의장소를 나와 다리를 건너 붉은광장에 갔다.

15세기에 만들어진 석판 길을 밟으며 붉은광장의 옅은 안개 속을 지나가다가 주위 사람을 개의치 않고 껴안는 이국의 연인들을 봤다. 모스크바 승전 기념식 열병대를 지나면서 크렘린 궁전을 거쳐 간 차르들의 이야기를 떠올렸다. 몸을 움직이기조차 힘들 정도로 뚱뚱한 러시아 여자들이 얼굴 가득 미소를 지으며 도저히 몇 겹인지 알 수 없는 마트료시카(Matryoshka) 인형–나무로 만든 러시아의 대표적인 민예품으로, 인형 몸통 안에 여러 개의 더 작은 인형이 들어 있다. 옮긴이–을 팔고 있었다.

러시아의 역사와 선혈로 이루어진 붉은광장을 구경하면서 나는 나의 직분을 완전히 잊고 있었다. 회의 장소인 호텔로 돌아왔을 때는 이미 오후였다. 회의 중간 휴식 시간에 만난 마윈은 나에게 오늘 다른 중요한 일정이 있지 않았느냐고 물었다.

그때서야 갑자기 러시아의 유명한 'Yandex' 웹사이트의 사장과 CFO를 호텔에서 만나야 하는 일정이 생각났다. 약속 시간이 오전 11시였는데 내가 까맣게 잊어버렸다. 급히 국내에 있는 비서를 통해서 상대방에게 연락을 했는데, 그쪽 사장이 원래 만나기로 했던 호텔에서 1시간을 기다렸는데도 만나기로 한 사람이 오지 않아서 떠났다고 했다. 내가 여러 차례 사과를 해서 마침내 그쪽 회사에서 다시 만나자는 약속을 잡았다. 안 그랬으면 마윈에게 무슨 말로 설명해야 할 지 몰랐을 것이다.

2008년 5월 27일에 마윈을 수행하여 광저우에 갔었다. 비행기에서 내린 후 짐을 찾으면서 내 것이지 싶은 검은색 캐리어 하나를 끌고 나갔다. 출구에서 검사하는 사람도 자세히 보지 않고 우리를 보냈다. 차로 이동하는 중간에 공항 관계자의 전화를 받았다. 그는 짐표에 기록된 내용을 보고 여러 군데 수소문한 끝에 나에게 전화를 걸었다면서 짐이 바뀌었다는 것이다. 그럴 리가 없다고 하면서 캐리어를 열어 보았더니 여성용품으로 꽉 차 있었다. 마윈은 그것을 보면서 "바보"라고 나를 비웃었다.

나중에 마윈은 웃으며 "캐리어를 차 안에서 열었기에 망정이지 만약 공항에서 열었으면 그것도 남의 말 하기 좋아하는 기자들이 있는 공항에서 열었으면, 마윈의 짐이 광저우 공항에서 걸렸다고 할 거고, 그 안에 여성용품이 가득한 것을 알고는 자기들 마음대로 상상할 거야."라고 했다.

마윈 말고도 나를 놀리는 이가 더 있었는데, 함께 광저우에 간 비서실의 원자(闇佳)였다. 나와 가장 친한 여자 동창으로 그날 가는 내내 나를 놀려댔다. 원자는 우리보다 하루 먼저 저녁에 광저우를 떠나는 비행기를 타러 갔는데도 아직 거기에 있었다. 그녀는 얼굴색이 누렇게 되고 머리도 산발이 되어 있었다. "어젯밤에 소나기가 와서 비행기가 못 떴어."라고 했다. 나는 그녀의 어깨를 두드리면서 머릿속으로 'Justice was done(정의가 이루어졌다.).'라는 말을 떠올렸다.

예전에 장지중 감독과 같이 드라마를 만들 때 우리는 야외에서 일하는 사람들이어서 목소리가 모두 컸다. 큰 소리로 말하는 것은 일에 대한 열정을 보여줄 수 있고, 큰 소리로 대답하는 것은 일을 잘한다는 자신감을 나타낸다고 생각했다. 당시 촬영팀의 문화가 대체로 그랬다.

알리바바에 처음 왔을 때 나는 그 점을 주의하지 않아서 항상 마윈의 옆에서 큰 소리로 전화를 하곤 했다. 한번은 마윈이 나를 보고 "천웨이, 넌 그게 전화하는 거야? 아니면 천둥이 치는 거야? 그렇게 크게 통화를 하니까 내가 생각하는 방향이 너의 전화 내용을 따라가잖아."라고 했다. 나도 이런 점들을 고치려고 했지만 역시 알리바바의 기업 문화—알리바바의 기업 철학 '약으면서 순진하고, 맹렬하면서 오래 유지한다.'의 일부를 인용한 것이다. 옮긴이—처럼 '고집스러워' 잘 안 고쳐진다.

광저우에 있던 어느 날, 마윈이 제1회 인터넷 무역전시회와 관련해서 정부 지도자들과 회의를 했다. 마윈과 지도자들은 방 안에서 회의를 하는 동안 나는 밖에서 기다리고 있었다. 그때 마침 '신동' 리쥔링이 나에게 전화를 했다. 잘 안 들려서 나는 평소보다 더 큰 소리로 전화를 했다. 방안에 있던 지도자는 밖에서 누가 싸우고 있는지 확인하라고 비서에게 지시했다고 한다. 비서가 나와서 나와 인사를 하고 들어가서는 "알리바바의 직원이 통화하고 있습니다. 싸우는 것은 아닙니다."라고 전했다고 한다.

지도자의 수준이 상당히 높았는지 "알리바바는 정말 정열이 넘치는 회사군요. 통화하는 직원의 목소리를 통해서 그 점을 확인할 수 있습니다."라며 곧바로 화제를 바꿨다.

그날로부터 몇 개월이 지난 후 나는 스스로 이 문제를 극복한 줄 알았다. 그래서 어느 날 차에서 마윈에게 아직도 내 목소리가 크냐고 물었다. 마윈은 간단히 "여전하지. 아주 커."라고 대답했다.

전화 때문에 부끄러웠던 일은 계속 있었다. 마윈과 같이 있을 때는 그에게 영향을 주지 않도록 전화기를 무음 상태로 바꾼다. 그런데 헤어지고 나서도 되돌리는 것을 잊어버린다.

한번은 베이징에서 저녁 늦게 행사가 끝난 후 마윈은 자기 방으로 갔다. 되돌리는 걸 또 잊어서 내 휴대전화는 그대로 무음 상태였다. 나중에 보니 마윈에게서 전화가 3

통이나 연거푸 왔는데 나는 몰랐다. 11시 전후로 전화가 왔는데 나는 12시 반에야 그것을 봤다. 그때 내가 얼마나 고통스러웠을지 상상할 수 있을 것이다. 연락하지 않으면 마윈이 기다리고 있을 것 같고, 연락하면 막 잠든 마윈을 깨울지도 모르는 일이었다. 나는 그것 때문에 밤새 잠도 제대로 못 잤다. 그런 일이 한두 번이 아니다.

마윈이 출장을 가면 장잉이 항상 로션을 챙겨준다. 이 로션들은 장잉이 해외에 갈 때마다 마윈을 위해 특별히 사온 것이서 아주 고가였다. 그런데 대부분은 나 때문에 전국 각지에 흩어져 있다. 호텔에서 마윈의 체크아웃을 도울 때 항상 로션을 가지고 오는 것을 잊어버리기 때문이다. 나는 체크아웃할 때 일반적으로 컴퓨터와 옷장, 금고, 이 세 가지만 확인한다.

어느 날 나는 마윈에게 실수를 인정하면서 "저의 실수를 단 하나로 요약하자면 같은 실수를 계속 반복한다는 겁니다. 한 번 실수할 때마다 땅바닥에 벽돌 한 장을 놓는다면 아마 만리장성이 생길 것입니다."라고 말했다.

베이징에 갔을 때는 이런 일도 있었다. 하루 일정이어서 마윈은 맡길 짐이 없었다. 나는 그것을 잊고 기내에 가지고 탈 수 있는 작은 캐리어를 맡겼다. 베이징 공항에 도착해서야 또 실수를 했다는 걸 알아차렸다. 짐을 기다릴 때 장잉이 어디냐고 전화를 했다.

마윈이 아직 짐을 기다리고 있다고 했다.

"당신은 짐 안 챙겨 갔잖아요?"

"천웨이 거야."

나는 그날 정말 부끄러워서 몸 둘 바를 몰랐다. 그날 마윈의 일정이 굉장히 빠듯해서 짐을 기다리지 않아도 지각할 수 있는 상황이었다. 그때 기다린 15분간이 내 인생에서 가장 긴 15분이었다.

2008년 9월 27일은 중국의 우주선 선저우(神舟) 7호가 우주 유영에 성공하는 날로 나는 마윈을 수행하여 톈진(天津)에서 열리는 하계 다보스 포럼에 참가했다. 그날 마윈과 영국 수상의 단독 회견 일정이 있었다. 일정표를 보니 장소가 'Meeting room 3'이라 약속 시간에 맞춰 '제3회의실'로 안내했다. 도착해 보니 안에서는 수백 명에 이르는 사람이 회의를 하고 있었다. 갑자기 몸에서 땀이 흘렀다.

마윈이 여기가 확실히 맞느냐고 물었다.

"Meeting room 3이라고 적혀 있는데요."라고 내가 대답했는데, 이 말을 듣고 마윈이 바로 제3접견실로 달려가서 거기에서 영국 수상을 만날 수 있었다.

마윈이 나중에 "이렇게 큰 고위 인물의 회의에서 Meeting room은 접견실일 가능성이 커. 대회의실에서 우리를 왜 만나려고 하겠어?"라고 말했다. 그런 다음 바깥에서는 영어를 자기에게 배웠다고 하지 말라면서 "내가 얼굴을 들 수가 없어."라고 덧붙였다.

더 웃기는 실수담이 있다. 그날은 나와 마윈이 기업인 몇 사람과 함께 태극에 관해 관한 이야기를 하고 있었다. 중간에 내가 화장실에 간 사이 한 동료가 내 휴대전화로 마윈에게 당시 대화와는 별 상관없는 내용의 문자를 보냈다. 마윈은 "네가 와서 말해." 라고 회신을 했다.

내가 돌아와 그것을 보니 그가 말하는 것이 힘들어서 나보고 많이 이야기 많이 하라는 것인 줄로 알고 체면 차리지 않고 '큰소리'를 쳤다.

나중에 마윈이 오늘 왜 그렇게 흥분했느냐고 물었다. 나는 되물었다. "회장님, 저보고 대신 말을 많이 하라고 문자를 보내지 않으셨어요?" 마윈은 사건의 원인을 알아보고는 즐거워했다.

오늘 여기서 이런 부끄러운 일들을 일일이 털어놓으니 마음이 후련하다. 일찍이 나를 괴롭혔던 한 때의 '마귀'들을 하나로 묶으니 내 '요리'의 '조미료'가 되었다.

사실 사람은 누구나 실수를 한다. 다만 감당할 자신이 없을 때 그런 실수를 말하지 않는 것이 통례이다.

옛날 사람은 "성인도 세 번의 실수를 한다."고 했다. 명나라 여곤(呂坤)의 《신음어(呻吟語)》-여곤이 수십 년간의 공직 생활을 하면서 느낀 바를 정리한 책이다. 옮긴이-에 이런 말도 있다. "실수를 한 것이 첫 번째 실수이고, 그것을 인정하지 않으면 두 번째 실수가 된다. 인정을 하면 실수는 둘 다 없어지겠지만 인정하지 않으면 두 가지 실수를 면할 수 없게 된다."

마윈에게는 부끄러운 일이 없을까? 물론 있다. 마윈은 2009년 11월에 리롄제의 초청으로 국제자선포럼에 참가하기 위해 베이징 국제무역센터 내 메리어트호텔(萬豪酒店)에 갔다. 그전에 다른 행사가 하나 있어서 끝내고 바로 왔는데도 호텔에 도착했을 때는 이미 마윈의 연설까지 5분도 채 남아 있지 않았다. 방에 가서 정장을 갈아입을 시간이 없어서 마윈은 화장실로 급히 달려갔다. 화장실에 들어가려는 순간에 나는 뒤에서 마윈을 붙잡았다. 여자 화장실 문을 열었기 때문이다.

해도 무방한 말이 갑자기 생각났다.

"하느님이 우리에게 젊음을 주실 때 여드름도 같이 주셨다."

"물건은 죽지 않는다. 왜냐하면 물건은 산 적도 없기 때문이다."

자기의 실수를 공개하는 것은 사실 개인의 발전에 아주 좋은 방법이다. 비유하자면 지금 내가 크게 전화하는 목소리를 상대방만 알아들을 수 있고 나 자신은 알지 못한다(물론 농담이다.).

5 가장 바쁜 알리인

마윈은 내가 입사 때 예상했던 것보다 훨씬 출장 횟수가 많았다. 베이징만 해도 한 달에 4번이나 다녀온 적도 있다. 매일 잠에서 깨면 가장 먼저 하는 일이 자기가 어디에 있는지를 명확히 파악하는 것일 정도였다.

그는 일을 빨리 처리한다. 하루 동안 참석하는 행사와 만나는 사람이 너무 많아서 일일이 세어볼 수도 없다. 그래서 그 중 일부를 추려서 이야기하려고 한다.

바빴던 2008년

2008년 6월 2일, 나는 마윈을 수행하여 랑팡(廊坊)에서 베이징으로 갔다. 이미 그 전에 회사 임원들에게는 베이징에서 기다리라는 연락을 해 놓았다. 이틀 동안 마윈과 함께 참석해야 하는 행사가 있었다.

6월 3일, 마윈은 CCTV 1번 스튜디오에 《중국에서 성공하기(英在中國), Win in China》-중국의 리얼리티 창업 오디션 프로그램명. 옮긴이- 프로그램 결승전 심사위원으로 나갔는데, 류촨즈와 뉴건성(牛根生), 위민홍(俞敏洪), 류융하오(劉永好) 등 다수의 다른 기업인들도 있었다. 이 스튜디오는 나에게 익숙한 곳이다. 2003년 아들을 데리고 신년 특집 방송에 출연했을 때 여기에서 리허설을 했었다.

기업인들과 왕리펀(王利芬)-왕리펀은 현재는 중국의 창업 포털사이트인 요우미왕(優米網)의 CEO이지만 2003년 당시에는 CCTV의 아나운서였다. 옮긴이-은 무대 뒤에서 간단한 분장을 했다. 이 프로그램에 처음 나온 것은 아니었지만 다들 분장에 불만을 가지고 있었다. 그래서 분장 중 "그만, 그만" 하는 소리를 곳곳에서 들을 수 있었다. 얼굴을 너무 하얗게 칠해서 환관 같다고 다른 사람에게 농담을 하는 사람도 있었다. 그래서 왕리펀이 "전국의 시청자들을 생각해서 조금만 참으세요."라고 말했다.

대기할 때는 다들 모여 앉아 가벼운 이야기를 나누면서 시간을 보냈다.

그날 마윈은 진한 색깔의 스탠딩 칼라 스타일의 옷을 입었는데, 상당히 멋졌다. 심사평도 아주 좋았는데, 인터넷에 검색하면 볼 수 있다. 그중에서 가장 인상적이었던 부분은 외국 유학에서 돌아와 사업을 시작하는 창업자들에게 "이런 바다거북이–본래는 귀국한 유학생을 '海族'이라고 하는데, 바다거북이인 '海龜'와 발음이 같아서 해학적으로, 바다거북이라고도 부른다. 옮긴이–는 민물에서 2~3년 정도 키우지 않으면 살기가 어렵습니다."라고 한 말이다.

6월 5일, 마윈은 베이징대학교에서 쉬즈훙(許智宏) 총장을 만났다. 만남이 끝난 후 장웨이잉(張維迎)과 같이 베이징대학교의 올림픽 탁구 경기장을 구경했다. 그리고 광화학원(光華學院)–베이징대학교 경영대학원. 2003년 당시 원장이 장웨이잉이었다. 옮긴이–에서 가장 큰 강당을 '알리바바 홀'이라고 명명할 것이라고 했다. 마윈은 후에 이것을 두고 "알리바바가 102살까지 이르지는 못하더라도 베이징대학교는 문제가 없을 거야. 그러면 알리바바라는 이름은 그대로 남아 있겠지. 허허!"라고 농담을 했다.

마윈은 그날 오후에는 광화학원에서, 이튿날에는 베이징 소재의 다른 대학 경영대학에서 강연을 했다.

마윈이 연설을 할 때 나와 임원 4명이 맨 앞자리에서 들었는데, 중간에 당시 청신통 서비스를 담당하는 부서의 부사장인 우민즈(吳敏芝, 현 알리바바 국제업무 사장)–중국에서 출간 당시에는 우민즈가 알리바바닷컴의 글로벌 사업 부문 총괄 책임자이자 그룹 부회장이었으나 현재는 부회장 겸 B2B 분야 사장이다. 옮긴이–가 내 옆에 앉았다가 필기 중이던 노트를 슬쩍 보더니 웃음을 터뜨렸다. 그는 관리와 회사 이념에 관한 내용을 메모하였는데, 나는 "돼지가 5,000근이 넘으면 이미 돼지가 아니다."라는 말만 적었던 것이다.

나중에 회사 웹사이트에 〈마윈의 어록〉이라는 글을 올리면서 마윈의 말만 적지 않고 주도 달았다. 우민즈는 내 글을 보고 나에게 "이제 알겠다. 우리가 맡은 역할이 다르다는 걸."과 같은 내용의 이메일을 보냈다.

6월 어느 날, 마윈의 집에서 한담을 나누면서 내가 "사람의 심장은 평생 동안 25억

번이나 뛰면서 1초도 멈추지 않아요. 겉보기에는 매우 힘들어 보이지만 사실 심장이 모든 장기 중에서 가장 잘 쉬어요. 왜냐하면 0.1초를 뛰고 0.7초 동안 쉬는데 이것은 심장이 수축하는 0.1초 동안 뛰고, 이완하는 0.7초 동안 쉰다고 볼 수 있기 때문이죠. 따라서 일하는 것 못지 않게 쉬는 것도 매우 중요해요. 아침부터 저녁까지 쉴 새 없이 벽돌을 옮기는 사람은 30분 동안 옮기고 30분 동안 쉬는 사람보다 많이 나르지 못해요."라고 말했던 적이 있다.

내 말을 들으며 마윈은 회사에서 열심히 일하는 직원들이 떠올랐다고 한다. 가장 고생하는 사람은 '청신퉁'과 콜센터의 직원들이다. 마윈은 심장이 뛰는 방식이 참고할 만하다면서 두 부서의 부서장에게 한번 이야기하겠다고 했다.

2008년 7월 30일, 나는 마윈을 수행하며 홍콩 엘리트 회의(香港菁英會)에 참석했다.

마윈은 사전에 연설문을 작성하지 않는다. 보통 연설하기 10분 전에 종이 한 장에 요점만 간단하게 적어서 그에 대한 이야기를 한다. 그날 마윈은 첫 번째 줄에 앉았고, 나는 마지막 줄에 앉아 있었다. 연설 5분 전에 마윈이 갑자기 나에게 문자를 보내서 "마오쩌둥 주석이 한 말 중에 물이 들어간 부분이 있어? 이백이니 삼천이니 하는 그런 말을 들어봤어?"이라고 물었다. 나는 마오 주석이 그런 말을 했는지 알지 못해서 급히 밖으로 나가 왕솨이에게 물었더니, '스스로 200년을 산다고 믿으면, 물길 3000리도 헤엄칠 수 있다(自信人生二百年, 會當水擊三千里).'라고 알려줬다. 나는 바로 마윈에게 전달했다.

이튿날 홍콩의 각 신문 1면에 그 말이 실렸다.

항저우로 돌아온 후 나는 의문이 생겨 마오쩌둥의 시를 다시 찾아보았다. 어렸을 때 마오쩌둥이 서당에서 썼다는 '우물(井)'이라는 제목의 시 '네모진 우물은 높은 벽으로 둘러싸여 있다. 물이 맑아 돌멩이가 보이고, 안에 작은 물고기가 갇혀 있네. 우물 안의 물만 먹어서는 영원히 크게 자라지 못하니라(天井四四方周, 圍是高墻. 清清见卵石, 清清見卵石, 小鱼囿中央. 只喝井里水, 永遠養不長.)'에서도 위에서 언급한 시구는 없었다.

그리고 1973년, 마오쩌둥이 궈모뤄(郭沫若)–중국의 문학가이자 정치인으로 1972년 타계했다. 옮긴이–를 비판하며 쓴 '진시황만 욕하지 말고 분서갱유도 같이 생각하게(權君少罵秦始皇團, 焚坑事业要商量.).'라는 시구에 이르기까지 아무리 찾아봐도 그런 구절을 포함하는 시는 보이지 않았다. 인터넷에는 그 구절이 있었지만 출처는 나오지 않았다.

마침내 어느 책의 주석에서 그 부분을 찾았다. 1958년에 마오 주석은 자기가 이전에 쓴 시에 주석을 달아 책으로 엮었다고 한다. 바로 《심원춘·장사(沁園春·長沙)》라는 시에 주석을 달며 '그때 시 한 수를 읊었는데 다 잊어버리고 "스스로 200년을 산다고 믿으면, 물길 3,000리도 헤엄칠 수 있다."고 한 것만 기억이 난다.'라고 한 부분이었다.

홍콩을 다녀온 후 나는 〈홍콩 엘리트 회의 일화〉라는 글을 회사 웹사이트에 올렸다.

홍콩 엘리트 회의는 2007년 5월에 출범했는데, 대부분 홍콩에서 명망 있는 집안의 젊은이들로 구성되었다. 7월 30일, 엘리트 회의가 홍콩 컨벤션센터에서 열렸다. 이날 마윈은 초청을 받아 '젊은이의 기회와 책임'이라는 제목으로 연설을 했다.

10여 년 전, 빅토리아항만의 남쪽에 바다를 메워 컨벤션센터를 지었다. 건물이 커다란 새의 형상을 하고 있는데 중국 본토를 향해 두 날개를 펼치고 있는 것은 홍콩이 중국의 영토로 돌아왔음을 의미한다. '커다란 새' 옆을 거닐다가 나는 베이징 올림픽 주경기장이 왜 새 둥지 모양인지, 베이징 올림픽의 성화가 왜 길한 구름 모양인지를 비로소 깨달았다. 이 커다란 새가 파란 하늘을 날려면 길한 구름의 안내를 받아야 하고, 그 최종 목적지가 새 둥지이기 때문이다.

회의는 새의 머리 부분에서 열렸는데, 이날 사회는 펑항(鳳凰) TV의 우샤오리(吳小莉) 부국장이 맡았다. 세월이 흘렀지만 그녀는 여전히 아름다웠고, 키는 내가 생각했던 것보다 1.2배 는 더 컸다. 무대에 올라서며 그녀는 가장 먼저 마이크를 15㎝나 올려달라고 했다.

홍콩 행정장관 쩡인취안(曾蔭權, 도날드 창)과 보아오 포럼 사무총장-2007년 당시에는 룽융투가 사무총장이었으나, 2011년 이후로는 사임하였다. 옮긴이- 룽융투(龍永圖)가 차례로 연설했다. 중간에 경제 분야 전문가의 연설도 이어졌는데, 모두 유명한 사람들이지만 안타깝게도 나는 한 명도 알지 못했다.

우샤오리는 저장성 사오싱 사람이다. 그래서 마윈을 소개할 때마다 서두에 "내 고향 사람"이라는 말을 붙였다. 이번에도 그와 같은 소개를 덧붙였는데, 이윽고 마윈의 차례가 되었고, 그날 연설 중 가장 압권이었다. 다들 기대했던 것처럼 열정이 넘친 멋진 말들이 많았다. 마윈은 "스스로 200년을 산다고 믿으면, 물길 3000리도 헤엄칠 수 있다."는 마오 주석의 시구로 연설을 마쳤다.

연설이 끝난 후 우샤오리는 마윈에게 "당신이 연설할 때 저는 항상 뒷부분의 내용이 어떨지 계속 추측했지만 매번 틀렸습니다. 회장님의 생각은 언제나 제 예상을 초월합니다."라고 말했다.

그리고 하나 더 덧붙이자면 첫날 저녁 공항에서 마중할 때부터 행사가 끝날 때까지 줄곧 마윈의 곁을 지킨 친구가 한 명이 있었다. 그는 잘 생겼을 뿐만 아니라 아주 겸손한 사람인데, 바로 훠잉뚱(霍英東)-홍콩 기업가이로 유퉁(有榮) 그룹 회장. 옮긴이-의 장손이자 홍콩 엘리트 회의 부의장인 훠치깡(霍启剛)이다.

마윈은 원고 없이 연설을 하지만 말을 멋들어지게 하기에 그를 흠모하고 부러워하는 기업인들이 많다. 난징의 윈펑 펀드(雲鋒基金) 회의에서 같은 버스에 탔던 기업인들도 그런 말을 했다. 마윈도 예전에는 원고를 작성한 적이 있다고 했다. "한 페이지를 읽었더니 여섯 군데가 틀렸더라고요. 그리고 분위기도 파악이 안 되고 내용을 건너뛰기도 했어요. 그 후로 원고를 안 쓰죠." 이 말을 들은 기업인들은 모두 웃었다.

2008년 10월 국경절 연휴—중화인민공화국 건립 기념일인 10월 1일을 국경절로 지정하여, 이 날을 기점으로 매년 10월 1~7일까지 휴가 기간을 갖는다. 옮긴이— 기간에 마윈은 시안(西安)에서 타오바오의 임원 회의를 열었다. 낮에는 명승지를 구경하고, 밤에는 현지 대학의 역사 전공 교수에게서 진(秦)나라에서 당(唐)나라까지의 흥망성쇠에 관한 강의를 들었다. 옛날을 빌어 오늘날을 이야기하면서 타오바오의 전략을 토론하였기에 모두들 배운 바가 많았다. 그 중 60만 대군을 거느리고 초나라를 멸망시킨 왕전(王翦) 장군이 진시황의 의심을 풀어주는 대목에 대해서 마윈은 다른 견해를 제시했다. "진시황이 왕전보다 훨씬 더 대단해. 그는 근본적으로 왕전이 포상을 요구하는 것이 재물을 탐하는 것으로 여기지도, 반역을 꾸밀 거라고 여기지도 않았을 거야. 왕전이 아무리 담력이 있어도 반역은 못했을 거라고 진시황이 그를 통제할 방법이 단 두 가지뿐이었겠어? 역사를 쓴 사람의 관점이 왕전 정도여서 그렇게 쓴 거야."라고 말이다.

10월 18일, 마윈은 창안지에(長安街)—베이징을 동서로 가로지르는 중심 거리. 옮긴이—의 중국 초롱이라고 불리는 베이징 인타이중신(銀泰中心)의 개막식에 참석했다. 인타이중신은 창안지에에서 가장 높은 건물로 그 높이가 249.9m나 된다. 그날 밤 청룽과 리빙빙(李冰冰) 등 연예인들도 많이 왔다.

저녁 행사의 하이라이트는 러시아에서 온 스파이더맨이 건물 외벽을 오르는 행사였다. 지켜보는 사람이 갑자기 많아져 창안지에의 교통이 마비되기 시작했다. 그러자 경찰이 와서 스파이더맨을 연행했다.

나중에 기업인들이 인타이중신의 책임자에게 왜 미리 관련 부서에 연락하지 않았느냐고 물었다. 책임자는 창안지에에서 절대로 허가를 받을 수 없는 일이라고 하면서 "그래서 될 대로 되라는 식이었죠. 다른 나라 뉴스를 보면 이런 스파이더맨들은 나중에 다 경찰에 잡혀가잖아요."라고 답했다. 곰곰이 생각해보니 역시 그런 것 같다.

이튿날 마윈을 수행하여 상하이 푸싱그룹 본사에 회의를 하러 갔다. 회의 석상에서 류촨즈만 정장을 입었다. 그는 "정장을 입으라고 통보받았는데 정작 나 혼자만 정장을 입었더군. 어찌된 영문인지 이유를 물었더니 그제야 편한 복장으로 바뀌었다는 거야."라고 불평을 했다. 그때 회의에 참석한 기업가들이 모두 오랜 친구들이어서 이 말을 듣고는 크게 웃었다.

회의가 끝난 후에 청황먀오(城隍廟)에서 저녁 식사를 했는데 개인별로 따로 나오는 코스 요리였다. 10분 정도가 지나자 큰 해삼 한 마리가 나왔다. 음식에 입도 못 댔는데 마윈이 한 통의 전화를 받고는 항저우에 일이 생겨서 돌아가 처리해야 한다고 해서 곧바로 일어나야 했다. 후에 청황먀오를 지날 때마다 나는 그 먹지 못한 커다란 해삼이 생각난다.

10월 24일, 마윈은 허난(河南)으로 초대를 받아 갔다. 중화 민족의 요람지라고 불리는 허난 땅을 나와 마윈은 처음 갔던 것이다. 항저우에서 일을 마무리하고 나니 저녁 무렵이어서 마지막 비행기를 타고 정저우(鄭州)―허난성의 성도(省都). 옮긴이―로 갔다. 마윈은 곧바로 호텔에 가서 쉬려고 했지만 지방 정부에서 이미 저녁 만찬을 준비해 놓았기에 그 정성을 뿌리치기가 어려웠다. 지방 간부가 허난에서 가장 가고 싶은 곳이 어디인지 물었을 때 마윈은 쑹산(嵩山) 소림사(少林寺, 중국 발음 '사오린쓰')와 태극권을 만든 고장인 천자거우(陳家溝)라고 대답했다. 역시 무협 팬이었다.

하지만 행사가 끝나면 마윈은 바로 베이징으로 가야 해서 소림사나 천자거우에 갈 시간이 없었다. 대신 주최 측에서 신경을 써서 특별히 소림사의 스융신(釋永信) 주지를 초청하여 마윈과 아침 식사를 할 수 있게 해주었다.

다음 날, 아침 식사를 하기 전에 마윈과 스융신은 호텔 회의실에서 먼저 만났다. 한 사람은 가장 무협적인 기업인이고, 다른 사람은 가장 상업적인 무림문파의 장문인이다. 대화의 내용을 자세히 기억하지는 못하지만 스융신이 "남이 뭐라고 해도 소림사

스융신과 이야기를 나누는 마윈

의 무술과 문화를 세계화하기 위해 노력하겠다."는 말을 한 것 같다.

그날 오전에 마윈은 허난 청년 창업 대강좌에서 강연했다. 현장을 찾은 대학생이 예상보다 많아서 그들 중 절반 정도는 회의장에 들어가지도 못했다. 강연이 끝난 후 마윈은 수십 명의 경찰관과 경찰학교 학생들의 호위를 받으면서 어렵게 회의장을 빠져나와 베이징으로 떠났다.

이번 강연 때문에 항저우에 돌아온 후에도 나는 계속 바빴다. 전국 각지의 대학에서 마윈에게 강연을 해달라는 연락이 급증하였다. 산둥(山東)이나 안후이(安徽) 지방의 학생 대표가 직접 찾아와서 공식적으로 초청하기도 했다. 하지만 마윈이 워낙 바빴

2008년 10월, 허난 청년 창업 대강당에서 연설하는 마윈

기에 내가 완곡한 말로 그들의 양해를 구해서 사절할 수밖에 없었다.

11월 7일, 나는 마윈을 수행하여 상하이에서 열리는 중미(中美) 인터넷 포럼에 참가했다. 나는 단지 미모의 상하이 주재 미국 영사가 마윈을 "상하이 부근의 항저우에는 Jack--마윈의 영문 이름. 옮긴이--과 그의 동료들이 세계에서 가장 큰 B2B 사이트를 만들었습니다. 타오바오는 아시아에서 가장 큰 C2C 사이트이기도 합니다."라고 소개한 것만 기억난다.

12월 초, 항저우의 날씨가 아직 춥지 않았을 때 마윈을 수행하여 베이징에 갔다. 베이징의 밤은 훨씬 추웠다. 비행기에서 내리면서 공항 직원에게 "베이징은 오늘 몇 도예요?"라고 물었다.

"섭씨 3~4도 정도죠."

나는 "아, 몇 도 안 되네요."라고 농담을 던졌다.

"우리 회사의 주가처럼 얼마 안 되네." 마윈도 농담을 했다. 하지만 이어서 "나는 투자자를 위해서 단기적인 구제 전략을 쓰지는 않을 거야. 지금은 중소기업들이 겨울나는 것을 도와줘야 해. 주가는 조만간 다시 오를 거야."라고 진지하게 말했다.

12월 6일에 '기업인 연차 회의'가 베이징에서 열렸다. 아침에 마윈에게 신문을 사다 줬는데, 베이징의 어느 호수에 오리 한 마리가 추위로 얼어붙었다는 기사와 사진이 실려 있었다.

그날 강연은 이 오리로 시작했다. "오늘 베이징의 신문에는 호수에 얼어붙은 오리에 관한 기사가 실렸습니다. 올 겨울이 이렇게 추울 줄 몰랐기 때문이죠. 미리 준비하고 호수에서 나온 오리들은 무사하다고 합니다. …… 금융 위기도 마찬가지입니다. 닥쳐오는 것이 무서운 게 아니라 준비를 안 한 것이 무서운 것입니다. …… 나는 금융 위기가 최악의 시점은 지났다고 말하고 싶습니다. 상반기에 많은 조짐들이 있었지만 다들 모르고 있었다는 것이 가장 무서운 것입니다. 지금 비가 엄청 쏟아지고 있지만 다들 주목하고 있으니 오히려 조금씩 나아질 겁니다."

회의 중간 식사 시간에 갑자기 어떤 여자가 나를 "천웨이 아버지"라고 부르는 소리가 들렸다. 잡지사에서 일하는 항저우 여자 전(臻)이었다. 그녀는 예전에 전자상거래 대회의 보도를 위해 우리 회사에서 보름 정도 '잠복'을 했었고, 매우 힘든 자원봉사자 활동에도 지원했다.

나는 나중에 잡지사 기자들과도 아주 친해져서 마윈에 관한 질문을 받기도 했다. 예를 들어, "마 회장님은 점점 멋있어지세요. 아직도 사람의 외모와 지력이 반비례한다는 말을 하고 있나요?"와 같은 내용들이다.

이에 나는 "시간이 지나면서 마 회장님도 변하는 거지. 멋있는 것도 실수라면 그 실수를 계속하고 싶다고 했거든."이라고 대답했다.

볼 때마다 마윈이 더욱 야위었다며 "그분 요즘 건강은 어떠세요?"라고 묻는 사람도 있다. 나는 "당신의 발음이 정확하지 않아 '야위었다(瘦)'가 '멋있다(帥)'로 들리는데요."라고 답했다.

"마 회장님은 연예인이나 가수들보다도 대단해요. 어디에 가든 사람들이 몰려오거든요."라는 사람도 있다. 나는 "차이가 있죠. 연예인들은 화장을 지우면 못 알아보는데 마 회장님은 화장을 해도 알아볼 수 있어요."라고 농담으로 대답했다.

"다른 기업인들은 해마다 조금씩 늙는데 마윈만 변함이 없어."라는 말을 듣기도 했다. 나는 "사실 마 회장님도 나이가 계속 많아지고 있죠. 그런데 많아지는 것이 나이만은 아니에요."라고 대답했다. 다들 웃음보가 터졌다.

궈광창은 회의 기간 내내 마윈을 보필하는 데 도움을 주었다. 마윈에게 같이 사진을 찍자고 몰려오는 사람이 있으면 그가 앞서 가로막고는 "마 회장님의 초상권은 이미 우리 회사에서 샀으니 사진을 찍고 싶으면 먼저 줄을 서서 티켓부터 사야 돼요."라고 말했다.

어느 날 내가 마윈에게 "회장님이 강연하시는 기법 몇 가지를 알았어요."라고 하자 마윈은 내 말을 막으며 "내가 강연할 때 기교를 쓴다고 생각해?"라고 말했다. 나는 "기교란 강연하는 사람들이 '갖추고 있는' 자신들만의 노하우를 말한 거예요. 회장님은 자신이 아는 것을 이미 '귀납(특별한 사실을 통해 일반적인 명제를 이끌어냄.)'화 해 사람들에게 전달하지요. 그런데 아는 것이 적은 사람들은 강연에 가서 이를 '귀납'하지요 그리고 영원히 배울 줄 모르는 사람들은 그저 듣지요. 좋은 예로 언어를 터득하는 것과 같아요. 모국어의 어법은 따로 배우지 않아도 성장하면서 자기도 모르게 알게 되어 '갖추고 있는' 것입니다. 그러나 누군가가 이를 '귀납'하여 외국인에게 가르쳐 주어야 하고요. 회장님의 강연 기법은 이미 모국어처럼 '갖추어 있어'서 따로 귀납하지 않아도 돼요." 내 말을 듣고 마윈이 웃었는데, 내 말에 동의한 것인지 반대한 것인지를 모르겠다.

12월 31일 오전에 중국과학원 루융샹(路甬祥) 원장 일행이 회사를 방문했는데, 마윈이 직접 안내를 했다. 나는 루 원장에게서 친근감을 느꼈다. 내가 저장대학교에 다닐 때 루 원장은 총장이었다. 그래서 내 졸업장에는 루 총장의 도장이 찍혀 있다.

오후에 강남회(江南會)-2006년 마윈이 주축이 되어 발족한 소수정예 경제인 모임. 옮긴이- 대강좌가 처음으로 시작되었는데, 마윈은 기업인을 상대로 첫 강의를 하였다.

그날 마윈은 나에게 임무를 하나 주었는데, 내년에 좋은 태극권 사범을 찾는 걸 도와달라는 것이었다. 배우다가 그만 둔 태극권을 다시 배우려는 듯했다. 이처럼 마윈이 다시 배우고 싶은 것에는 바둑도 있었다. 하지만 장잉과 많은 사람들의 반대도 있었고, 마윈이 스스로 '반대하는 데에는 이유가 있겠지' 하면서 포기했었다.

오후에 마윈은 여러 계열사를 방문해 직원들에게 새해 인사를 했다. 직원들이 마윈을 보고는 아주 즐거워했다. 길게 줄을 서서 함께 사진을 찍기도 하고, 마윈과 사진을 찍었다고 가족에게 전화를 하는 직원도 있었다.

밤에 마윈은 회사 원로들과 함께 링인(靈隱) 융푸찬쓰(永福禪寺)-링인 풍경구(風景區) 안에 융푸찬쓰를 비롯한 4개의 절이 있다. 옮긴이-에서 새해를 맞았다. 융푸찬쓰는 조용한 곳인데, 겨울밤에는 더욱 고요하고 신비로웠다. 법사의 불법 강의와 마윈의 철학 강연도 들었다. 다들 속세의 번뇌과 직장 생활의 고단함을 잊고 잠시나마 마음의 안정과 영혼을 정화하는 충전의 시간을 가졌다.

2009년에 일어났던 일

1월 20일, 나는 마윈을 수행하여 베이징 국립 체육관에서 열린 '2008년도 중국 경제인 시상식'에 참석했다. 모두들 경기장 내의 뷔페에서 저녁 식사를 했는데, 같은 테이블에 앉은 사람이 낯이 많이 익었다. 곰곰이 생각해보니 '체조 왕자'로 불리는 리닝(李寧)이었다. 그 옆에는 아주 귀여운 꼬마 아가씨도 있었는데, 베이징 올림픽 개막식에서 노래를 불렀던 린먀오커(林妙可)였다.

시상식은 텔레비전으로 중계되었다. 어떤 기업인이 무대에 올라와 하는 말이 아주 인상적이었다. "기업은 아들처럼 키워서 돼지처럼 팔아야 합니다." 하지만 훗날 정작 그는 이 돼지를 팔지 못하였다.

2월 5일, 마윈을 수행하여 상하이 칭푸(靑浦)에서 열리는 알리바바 B2B 전국 지사장 회의에 참가했다. 회의 석상에서 마윈은 "회사 구성원 개개인의 꿈은 제 꿈입니다. 차도 사줘야 되고, 집도 사줘야 되고, 결혼도 시켜 줘야 되고, 결혼을 안 하려고 하는 사람의 문제도 해결해 줘야 됩니다. …… 오래된 지사는 저를 마음 놓고 잠들 수 있게 하는데, 새로 생긴 지사도 곤히 잠들게 할 수 있습니다."라고 익살스럽게 말했다.

2월 17일 오후에 마윈은 베이징우전대학교 통신대학에서 강연을 했다. 자유 질의 시간에 어떤 학생이 마윈에게 곤란한 질문을 했다. "알리바바는 사기를 쳐서 성공한 회사라고 말하는 사람이 있는데 어떻게 생각하십니까?" 이 질문을 듣고 나는 마음이 조마조마했다.

마윈은 "정말 그렇게 사기 칠 능력이 있으면 좋겠지만 애석하게도 저는 그런 실력은 없습니다. 사기는 자신도 안 믿는 말로 다른 사람을 설득하는 것인데 반해 저는 늘 제 말을 믿습니다. 그것은 사기가 아니라 믿음입니다."라고 대답했다. 우문현답에 열렬

한 박수가 터져 나왔다.

4월 25일과 26일, 마윈은 베이징에서 화샤동창회(華夏同學會) 제12차 회의에 참석했다. 회의장 주변에 마땅히 있을 만한 데가 없어서, 나도 들어가서 듣고 간단하게 기록을 했다.

다음은 참가한 사람의 의견 일부를 기록한 것이다.

류촨즈 :

"PC 업계는 수건에서 물을 짜는 산업이다. 짚신을 삼는 산업인 것 같기도 하다."

"매니저의 사업 의욕을 어떻게 키우느냐가 하나의 문제이다. 기업 문화는 직원의 책임감과 진취력, 사업 의욕을 키우는 것이다."

"기업의 다원화는 주로 조직 체계와 인재 유무에 따라 결정된다. 지도자의 열정도 고려되어야 한다."

류융하오 :

"8억 명의 농민 중 1억 4천 명은 도시에서 날품팔이를 하고, 6천만 명은 소규모 장사를 한다. 양돈업자들은 원가를 따지지 않는 2억 명의 영세 양돈장들 때문에 손해를 본다. 마오쩌둥 주석이 말했듯이 농민을 교육하는 것이 관건이다."

천야오(陳曉) :

"황광위(黃光裕)–중국의 최대 가전 매장 업체인 궈메이 그룹의 전 회장으로 부정 대출 등의 혐의로 체포되어 14년 형을 선고 받았다. 옮긴이– 사건은 궈메이(國美)의 경영에 영향을 미칠 수 없다. 궈메이의 비즈니스 모델은 원가를 따지지 않는 것이다. 공장과 결산하는 주기가 상품이 마트에서 판매되는 주기보다 길기 때문이다."

"궈메이에 변화가 일어난 것은 마윈 때문이다. 그런데 그건 혁명이 아니라 모델의 개량일 뿐이다.

평룬(馮侖) :

"외국계 기업은 레시피를 보고 만들지만 자기만의 레시피를 만들지는 못한다."

마윈 :

"기업의 경영에는 이상주의와 낭만주의가 필요하다."

궈광창 :

"마윈은 초이상주의와 초현실주의의 결합체이다."

마화텅(馬化騰) :

"처음에는 검색이 인터넷의 가장 완벽한 모델인 줄 알았는데 지금은 어떤 모델이든 반드시 결함이 있다는 것을 깨달았다."

모 교수 :

"4년 동안 부동산은 80조 위안이나 매출을 올렸다. 대출 금액이 3조 위안인데 3년 안에 갚을 수 있으니 위험은 없다."

모 금융 전문가 :

"1998년의 중국 모든 은행은 기술적인 측면에서 볼 때 파산했지만 정부의 강력한 조치로 지탱하고 있다. 힘을 빌려서 버틴 것이다. 2004년에 구조조정을 하고 2년 만에 대다수의 은행들이 상장을 했다. 그 뒤로 금융 업계의 전망이 좋아졌다. 창의적인 개념은 제품이나 기술의 개발보다 더 심층적인 의미를 갖고 있다."

5월 15일, 마이크로소프트의 CEO 스티브 발머(Steve Ballmer) 일행이 회사를 방문하여 마윈과 각 자회사 사장들이 함께 했다. 그날 오후에 나는 마윈을 수행하여 제1회 광저우 인터넷 무역 전시회에 참가했다.

이튿날 아침, 전시회가 아직 개막하기 전 우리는 승용차로 전시관 근처를 지나고 있었는데 대로에 사람들이 길게 줄을 서 있었다. 마윈이 뭐하는 사람이냐고 묻기에 나는 이번 전시회에 참가하는 사람인 것 같다고 대답했다. 그러자 마윈은 "정말? 사람이 이렇게 많아?"라며 무척 놀라는 표정이었다.

전시회가 시작되자 마윈은 경호원 20명의 호위를 받으며 환호하는 관중 사이를 어렵사리 지나서 회의장에 도착했다. 원래 마윈은 정부 인사들과 같이 15분 동안 전시관을 둘러볼 일정이었다. 그런데 마윈이 한 부스 앞에 5초만 머물러도 몰려드는 사람들로 인해 부스가 무너지기도 했다. 그래서 일정을 급히 취소해야만 했다.

제1회 광저우 인터넷 무역 전시회에서 태극권을 선보이는 마윈

그날 오후 마윈은 전시관 안 대강당에서 강연을 했다. 주제는 대략 두 가지였다.

"인터넷 전자상거래의 주요 과제는 폭리 행위를 없애는 것입니다. 조그마한 가방이 수천 위안, 심지어 수만 위안이나 하는데 이게 합리적입니까? 그 가격으로는 소 몇 마리를 살 수 있습니다." 이 말을 듣자 관중들이 크게 환호했다.

이어서 "전자상거래에서는 신용 경영이 필요합니다. 가짜 제품을 만들어서 남의 권익을 침해해서는 안 됩니다. 우리는 전자상거래의 유명 브랜드를 만들어야 합니다. 인터넷에서 진행되는 모든 거래는 다 기록이 남습니다. 10년, 20년 지나도 다 존재합니다. 여러분들은 이 사실을 분명히 명심해야 합니다. 인터넷으로 사업하시는 분도 자중해야 합니다. 자신에게, 고객에게 책임을 져야 하는 것입니다."라고 말했다.

연설이 끝나기 전에 마윈은 옷을 갈아입고 태극권 시범을 보였다.

전시회가 끝난 뒤에 나는 마윈에게 수천 위안에 팔리는 명품 가방이 소가죽으로 만들어진 것이 아니라고 말해 줬다. 마윈은 "그래? 그래도 내가 틀리게 말한 것은 아니었다. 나는 그게 소가죽이라고 한 것이 아니라 단지 몇 천 위안이면 여러 마리의 소를 살 수 있다고 말한 거야." 이 말을 마치고 마윈은 큰 소리로 웃었다. 그의 웃음은 항상 우렁차다.

5월 22일, 나는 마윈을 수행하여 상하이의 동방항공사에 갔다. 새로 부임한 류사오융(劉紹勇) 사장과 합작에 대해 논의하였는데, 동방항공의 여러 사정을 이해하게 되었다. 회의가 끝난 후 마윈은 앞으로 동방항공 비행기를 이용해도 되겠다고 했다. "류 사장과 이야기를 하고 나니 마음이 놓였어. 허허!" 이전에 마윈은 동방항공의 비행기를 타지 않았다.

마윈은 스위주와 함께 점심 식사를 했다. 식당이 과거 황진룽(黃金榮)—1994년 무렵 상하이 최대 범죄조직이었던 청방(靑幇)의 두목. 옮긴이—의 집이었는데, 안에 아름다운 큰 화원이 있는 고풍스런 건물이었다.

스위주는 내가 가장 존경하는 기업인이다. 회사 내에서 우리끼리 한담을 할 때 나는 '높이 날다가 크게 하락하는 경우를 대부분의 기업가들이 겪을 수 있지만, 크게 하락했다가 높이 치고 올라오는 경우는 전 세계에 스위주와 스티브 잡스밖에 없다'고 항상 말했다. 승리를 의미하는 V자도 떨어졌다가 다시 일어서는 모양인데, 스위주를 묘사한 것이라고 했다. 내가 하는 내부 한담은 주로 다른 부서의 동료들과 식사하면서 큰소리를 치는 것이다.

마윈과 스위주는 안쪽 방에, 나와 스위주의 보좌관, 비서는 바깥방에 있었다. 스위주의 비서는 내가 만난 비서 중에서 가장 예뻤고, 보좌관은 가장 건장한 사람이었다.

상사와 같은 테이블에 있지 않았기에 우리는 식사를 하면서 좀 더 자유로운 분위기였다. 나는 비서에게 이름이 무엇이냐고 물었다.

왕페이(王菲)라고 했다.

"페이는 무슨 글자입니까?"

"가수 왕페이랑 같은 글자예요."

"왜 연예인과 같은 이름을 지었어요?"

"한번 생각해보세요. 사람들이 그녀를 왕징원(王靖雯)이라고 부를 때도 저는 왕페이라고 불렸어요. 그렇다면 누가 누구를 따라한 거예요?"

유명한 기업인들은 실력 있고 인물도 좋은 비서를 구할 수 있지만 대부분은 그렇게 하지 않는다. 예전에는 기업인들의 수준이 높아서 사람을 외모로 평가하지 않는 줄로 알았는데, 지금은 수준이 아니라 어쩔 수 없는 문제라고 생각한다. 즉, 부인이 허락하지 않거나, 스카우터에게 말하기가 부끄러워서 그런 것 같다. 물론 이것은 나의 추측일 뿐이다.

기업인들의 비서는 대부분 나이가 아주 어려서 내가 나이가 가장 많은 줄 알았다. 2009년 12월 스위주가 주하이(珠海)–중국 광동성 경제특구로 스위주가 무리한 과잉 투자로 1997년 부도를 냈었다. 옮긴이–를 떠났다가 12년 만에 다시 돌아오자 모든 기업인이 축하하러 왔다. 모임에서 나는 쥔야오그룹(均瑤集團) 회장 비서인 라오차이(老蔡)를 만났다. 그가 나보다 나이가 많다는 것을 알고 조금은 위로가 됐다. 내가 더 이상 가장 나이 많은 보좌관이 아니었기 때문이다. 라오차이는 말재주가 좋고 경험도 아주 풍부했다. 2004년 왕쥔야오(王均瑤) 회장이 세상을 떠났을 때도 이미 그는 회장 비서였다.

리렌제의 비서들은 모두 미국에서 자란 타이완 사람이다. 전임 비서는 MBA 공부를 하러 미국에 갔었던 사람이고, 후임 비서는 샤오싱(小邢)이라고 하는데 어려서부터 미국에서 중국인에게 무술을 배웠다고 한다. 그의 목소리와 말투는 팡주밍(房祖名)–방조명. 홍콩 배우 청룽의 아들. 옮긴이–과 흡사했다.

나는 샤오싱에게 "목소리가 팡주밍과 비슷해요. 예전에 이런 말 못 들었어요?"라고 물었다.

그러자 샤오밍은 "팡주밍? 누군지 모르겠어요."라고 답했다. 내가 "청룽의 아들인데 못 들어보셨어요?"라고 하자, 샤오싱은 "아, Jaycee요. 그의 중국어 이름은 못 들어봤어요." 그가 계속 말했다. "들어봤죠. 그건 아마 제가 타이완 표준어를 써서 그럴 거예요."

5월 31일, 나는 마윈을 수행하여 항저우에서 가장 좋은 개인 치과병원에 갔다. 그 전에도 두어 번 갔었는데 차분하고 아름다운 여자 의사가 진료하였다. 그녀는 마윈의 치료를 담당하게 된 것이 영광이라고 하면서 일체의 비용을 받지 않았다. 나중에 내가 이메일로 "선생님! 제가 어제 선생님 꿈을 꿨어요. 이제 진료비를 드려야 하는 거죠?"라고 보내자 "아니요. 제가 천웨이 씨의 꿈을 꿀 때 와서 계산하세요."라는 답변을 받았다.

강남회 대강당에 함께 있는 마윈과 소로스

6월 8일, 조지 소로스가 항저우에 왔는데 마윈이 먼저 회사를 안내해줬다. 그리고 강남회(江南會)에서 저장에 있는 기업인들을 대상으로 강연했다.

소로스라고 하면 다들 머릿속으로 '금융자본가'라는 단어를 즉각 떠올린다. 사실 많은 사람들이 그를 오해하는데, 금융자본가는 그의 일부분에 지나지 않는다. 그가 하는 일은 게임의 규칙을 준수하는 것이다. 그의 말을 빌면 "정해 놓은 게임의 규칙에 어떤 결함이 생겼는지 알리기 위해 고름집을 바늘로 찔렀을 뿐이다."고 했다. 금융 위기가 닥치기 전에 같은 유태인인 앨런 그린스펀-미국 연방준비제도이사회 의장. 옮긴이-에게 경고했지만 끝내 들어주지 않았다고 한다. 자리에서 물러나고 나서야 그린스펀이 자기에게 사과했다는 이야기도 했다. 그리고 소로스는 자선가이기도 하다.

마윈과 소로스는 2005년 다보스에서 열린 세계 경제 포럼에서 처음으로 만났다.

세계 경제 상황에 대한 소로스의 분석이 마윈의 생각과 비슷한 데가 많아서 둘은 금방 친해져 친구가 되었다. 이번에 소로스는 두 아들을 데리고 항저우를 방문해 마윈이 그들에게 시후를 안내해줬다. 그날 저녁에 소로스와 가족들은 강남회에서 머물렀다.

6월 20일, 마윈은 저우치런(周其仁) 교수의 초청으로 베이징대학 MBA 졸업식에 외부 인사로는 유일하게 참석했다. 마윈이 강연하기 전에 저우 교수가 먼저 학생들에게 말했다. "마 회장님께 강연 주제를 미리 드리기는 했지만 그에 맞춰 강연해주시리라 기대하지 마십시오. 만일 이후로 여러분들이 주어진 제목에 맞춰서 강연하는 마윈을 만나면 그 사람은 반드시 마윈이 아니라 아주 닮은 사람일 것입니다. 물론 그런 사람을 찾기도 힘들겠지만 말입니다."

마윈이 강단에 올라서 한 첫 마디는 "축하합니다. 훌륭한 대학을 졸업한 것을 축하합니다. 이 학교는 항저우 사범대학에 비길만 합니다." 이 말에 대학생들이 모두 웃었다. 마윈이 항저우 사범대학을 나왔기에 어디를 가든 거기가 항저우 사범대학에 다음가는 최고의 명문대라고 하기 때문이다.

그 행사가 끝난 뒤에 우리는 홍콩을 경유해서 인도의 뉴델리로 갔다. 뉴델리 공항은 항저우 기차역보다 더 시끌벅적했다. 인도에 대한 지식이 거의 없었던 우리는 사전에 국제보안회사의 직원 두 명을 고용하여 공항에서 기다리게 했다. 그런데 그들이 우리의 이름을 쓴 안내판을 가지고 있지 않았다. 나는 바로 그들을 찾아서 차에 탈 준비를 했다. 마윈이 아주 놀라면서 "이 두 사람이 확실해? 네가 어떻게 알았어?"라고 물었다. 그래서 나는 "미리 저한테 사진을 보냈어요. 그게 저의 일인데요."라고 대답했다.

인도 날씨는 아주 무덥고 건조했다. 매일 기온이 45도까지 올랐다. 그날 나온 보디가드 중에 한 사람이 큰 터번을 썼는데 그것을 보니 더욱 더워졌다. 다행히 마윈은 야위어서 그런지 더위를 덜 탄다.

인도에서 가장 큰 전자상거래 웹사이트가 바로 알리바바이다. 몇 번의 설명회를 하고서 우리는 다른 도시로 갔다. 인도의 국내선 비행기는 아주 작아서 출입구가 뒤쪽에 하나만 있었다. 바닥에서 몇 개의 계단만 오르면 비행기 안으로 들어갈 수 있다. 비행기 안도 바깥처럼 더웠다. 유일한 스튜어디스가 비행기가 뜨기 전에는 에어컨이 가동되지 않는다고 말해줬다. 그리고 안전 수칙 책자를 부채로 쓰면 된다고 친절하게 일러줬다.

드디어 비행기가 떴다. 날씨가 아주 좋았지만 비행기는 계속 흔들렸다. 마윈과 웨이저가 함께 비행기에 타고 있어서 나는 안전하게 느껴졌다.

마침내 목적지에 도착했다. 도로에서 지나가는 많은 차를 볼 수 있었는데, 차 밖에 사람들이 매달려 있었는데도 차는 계속 앞으로 달렸다.

인도의 유명한 음식인 '난'-인도 등에서 납작하게 누른 반죽을 화덕 벽에 붙여 구운 빵의 일종. 옮긴이-을 뉴델리뿐 아니라 다른 도시에서도 못 봐서 아쉬웠다.

인도에 있으면서 중국 음식점에 한 번 갔었다. 마윈과 같이 들어가 보니 주방장부터 홀서빙하는 사람까지 모두 외국인이었다. 나는 정통 중국식 맛이 아닐 거 같아 다른 데로 가서 먹자고 했다. 종업원이 눈치를 챘는지 영어로 진지하게 "우리가 중국인은 아니지만 우리의 요리는 정통 중국 음식입니다. 사장님은 싱가포르 화교입니다. 지금 안 계시지만."이라고 말했다.

마윈이 이 말을 듣고 웃었다. "화교가 운영한다는 가게니까 여기서 먹어보자." 음식 맛은 그런대로 괜찮았다.

인도를 떠나기 전 마윈은 현지에서 만든 소금 몇 봉지를 사서 귀국했다. 마윈은 세계 각국의 소금을 사오는 것을 아주 좋아한다. 러시아나 일본, 유럽을 가도 소금을 사온다. 마윈을 보면 비싼 시계나 만년필을 수집하는 것보다 소금을 수집하는 것에 더

의미를 두는 것 같다. 마윈의 집에서 식사를 하다가 어느 나라, 예를 들어 러시아 이야기가 나오면 마윈은 신이 나서 "러시아 소금 좀 갖다 주세요!"라고 큰소리로 외친다.

작은 접시에 소금을 담아오면 마윈은 모두에게 다시 손을 씻으라고 한다. 그러고는 손가락으로 소금을 조금 찍어 입에 넣고 맛보게 한다. 나라별로 소금은 큰 차이가 없지만 소금의 세부적인 맛은 확실히 차이가 있다. 소금을 먹으면서 다른 한 편으로 그 나라의 이야기를 하는 것은 색다른 느낌이 있다.

사실 사람들이 뭔가를 수집하는 것은 일종의 취향이기에 비싼 돈을 들여서 증명할 필요가 없다. 수집품의 가격이 마윈의 소금보다 만 배나 비싸다고 해도 그것이 무엇을 설명할 수 있겠는가? 역시 마윈에게 배운다.

마윈은 명품을 안 입는다. 품질이 좋고 몸에 맞는 옷이면 무엇이나 입는다. 마윈이 좋아하는 브랜드는 '무명양품(無名良品)'-특정 브랜드를 지칭하는 것이 아니라 알려지지는 않았지만 질이 좋은 제품이라는 뜻. 옮긴이-이다. 마윈은 무명양품을 입으면 첫사랑의 느낌이 있다고 한다. 나는 그 말이 무슨 뜻인지 이해하지 못했다. 마윈은 이를 두고 "만일 이름(名)도 제대로고 말도 순조로웠으면 마누라가 되는 거지, 첫사랑의 느낌이 되었겠어?"라고 말했다.

7월 초, 마윈과 궈광창 등의 기업인들이 북극을 관찰하러 갔는데 나는 동행하지 않았다. 배에서 심심할 때면 마윈이 이야기를 해줬다고 한다. 마윈은 자신이 한 많은 이야기를 절반 정도만 기억하고 있었다. 대신 내가 다 기억하고 있는데 마윈이 생각이 안 날 때면 나에게 문자로 물어왔기 때문이다. 몇 글자밖에 안 되지만 나는 그게 무슨 이야기인지를 알았다. 그래서 내가 몇 개의 키워드를 보내주면 마윈이 곧바로 떠올려 이야기했다고 한다.

북극에 갔다 온 후 마윈이 나에게 "아주 재미없었어. 한나절 동안 갔는데도 북극곰 한 마리만 봤어."라고 했다. 나는 웃으며 "회장님, 북극곰이 더 안됐어요. 며칠 동안 겨우 배 한 척만 본 거잖아요."라고 말했다.

"맞아. 그 놈들이 우리보다 더 심심했겠구나! 허허!"

자신이 한 이야기를 까먹는 이유에 대해 마윈은 이렇게 설명했다. 그리고 그 말을 여러 차례 강연에서도 하였다. "저는 머리가 작은데 좋은 점이 두 가지 있습니다. 첫째, 머리 회전이 다른 사람보다 빠릅니다. 다른 사람이 한 바퀴 돌 때 저는 이미 두 바퀴를 돕니다. 둘째, 저장량이 적어서 수시로 비워야 합니다. 그래서 어느 날 갑자기 심문을 당해도 저는 아무것도 기억하지 못할 겁니다."

마윈은 역사에 관심이 많다. 그리고 몇 년 사이 더욱 관심이 많아진 것 같다. 토론할 때도 자주 역사를 떠올린다. 그는 정확한 연도를 기억하지 못하는데 예외적인 경우가 있었다. 마윈이 한번은 1069년에 왕안석(王安石)의 개혁이 있었다고 말했다. 당시 나는 마윈이 생각나는 연도를 대충 말한 것으로 생각했다. 그가 틀렸기를 바라면서 즉시 검색을 했다. 잘못되었으면 바르게 고쳐줄 기회였던 것이다. 결론은 내가 크게 실망하고, 그의 말이 옳았다. 마윈은 절대로 건망증이 아니라 때때로 잘 잊을 뿐이다.

마윈과 위단(于丹)-베이징 사범대학의 교수로, 《논어심득(論語心得)》의 저자. 옮긴이-은 친한 친구이다. 마윈은 늘 위단의 기억력과 문장력이 대단하다고 칭찬한다. 위단은 깊이 생각하지 않는 것처럼 보이는데 명문장을 몇 단락씩 외우고, 편지를 보내도 여느 사람의 것과 다르다고 했다.

10월 30일, 위단은 마윈의 초청으로 항저우 강남회 대강좌에서 강연을 했다. 강연이 끝난 후 술집에 갔는데 위단이 술을 마시면서 호기롭게 자기를 "공자"라고 불렀다.

위단은 친구와 자주 놀러 가기도 하고, 익스트림 스포츠도 즐겼는데, 예를 들어 겨울철 기온이 영하 60도로 떨어진 곳에 가서 스키를 타는 것 등이다.

위단도 마윈을 많이 칭찬했다. 위단은 마윈이 자기 행사에 매번 와주기를 바라지만 마윈이 너무 바빠서 약속을 어긴 적이 몇 번 있었다. 그래서 위단은 마윈에게 "마공자님! 약속을 한 번 더 어기면 나중에 약속을 어긴 사람에게 '당신도 알리바바 스타일입니까?'라고 할 거에요."라고 했다. 그랬더니 마윈은 서둘러 사과하면서 두 손을 맞잡고 "위 공자님! 다음에는 안 그러겠습니다."라고 했다.

마윈의 다른 여성 친구는 《중국에서 성공하기》의 진행자 왕리펀이다. 마윈의 초청으로 회사에서 주최한 대형 포럼의 사회를 왕리펀이 맡은 적이 몇 번 있었다. 2008년 9월 톈진(天津) 다보스 포럼이 열렸을 때 그때야 세상에 슈왈제네거 외에 슈밥(Klaus Schwab, 클라우스 슈밥-세계 경제 포럼 창시자. 옮긴이-)이라는 이름이 있다는 것을 처음 알았다.). 하루는 내가 마윈을 마중하러 나갔었다. 차가 5분 정도 늦게 도착했더니 마윈은 호텔 로비에서 팬들에게 둘러싸여 있고 왕리펀이 마윈 앞을 막고 있었다. 가까스로 차에 탔는데 왕리펀이 이렇게 농담을 했다. "마 회장님은 내 프로그램에 나오고 난 뒤에 팬이 생긴 거예요. 그런데 지금은 입장이 바뀌어서 팬들에게 둘러싸이면 내가 보디가드를 해야 된다니까요."

마윈도 "다음에 또 그런 상황이 생기면 내가 반드시 《중국에서 성공하기》의 진행자 왕리펀이라고 소리를 지를게요. 그때는 내가 다 갚을 거예요."라면서 농담으로 대꾸했다. 왕리펀이 "됐어요."라며 웃었다.

마윈이 왕리펀과 함께 몇 번의 회의에 참석했더니 어떤 호사가들이 그것을 보고, 왕리펀이 원인이 되어 마윈이 이혼하지 않았냐는 소문을 만들어 냈다. 그 연유로 2009년에 회사 지분을 줄인 것이 아니겠냐고들 했다.

마윈은 여성들과 친한 편이다. 한번은 여성 기업인 포럼에서 마윈은 다음과 같이 이야기했다. "여기에 계신 분은 다 슈퍼우먼입니다. 중국 역사상 가장 강한 여성이 딱

두 분이 있는데 무측천(武則天, 중국 발음 : 우제티안)과 서태후(西太后, 중국 발음 : 시타이후)입니다. 남자와 여자는 완전히 다른 동물인데, 여자가 남자를 어떻게 평가하고 활용하는지에 따라서 여성에 대한 평가가 달라집니다. 남자를 더 남자답게 만드는 여자가 바로 여자 중의 여자입니다. 경영학의 입장에서 보자면 남을 통해서 결과를 얻는 방식입니다. 그러나 강한 여자는 종종 결혼 생활이 순탄치 않습니다. 원인을 말씀드리자면 남자는 식당에서 흔히 같이 나눠 먹는 요리입니다. 다만 늦게 가면 없어지지요. 강한 여자는 레스토랑의 고급 요리입니다. 맛있지만 이것을 주문하는 사람은 없습니다. 그리고 새로운 요리로 매번 빠르게 바뀝니다." 그의 말에 여성 참석자들이 다 웃었다.

11월 말, 베이징에서의 바쁜 일정을 마친 후 마윈과 함께 홍콩을 갔다. 그때가 홍콩에서 지내기 가장 좋은 계절이다. 매일 오전 10시에 마윈을 만나러 가면 되었기에 시간이 남아서 아침 일찍 일어나 등산을 했다. 산은 붐비지도 않았고 공기도 좋았는데, 아래를 내려다보면 빅토리아항만이 보였다. 길에는 대부분 강아지를 데리고 새벽 산책을 하는 외국인들이었는데 가끔씩 조깅하는 연예인들도 봤다.

산꼭대기에 둥글게 연결된 길이 있는데, 한 바퀴를 도는 데 한 시간 정도가 걸렸다. 마윈도 몇 번 기업인 친구들과 이 길을 걸었다. 속도는 내가 조절했다. 만일 한 시간 여유가 있으면 한 바퀴 돌고, 30분이 있으면 15분쯤 가다가 옆에서 되돌아가야 한다고 일러주었다. 그래야 다음 일정에 맞출 수 있었다.

2010년과 그 이후

2010년 1월 말 춘절이 가까워진 어느 날, 지난 해 바빴던 알리 클라우드 컴퓨팅 사장인 왕젠(王堅, 현재 알리바바 그룹의 수석 기술관) 박사가 마윈에게 휴가를 신청하였다. 마윈은 왕젠을 아주 좋아해서 그가 없는 자리에서도 항상 극찬을 한다. 왕젠이 휴가를 낸 이유는 아주 특별했는데, 미국에 가서 비행기를 몰고 싶다는 것이었다. 예전에 그가 미국에 있었을 때 한 비행 클럽의 멤버였다고 했다. 하지만 '9·11 사태'를 저지른 사람이 그의 클럽 친구인지는 밝히지 않았다.

그날 왕젠은 비행기에 손을 안 댄 지 너무 오래되어 실력이 녹이 슬었다고 했다. 마윈도 비행기를 몬 지 아주 오래되었다고 했다. 왕젠이 무척 놀라면서 "회장님도 비행 교육을 받은 적이 있습니까?"라고 물었다. 마윈은 웃으면서 "40여 년 됐지. 하하."라고 대답했다.

2010년 춘절은 항저우에서 보내지 못했다. 그 전에 미리 마윈이 나에게 대표로 춘절에도 일하는 직원들을 위로하러 가라고 했기 때문이다. 나는 주제 파악을 잘 했다. 내가 어찌 마윈을 대신할 수 있겠는가. 만일 어떤 부서에 가서 "회장님을 대신하여 위로하러 왔다."고 하면 분명히 다들 싫어할 것이다. 그래서 나만의 방법으로, 마윈이 직접 사인한 책을 준비해서 부서에 추첨으로 나눠줬다. 부서마다 한 권만 받을 수 있었지만 직원들이 모두 적극적으로 참여했고, 책을 받은 직원은 몹시 기뻐했다.

CCTV의 판 감독은 2월 11일 저녁에 방영하는 《감동중국(感動中國)》–감동적인 인물의 사례를 소개하는 텔레비전 프로그램. 옮긴이–을 보라고 했다. 더 많은 직원들에게 알리기 위해 나는 회사 웹사이트에 〈감동중국, 한 번 더 우리를 감동시키자〉라는 글을 올렸다.

작가이자 CCTV에서 8년 동안 《감동중국》을 연출한 판신만 감독이 어제 미리 기별을 해줬다. 2월 11일 저녁 8시에 2009년도 《감동중국》이 CCTV 1 채널에서 방송된다는 내용이었다. 판 감독은 8년간 춘절 전후로 모두에게 똑같은 통지를 보내면서 나에게는 손수건을 미리 준비하라는 당부도 잊지 않았다. 매년 이 때쯤이면 지난 일들이 많이 생각난다.

2003년 춘절 전에는 제1회 《감동중국》의 촬영을 현장에서 직접 지켜봤다. 그때 내 앞에는 중국을 감동시킨 왕쉬엔(王選)이 앉아 있었는데 그의 숨소리가 들릴 정도로 가까웠다. 왕쉬엔 옆에는 류수웨이(劉姝威)와 장첸뚱(張前東) 등이 있었다. 촬영 중에 나는 여러 번 감동을 받았다. 한훙(韓紅)이 부르는 《감동중국》의 타이틀곡도 반복해서 나오는데 나는 그 노래가 가장 듣기 좋은 노래 중의 하나라고 생각한다. 작사가는 판 감독과 친한 친구였다. 그녀는 가사를 쓰는 건 재주가 중요한 게 아니라 마음과 인정이 중요하다고 했다. "…… 첫 빛줄기의 순결함으로 세상에 눈 한 쌍을 그려준다. 첫 꽃봉오리가 피는 소리로 세상에 노래를 한다. ……"

생명을 만드는 요소는 많지만 영혼이 있는 생명은 감동으로 이루어진다. 나는 '감동'이라는 단어를 좋아한다. 며칠 전 마윈과 후난(湖南) 위성 방송국에 갔었을 때 어우양(歐陽) 국장을 만났는데, 그는 정말로 재주 있는 사람이었다. 숭주잉(宋祖英)의 데뷔곡인 〈채롱(小背簍), 작은 광주리〉이라는 노래는 그가 지은 것이다. 어우양 국장은 일이 아주 바쁘지만 힘들다고 하지는 않았다. 대화 시간에 "일을 하다가 죽는 것도 아닌데, 일할 때는 감동을 받을 수 있는지가 중요합니다."고 했다.

감동을 느끼게 되면 세상의 딱딱한 규칙과 적나라한 이해관계에서 벗어나 사람의 마음을 윤택하고 유연하게 만들 수 있게 된다. 그런 감동을 다른 사람에게 전달하지 않으면 이것은 아름다움에 대한 일종의 죄악이다. 아마 여러분은 지금 사소한 일로 고민하고 있을 것이다. 예를 들어 다른 사람은 춘절을 쇠러 고향에 가는데 자기는 근무 때문에 명절인데도 집에 못 가는 것이나, 일 년 동안 다른 사람보다 많은 노력을 했는데 성과가 좋지 못했을 수도 있다. …… 그렇다면 내일 저녁에 감동을 느껴보자!

2010년 이후의 이야기는 더욱 많다. 야후와 알리바바 사이에 벌어지는 일이나, 빌 게이츠와 워렌 버핏의 자선 만찬과 관련된 이야기들이다.

마윈이 몇 년간 유학 준비를 했다. “다들 나를 싫어가기 전에 내가 먼저 스스로 없어져 주지.” 그래서 나는 같이 가도 되느냐고 물었다. 마윈은 좋다고 했다. “성별이나 나이가 내가 원하는 타입이 아니지만 말이야.”

삶이 계속되면서 더 많은 이야기가 있을 것이다.

6 마원의 취미와 철학

타오바오의 무협 문화는 익히 잘 알려진 이야기이다. 마윈이 어릴 때부터 무협 팬이었기 때문이다. 그러나 타오바오의 '물구나무서기' 문화는 잘 알려지지 않았을 것이다. 타오바오 창립 초기에 사스 때문에 사무실 내부에만 있어야 했다. 좁은 실내에서 운동하기 위해 마윈은 물구나무서기 보급에 앞장섰다. 그런데 사스는 단지 핑계라고 생각한다. 아주 좁은 공간에서 할 수 있는 운동 방법이 다양한데 왜 마윈은 물구나무서기를 선택하였을까? 어릴 때부터 세상을 다른 시각으로 보는 것에 익숙했기에 마윈은 "거꾸로 서는 사람이 천하는 얻는다."고 생각했던 건 아니었을까.

마윈은 예전부터 기분이 안 좋다고 말한 적이 없다. 그럴 때는 "마음이 편안하지 않다."고 표현한다. 그리고 그는 다양한 기인들과의 교류와 불교, 도교 그리고 동서양의 철학을 통해서 자기만의 경영 지침과 인생관을 터득했던 것이다.

이에젠(月眞) 법사

철학에 대한 마윈의 열정은 아주 오래되었다. 일찍이 영어 학원에서 강의할 때 '불(佛)'자에 대해 말한 적이 있다. 처음에는 사람(人)이었다가 나중에 더 이상 평범한 사람이 아니게(弗) 돼서 부처가 된 것이라고 했다. 그리고 "모든 사람은 미래의 부처이고, 부처도 과거 사람일 때는 우리처럼 천진난만했어."라고 했다.

마윈은 어린 시절에 명절이 되면 외할머니를 따라 절에 가서 향을 피우고 예불을 올렸다. 향을 피우는 다른 사람과 마찬가지로 그의 외할머니도 예불을 올릴 때 온 가족이 편안하고 큰돈을 벌 수 있도록 도와달라고 빌었다. 하지만 그럴 때마다 마윈은 외할머니가 틀렸다고 하면서 오히려 부처의 평안과 쾌락을 빌어야 한다고 했다. 만일 부처도 돈을 쓰고 싶어 할 수 있으니 그들도 부처가 돈을 많이 벌도록 부귀영화를 빌어야 한다는 것이다.

그 이야기를 할 때마다 마윈은 웃으며 "부처 스스로 즐겁지 않으면 어떻게 우리에게 즐거움을 주겠어? 그리고 자기도 쓸 돈이 없는데 어떻게 우리에게 돈을 벌게 해주겠어? 입장을 바꿔서 생각해봐. 다들 부처에게 도와달라고 하는데, 너만 부처를 위하는 생각을 한다면 마지막에 부처가 누구를 도울까?"라고 했다. 지금의 마윈이 모든 중소기업을 대하는 것을 보면 역시 마음속에 부처가 있다.

마음이 안 좋을 때 마윈이 가장 먼저 떠올리는 곳이 용푸찬쓰이다. 이 사원은 항저우 링인 서쪽의 쓰순펑(石筍峰) 아래에 있는데 1600년의 역사를 가지고 있다. 사원 안에는 오래된 나무가 많고, 대나무가 무성하여 그윽하고 조용한 분위기가 마치 세상을 벗어난 무릉도원 같다.

주지승인 이에젠 법사는 마윈의 오랜 친구이다. 그는 글씨를 잘 썼는데 고대 명필들의 글씨를 따라하는 실력이 아주 좋다. 또한 건축에도 뛰어난 재능이 있다. 지금의 용푸찬쓰는 대략 2만 평의 부지에 5곳의 독립된 정원이 있는데, 이들은 모두 이에젠 법사가 혼자 설계한 것이다. 설계도면도 없이 직접 사람을 시켜 공사를 했는데 아주 예쁘게 조성되었다.

이에젠 법사가 도를 깨달은 고승인지 아닌지는 모르겠지만 그가 나에게 일러준 '선(禪)'에 대한 이야기는 나의 큰소리에 많은 도움이 되었다. 예를 들어 '선이란 모든 지혜와 자비의 결합체'라거나 '선은 모든 사람들의 가식적인 허위를 없애는 데 도움이 된다.'는 것이나, '사람마다 마음속에 등불이 있는데 선은 그 등불 표면에 묻은 재를 닦는 걸레'라는 것 등이다. 내 생각에 이 말은 '모든 사람의 마음속에는 태양이 있고, 이를 어떻게 빛나게 하느냐는 것이 문제'라는 소크라테스의 언급과 비슷하다.

법사가 예전에 톈타이산(天台山)의 어느 사찰 주지였을 때 마윈과 함께 간 적이 있다. 그가 젊은 시절 톈타이산 치칭쓰(國清寺)에 있었을 때의 사진을 보면 마윈과 많이 닮았다. 그래서 마윈은 자주 "사실 내가 그이고, 그가 곧 나입니다. 나는 밖에서 그를 위해 사업을 하고, 그는 나 대신 여기서 수행을 합니다. 이것만 생각하면 마음이 편안해집니다."라고 농담을 했다.

이에젠 법사는 "수행은 반드시 사찰 안이 아니어도 되고, 어디에서나 할 수 있다."고 했다. 마윈이 맞장구를 쳤다. "반만 깨달은 사람이 출가를 하고, 모두 깨달으면 마땅히 환속해야 합니다. 사찰에 있으면 어떻게 중생을 구제합니까? 나가서 수많은 백성과 중소기업을 도와주는 것이야말로 중생을 구제하는 겁니다."

마윈은 사람들과 회담을 할 때 용푸찬쓰에 가는 것을 가장 좋아한다. 내 생각에는 두 가지 이유가 있는 듯하다. 첫째는 외형적으로 이곳이 그윽하고 조용하게 교류와 사고를 할 수 있는 좋은 장소라는 것이고, 둘째는 불법(佛法)에 많은 철학과 사고가 담겨 있어서 그것에 대해 토론하는 것이 책을 보는 것보다 더 쉽고 재미있다고 생각하기 때문이다.

동물이 영장동물로 진화되면서 '공평(公平)' 의식이 생겼다. 원숭이 두 마리에게 각각 바나나를 한 송이씩 주면 둘 다 좋아한다. 하지만 한 마리에게는 두 송이, 다른 한 마리에게는 세 송이를 주면 피터지게 싸우게 된다. 마윈은 이런 자기중심적인 공정만을 추구하는 경향은 진화가 아니라 일종의 퇴화라고 본다. 불교나 도교의 많은 사상은 이런 퇴화를 해결하는 한 방법이다. 우리는 저렴하게 정보를 얻을 수 있지만, 그것의 진위를 가리는 데 비싼 대가를 치루는 시대를 살고 있다.

리이(李一)에 관하여

마윈은 리이(李一) 도사(道士)보다 이에젠 법사와 더 자주 만났다. 2010년 리이에게 제자가 3만 명이고 마윈이 이미 제자가 되었다는 보도가 나왔다. 마윈은 크게 웃으며, "리이가 내 스승이라면 이에젠은 내 아버지여야 해. 우리는 그냥 편하게 대화를 나누는 친구일 뿐이야."라고 말했다.

마윈이 충칭(重慶)에 있는 도교 사원에 가는 이유와 그가 이에젠 법사를 찾는 이유는 도교와 불교의 이론을 듣고 이것들이 어떻게 다른지를 알고 싶어서였다. 즉, '핵심은 받아들이고 찌꺼기는 버린다.'는 것이다.

몇 년 전 마윈은 어떤 책의 추천사에 '2000여 년이 지났는데도 도는 도이고 이치는 이치다.'라고 썼다. 총명한 사람은 한 번에 확실히 알겠지만, 마윈이 추앙하는 것은 한 개인이 아니라 도가의 철학과 사상이다.

마윈은 예전부터 한 사람에게 빠진 적은 없지만 그래도 존경하는 사람은 아주 많다. 예를 들면, 이에젠의 타고난 건축에 대한 감각, 위단의 언변, 리이의 기억력, 왕시안(王西安) 대사의 무공, 류첸(劉謙)의 마술 등이다.

"나는 빠지더라도 믿지 않고, 믿더라도 빠지지 않는다." 마윈이 웃으면서 사적인 자리에서 한 말이다.

2005년 국경절에 마윈은 충칭의 진윈산에 간 적이 있다. 이야기를 하자면 마윈이 진윈산(縉雲山)에서 리이 도사를 알게 된 것은 나와 관계가 있다. 2005년 9월 드라마 《벽혈검(碧血劍)》의 전반부 촬영이 시작되었는데, 일부 인원들은 우이산(武夷山)으로 이동하였다. 장지중 감독은 그동안의 피로가 누적돼 혈압이 오르고 심장도 아주 좋지 않았다. 그래서 부인인 판신만 감독의 권고로 휴양을 위해 충칭 진윈산에 있는 바이윈관(白雲觀)에 갔다.

우리가 도착했을 때 이미 홍콩에서 온 노인들이 벽곡(辟谷) 수련을 하고 있었는데, 그 중의 한 분은 경찰관 출신이었다. 벽곡 수련은 보통 7일 혹은 7일의 배수로 하는데 장 감독은 이번에 14일을 수련해야 했다. 그 동안은 물만 마시고 다른 것은 먹을 수 없다. 나는 당시 장 감독의 비서라서 불의의 사태에 대비하기 위해 곁에서 머물러야 했다.

산에서의 나날들이 나에게는 정말 즐거웠던 시간이었다. 매일 아침 일찍 일어나 먼저 행보공(行步功)―걸으면서 하는 기공법. 옮긴이―과 심인술(尋引術)을 조금 수련한 다음에 아침을 먹었다. 홍콩에서 온 노인 몇몇은 죽을 놓고는 앉아서 냄새만 맡고 먹지는 않았다.

나는 낮 시간에는 붓으로 《도덕경》을 베껴 쓰고, 오후에는 도인들이 전기로 뼈와 관절에 자극을 주는 통전법(通典法)을 받았다. 그리고 탁구도 칠 수 있었다. 내가 장 감독보다 조금 잘해서 항상 장 감독이 잘 칠 수 있도록 공을 높이 주었다. 한번은 장 감독이 네 판을 내리 이기자 아이처럼 몹시 기뻐했다. 기마자세 등 자세 연습도 매일 해야 하는 필수 과제였다.

출입문 앞에는 건강 복도가 있었는데, 뾰족한 작은 돌멩이로 채워진 길이다. 맨발로 길을 걸으면 발바닥이 아팠지만, 걷고 나면 발바닥이 후끈거려서 좋았다. 건강 복도 옆의 벽에는 《도덕경》의 문구가 쓰여 있었다. 매일 이곳을 걸을 때면 나는 하산 후에 큰소리치기 위한 준비로 문장을 암기하였다.

그곳의 음식은 아주 맛있었다. 하지만 그 음식은 우리같이 수련하지 않는 사람을 위해 준비한 것이었다. 장 감독이 가끔 식사 때 식당에 와서 한 바퀴 돌고는 "속된 놈"이라 하고는 나갔다.

식사 시간에 벽곡 수련하는 사람은 다른 기술을 연마하였는데, 그것을 연습하면 배가 고프지 않다고 했지만, 나는 시도해보지 않아서 믿을 수가 없다. 장 감독이 산에 처음 왔을 때 나보다 6kg은 더 무거웠는데 벽곡 수련을 한 지 6일 만에 나와 몸무게가 비슷해져서 입었던 바지가 헐렁해졌다.

우리는 중추절을 산에서 보냈다. 밝은 달을 보면서 아주 재미있는 이야기를 많이 했다. 우리 같은 '속된 놈' 앞에는 월병과 과일, 와인이 놓여 있었는데 반해, '신선'들 앞에는 오직 물만 놓여 있었다.

벽곡 기간 동안 시앙산(象山, 중국의 상산)현의 친구들이 많은 해산물을 가지고 우리를 찾아와서 장 감독이 화를 내기도 했다. 그래서 우리는 더욱 '속된 놈'이었다.

산에서의 2주일은 정말 즐거운 기억들만 있다. 내가 가까이하기 어려운 유명 연예인들과 아침저녁으로 함께 하고, 탁구도 치고, 여유롭게 《도덕경》도 읽으면서 오랫동안 역사에서 소외되었던 지혜도 배웠다. 그런데 나는 여기서 '고약한 친구'로 인식되었다. 그 이유는 첫째, 나는 전기 자극이 신기하다고 여기지 않았다. 나는 아주 예전에 어메이산(峨嵋山)-쓰촨성(四川省)에 위치한 산으로 중국 불교의 성지이다. 옮긴이-에 있으면서 이미 그런 요법을 받은 적이 있고, 또 잘 아는 친구의 형도 전기로 경락을 자극하여 환자를 치료하기 때문이다. 둘째, 내가 알기로 사람은 물과 음식을 섭취하지 않으면 대체로 7일 이상 살 수 없다. 그런데 물만 마시는 상황에서 14일까지 살 수 있는지에 대한 과학적인 근거가 없다. 그래서 벽곡 수련이 이로운지 해로운지에 대해 분명하지 않아서 어쨌든 나는 참여하지 않았던 것이다.

저녁 때 리이 대사가 강의도 했다. 리이의 지식 범위는 매우 넓어 《도덕경》에서 부터 양자역학까지 두루 이야기했다. 그리고 철학에 있어서도 자신만의 관점이 있어서 나는 그의 강의를 듣는 것이 즐거웠다. 그가 이런 말을 한 적이 있다. "세상에 나쁜 여자는 있어도 나쁜 젖가슴은 없다." 리이가 과거에 무엇을 했는지는 모른다. 그렇다고 그가 말하는 철학에 대해 결코 반감이 있는 것은 아니다. 예를 들어, 그가 했던 말 중 "'물질'은 방출된 에너지이고, 에너지는 방출될 '물질'"이라는 말은 내가 보기에 아인슈타인의 상대성 원리인 '$E=mc^2$'를 그대로 해석한 것이다.

나중에 마윈이 나에게 웃으면서 전화해서는 원숭이가 다 된 장 감독을 보러 오겠다고 했다. 얼마 뒤에 그는 산에 와서 하룻밤을 묵었다.

2008년 6월, 마윈은 항저우 산툰(三墩)에서 B2B 임원 회의를 열었다. 이 회의에서 마윈은 클라우드 컴퓨팅을 설명했다. 당시 반대하는 사람이 많았는데 나도 듣고 나서야 내용을 이해하게 되었다. 마지막에 마윈은 결론을 내리면서 "나는 클라우드 컴퓨팅이 앞으로 어떤 구체적인 쓸모가 있을지, 얼마나 많이 사용될지는 모르겠지만 반드시 해야 한다는 것은 압니다. 이 기술이 앞으로 분명 중소기업을 도울 수 있을 겁니다."라고 말했다.

이날 회의에서 다룬 내용이 많았는데 모두의 의견이 일치된 것은 한 건도 없었다. 어떤 중요한 업무에 대해서 많은 인력을 집중력으로 투입하여 빨리 끝내야 한다는 사람도 있고, 과도한 인력을 쓰는 것은 격에 맞지 않다고 반대하는 사람도 있었다. 마윈이 옆에서 여러 의견을 진지하게 듣다가 "필요하다면 우리는 과도한 인원뿐만 아니라 모든 역량을 쏟아부어야 합니다."라고 말했다. 그날 회의는 간신히 끝났고, 마윈은 아주 피곤해보였다.

6월 12일에 회의를 마치자마자 나는 마윈을 수행하여 충칭의 진윈산으로 갔다. 산에 도착하자 마윈은 마음이 한결 가벼워 보였다. 마윈과 같이 대나무 숲으로 난 작은 길을 걸으니 맑은 공기 속에서는 향기로운 냄새가 나고, 자주색의 조그만 꽃들이 길옆으로 피어 있었다. 길에는 아무도 없었고 길가 바위 틈새에서 우는 귀뚜라미 소리만 들렸다.

나는 마윈이 귀뚜라미에 대해서도 많이 공부했다는 것을 알았다. 소리만 듣고도 귀뚜라미의 종류와 크기를 판단할 수 있다니 놀라운 사실이었다. 우리는 산길을 따라 걸으며 귀뚜라미를 잡았는데, 나는 엄청난 노력 끝에 두 마리를 잡아 대나무 통 안에 넣

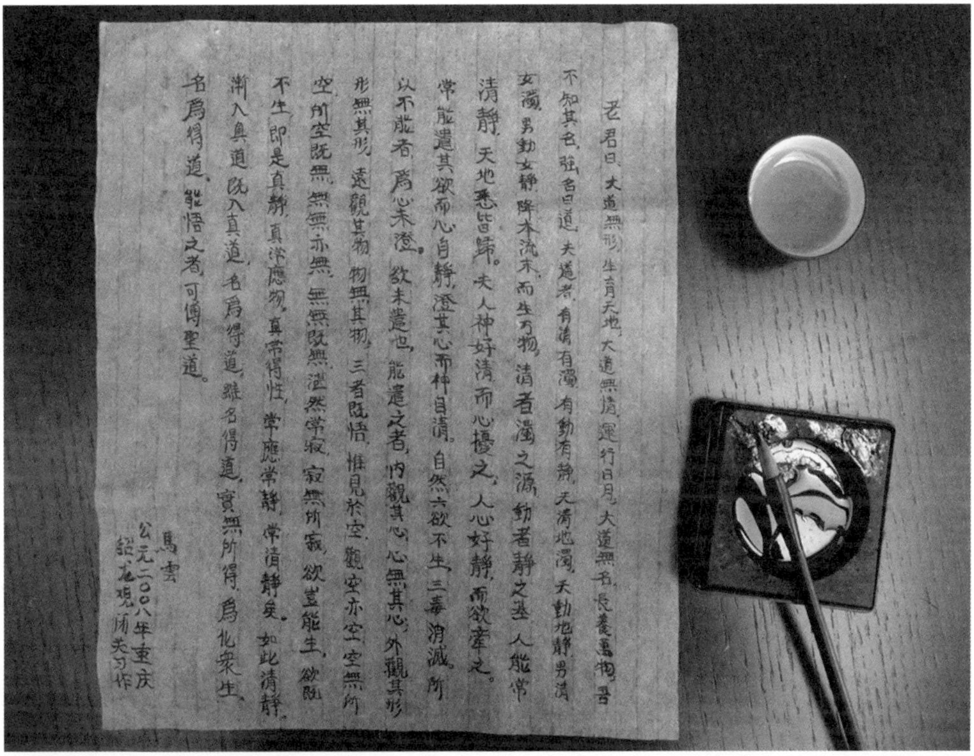

2008년 진윈산에서 마윈이 말을 금할 때 쓴 붓글씨

었다. 마윈은 나에게 어린 시절의 귀뚜라미 싸움에 관한 이야기를 실감나게 해주었다.

귀뚜라미 싸움에 대한 마윈의 어린 시절 인상은 그의 기억 속에 깊이 새겨져 있었다. 그래서 나중에 마윈이 영화 《양로선(楊露禪)》-양식(陽式) 태극권의 창시자. 옮긴이- 시나리오를 개작할 때 첫 장면에 잠깐 귀뚜라미 싸움을 등장시켰던 것이다.

얼마 뒤 마윈은 산에서 '금어(禁語)'를 하기로 했다. 금어는 '지어(止語)'라고도 한다. 불교의 한 수련 방법인데 평소 분주하게 사는 사람의 마음을 고요하게 가라앉히고, 어떤 문제를 냉철하게 생각할 수 있게 한다.

나는 철학 사상은 어느 분야이든 서로 통한다고 생각한다. 한 유명한 감독은 배우에게 "오랫동안 입을 다물고 있으면 눈이 말하기 시작한다."고 말한 적이 있다.

이튿날 나도 갑자기 마음이 움직여서 반나절 동안 말을 금한다는 쪽지를 마윈에게 건넸다. 마윈은 그것을 보고 웃기만 했다. 나는 한 시간도 안 되어 그것을 잊고 많은 말을 했다.

마윈은 매일 아침 일어나면 마당을 산책하면서 담벼락에 쓰인 《도덕경》의 문구를 보면서 조용히 사색에 잠겼다.

그리고 마윈은 매일 붓글씨를 썼다. 첫날에는 마음이 들떴는지 글씨가 크고 삐뚤빼뚤하였는데, 마지막 날에 쓴 글씨는 비록 잘 쓰지는 않았지만 글씨가 고른 것으로 보아 마음이 많이 안정된 상태에서 쓴 듯했다.

3일간 말을 안 하고, 명상하고, 몸조리를 하고 나니 피곤하게 보였던 마윈의 얼굴이 다시 환하게 회복되었다. 마윈 스스로도 명상이 효과가 있다고 여겼다. 그런데 떠나기 전에 마윈은 리이에게 산에 습기가 많아 이불이 축축했다고 하면서 "방에 제습기를 둘 생각은 없으세요? 그리고 태을전(太乙殿)은 너무 초라해요. '가짜를 빌어 진짜를 닦는다(借假修眞)'는 노자의 사상과도 어긋나거든요. 허허!"라고 솔직하게 말했다.

8월 23일, 산야(山亞)-하이난(海南) 남단에 위치한 도시명. 옮긴이-에 갔을 때 마윈은 또 자기 숙소에서 사흘간 말을 하지 않고 문제를 고민했다. 마윈은 철학에 대한 독특한 견해를 가지고 있어, 다른 사람의 생각에 잘 얽매이지 않는다. 성현이라도 완전히 믿지는 않았다.

2009년 7월, 회사 창립 10주년 기념일이 다가오고 있을 때, 마윈은 조용한 곳에 가서 지난 10년 간 걸어온 길을 차분하게 되새겨 보고 앞으로의 회사 방향을 구상해 보자고 했다. 이에 우리는 다시 진원산에 갔다.

마원은 양생관(養生館)에 머물면서 명상하고 신체를 수련했다. 나는 근처 한 농가에서 머물렀다. 마원을 방해하지 않기 위해서였는데, 일이 있을 때면 양생관의 직원을 통해 문자로 주고받았다. 항저우에 돌아온 후 나는 이 이야기를 회사 웹사이트에 올렸다.

호법을 통해 '쇠고기 육포' 라는 암호문을 보내다

마원은 평소 일을 빨리 처리하다 보니 사람이 점점 야위어 갔다. 하지만 매년 건강검진에서 혈압이나 콜레스테롤 등의 항목은 비행사들의 기준만큼 정상이다. 우연히 치과에 갔다가 작은 충치를 발견하고는 치료하였을 뿐이다.

마원이 명상을 하면서 동시에 신체를 튼튼히 하고 컨디션을 끌어올리는 방법이 있는데, 이른 바 '몸과 마음을 동시에 수련한다(性命雙修).'이다. '위대한 사상은 건강한 몸이 있어야 유용하다(Great mind needs a great body to make it most useful.)'는 말이 있는데 그도 이 말에 대해 잘 알고 있다.

명상 과정 중에는 나도 마원을 만나지 못했다. 다만 회사의 급한 일은 그의 담당 호법에게 쪽지를 전달하여 처리하게 했다. 식사는 그쪽 사람들이 요리해서 보내줬다. 양생을 위해 음식은 비교적 담백했다. 다른 사람을 존중하는 그이지만 무조건 따르지도 않았고, 더군다나 세부적인 규칙은 잘 따르지 않았다. 어느 날 호법–불법(佛法)을 유지하고 보호하는 불법 수호자. 절이나 선원 등에서 다른 이들의 수행을 돕는 이들을 가리키기도 한다. 옮긴이–을 통해 알아볼 수 없는 한 장의 쪽지를 나에게 전해왔다. "음식 아주 X. 비프말랭이 괜찮은 걸로 두 봉지 급구. 풋 잇 인 옷에. 킵 언 아이 온 주방장. 매일 앳 썸 미트 하라고 그래." 그 뜻을 알아챈 걸 보니 나는 천재임이 분명했다.

한 번은 마원이 먼저 떠나려고 했다. 그래서 또 암호를 보냈다. "낼 가장 레이트한

항에 돌아가는 플레인은 며시?"

나중에 나는 마윈에게 "저는 지능이 비교적 낮아서 제가 이해하면 그 사람들도 알았을 거예요. 《잠복(潛伏)》-중국의 인기 드라마. 중국군 고위 정보국 관리가 공산당의 지하 공작원으로 조직 재건을 위해 활동한다는 내용. 옮긴이-처럼 책에서 글자를 뽑아 암호를 작성하는 게 어때요?"라고 말했다.

마윈이 한참 생각하더니 "만일 반나절 생각해 골랐는데, 내가 필요한 글자를 못 찾으면 시간만 낭비하잖아."라며 안 된다고 했다.

마윈이 내게 보낸 두 개의 암호문를 해독할 수 있는가? 먼저 푼 사람에게 상이 있다. 정말이다.

암호 내용 :

1. 음식이 너무 형편없다. 쇠고기 육포 괜찮은 걸로 두 봉지를 구해서 옷에 넣어 갖다줘. 주방장에게 가서 매일 고기를 넣으라고 그래.
2. 내일 항저우로 돌아가는 가장 늦은 비행기는 몇 시인가?

수련을 하던 어느 날 저녁, 마윈이 갑자기 나에게 와서 시장하다면서 야식을 먹으러 가자고 했다. "수련이 아직 끝나지 않았는데요?" 나는 약간 놀라서 되물었다. 마윈은 좋은게 좋은 것이라고 했다. "며칠 동안 다른 사람들은 수련을 하겠지만, 나는 그냥 조용히 있으려고 해. 곧 회사 10주년 행사가 다가오는데 지난 이틀 동안 새로운 상업 문명에 대해 분명하게 깨달았어."

그래서 우리는 밖에 있는 농가에 가서 닭을 삶아 먹었다. 마윈은 아주 맛있게 먹으면서 말을 이어나갔다. "문명과 지혜는 모두 새롭게 발명된 것이 아니라 전부터 쭉 있던 것을 누군가가 깨우쳐준 것이지. 알리바바가 해야 할 바는 기존의 자본과 정보를 바탕으로 새로운 문명을 일깨우면서 그들의 성장을 돕는 거야."

알리바바 10주년 기념식에서 연설하는 마윈

그날 저녁에 마윈은 고기를 먹으면서 제법 많은 이야기를 했다.

"알리바바는 10년만에 '무'에서 '유'가 되었고, 앞으로 10년 동안에는 '유'에서 '무'가 되어야 한다. 다시 말해, '무'란 알리바바를 존재하지 않는 곳이 '없어야 한다'는 것이다. 전자상거래의 미래는 기존의 '전자'도 없고, '상거래'도 아닐 것이다. 마음속 책임의 크기에 따라 인생 무대의 크기가 정해진다. 이른바 성공한 뒤 물러나는 것은 몸만이지 마음이 물러나지는 않는다. '최고의 회사'라는 표현에는 계급 모순의 색채가 다소 포함되어 있기에 우리는 '가장 행복한 회사'로 바꾸어야 한다. 직원의 행복은 어디에서 비롯되는가? 미래를 위한 오늘에서 온다."

암호문

이 생각은 후일 알리바바 창립 10주년 기념식에서 한 마윈의 강연에서 다시 들을 수 있었다. 알리바바에서 제시한 '새로운 상업문명'에 이 내용이 포함돼 있다. 이 모든 것은 마윈이 산에서 '금어'를 하며 스스로 생각한 것이다.

항저우에 돌아온 후 보니 전에 내가 인터넷에 올린 〈암호, 쇠고기 육포〉라는 글을 해석한 댓글들이 올라왔다. 암호를 아주 쉽게 해석한 직원도 있었다. 마윈은 약속을 지키기 위해 제일 먼저 답을 전부 맞힌 직원에게 자신이 직접 사인한 책자를 한 권 줬다. 표지에 사인한 내용이 두 번째 암호였다. 이 암호 해독의 부상은 소형 아파트를 2년 동안 무료로 살 수 있는 거주권이었다. 암호의 내용은 사진에 나와 있다.

기한이 짧기는 했지만 주어진 시간 안에 여러 답이 나왔으나 정확하게 답을 맞힌 직원은 없었다. 내가 마윈을 대신해 정답을 알려줬다. '2009. 8. 12'라는 사인한 날짜가 암호를 푸는 힌트였다. 첫째 줄의 두 번째 글자와 아홉 번째 글자, 둘째 줄의 여덟 번째 글자, 셋째 줄의 첫 번째 글자, 그리고 넷째 줄의 두 번째 글자를 합해서 "貢西泥達堆 즉, 당첨을 축하합니다."라는 의미이다. 아파트 사용권을 획득한 직원은 없었지만 다들 기분 좋게 받아들였다.

리이나 다른 사람이 말하는 도교의 양생법이 과학적 근거가 있는지에 대해 나와 판신만이 여러 해 동안 논의를 해보았지만 끝내 납득할만한 답을 얻지는 못했다.

중국 의학은 도교 의학에 근원한 것이다. 핵심 부분은 전해지겠지만 조잡한 부분은 현대 의학의 증명을 통해 사라질 것이다. 예를 들자면 연단술(煉丹術)–수은과 납을 이용해 불로장생의 약으로 믿었던 단(丹)을 만드는 기술. 옮긴이–에는 조잡한 생각이 많이 포함되어 있지만 '고대인들의 화학 분야 발전에 대한 공헌'이라는 점은 인정된다.

내 생각으로는 세상에 과학으로 설명할 수 없는 것은 없다. 다만 '현재까지는' 과학으로 설명할 방법을 찾지 못한 것일 뿐이다. 왜냐하면 과학의 본질이 바로 끝없이 미지의 것을 발견해내는 것이기 때문이다. 과학의 본질은 미지의 영역을 끝없이 발견하는 것이기 때문이다.

도교의 양생학은 인체를 완벽한 구현체로 보고 있다. 그래서 가장 좋은 약은 자기의 몸이라고 한다. 이에 비해 현대 의학은 외부의 도움을 빌어 병을 치료하는 것으로 인식한다.

둘 다 맞다. 그러나 사실로 봤을 때 현대 의학이 병을 더욱 빨리 치료하고, 또 보편성을 갖추고 있다.

'인혈 만두(人血饅頭)'–사람의 피를 묻힌 만두. 민간에서 폐결핵을 치료하는 데 효험이 있다고 여겼다. 옮긴이–가 일찍이 폐병을 치료하는 데 좋다고 했지만, 우리는 그 이유를 알지 못한다. 현대 의학이 결핵을 극복하고 나서는 만 명이 병에 걸리면 만 명 모두에게 적용하여 치료할 수 있게 되었다.

도교의 양생법은 조화로운 신체를 연구하기에 현대 의학은 겉으로 보이는 증상만 치료하고 근본적으로 병을 고칠 수 없다고 비난한다. 현대 의학은 증세에 따라 처방하는데 부분을 통해서 전체를 치료하는 방식이다.

나는 둘 다 나름의 이론을 갖추고 있다고 생각한다. 다만 이론과 실천 중 어느 것이 더 중요한 지는 말하기 어렵다. 많은 이론이 인류가 진보하는 데 이정표가 됐다. 하지만 실천이 이론보다 더 중요할 때도 많다. 덩샤오핑(鄧小平)의 '일국양제(一國兩制)–한 나라 안에 두 체제가 공존할 수 있음을 인정하는 정책. 옮긴이–' 이론으로 홍콩을 반환 받았다. 사실 일국양제는 누구나 생각할 수 있다. 예전에 시장에 가다가도 "홍콩을 그대로 두고 주권을 먼저 돌려받아야 한다."는 애기를 들었다.

덩샤오핑이 위대한 것은 '일국양제'라는 이론을 제시해서가 아니라, 그것을 실천하여 '성공 사례'를 만들었다는 것이다.

예전에 장 감독을 모시고 산에서 수련을 하는 동안 내가 이의를 제일 많이 제기해서 '못된 친구'로 간주되었다. 하지만 이런 것이 리이 강의의 매력에는 영향을 미치지 못했다. 내 생각만으로는 리이가 매일 같이 있으면 좋겠다. 대화의 즐거움은 무엇을 듣는 데 있지, 무엇을 배우는 데 있는 것이 아니다. 대화에서 매번 무언가를 배우고 얻으려고 하는 사람은 판단력이 부족한 비양심적인 사람이다.

'금어'의 깨달음

마윈이 진원산에서 '금어'의 수련을 마친 후 나는 한 지나가는 말에서 하나의 이치를 깨달았다. 정확한지는 모르겠지만 많은 사람들과 공유할 만한 내용이다.

마윈이 2008년부터 늘 "나는 모든 전문 경영인들의 생각에 반대한다."고 했다. 마윈이 그들의 능력을 무시한다는 것인가? 당연히 아니다. 많은 전문 경영인들은 '주인의식'과 '근본'이 없기에 마음속 깊은 곳에 자신감이 없다는 것이다. 또한 전문 경영인은 능력을 발휘하면서 동시에 진심을 담아야 한다. 진심으로 경영하면 마음이 즐거워진다. 이것이 초창기 '진지하게 일하고 즐겁게 산다.'는 구호를 '즐겁게 일하고 진지하게 산다.'로 바꾼 이유이다."

'약왕(藥王)'이 손사막(孫思邈)이고 이시진(李時珍) 등이 아닌 이유는 손사막이 의사로서의 가장 덕이 있었기 때문이다. 그는 《대의정성(大醫精誠)》이라는 책에서 "큰 의사는 병을 치료할 때 반드시 마음을 가다듬어 차분히 해야 하고, 욕심이 없어야 한다. 먼저 자비롭고 불쌍히 여기는 마음으로 중생의 괴로움을 구제하겠다는 맹세를 해야 한다. 환자가 도움을 구하러 오면 신분과 재산을 묻지 말고, 똑똑한 사람인지 멍청한 사람인지를 따지지 않고 모두 친척처럼 대해야 한다."고 했다. 이래야 백성들의 큰 의사가 된다.

그렇지 않으면 의술이 아무리 좋아도 생명에 대한 큰 도둑이 된다. 손사막이 환자를 대하는 태도가 마윈이 모든 중소기업을 대하는 태도와 비슷하지 않은가? 우리가 되고자 하는 것은 백성들의 큰 의사이다.

마윈은 모든 직원이 고객에게 진심으로 서비스를 제공하기를 원한다. 자기의 아이에게도 늘 그런 것을 이야기한다. 내가 그의 집에 있을 때 애니메이션《쿵푸 팬더》에 등장하는 팬더 '포'의 아빠 '미스터 핑'의 말을 인용하여 아들에게 일러주는 것을 여러 번 봤다. "이른 바 비결이란 비결이 없는 거야. 그(미스터 핑)는 손님에게 국수를 만들어 줄 때 몹시 시장한 손님이 따뜻한 국수를 먹고 만족해하는 모습을 생각할 뿐이야. 그래야 자신도 즐거워지고 마침내 그 즐거움을 손님에게 전해줄 수 있는 거야."

마윈이 "5,000근이나 되는 돼지는 더 이상 돼지가 아니다."고 말한 적이 있다. 처음 듣고는 이 말이 무슨 뜻인지 알지 못했다.

한 하급 매니저가 일을 잘 하는 직원의 부모에게 감사 편지를 써서 보냈다. 자식을 무척 훌륭하게 키우신 것에 대해 감사하다는 내용이 그 직원 가족 모두를 감동시켰다.

만일 마윈이 2만 명이나 되는 직원의 부모 모두에게 다른 사람이 인쇄한 편지를 똑같이 보낸다면, 직원들의 가족이 감동하겠는가? 전임 미 국방부 장관인 럼스펠드가 전사한 병사의 가족에게 보내는 애도 편지에 친필 서명을 하지 않아 미국 국민들의 비난을 받은 것과 같지 않을까?

마윈은 늘 "실패한 핑계를 대지 말고 성공의 방향을 찾으라."고 한다. 극단적인 예를 들어 보자. 대다수의 사람들은 자신이 잘못해 다리가 부러지면 핑계를 대지 않지만, 동료에게 맞아서 다리가 부러지고 일을 못하게 되면 꼭 핑계를 댄다. 마윈이 철학적인 관점에서 파악할 때 자신의 사상과 영혼 외에는 모든 것이 객관적인 존재이다. 심지어 자신의 물질적인 신체도 포함된다. 저 두 가지 다리가 부러졌다는 상황은 본질적으로 동일한데 당사자가 객관적인 세계를 제대로 파악하지 못해서 그렇다.

마윈은 노력을 위해 박수를 치고, 결과를 위해 보수를 준다고 했다. 처음에 이 말을 듣고 너무 현실적이고 결과 지향적이라고 생각했는데 마윈의 "세상이 지옥으로 변하는 이유는 이곳을 천당으로 만들고자 하는 사람이 있기 때문이다."라는 글을 보고 생각을 바꿨다.

출발도 좋고 과정에서 열심히 했더라도, 좋은 결과가 없으면 의미가 없고 오히려 재앙이 된다. 마윈은 "가산을 탕진하고 처자식과도 헤어진 도박꾼도 원래 시작은 적은 돈이라도 벌어서 조그만 집을 짓고 식구들과 행복하게 지내는 것이었다."고 웃으며 해석했다.

다시 말을 금하는 산야(山亞) 휴가

2009년 1월 말, 나는 마윈을 수행하여 산야로 휴가를 갔다. 마윈은 먼저 3일간 스스로 말하지 않았고, 그 다음 왕시안(王西安) 대사를 초빙하여 3일간 태극권을 배웠다. '금어' 기간에는 말을 할 수 없기에 내가 빈 시간에 재미있는 이야기를 찾으면 종이에 써서 마윈에게 보여줬다. 따로 매에 관한 한 편의 이야기도 적었다. 마윈이 그것을 보고는 'aliway'라고 적었는데, 나 보고 회사 홈페이지에 올려서 직원들을 격려하라는 의미로 이해했다. 〈후천적인 변신의 본보기, 매〉라는 글이었는데 나 스스로도 무척 마음에 들었다. 가능하면 나의 묘비 후면에 새길 것이다.

휴가 기간 동안 매일 저녁 6~8시 사이에 마윈은 '급속행군'을 했다. 1km 정도 되는 순환도로를 따라 10여 바퀴를 뛰었다. 나와 다른 동료 한 명이 함께 운동을 했다. 마윈은 달릴수록 더욱 빨라져서 우리로서는 따라가기가 힘들었다. 뒤에는 마윈을 따르

수가 없어서 한 사람이 한 바퀴씩 교대로 뛰었다.

어느 날 저녁, 날이 어두워졌는데 마윈이 우리를 데리고 백사장을 산책하다가 난데없이 모래 위에 혼자 가만히 누워 꼼짝하지 않고 있는 한 여자를 발견했다. 우리가 천천히 다가갔는데 가까이 가도 그 여자는 조금의 움직임도 없었다. 약간 겁이 났지만, 세 사람이어서 괜찮았다. 1m 정도로 가까이 가서 멀리서 비치는 불빛으로 보니 사람인지 모래 조각(彫刻)인지 구분이 안 되었다. 상당한 전문가가 만든 것으로 너무 진짜 같아 허벅지를 만지면 죄의식이 들 정도였다. 모래 조각은 몸매가 좋은 여자였는데, 엉덩이를 높이 들고 머리를 모래 속에 박은 형상이었다.

다시 보고 떠나려는 즈음에 마윈이 멀리서 다른 사람들의 반응을 지켜보자고 했다. 날은 이미 어두웠고 사람이 별로 없었다. 한참을 기다렸더니 몇 명만이 다가와서 우리와 비슷한 반응을 보였다. 마윈은 어린 시절로 돌아간 것처럼 즐거워했다.

이번에 산야에 머무르면서 마윈은 내가 알아듣지 못하는 말을 많이 했다. 내가 멍하니 있는 것을 보고 그가 천진난만한 생각을 하나 말했다. "천웨이! 정말로 하느님이 있다면 그가 매일 무엇을 할지 생각해 봤어? 내 생각에 하느님이 매일 하는 주요한 일은 아마 낮에 영혼을 나눠주고 밤에 그것을 다시 거두는 일일 거야." 마윈은 웃으면서 하느님이 손으로 영혼을 거두는 동작을 흉내 냈다. "그가 너무 바쁘지 않을까? 그렇다면 영혼을 자동으로 나눠주고 거둬들이는 기계가 필요하겠다. 허허!"라고 덧붙였다.

마윈은 공개적인 자리에서 이런 말을 많이 했다. "경쟁은 아주 즐거운 일입니다. 상대방을 화나게 하세요. 그들이 화를 낼 때가 당신들이 승리할 수 있는 때입니다." 나는 이 말이 《도덕경》 중의 '훌륭한 장수는 무력을 쓰지 않고, 싸움을 잘 하는 사람은 화를 내지 않는다.'는 구절을 보고 깨달은 것이라고 생각한다.

마윈이 배운 대로 활용하는 것을 보고 있자니 마오쩌둥이 "굴을 깊게 파고, 먹을거리를 비축하며, 왕을 자처하지 말라."—이 말은 당시 미국과 소련 두 강대국 사이에서 중국이 살아남기 위해 택한 외교적 생존 전략이었다. 옮긴이—는 말이 떠오른다. 명나라 태조 주원장(朱元章)이 천하를 칠 때 유생 주승(朱升)에게 건국의 방책을 묻자 그는 주원장에게 "담을 높이 쌓고, 먹을거리를 비축하며, 왕으로 천천히 칭하라(高築墻, 廣積糧, 緩稱王.)."는 아홉 글자를 보냈다. 내 생각에 마오쩌둥은 당시 미국이 이미 원자폭탄을 보유하고 있었기에 담을 높이 쌓더라도 안전하지 않으니 굴을 깊이 파는 것으로 바꾸었던 것 같다.

이처럼 마윈이 배운 것을 활용하는 사례는 아주 많다. 마윈은 마오쩌둥의 군사 전략인 '전략적으로는 적을 무시하되, 전술적으로는 적을 중시해야 한다.'는 것을 '적' 대신에 '자신'을 넣어서 '전략적으로는 자신을 무시하되, 전술적으로는 자신을 중시해야 한다."와 같이 활용하고 있다. 마윈이 항상 "우리는 평범한 사람이지만 평범하지 않은 일을 모두의 힘으로 완성해야 한다."고 말한 이유가 바로 여기에 있다.

어느 날, 능력은 뛰어나지만 개인주의적 성향이 강한 한 임원이 마윈에게 업무 진행 상황에 대해 보고했을 때 마윈은 이렇게 말했다. "업무에는 잘못은 없습니다. 다만 내가 듣기에 모두 '나'만 있어요. 나는 앞으로 '우리'와 '우리 팀'에 대해서 더 많이 듣기를 바랍니다. 그리고 또 마음에서부터 우러나왔으면 합니다.."

마윈이 항상 하는 말 중에 "일은 본래부터 의미가 있는 것이 아니고, 일을 하는 사람이 부여하는 것이다."가 있다. 이 말 속에는 그의 심오한 철학적 사고가 담겨 있다.

영국의 철학가 버트런드 러셀(Bertrand Russell)은 "인류의 모든 성과물들이 장차 우주 폐허의 파편 속으로 사라질 것이다."고 말했다. 아인슈타인도 넓은 의미에서 인류의 존재와 발전은 무의미하다고 했다. 기독교에서 심판 후의 영생을 추구하는 이유는 의미 없는 영생이란 없다고 여기기 때문이다.

간략히 말하자면 마윈은 어떤 철학 사상은 사람을 소극적으로 만든다고 본다. 그가 적극적으로 의욕을 길러야 적극적인 삶이 있다고 생각하는 이유이다. 삶과 일에 적극적인 의미를 부여해 줘야 그것들도 유의미한 것이 된다. 마윈이 자주 하는 다른 말에도 이런 사고가 자리 잡고 있다. "우리의 관심은 당신이 얼마나 아는가가 아니다. 우리는 당신이 얼마나 알고 싶어 하는 지가 궁금할 뿐이다."

마윈이 읽은 《도덕경》

마윈의 업무용 가방 안에는 보통 몇 권의 책이 들어 있다. 다른 책은 빨리 교체되지만 그중 한 책은 계속 바뀌지 않고 가방 안에 있는데, 바로 아주 얇은 《도덕경》이다. 얇은 이유는 주석이 안 달렸기 때문이다. 마윈은 《도덕경》에 대해 다른 사람의 이해가 자기의 생각에 영향을 끼치는 것을 원하지 않는다.

2010년 밴쿠버 동계 올림픽 개막식 중 점화식을 할 때 얼음 기둥 중의 하나에 불이 붙지 않았다. 전 세계 시청자들의 비난이 쏟아졌다. 조직위원회는 폐막식의 내용을 어릿광대가 무대에 한 명이 올라가서 얼음 기둥을 고치는 것으로 바꾸었다. 그 결과 전 세계는 자신들의 실수를 인정한 캐나다 사람의 용기에 이전의 실수를 이해했다.

마윈은 집에서 이 폐막식을 지켜보고 나서 갑자기 "노자가 말한 '가득 찬 것은 없는 것과 같다.'는 의미가 확실해졌어. 만일 개막식에서 이런 의외의 일이 일어나지 않았다면 겉으로는 완벽했기에 누구도 그때의 점화를 기억하지 않았을 거야." 그는 이어서 "이와 같은 사례는 흔한데, 축구 경기에서 골을 넣는 것은 상대편 골키퍼의 실수가 있어야 돋보일 수 있어. 모두가 완벽하다면 완벽은 존재하지 않게 되는 거야."라고 했다.

어느 날 마윈이 《도덕경》을 보다가 갑자기 흥분해서는 "아! 내가 노자를 읽은 것이 아니라 노자가 나를 읽은 것이 분명해. 그는 내 마음의 가장 깊은 곳을 읽었던 거야."

라고 말했다. 이 말은 곽상(郭象)—《장자(莊子)》는 본래 전체가 52편(篇)이었다고 하는데, 진대(晉代)의 곽상(郭象)이 정리해 편찬한 33편만이 남아 있다. 옮긴이—이 《장자(莊子)》에 주를 달 때의 기분이었을 것이다. 마윈이 한번은 이런 말을 한 적이 있다. "2000년이란 시간은 한 개인에게는 너무 오랜 시간이다. 그런데 한 생물의 종(種)에게는 찰나이다. 2000년 간 지식이 폭발적으로 증가했지만, 지혜는 그대로이다. 옛날 사람들이 지금 사람들의 마음을 훨씬 잘 읽는다고 할 수 있다."

마윈은 철학 '애호가'일 뿐만 아니라 철학 사상의 '실천자'이기도 하다. 예를 들어 '공격이 최선의 방어'라는 말은 실천하고 있다.

이 해에 회사의 B2B 분야 실적은 좋았지만, 이베이(eBay)가 C2C 분야에서 본격적으로 B2B 분야로 진출하는 것을 견제하기 위해 마윈은 타오바오를 만들었다. 이는 결과적으로 이베이를 신속하게 중국에서 철수하게 했다. 이어서 페이팔(PayPal)이 타오바오의 지분을 장악하는 것을 막기 위해 마윈은 알리페이(Alipay)를 설립했다. 그 결과 알리페이는 조만간 세계를 향해 나아갈 것이다.

마윈이 늘 "타오바오는 혁신을 중단해서는 안 되고, 알리페이는 더욱 새로워져야 합니다. 알리페이를 기존의 은행처럼 만들어서는 절대 안 됩니다."라고 강조했다. 그래서 나는 사적인 자리에서 마윈에게 "은행의 건립과 발전의 역사가 이미 오래 되어서, 은행의 혁신은 이미 다 이루어졌는데, 우리가 더 새로워질 수 있을까요?"라고 물어본 적이 있다. 마윈은 "음표는 단지 일곱 개 뿐이지만 음악가는 수 천만 명이야. 너는 사람들이 더 이상 새로운 노래를 만들 수 있을까라고 의심한 적이 있어?"라고 우회적으로 설명했다.

철학 이론의 관점에서 보자면 혁신은 끝이 없다. 다만 쉬운가, 어려운가의 구별이 있을 뿐이다.

다른 것도 물어봤다. "회장님은 항상 '운도 실력의 일부분'이라고 하시는데, 저로서는 이해가 잘 안 돼요.", "정말 이해가 안 돼?" 마윈이 "가령 어느 날 타오바오의 사장, 부사장, 그리고 다른 고위 임원들이 동시에 사표를 내더라도 너는 타오바오의 사장이 될 수 없어. 타오바오를 모르기 때문에 좋은 운이 너한테로 안 가는 거야. 허허. 마크 트웨인과 벨의 이야기를 들어봤어?"라고 대답해주었다.

마크 트웨인은 과학 발명에 투자를 많이 했는데 번번이 실패하자 마음을 접었다. 어느 날 한 청년이 이상한 기계를 짊어지고 와서는 그에게 500달러만 투자해달라고 했는데 거절했다. 상처를 주고 싶지 않았던 마크 트웨인은 마지막에 "벨! 성공을 기원하네."라고 위로했다. 그 벨이 전화기를 발명한 사람이다. 표면적으로 볼 때 마크 트웨인은 운이 안 좋은 것이지만, 실상은 과학 기술의 혁신에 대한 판단력이 없었던 것이다.

마윈은 알리바바를 일개 기업이 아니라 하나의 예술품이라고 생각한다. 항저우에서 열린 중국 추상화가 우관중(吳冠中)의 전시회를 보고 마윈은 "내가 보기에 화가는 종이 위에 표현하는 예술이고, 영화 필름 속에 고착되어 있어. 그런데 우리는 '행위' 예술이지. 우리는 변화가 많아. 다만 좋은 점은 우리는 변할 수 있지만 그들은 바꾸기가 어렵다는 것이야. 허허!"

알리바바의 문화 중에서 가장 중요한 것은 변화를 받아들인다는 것이다. 단지 외형의 변화뿐만 아니라 지도자도 바뀌어야 한다면 그 '변화'도 받아들인다. 마윈은 실수를 하면 반드시 고치는 사람이다. 그는 항상 "내가 신선이 아니니 실수하면 고쳐야 한다."고 말한다.

한번은 부사장 중 한 명이 마윈에게 "회장님! 오늘 말씀하신 것이 지난달에 말씀하신 것과 다른데요."라고 말했다. 그러자 마윈은 씩 웃으며 "오늘 말한 대로 하세요. 당신은 이것을 기쁘게 생각해야 돼요. 당신의 대표인 내가 지난달보다 더 많이 알게 되었으니까요."라고 말했다. 마윈은 명백히 방향이 노력보다 중요하다고 생각하기에 실수하면 반드시 고친다.

마윈은 사원 모집을 아주 중시한다. 그리고 전문 면접관인 '문미관(聞味官)'도 신설했다. 초빙 부서의 임원과 사장들이 모두 통과시켜도 이 '문미관'의 한 표로 탈락할 수 있다. 그들은 모두 직장 경력이 풍부한 나이 많은 직원들이다. 그들의 업무는 선발된 사람이 기존의 직원들과 가치관이 같은지 다른지를 판단하는 것이다.

그 중에서 가장 예민한 후각을 가진 사람은 당연히 마윈이다. 2009년 초, 마윈을 수행하여 B2B 상하이 지사에 간 적이 있다. 큰 사무실을 지날 때 직원들이 마윈이 온 것을 보고는 다른 곳의 직원들과 함께 매우 놀라고 기뻐하는 것을 보았다. 그런데 책임자의 사무실에 들어서자 마윈은 문을 닫고 책임자에게 "여기에 문제가 있는 것 같은데, 무슨 일인지 나에게 보고했어요?"라고 물었다. 책임자는 몹시 놀라면서 "오늘 아침에 약간의 문제가 있었습니다. 회장님께서 어떻게 아세요?"라고 되물었다. 마윈은 "직원들의 열정적인 반응 뒤에 약간의 불안한 정서를 느꼈어요."라고 답했다.

당시 나는 이상한 점을 전혀 알아차리지 못했기에 더욱 놀랐다. 비슷한 일은 그 후에도 몇 차례 더 있었다. 그것은 내가 영원히 배울 수 없는 능력이어서 그저 탄복할 수밖에 없다.

마윈의 철학 사상의 영향력 아래 있으면서 나도 세상에 대한 조그마한 생각을 가지게 되었다. 그래서 〈아담은 망설였다〉라는 제목의 글을 써서 회사 홈페이지에 올렸다. 나는 이 글이 가장 잘 쓴 글이라고 생각하여, 나중에 나의 묘비에 새겼으면 한다. 글자 수가 너무 많다고 생각하면 링크라도 달아주었으면 좋겠다.

일반적인 기업주와 기업가는 차이가 있다고 생각한다. 기업가는 자기의 능력을 믿지만 자만하지 않고, 주변의 도움에 감사할 줄 안다. 마윈은 이 시대에 인터넷이 등장한 것에 대해 특별히 감사하고 있다. "좀 일찍 사업을 했거나 늦게 했더라면 나에게 이런 기회가 안 왔을 거야." 그리고 그는 정부에게도 진심으로 고맙게 생각한다. "문화대혁명이 계속되고 ABC를 몰라도 여전히 간부를 할 수 있는 시대였다면 학생들이 매일 나에게 팻말을 씌워서 비난했을 거야. 아무리 생각이 있더라도 모두 소용이 없었겠지."

7 마윈의 태극 꿈

지금은 태극권이 마윈의 가장 주요한 운동 방법이 되었다. 심지어 그는 걸을 때도 손으로 자주 태극권의 동작을 취한다. 또 태극권의 철학 사상은 마윈에게 큰 깨달음을 주었다. 예를 들자면 '중용'이 있다. '중용'이라는 단어는 여러 해석이 가능한데, 마윈은 '중(中)'을 '맞추다'는 뜻으로, '용(庸)'은 '적절한 한 점'의 뜻으로 보고, '중용(中庸)'을 '정확한 부위를 가격한다.'로 파악했다.

마윈은 태극권이 태극 사상을 표현하는 권법이기에, 매 동작 하나하나가 공격은 물론 방어도 할 수 있다고 여겼다. 모든 동작에는 다 의미가 있다. 공격과 방어가 모두 가능하다는 것을 현실에 적용하면, "절망적인 상황은 없고, 단지 상황에 대해 절망하는 사람만이 있다."라고 하겠다.

마윈은 태극 문화의 확산에 힘쓰고 있다. 하나의 권법이나 무술을 알리는 것이 아니라, 일종의 철학 사상과 생활 방식을 널리 알리는 데 주안점을 두고 있다.

40세에 다시 배우는 태극권

앞에서도 말했지만 마윈은 2008년 마지막 날 내게 한 가지 임무를 주었는데, 바로 '가장 뛰어난 태극권 사부를 찾으라는 것'이었다.

마윈은 어린 시절 항저우에서 '첸(陳) 할머니'라는 분에게 여러 해 태극권을 배웠다. 첸 할머니는 양로선이 창안한 '양식 태극권'을 하였는데 그분의 무공은 대단해서 70세의 나이에도 두세 명의 젊은이를 상대하는 데 문제가 없었다고 한다. 마윈이 그녀에 대해 "첸 할머니는 아침에 일찍 일어나 태극권을 수련하기 전 공원에서 혼자 눈을 감고 잠깐 동안 조용히 계셨어. 내가 뭐 하시냐고 물었더니, 꽃이 피는 소리를 듣고 있다고 했지."라고 전했다.

2009년 2월 4일, 마윈을 수행하여 상하이 회의에 참석했는데, 밤이 되자 나는 미리 인터넷에서 찾아둔 한 태극권 도장에 혼자 찾아갔다. 비록 이전에 태극권을 접해본 적이 없었지만, 두어 시간을 배웠는데 내가 상상했던 태극 사상과는 전혀 맞지 않았다. 몸에 손을 대지 않고 상대를 쓰러뜨린다는 '능공경(凌空勁)'은 더욱 그랬다. 나는 유물론자이고, 학과도 이과였고, 또 저장대학교 운동회에서 삼단뛰기 종목을 두 번이나 우승했었다.

태극 사상이 나와 맞지 않는 이유는 첫째, 능공경은 존재하지 않는다. 만약 있다면 전 세계 과학자들이 놀랄 일이다. 둘째, 많은 사람들이 상상하는 경공(輕功)은 없다. 만약 당신이 2.46m를 점프할 수 있다면, 올림픽 세계 신기록을 세울지도 모른다. 경공을 성공하는 것보다 올림픽 신기록을 깨는 게 10만배는 쉽다. 셋째, 인간은 물속에서 2시간 동안 숨을 참을 수 없다. 기네스 기록도 20분을 넘지 않는다. 그것이 가능했다면 그 능력으로 일찍이 나라를 빛냈을 것이다.

그래서 나는 시간을 내 태극권의 발원지인 허난성 천자거우(陳家溝)를 한번 가보기로 했다.

그 즈음 마윈의 친구 한 명이 태극권을 배우고 싶어 했는데, 상하이에서 편안히 배우기를 원했다. 이전에 방문했던 상하이의 태극권 도장 연락처를 마윈에게 알려주었고, 마윈은 그 친구에게 전달했다. 들기로 그는 이후에도 계속 그 도장에 다닌다고 했다.

내 생각으로는 단지 몸을 움직일 수만 있다면 훈련이 진짜든 가짜든, 산책을 하든 춤을 추든 모두 몸에 이롭지, 해로울 리는 없다고 본다.

2월 중순 마윈은 베이징에서 일련의 바쁜 일을 마치고 일본으로 갔다. 같은 날 나는 허난성으로 날아갔다. 가기 전에 나는 그곳의 친구에게 "제일 뛰어난 태극권 사부를 찾아줘. 두 번째는 안 돼."라고 언질을 했다.

원현(溫縣) 체육국 코우(寇) 부국장의 안내로 우리는 먼저 태극권의 발원지인 천자

태극권을 하고 있는 마윈

거우를 구경한 후 왕시안 대사의 제자를 찾아갔는데, 그는 '팔대천왕(八大天王)'의 한 명이라는 장푸왕(張福旺)이었다. 그러고는 원현에 가서 점심을 먹었다. 원현의 현(縣) 소재지는 천자거우와 아주 가까워서 차로 십여 분 거리였다.

나는 원래 태극권은 장산펑(張三豊)이 만든 것으로 알고 있었다. 마치 바오공(包公, 포청천)이 천스메이(陳世美)-〈포청천〉에서 조강지처를 죽여 처벌을 받은 인물. 옮긴이-를 죽인 것과 같다. 그러나 사실 이 두 일은 모두 …….

처음으로 왕시안 대사를 찾아가서

'왕시안 권법 연구회'가 원현의 '태극무술관' 안에 있었기에, 우리는 점심을 먹고 먼저 제19대 태극권 전수자인 왕시안 대사를 방문하러 갔다. '태극무술관'은 약간 허름하였다. 무술관 앞에 작은 광장이 하나 있었는데, 날씨가 아주 좋아서 많은 아이들이 태극권을 배우고 있었다.

품세와 검술을 배우는 사람도 있었고, 금발에 푸른 눈 외국 여자도 있었다.

그날 왕 대사는 위아래가 모두 흰 태극도복을 입고 문쪽에 앉아 사람들이 연습하는 것을 지켜보았다. 비록 67세의 고령이지만 곁에서 보니 실제 나이보다 훨씬 젊어 보였다. 앞서 제자들이 왕 대사는 낯선 사람의 말에 대꾸하는 것을 아주 싫어한다고 일러주었는데, 나에게는 오히려 친근하게 대해주었다. 그는 나에게 태극권의 역사와 문화를 설명해 준 뒤 몇 가지 태극권 동작을 보여주기도 했다.

'왕시안 권법 연구회'의 얀(閻) 회장은 과정 내내 왕 대사를 옆에서 수행하였다. 그녀는 이전에 몸이 좋지 않아 '약탕기'라고 불리었다고 한다. 왕 대사에게서 십여 년 정도 태극권을 배운 지금은 왕 대사의 말을 빌면 '쇠뭉치'가 되었다고 했다.

그때 우연히 한 기자가 딸을 데리고 태극권을 하고 있었는데, 우리에게 몇 가지 질문을 했다. 그 중 "현대 인터넷 회사가 어떻게 태극권에 관심을 가지게 되어 이 먼 길까지 대사를 방문하였나요?"라고 해서 내가 "나무는 높아질수록 더욱 뿌리의 영양이 필요하고, 신흥 기업일수록 더욱 전통의 지혜가 필요합니다."라고 대답했다. 이 말은 다음 날 이 지역 모든 신문에 실렸다.

4월 3일, 마윈은 홍콩을 거쳐 산야에 갔고, 나는 그 전날에 미리 도착했다. 우리는 왕 대사와 얀 회장을 초청해 여기서 휴가를 보내는 동시에 왕 대사에게서 태극권을 배웠다. 4일을 함께 머물렀다.

나는 태극권 기초가 없어서 그 기간 동안의 주요 임무는 태극권 동작을 기억하는 것과 마윈과 왕 대사가 태극권에 대해 하는 이야기와 철학 사상을 듣는 것이었다.

마윈은 기초가 탄탄해서 빨리 익혔다. 첫 수련에서 스무 동작 정도를 익혔을 때 마윈의 마음은 상쾌하고 아주 만족한 듯이 보였다.

4월 13일부터 15일까지 3일 동안 항저우에서 조직부 직원들의 집중 회의가 있었다. 나는 막 태극권을 접했기에 조금 흥분된 상태였다. 회의 중간에 쉬는 시간이 되면 동료들과 태극권에 대해 큰소리를 쳤다. 마윈이 나에게 무대에 올라 태극권 동작을 하게 한 다음에 그가 올라와 시범을 보였는데, 사람들이 보기에도 하늘과 땅 차이였다. 끝

산야에서 태극권법을 연습하는 마윈

나고 나서 마윈은 나에게 "너는 태극권을 겨우 3, 4일 배우고 큰소리치는 거야? 만약 내가 말리지 않았으면 너는 바로 태극권 제18대 제자라고 했을 거야. 남의 집 아들을 망칠 뻔했네, 하하!"라고 했다.

이후 태극권은 마윈의 주요한 운동 방법이 되었다. 마윈이 설명한 태극의 '중용' 사상에 대한 얘기를 듣고 난 뒤 나는 국제 축구 연맹(FIFA)이 호크아이(Hawk-eye)-고속 카메라로 공의 위치를 정밀하게 판단해 공이 골라인을 넘었는지를 심판에게 알려주는 장치로 오심을 줄이기 위해 도입을 논의 중이다. 옮긴이-의 사용을 해야 하느냐 말아야 하느냐의 논란에 대해 새로운 인식이 생겼다. 나는 '공정'과 '열정'에서 규칙이 나온다고 본다. 만약 축구 경기에서 여러 차례 비디오 판독을 위해 조금씩 중단된다면, 1차로 관중들의 열정도 중단되고 결국엔 열정이 없어지고 말 것이다. 그리하여 다시 공정한 경기를 재개하더라도 그 의미는 상실하게 될 것이다(개인적인 생각이다.).

마윈이 수련기간 중에 왕 대사에게 했던 말을 기억한다. "대사님과 두 아드님 중 누가 더 태극권에 대한 조예가 깊습니까?"

왕 대사는 무술 실력은 자신이 더 뛰어나다고 했다. 하지만 문화 수준이 높지 않고 표현이 서툴러서 그는 태극권을 배우면서 많은 어려움 겪었고, 이 무수한 실수를 통해서 하나씩 깨우침을 얻었다고 했다. 그래서 그의 두 아들은 아버지의 가르침으로 어려움을 겪지 않게 되어 십여 세에 이미 세상에서 대적할 상대가 없을 정도가 되었다.

잠시 생각에 잠겼던 마윈은 자신의 의견을 말했다. 왕 대사가 태극권에 대한 조예가 상당하다는 것을 인정했고, 어느 날 왕 대사가 상당한 수준의 상대를 만나더라도 적수를 이길 수 있는 방법을 빠르게 찾아낼 것이기에 아들이 필요하지 않을 것이라고 했다.

마윈은 이전에 "만약 내가 책을 쓴다면 알리바바의 1,001개의 실수를 쓸 거야."라는 말을 자주 했다. 나는 이제야 깨달았다. 실수는 반드시 할 것이고, 또 실수는 빨리 할수록 좋다는 걸. 그는 "순풍과 순류가 우리의 사업을 이루게 했다면, 역풍과 역류는 우리들을 만들었다."고 말했다. 마윈은 성장에서 이 두 가지 중 하나라도 빠져서는 안 된다고 여겼다. 만약 미리 머리를 써서 방향을 잡으면 '사업'은 발전할 수 있지만 '사람'은 성장할 수 없다. 사람은 언젠가 실수를 저지른다. 하지만 실수가 늦을수록 손실은 더욱 커진다.

아마도 노자가 말한 '대직약굴(大直若屈, 아주 곧은 것은 굽은 것처럼 보인다.)'의 도리가 아닐까 싶다.

마윈은 한번씩 "왕종악(王宗岳)의 《태극권론(太極拳論)》, 그리고 진흠(陳鑫) 등의 태극 이론 안에는 많은 심오한 철학이 있다. 예를 들어 '목의 힘을 빼고 정수리에 힘을 주면 자세가 기울거나 치우치지 않는다.'는 사상과 '깃털 하나도 붙을 수 없고, 파리도 앉을 수 없도록 한다.'는 민첩성, 이 두 가지는 태극권을 수련할 때만이 아니라 기업 관리와 발전에도 큰 지침으로 작동한다."고 했다. 이어서 "천웨이, 너는 기억력이 좋으니 네가 회사에서 처음으로 〈태극권론(太极拳論)〉을 외우는 사람이면 좋겠어."라고 말했다.

인도에서 태극권을 전파하는 마윈

마윈은 한시도 태극권을 손에서 떼어 놓지 않았다. 밖에서도 평지만 보이면 가서 태극권 동작을 취했다. 외국에서도 마찬가지였다. 사진은 마윈이 인도에 갔을 때 한 사원에서 승려들에게 태극권을 가르치는 모습이다. 인도 사람들은 요가를 중국에 전파했고, 마윈은 태극권을 인도에 전파한 첫 번째 사람이다. 나는 그렇게 생각한다. 하하!

태극권과 요가에 대해 우리 회사 안의 아리따운 여직원들과 토론한 적이 있다. 그녀들이 말한 것은 모두 광고 카피였다. "요가는 일종의 생활 방식이기에 몸도, 마음도 건강해진다." 이에 나는 "요가는 오직 자신만을 알게 하지만, 태극권은 자신과 남을 알게 해준다."고 했다. 그녀들이 "요가를 한 번하면, 마음의 화장을 한 번 지울 수 있다."라고 다시 대꾸하자, 나는 "태극권을 한 번하면, 영혼이 한 번 스트리킹을 할 수 있다."고 답했다.

태극권 문화와 알리바바

2009년 국경절에 왕 대사가 세 번째로 태극권을 가르치러 왔을 때, 마윈은 국수(國粹)--한 나라나 민족이 지닌 고유한 문화의 정화. 중국에서는 경극, 의술, 무예 등이 국수로 꼽힌다. 옮긴이--를 더욱 널리 알리기 위해 작은 기여를 하기로 결정했다. 먼저 회사 내부에 알렸다. 그리고 왕 대사의 제자 중 대회 우승자들이 항저우에 와서 태극권을 가르칠 수 있도록 요청했다. 나는 이 같은 내용의 글을 인터넷 게시판에 올렸다.

마윈과 함께 태극권 수련하기

(분반 : 2개, 수련 시작일 : 2009년 10월 19일)

태극권은 중국의 위대한 전통문화 중 하나로 손꼽힌다.

태극권의 제19대 정통 전수자인, 허난성 천자거우의 왕시안 대사는 마 회장의 태극권 스승이다.

왕시안 태극권 연구회는 항저우에 지부를 따로 설립할 예정인데, 지부 구성원은 전부 알리바바 그룹의 직원들이 될 것이다. 왕 대사는 많은 전국 대회 우승자들을 길러냈고, 적지 않은 외국인 제자들도 가르쳐 자국에서 열리는 대회에서 우승하게끔 했다. 왕 대사가 직접 가르친 두 아들 왕잔하이(王占海)와 왕잔쥔(王占軍) 역시 무공이 대단하다. 1980년대부터 왕잔하이는 무림의 고수가 되었고, 왕잔쥔은 16세부터 전국에 적수가 없어서 절대고수로 무림의 주목을 많은 지 오래되었다.

태극권은 몸은 튼튼하게 해줄 뿐만 아니라 자신의 의지를 더욱 확실히 깨닫게 한다.

마 회장이 오늘날 이렇게 성공할 수 있었던 이유를 찾자면 무척 많다. 그 대부분은 피상적인 것이고, 제대로 된 주요 원인은 두 가지인데, 시후에서 십여 년간 영어를 배운 것과 십 년 가까이 태극권을 배운 것이다! 알리바바는 무협의 색채가 아주 짙은 회사인데, 지금 모두가 태극권을 배울 수 있는 기회가 생겼다! 왕 대사는 실력 있는 제자를 항저우에 보내어 태극권을 가르치게 할 예정이다. 왕 대사와 잔 회장이 함께 와서 태극권을 지도할 날은 아직 확정되지 않았다. 태극권을 좋아하여 왕 대사를 만나고 싶어 했던 많은 사람들에게는 안 되었지만 지도를 위해 몇 번 더 불러야 한다는 것은 더 말할 필요도 없다. 하지만 더 흥분되는 것은 마 회장도 이곳에 와서 여러분들과 함께 수련한다는 것이다. 그래서 모든 수련생들이 마 회장을 서열에 따라 "사숙(師叔)"이라고 부른다. 마 회장에겐 소원이 한 가지 있다. 언젠가 사람들이 자신을 최고의 태극권 스승이면서 알리바바와 타오바오와 같은 기업을 이룬 사람으로 평가해 주기를 희망한다.

어떤 의미에서는 태극 철학 사상이 인터넷 시대의 '야만적 성장'의 역효과를 치유할 치유제라고도 할 수 있다. 회장이 모두를 데리고 무림대회에도 참가할 예정이다. 또 '북산유치원을 치고 성남경로당을 차는–약자를 괴롭히는 사람들을 지칭하는 인터넷 유행어. 옮긴이–' 무림의 쓰레기에 대해서 가장 약한 직원에게 약상자를 지우고 들 것을 들려 보내 악당들을 교육시켜서 무림이 세상을 밝게 하는 날이 있을 것이다. 이러한 사회적 책임을 새로운 상업 문명에 끌어들이는 것의 여부는 내가 말할 사정이 아니다.

등록 마감 시한은 등록 현황에 따라 정하기로 한다. 연령, 성별, 우열에 대한 제한은 없다(지역은 현재 오직 항저우라는 것과, 빈장(浜江)과 청시(城西)의 두 반으로 나뉜다는 제한만 있다.). 마오 주석은 "한 장의 백지에 가장 새롭고 가장 아름다운 그림을 그릴 수 있다!"고 했다. 오늘부터 우리들은 진정한 21대 태극권 전수자들이다! 알리바바는 10년 후 우리들에게 한 마디 할 것이다. 우리에게 이루지 못할 것은 없었다고!

이번 모집에 많은 이들이 관심을 보여 지원자가 400명을 넘었다. 학습의 질을 보장하기 위해 할 수 없이 조기에 모집을 마감해야 해서 나머지 직원들은 다음 기회를 기다려야 했다.

첫날은 전체 강의였는데 내가 마윈의 지시를 따라 참가자들에게 말했다.

"태극권은 꾸준히 수련해야 합니다. 50년 후에 분명히 이러한 광경이 나타날 거라고 생각합니다. 얼굴은 동안인 한 무리의 백발노인들이 태극권 연습을 마치고는 모두 병원으로 가서 힘들게 숨 쉬고 있는 한 환자를 면회합니다. 환자는 몸에 여러 개의 호스를 꽂고 있었는데 힘겹게 의사에게 이렇게 말합니다. '이 사람들은 알리바바에서 있었을 때의 동료들입니다. 우리는 태극권 수련을 같이 시작했는데, 아쉽게도 저는 끝까지 하지 않았죠.'라고 말하는 겁니다."

마윈은 자기가 한 말은 꼭 지킨다. 비록 일이 아주 바빴지만 청시와 빈장 반에 모두 가서 직원들이 태극권 수련하는 것을 지켜봤다.

동료들 중에 태극권을 배우고 싶어 하는 사람들이 많아서 2010년 봄에 또 태극권 반을 열었다. 지금까지 태극권을 배운 직원이 거의 1,000명 정도 된다. 그 중에는 고위 임원도 있었는데, 펑레이(彭蕾)가 그런 경우였다.

펑레이는 그룹 내에서 내가 가장 존경하는 여자이다. 그녀는 저장재경(財經)대학의 교수였는데 얼떨결에 마윈의 창업에 동참했다. 그녀는 마윈과 함께 하는 시간이 아주 많다. 1997년 마윈이 사람을 데리고 베이징에 가서 대외경제무역부와 합작할 때부터 그녀는 회사의 일원이었다.

나는 한 젊은 여교수가 몇 년 사이에 어떻게 이렇게 변했는지, 줄곧 이해가 안 되었다. 그녀는 어떤 일을 맡겨도 능히 순조롭게 해결을 한다. 그녀는 원래 그룹의 수석 인력관(人力官)으로 한 자리에서 오랫동안 같은 일을 했다. 알리바바의 기업 문화와 가치관에는 일반 중국 기업과 구별되는 특색을 가지고 있는데, 여기에는 그녀의 엄청난 공력과 노력이 포함되었다. 본업은 잘해야 본전이다. 결과적으로 그녀가 일 년간 알리페이의 사장으로 있는 동안 매일매일 마윈이 알리페이를 칭찬하는 소리를 들었다. 펑레이는 지금 알리바바의 소규모 금융서비스 그룹의 CEO이다.

펑레이는 일이 아주 바빠서 내가 1주일에 두 번 직접 방문하여 전문적으로 태극권을 가르쳤다. 그때 펑레이를 가끔 만났는데, 그녀는 나를 볼 때마다 내가 태극권에 타고난 소질이 있다고 했다. 사실 그녀는 태극권을 가르치는 사람마다 이런 말을 했다.

태극권에 대한 열정

2009년 5월, 나는 마윈을 수행하여 베이징에 갔다. 비행기에서 내린 후 마윈은 흥분된 어투로 말했다. "내가 비행기에서 태극권에 관한 이야기를 구상했는데, 화이(華誼) 영화사에서 영화로 만들어도 되겠어."라고 말했다.

이 일을 위해 마윈은 베이징에서 일하는 중간에 시간을 내어 선웨이펑(沈威風) 작가를 초청하여 같이 했다. 내가 선웨이펑을 알게 된 것은 2009년 2월이다. 춘절이 막

지난 어느 날 오후 마윈이 나를 자신의 사무실로 불러서는 "너에게 임무를 줄 테니 밤에 선웨이핑과 함께 식사를 해. 다시 말하지만 예전에 회사에서 너를 '천 아빠'라고 부르던 어린 아가씨로만 보면 안 돼. 타오바오에 대한 《거꾸로 서는 자가 이긴다(倒立者贏)》라는 책을 쓴 유명 작가잖아."라고 했다. 하지만 그녀가 결국 나를 다시 '천 아빠'라고 부르는 데는 오랜 시간이 걸리지 않았다. 이것은 뒤의 얘기다.

마윈은 비행기에서 구상했다던 태극권에 관한 이야기를 풀어놓았다. 이야기는 허베이성의 창조우푸(滄州府)라는 곳에서 시작한다. 몇 명의 어린아이들이 귀뚜라미 싸움을 지켜보고 있었는데 그중에는 양로선이라는 인물이 있었다. 그곳에는 베이징 왕푸(王府)의 사대천왕이 도전자를 기다리고 있었는데, 아무도 대적할 자가 없었다. 은자 2전에 파는 귀뚜라미를 양로선은 살 돈이 없었지만 분연히 무대에 올라가 도전을 신청했다. 10살짜리 아이가 1대 2로 싸운다니 모두들 놀랐다. …… 이야기의 뒷부분은 당연히 자유분방하고 기복이 있었다. 여기에 마윈의 말솜씨가 보태어져서 모두들 화려한 생동감을 느꼈다. 우리들의 상상 속에서는 영화가 끝난 후 스크린에는 엔딩 크레이디트(Ending credits)에 명단이 길게 나왔다. 태극권 종사부터 시작해서 제 몇 대 전수자까지 …… 이때 선웨이핑이 말했다. "제일 마지막 이름은 '마윈'!"

마윈의 말이 끝난 후, 사람들이 곧바로 대본 작성에 들어갔고, 매 편마다 재미있는 내용이 나오면 마윈은 흥분하여 크게 좋아했다. 마윈이 "유명한 기업가 몇 명을 설득해서 특별 출연하게 하자. 사람마다 괜찮은 대사 한 마디씩 주는 거지. 예를 들어 리슈푸(李書福)—중국 최초 민간 자동차 업체인 지리 자동차 그룹의 회장. 옮긴이—는 인력거꾼, 스위주는 점쟁이, 왕중쥔(王中軍)—화이 브라더스 엔터테인먼트 사장. 옮긴이—은 서태후 배역을 따로 맡고 …… 톱스타들도 배역을 맡는 거야. 판빙빙(范氷氷) 같은 경우도 그냥 계집종 역할을 하는 거지. 한 번 나오면 관객들은 또 기대를 하겠지만 눈 깜짝할 사이에 가버리는 거야. 아무 대사도 없이 …… ."라고 했다.

선웨이펑은 주인공의 사매로 마음이 아주 여린 여자아이의 역할을 맡아 이 이야기를 풍성하게 보태주었다. 하지만 나는 이야기 속 양로선의 아버지가 의미심장한 말로 아들의 많은 잘못된 도리를 일깨워 주었으면 좋겠다고 의견을 내었다.

태극권의 종사 양로선의 이야기를 스크린에 담는 것에 대해 마윈은 아주 열성적이었다. 이야기를 전개하며 대본을 구성하는 것부터 그는 계속 준비를 함께했다. 중국의 유명한 영화감독인 리안(李安)부터 펑샤오강(馮小剛)까지 모두 마윈에게서 아이디어를 얻은 적이 있다.

2010년 4월 1일, 마윈은 리롄제, 왕종쥔, 선궈쥔 그리고 화이 영화사의 편집자들과

진가구의 '사당'에서

약속을 해서 태극권의 발원지인 천자거우를 둘러보기로 했다. 나는 하루 전날에 미리 도착해 준비를 했다.

마윈은 이번에 허난성 천자거우를 특별히 찾았다. 단지 많은 기업인과 연예계의 사장과 스타들이 태극권에 대해 이해하는 것뿐만 아니라 태극권을 주제로 한 영화의 촬영을 준비하고, 나아가 자신의 꿈을 이루기 위해서였다. 그는 오래전부터 태극권의 발원지를 찾아가고 싶어 했던 것이다.

우리들은 왕시안 대사와 왕종쥔 등과 함께 태극권 창시자의 사당, 중국 태극권 박물관, 둥거우(東溝), 양로선이 태극권을 수련했던 곳 등을 둘러봤다.

그런 뒤에 우리는 현지 태극권 무술 학교에서 우리 일행을 위해 준비한 태극권 시범도 관람했다. 그들은 하나 같이 빼어난 기예를 선보였다. 시간 관계로 많은 전국 대회 우승자들의 시범을 다 보지는 못했다.

태극권을 세계로

태극권은 나에게 "민족적인 것이 곧 세계적이다."라는 어떤 확실함을 깨닫게 해주었다.

마윈에게는 홍콩에서 기업을 하는 친구가 있는데, 그의 네다섯 명쯤 되는 자녀들이 모두 외국에서 유학을 하였다. 그 친구는 자주 "우리 애들은 모두 국제화가 됐어. 기본적으로 현지 애들과 완전히 하나가 된 거지."라며 자랑스럽게 말했다.

또 다른 남자아이가 있었다. 이 아이는 예닐곱 살 때부터 왕 대사에게서 태극권을 배웠고 뒤에 그는 전국 청소년 대회에서 여러 번 우승했다. 2010년에 캐나다로 유학을 갔다. 막 도착했을 때는 영어 실력이 아주 좋지 않았지만 그곳 아이들이 '사부'라고 부르며 그에게 권법 배우기를 원했다. 마윈은 그를 화이 영화사에 소개해주었는데, 아마 그가 아마도 영화《양로선》에서 중요한 역할을 맡을 것이라고 했다.

이 두 경우를 서로 비교했을 때 누가 더 세계로 진출했고, 누가 더 세계화가 되었나?

마윈은 자료를 조사하며 많을 걸 찾아냈다. 근대의 지도자들, 예를 들어 쑨중싼(孫中山)—쭝산은 쑨원(孫文)의 별칭. 옮긴이—이 가장 위험했던 시절에 경호를 태극권 고수들에게 맡겼다고 한다. 이런 이야기들을 토대로 마윈은 새로운 이야기를 집필하였다.

마윈에게는 문화계의 친구들이 아주 많다. 예를 들면《분투(奮鬪)》의 각본을 쓴 스강(石康),《흉계(暗算)》의 작가 마이자(麥家) 등이 있다. 마윈은 시간이 있을 때마다 이야기를 대본으로 써나갔고, 작가들과는 전화로 다시 토론을 거듭 했다. 마윈이 대본을 쓰는 것은 일에서 벗어나 갖는 여유로운 습관이 되었다. 한번은 마윈과 마이자와 전화로 '이야기'에 대해 토론하는 것을 들었는데, 얘기가 끝나자 마윈이 "맞다. 이틀 전에 네가 쓴 소설을 보았는데, 한참 재미있는 부분에서 끝이 나던데 어떻게 된 거야?"라고 했다. 당시에 듣기로 한 권을 쓰고 있어서 책이 아직 안 나 왔다고 하니 마윈이 급하게 "어떻게 돼? 뒷이야기를 먼저 좀 들려줘. 지금 말이야."라고 했다.

2011년 1월 3일 오후, 나와 마윈은 용푸찬쓰에서 마이자와 차를 마시며 이야기를 나눴다. 마윈이 이야기 하나를 들려주었는데, "리커눙(李克農)의 한 태극부대는 1945년 가을 충칭에서 마오쩌둥 주석을 호위하며 다이리(戴笠)의 특수부대와 목숨을 걸고 싸웠어. 이 부대는 1949년 말 마오 주석이 러시아를 방문했을 때 호위를 했고, 마오런펑(毛人風) 특수부대의 암살 행위를 진압했지."라고 했다. 마윈의 과장된 표정과 풍부한 언어 구사는 사람의 마음을 조마조마하게 만들었다. 또 이야기 속 인물들은 모두 실존했던 인물들이었다.

마윈이 말을 마치자 마이자가 "어떻게 이런 일을 내가 모를 수가 있지?"라고 물었다.

마윈은 웃으며 “너는 당연히 모르겠지. 이건 내가 이틀 동안 쓴 거야”라고 말하면서 “그때 이와 유사한 사건이 분명히 일어났을 거야. 네가 이 내용을 풍부하고 완벽하게 만들어 주길 바래.”라고 했다.

마이자는 “스토리의 짜임새는 이미 아주 좋아. 다만 세부적인 내용만 좀 더 넣으면 될 것 같아.”라고 대답했다.

사실 마윈과 나는 마이자가 조금 전에 말한 내용을 이미 알고 있었을 것으로 믿고 있다. 그는 당시의 역사에 대해서 잘 알고 있었기 때문이다. 우리가 그에게 다이리가 언제 죽었는지 물어보면 생각할 틈도 없이 곧바로 1946년 3월이라고 말했을 것이다.

마이자가 대학 전공이 나와 같다는 걸 알고 나서는 나도 좋은 문장을 쓸 수 있겠다는 자신감을 얻었다. 전에 내가 마이자에게 “햇빛도 찬란하고 미녀들도 많은 룽징(龍井)의 그곳에서 밥 한 끼 할 지 말 지 당신이 정하시오.”라는 문자를 보냈었다.

마이자는 “오, 아쉽소! 지금 산에서 《헛소문(風語) 3》을 쓰고 있소. 한 달 후에 내가 조직을 찾아가겠소.”라고 답장을 보냈다.

마윈은 매년 시후에서 ‘시후 격투대회’를 개최하기를 구상했다. 시후 안에 대회장을 만들고 상금도 넉넉하게 한다는 것이다. 일대일 대결을 통해 상대를 밀어 시후에 먼저 빠트리는 사람이 이기는 방식인데, 우승하는 자가 태극왕이 된다.

마윈이 적극적으로 해 나간다면, 앞으로 태극권이 어떤 상태로 나타나더라도 나는 놀라지 않을 것이다.

8 사회적 책임과 알리바바의 기업 문화

2008년에 발생한 원촨 대지진은 많은 중국인들에게 크나큰 슬픔을 안겨주었다. 그때 이후 나는 마윈 곁에서 그가 많은 일을 하면서 초조해하고, 슬퍼하고, 노력하는 모습과 여러 비난을 감내하는 것을 지켜보았다. 알리바바는 재난 발생 이후 신속하게 그룹 차원의 지원에 나섰고, 지금까지도 재난 지역의 재건을 위해 힘쓰고 있다. 여기서 가장 감동적인 것은 회사의 사회 책임부에서는 매달 직원을 쓰촨으로 보내어 지원 활동을 하고 있는데, 직원들은 자신의 연차 휴가를 이용하고 다녀오는 여비도 모두 스스로 부담하고 있다는 점이다.

뜻하지 않았던 국가 재난

2008년 5월 12일은 분명 예사롭지 않은 날이었다. 그날 나는 마윈과 함께 모스크바에서 열린 ABAC 회의에 참석했다. 오전 10시 30분(모스크바와 베이징의 시차는 4시간이다.)이 지나고 회의 중간에 국내의 친구들이 '베이징에 지진', '상하이에 지진', '항저우에 지진'과 같은 내용의 문자를 계속 내게 보내왔다. 얼마 후 리렌제에게서 전화가 왔는데 쓰촨에서 진짜 큰 지진이 났다고 했다. 마윈은 회의를 중단하면서 "여러분, 회의 도중 죄송합니다. 30분 전에 우리나라에 매우 큰 지진이 났습니다."라고 말했다.

페루의 대통령 역시 "그런 소식을 들으니 저도 참으로 유감입니다. …… 일단 상황을 지켜보고 명확해지면 다른 조치를 생각해보죠."라고 했다. 이것은 5·12 대지진 발생 후 국제회의 석상에서 제일 먼저 언급된 것일 것이다.

마윈은 당일 개인 명의로 먼저 100만 위안의 지원금을 보내기로 결정했다.

며칠이 지나고 마윈은 국내와 계속 밀접한 관계를 유지하였고, 시시각각으로 구조 상황을 지켜보았다. 재난 지역에 임시 대피소인 천막이 부족하다는 말을 들었을 때 마윈은 곧바로 알리바바의 사회책임부에 연락을 해서 "하루 안에 살 수 있는 천막은 다사들여. 가격은 신경 쓰지 말고. 모든 방법을 동원해서 최대한 빨리 재난 지역으로 보내."라고 지시했다.

마윈은 당초 계획보다 서둘러 국내로 돌아왔다. 하룻밤도 자지 않고 오전 8시에 간부들과 회의를 열어 일을 분배했다.

그러나 이때 여러 언론사에서 몇 년 전 마윈이 말했던 "스포트라이트 하에서 1위안 기부하기"를 언급하며 대대적으로 왜곡된 기사를 냈다. 마윈이 모든 사람들에게 1위안만을 기부하게 만들었다고 하면서 사실과 매우 다르게 소개했던 것이다. 당시 마윈의 의도는 '기부하고 자선하는 것은 모든 국민의 공통적 의무이고 미덕이기에 얼마가 됐든 상관이 없다'는 의미였다. 돈 많은 부자가 큰 기부금을 내는 행위를 공개함으로써 국민들이 참여하는 적극적인 자선 행위에 영향을 줄 필요가 없다고 여겼기 때문이다.

당시 회사의 모든 직원들은 사실을 왜곡한 보도에 크게 분노했다. 우리들은 마윈이 버티지 못할까 봐 무척 걱정했다. 이때 마윈은 "만약 새 한 마리가 매일같이 자신의 깃털을 빗어 정리하려고 하면 그 새는 얼마 못 가 죽어버릴 거야. 왜냐면 더러운 물 한 바가지가 다시 그 깃털을 망가뜨릴 수 있으니까. 마음대로 말하라고 해. 조수가 다시 빠졌을 때 확실히 누가 반바지를 입었는지 아닌지를 알 수 있을 테니까."라고 했다.

5월 23일, 리롄제는 재난 지역에서 상하이로 돌아와 구조 물자를 보충해서 보냈다. 나는 마윈과 함께 상하이 찐마오(金茂) 빌딩에서 리롄제와 만났다. 그는 많이 지쳐보였고, 입술은 다 말라서 터진 상태였다. 한 달 전쯤 보아오에서 봤을 때와는 전혀 딴 사람이 되어 있었다. 하지만 그의 말투는 여전히 힘이 있었고 눈빛은 강렬했다.

그는 우리에게 재난 지역의 상황과 조속히 해결해야 할 문제들을 일러주었다. 재난 지역에는 먹을 것과 텐트는 문제가 없지만, 현재로서는 시신을 처리할 자루가 많이 부족하다고 했다. 이미 시신들이 부패하기 시작하였기 때문에 전염병이라도 발생한다면 뒷일은 상상할 수조차 없었다. 또 생리대가 많이 필요하고, 대형 반창고도 무척 필요하다고 했다. 심리 치료를 지원하러 온 대학생들은 재난 지역의 이런 처참한 상황에 적응을 하지 못했다. 기존의 지식만으로는 감당할 수 없었던 것이다. 기절하고, 토하고, 울고, 어떤 사람은 온몸이 피로 물든 이재민이 위로해주기도 했다.

리롄제는 진정한 전사였다! 그의 말은 매우 빨랐지만, 단호했다. 마치 본부로 돌아와 탄약을 들고 다시 전선으로 돌아가는 군인과 같았다.

그와의 대화를 통해 마윈은 재난 구조 활동의 막중함과 전문성을 깨달았다. 그는 바로 관련된 전문가들을 소집했다. 다시 우리가 가지고 있는 장점을 총동원하여 신속하게 구조 계획을 수립하였다.

고위 간부들의 개별적인 지원을 제외하고, 알리바바는 2,500만 위안의 구조기금을 설립했다.

알리페이 홈페이지에 기부 창구를 개설하여 빠른 시일 안에 회사 직원들과 고객들의 기부금을 모을 수 있었는데, 그 금액이 2,600만 위안을 넘었다. 또 마윈은 그룹의 고위 간부들을 이끌고 계속해서 차량을 이용하여 재난 지역에 필요한 물자들을 지원했다.

재난 후 재건

2008년 6월 2일, 마윈은 민간기업가와 전문가들과 함께 랑팡(廊坊)에서 회의를 열어 재난 후의 재건에 대해서 함께 토론을 했다. 내가 기억하기로는 그날 CCTV의 앵커 선빙(沈冰)도 현장에 있었다.

마윈은 전문가들이 재난 후 재건, 그중에서도 특히 심리적 충격을 극복하는 데 보통 7년 정도 걸린다고 한 말에 공감을 했다. 그래서 회사에서는 7년치의 지원 계획을 수립하였다. 마윈은 만약 7년으로도 부족하다면, 7년을 더 지원하겠다고 말했다. 지원 내용에는 현지 교사들에게 매년 일인당 2,000위안의 보조금을 지급하는 것도 포함되어 있었다. 현지의 전자상거래가 발전할 수 있도록 도와주고, 재난 지역의 농산물을 타오바오를 통해 전국적으로 팔 수 있도록 했다. 또 현지에 사무소를 만들어 장애가 있는 청소년들을 모집하여 알리바바에서 일하게 했다.

그해에 일어난 일은 오늘날까지도 내 기억에 마치 어제 일처럼 생생하다. 어느 날, 마윈은 홍보부에 알리바바의 직원들이 다 함께 참여한 구조 활동에 대한 원고를 쓰게 했다. 원고를 받아 검토한 마윈은 홍보부를 책임지고 있는 왕솨이에게 말했다. "이 원고는 내가 표현하고 싶은 현재의 심정이 잘 나타나 있지 않아. 그리고 호소력도 부족한 것 같고."

"너. 아니 회장님께서 지침을 주시면 제가 다시 작성하겠습니다." 둘은 막역한 터라 왕솨이는 마윈과 말할 때 '너'와 '회장님'을 자주 혼동한다.

"네가 많이 바쁜 거 알아. 하지만 글 잘 쓰는 기자 친구를 찾아서 함께 작성해보는 것이 어떨까? 우리의 홍보 원칙상 매체 지원을 받지는 않지만, 정의롭고 진실한 글을 잘 쓰는 좋은 기자가 우리 회사에 들어오면 좋잖아."

"회장님이 요구하시는 조건에 맞는 친구가 있기는 합니다. 그 친구에게 어떤 직위를 주실 수 있는지 여쭤봐도 괜찮겠습니까?"

마윈은 책꽂이 위에 놓인 기념품을 보며 돌아보지도 않고, "리슈(黎叔)가 말하길……" 하고 운을 떼자, 왕솨이가 말을 중간에 가로채며 "21세기에 제일 귀한 것은 인재라는 것을 이해했습니다!"고 왕솨이는 말을 마친 후 황급히 나갔다.

마윈은 이때야 다시 뒤돌아보며 말했다. "왕솨이 이 친구가 내 말을 가로채다니." 마윈은 왕솨이를 아주 좋게 평가하여 일찍이 내게 "왕솨이는 내가 생각했던 것보다 일을 훨씬 더 잘해!"라고 말해왔다.

왕솨이는 밤을 꼬박 새며 원고를 작성해 다음 날 아침 일찍 제출했다. 마윈은 칭찬을 하며 아주 만족해했다. "왕솨이 들어봐. 여기가 아주 좋아. 힘도 있고 말이야."

재난 지역을 애도하는 묵념을 한 날 점심 무렵에 나는 마윈의 집에 있었다. 시간이 가까워지자 마윈은 집에 있는 모든 사람들을 일어나게 하여 묵념을 하도록 했다. 애도의 묵념이 끝나자 마윈이 말했다. "나는 형식을 중시하는 사람이 아니야. 하지만 형식은 나름 형식의 작용이 있어. 한번 생각해봐. 그렇게 큰일이 일어나고 전국의 모든 사람들이 다 함께 묵념하잖아. 하나는 재난을 당한 동포들을 애도하기 위해서이고, 다른 하나는 일종의 힘을 얻는다는 느낌을 받는다는 거야." 마윈은 계속해서 "마찬가지로 다른 형식도 역시 작용이 있어. 예를 들어 종교에서 세례를 받는 것은 사실 성수나 그냥 수돗물이나 차이가 없어. 하지만 많은 사람들이 장엄하게 바라보고 증거로 여기지. 이런 분위기가 힘을 주고 이후의 행동을 약속할 수 있어. 이것이야말로 정말 가짜를 진짜로 만드는 법이지."

그 시각 많은 친구들에게서 전화를 받았다. "듣기에 알리바바가 기부를 그렇게 많이 했다며?"며 묻기에 "그렇게 많지 않아. 허위 보도야. 대략 5,000만 위안 정도 밖에 안 돼." 나는 늘 이런 식으로 대답했다. "다른 사람이 너한테 말하기를 '장님이 귀신을 보았다면서 벙어리가 말한 것을 귀머거리가 들었다'고 하면 너는 믿어? 가서 한번 확인해봐. 한 푼도 기부하지 않은 사람이 인터넷에서 우리를 얼마나 심하게 욕하는지를."

어느 날 회의에서 사회책임부가 재난 지역을 도울 방안을 많이 제출했다. 마윈은 그 내용을 듣고 "의견은 참 좋은데 근거 없이 상상하지는 마. 먼저 이재민들의 마음을 이해하고 바라는 것이 무엇인지 잘 검토해봐. 할머니를 부축해서 길을 건널 때 그 할머니가 정말 길을 건너고 싶은지 아닌지를 먼저 생각해보라는 거야." 모두들 기쁘게 듣고는 내용을 명확히 이해했다.

마윈이 재난 지역을 원조하는 데에 두 가지 원칙이 있는데, '쇼하지 않는다'는 것과 '현지 정부에 폐를 끼치지 않는다'는 것이다.

2009년 봄, 나는 마윈, 펑레이 등과 함께 처음 재난 지역을 방문했다. 우리는 청두(成都)에서 지프를 빌려서 5시간을 달려 칭촨(青川)에 도착했다. 재난 후 복구가 질서 정연하게 진행되고 있는 모습을 보니 우리의 마음도 한결 가벼워졌다.

가는 길에 유채꽃이 활짝 피어 있었다. 점심 때 우리는 넓은 벌판에 앉아 도시락을 먹었다. 밥을 먹은 후 유채꽃밭에 모여서 단체 사진을 찍었다. 마침 벌통이 가득 실린 차가 우리 옆을 지나가는 바람에 수많은 벌 떼가 순식간에 우리들의 얼굴, 몸으로 달려들었다. 사진을 보면 다들 깜짝 놀라 사람마다 표정과 몸짓이 모두 다르다는 것을 알 수 있다. 그때 재빠르게 모자로 마윈의 머리를 보호하려는 사람이 있었던 반면에, 나는 멀리 도망치는 모습이 찍혀, 지금도 몹시 부끄럽다.

재난 지역에 도착한 후 마윈은 여러 사람들을 데리고 알리바바가 지원하고 있는 학교의 선생님들과 학생들을 방문하고, 주변의 이재민들에게 선물을 나눠주었다.

밤에는 모두 조립식 주택에서 자야 했다. 조립식 주택은 벽 안에 스티로폼이 있었지만 지붕은 속이 빈 직사각형의 금속으로 만들어졌기 때문에 만약 여진 발생 시 이물질이 떨어지면 다칠 수 있어서 다들 일찍 자기를 두려워했다. 내가 포커를 해서 딴 돈을 모아 현지에서 모집된 자원봉사자들에게 내일 식사를 대접하는 것이 어떠냐는 제안을 했다. 더 좋은 선택이 없었기에 다들 동의를 했다.

우리는 피스타치오를 칩 삼아 포커를 쳤다. 처음 시작했을 때는 마윈이 이겨 가장 많은 피스타치오를 땄다. 기분이 좋았던지 마윈은 딴 피스타치오를 연신 먹으면서 포커를 했다. 먹다보니 어느 순간 피스타치오가 몇 개밖에 남지 않았다. 다들 크게 웃었다. 마윈이 피스타치오 껍질 두 개를 한 개로 치면 어떨까 하고 물었지만 아무도 동의하지 않았다.

갑작스런 벌 떼의 습격에 놀란 일행

밤 9시 반, 조립식 주택이 갑자기 흔들려서 우리는 재빨리 집 밖으로 달려 나갔다. 옆집 주민들이 쓰촨 말투로 우리에게 "괜찮습니다. 괜찮습니다. 여진은 날마다 있어요."라고 말했다. 우리는 가까스로 마음을 잡고 방에 들어가 자리에 앉았는데 또 집이 흔들리기 시작했다. 우리는 다시 집 밖으로 도망쳐 나왔다.

둘째 날, 마윈은 우리를 데리고 다른 곳의 이재민을 위문하고 그들의 생각도 들었다. 돌아오는 길 위에서 여러 사람들이 이야기를 했고, 나도 말을 많이 했다. 무슨 이야기를 했는지는 자세히 기억나지 않지만 세 가지만 기억이 난다. 하나는 "만약 차 한 대가 있습니다. 제가 운전석에 앉고 펑레이가 조수석에 앉고 마윈이 뒷좌석에 앉았습니다. 이 차는 누구의 것입니까?"라는 질문이었다.

대답하는 사람이 한 명도 없어서 내가 정답을 말했다. "차는 '만약'의 것이죠. 제가 말씀드렸잖아요. 만약 차 한 대가 있다고." 모두 웃었다.

두 번째 이야기다. "종전에 쥐 한 마리가 있습니다. 쥐 앞에는 늙은 소가 있고, 소 앞에는 호랑이가 있습니다. 그렇다면 쥐 뒤에는 뭐가 있을까요?" 사람들이 앞다투어 "당연히 돼지죠. 12간지의 배열은 제가 잘 알죠!"라고 했다. 내가 "돼지도 자기라고 했겠지만 아닙니다. 답은 '종'입니다. 아까 제가 '종 전에 쥐 한 마리가 있다'고 했습니다. 그렇다면 쥐 뒤에는 당연히 '종'이겠죠." 사람들이 또 크게 웃었다.

마지막 이야기다. 내가 동료 한 명을 가리키면서 "운찌(聞佳)야. 만약 네가 버스 운전사여서 11번 버스를 운전하고 있어. 첫 번째 정류장에서 36명이 타고, 두 번째 정류장에서 7명이 타고 내린 사람은 없고, 세 번째 정류장에서 11명이 타고 3명이 내렸어. 그렇다면 운전사의 나이는 몇 살일까?"라고 물었다.

운찌는 "이런 얼빠진! 타고 내린 승객의 수와 운전사의 나이가 무슨 상관이 있어?"라고 했다.

"잘 들은 거 맞아? 내가 '만약 네가 버스 운전사라면'이라고 했잖아. 네 나이를 네가 몰라?" 다들 또 한 번 크게 웃었다.

그날 펑레이는 내가 말한 내용을 '의미심장하다.'고 할 수 있다면서 처음으로 칭찬해주었다. 이런 칭찬은 나에게 더없는 영광이다.

돌아가는 길에 우리는 화장실을 찾아 한 농가로 갔다. 그때 중년의 한 부인이 문 앞에 앉아 여유롭게 햇볕을 쬐면서 땔나무용 칼등으로 호두를 깨어 먹고 있었다. 내가 호두를 좀 사고 싶다고 하자 그 부인은 "사지 말고 그냥 가져가서 드세요. 재난 지역을 도우러 오신 분이시잖아요."라고 했다. 모두 앉아 호두를 깨 먹으면서 잠시 쉬었다.

공익 사업

마윈의 적극적인 추진에 힘입어 알라바바의 공익 사업은 활발하게 전개되었다. 2009년 7월, 알리바바그룹은 '악등청천(樂橙青川)'이라는 공익 활동을 시작했다. 매달 직원들이 자신의 연가를 이용하고 자비로 신청한 재난 지역에 가서 봉사활동을 하는 것이다. 매회 참가 인원을 제한했기 때문에 어떤 직원은 제1기부터 신청했지만 제9기에 가서야 참여가 가능했기에 '소원을 이루었다.'고 할 정도였다. '악등청천' 과정 중에 직원 두 명이 알게 되고 서로 사랑하게 되어 사람들이 부러워하는 커플이 되기도 했다. 2010년 말에는 '악등청천'이 이미 15기를 배출했는데, 알리바바그룹의 직원들을 공익 활동에 많이 참여시키기 위해 한 일이 거꾸로 마윈을 감동시키게 되었다.

알리바바그룹과 자회사에는 그들만의 공익 활동이 있다. 그중에서 알리바바그룹의 '행복한 포옹'은 타오바오의 '경마'처럼 창의적이다. '행복한 포옹'은 직원들이 관심을 가지고 공익 활동을 위해 제출한 아이디어에 회사가 적절한 지원을 해주는 프로그램이다. 예컨대, '사랑의 라디오'는 직원들이 좋은 문장을 직접 녹음해서 맹인 학교의 학생들에게 보내어 들려주는 식이다.

2010년 위수(玉樹) 지진이 일어난 후 회사는 2,500만 위안을 기부했다. 나는 마윈에게 "어제 CCTV의 모금 프로그램을 봤습니다."라고 했다. 마윈은 "나는 못 봤는데 많은 친구들이 내게 전화를 했더군. 화면에서 제일 예쁘고, 제일 말 잘하는 사람이 알리바바의 직원이더라고."라고 하면서 상당히 자랑스러워했다.

상하이 엑스포를 준비하던 어느 날, 마윈은 궈광창의 초청으로 상하이에 가서 민간 기업관의 자원봉사자들에게 강연을 했다. 그해는 중국 윈난성(雲南省)의 가뭄 피해가 가장 심했던 때였다. 마윈은 4,000위안을 기부하면 윈난성에 작은 우물 하나를 팔 수 있다는 이야기를 들었다. 그 후에 도움이 필요하다는 소식을 듣자 즉시 궈광창과 협

2009년 3월 28일, 알리바바그룹의 제16기 악등청천에 참여한 직원들

의하여 민간기업의 예산에서 자금을 내어 이 일을 하겠다고 결정하였다. 마윈은 특히 “빨리! 빨리! 윈난성이 가뭄으로 심하게 갈라져서, 물 한 대야면 미국까지 직접 스며들 수 있겠대!”면서 재촉하였다.

또 한 번은 차이나 에셋 매니지먼트-중국 최대 자산운용사. 옮긴이-의 왕빙(王兵)이 마윈에게 광저우 무장경찰병원과의 협력사업으로 1만 위안을 기부할 때마다 1명의 선천성 심장병 아동 환자에게 수술을 해주기로 협약을 맺었다고 말했다. 마윈이 이 소식을 듣고는 아주 기뻐하며 “1만 위안이 한 사람을 살릴 수 있다니 얼마나 좋은 일인가? 내가 다른 사람보다 먼저 해야겠다.”고 했다.

결국 다음 날 나는 마윈과 광저우에 갔다. 마윈은 개인 명의로 기부를 하면서 수술을 마친 아이들과 수술을 기다리고 있는 아이들을 만났다. 광저우에서는 이를 위한 홍보사업도 하였다. 마윈은 아이와 부모들을 방문할 때 얼굴에 진정성이 드러난다. 왜냐하면 마윈은 가난한 사람들의 마음을 잘 헤아리는 편이라서 그들을 도와주면서 동시에 자존심을 짓밟아서는 절대로 안 된다는 것을 잘 알기 때문이다.

최근 몇 년 동안 마윈이 공개된 장소에서 가장 많이 한 말은 공익 사업과 환경 보호이다. 2010년 야부리(亞布力) 회의가 개최될 당시에 다른 기업가들은 회의를 자신의 기업을 홍보할 수 있는 좋은 시험대라고 생각했었다. 하지만 마윈은 "최근 재난이 빈발해 저는 항상 '우리가 살고 있는 지구가 도대체 왜 이렇게 변하게 되었나?'라는 생각이 들었습니다. 나무와 삼림은 지구의 모발인데 인류가 나무들을 베어서 시멘트로 덮었고, 하천은 지구의 혈관인데 인류가 이런 하천을 하나씩 막고 때로는 구멍을 뚫고 안에 폭약을 묻습니다. …… 지구는 살아 있는 생명체입니다. 내가 지구라면 분노할 것이고, 보복할 것입니다."라고 말했다.

마오 주석이 1949년 9월에 이런 말을 한 적이 있다. "저런 국내외의 반대파들을 우리 앞에 벌벌 떨게 해라! 그들로 하여금 이것도 못하고 저것도 못 한다고 말하게 해라." 나는 여기에 한 마디 더 하고 싶다. "그들에게 내가 1위안만 기부한다고 얘기하게 해라."

영원히 포기하지 않기

영원히 포기하지 않기, 이것은 알리바바그룹의 기업 문화의 핵심이면서 창업하고 있는 모든 사람들과 앞으로 창업이라는 길을 걸을 사람들이 추구해야 할 공동의 신념이다.

마윈이 나한테 이런 얘기를 한 적이 있다. 그도 1997년에 딱 한 번 포기하고 싶다는 생각이 들었다고 했다. 당시 마윈은 차이나페이지닷컴(http://www.chinapage.com)을 경영하고 있었다. 그런데 회사가 한창 잘 되고 있었을 때에 차이나텔레콤 사가 갑자기 끼어들어 차이니즈페이지닷컴(http://www.chinesepage.com)을 만들었다. 이것은 마윈에게 큰 위협이 되었다. 그 뒤에도 많은 일들이 일어나서 어쩔 수 없이 차이나텔레콤과 합작할 수밖에 없었는데, 그때 미국에 머물고 있었던 그로서는 한동안 나아갈 방향을 찾지 못하였다.

어느 일요일에 기분이 가라앉고, 친구도 없어 외로웠던 마윈은 교회를 찾았다.

목사는 성경을 읽고 설교 중에 제2차 세계대전 시기의 처칠에 관한 이야기를 하고는, 그의 강연 중 일부를 낭독하였다.

"You ask, what is our aim? I can answer in one word. It is victory. Victory at all costs–victory in spite of all terrors–victory, however long and hard the road may be, for without victory, there is no survival."

이를 번역하면 다음과 같다.

"당신들이 물었다. 우리의 목적이 무엇이냐고? 나는 한 단어로 대답해줄 수 있다. 그것은 승리라고! 승리에 대한 모든 공포에도 불구하고 어떠한 희생을 치러서라도 승리를 쟁취해야 한다. 그 길이 아무리 멀고 힘들어도 승리가 없다면 생존도 없다."

목사는 강연 도중에 열정이 가득 찬 눈으로 마윈을 자주 쳐다보았다고 했다.

마윈은 나중에 "그때에는 왠지 하느님이 나를 격려해주기 위해 목사님을 보내주신 것 같다는 생각이 들었어. 목사님의 강연은 오로지 나만을 위해서 하신 것이 아닐까 하는 생각이 들 정도였어."라고 말했다.

그 뒤로 마윈은 한 번도 포기하겠다는 생각을 한 적이 없었다고 한다. 남에게 사인할 때 가장 많이 쓴 말이 '영원히 포기하지 않기'였다.

이것에 대해서 나는 마윈과 생각이 다르다. 나는 마윈이 했던 다른 말, '강연자가 한 말보다 청자가 받아들이는 것이 더 중요하다.'에 더 찬성한다. 그때 사실 마윈의 마음속에는 포기하려는 생각이 없었다. 어려움을 겪고 있었던 터라 단지 격려가 필요했을 뿐이었다. 겉으로 볼 때 그날 목사가 마윈에게 격려를 해준 것 같지만 사실은 마윈의 속마음이 목사가 한 말을 포착해낸 것이다(내가 매일 포착할 수 있는 것은 웃기는 이야기밖에 없다는 것처럼 말이다.). 감히 내기를 걸 수 있는데, 그날 교회에 갔던 사람들 중에 목사가 한 설교 내용을 기억할 수 있는 사람은 마윈밖에 없을 것이다.

문화의 역량

2008년 5월, 신입 사원 연수의 마지막 강연은 모두 마윈이 직접 준비한 것이었다.

"알리바바가 당신에게 높은 수준의 월급과 풍부한 물질적 재화를 제공할 수 있을 거라는 약속을 할 수는 없습니다. 오히려 알리바바에 들어오면 많은 억울한 상황과 스트레스를 받을 것입니다."

이 말을 처음 들었을 때 신입 사원들의 적극성을 꺾지 않을까 염려가 들 정도였다. 이제 와서 생각해보니 이런 말을 한 의도를 알겠다. 그 후에는 마윈이 직접 신입 사원들에게 이 말을 다시 해줄 기회가 없었지만, 그 의미를 모든 신입 사원들이 다 알기를 바랐다.

사람들의 삶은 모두 같지 않다. 하지만 많은 사람들이 비슷한 심리 변화의 과정을 거친다. 대학생이었을 때는 자기가 모든 것을 다 잘 할 수 있다고 생각하여 두려울 것이 없었다. 산하라도 집어삼킬 듯한 기세였다. "이 세상에 태어나서, 나는 살만큼 산이 세상을 떠날 생각을 한 적이 없다!" 그리고 졸업하고 치열한 경쟁을 거쳐서 알리바바에 들어가게 되었다. 나중에 자기보다 못한 사람들이 오히려 더 높은 직위를 차지하고 있다는 사실을 깨닫는다. 재능이 있으면서도 펼칠 기회를 만나지 못한데다가 자기가 가장 싫어하는 사람이 바로 자기의 상사이기 일쑤이다. 이럴 때 사람이 없는 광야로 뛰어가서 양손을 높이 들고 간절히 큰 소리로 외치고 싶어지지 않나? "지구가 더 이상 돌지 말아야 해! 나 이제 그만 두고 싶다!" 그런데 몇 년을 더 버티면서 참고 열심히 하다 보면 상황이 점점 나아질 것이다. 이때 다른 건물에 일하는 신입 여직원에게 호감을 느꼈다. 그녀의 환심을 살 수 있는 여러 방법만을 생각했다가 용기를 내어 행동으로 옮겼는데, 의외로 첫 번째 고백에 그녀의 마음을 얻게 되었다. 기쁘고 설레기 그지없다. 춘절에 그녀를 데리고 고향에 가서 사람들에게 자랑을 했다. 즐겁게 놀 수 있는 곳이 없다고 해 조그만 절에 가게 되었다. 절에서 산가지를 뽑아 점을 쳤다. 점쟁이는 그윽한 눈길을 선글라스 너머로 보내며 다른 모든 사람들에게도 꼭 들어맞는 진리를 알려주었다. "넌 죽을 때까지 살 수 있다!" 춘절 휴가를 다 지낸 후 회사로 돌아왔다. 어느 날 갑자기 자신이 신입 사원들 눈에는 실력이 없는 사람으로 비친다는 것을 알게 되었다.

많은 사람들이 비슷한 과정들을 거치며 직장 생활을 하게 된다.

내가 처음으로 알리바바의 문화를 강렬히 느낀 것은 2008년 7월 1일이었다.

그날 오후에 회사는 항저우 메이빈원(梅苑) 호텔에서 조직 부문의 전체 회의를 진행했다. 회의 중 CCTV 방송 프로그램 진행자였던 장웨이(張蔚) 등이 알리바바그룹에 입사한 것을 환영해주는 내용이 있었다.

저녁에 B2B 중간급 이상 간부들의 회의는 호텔에서 계속 진행하였는데 다음 날 새벽 3시가 넘어서야 끝났다.

회의에서 다들 거리낌 없이 솔직하게 말했다. 먼저 한 직원이 '하늘에서 떨어진' 새로운 리더를 비판했다. '전문 경영인'의 방식과 규칙이 알리바바와 맞지 않는다는 것이었다. 알리바바는 열심히 일하는 정신에 의지하여 발전하는데 그 정신은 "멍청하지만 순진하고, 강하면서 지속된다."는 것이다.

회의 중에 어떤 여직원은 눈물을 흘리면서 말했다. "예전에 제가 일선에 있었을 때 마 회장님과 교류한 적이 한 번도 없었어요. 그런데 어느 날 마 회장님께서 제 옆을 지나가시며 갑자기 제 이름을 부르면서 근무상황을 물어보시는데 그때 무척 감동을 받아서 울었어요. 그 후 저는 석 달 동안 잠자는 시간 외에는 계속 일을 했어요. 누가 시키지 않아도 기꺼이 한 거죠. 얼마 지나지 않아 저는 일등을 했어요."

'하늘에서 떨어진' 리더는 기술을 향상시키는 것이 반드시 필요하고, 일찍 시작할수록 더 좋다고 생각했다. 한 직원은 그 리더에게 "당신은 전에 이미 회사를 몇 군데 옮겨 다녔는데, 이번에 알리바바에서는 몇 년을 일할 수 있겠습니까?"라는 도발을 하기도 했다.

물론 새로 들어온 리더를 지지해준 동료도 있었는데, 그는 "알리바바의 가치관 중에는 변화를 받아들이라는 것이 있습니다. 다들 알리바바의 문화를 사랑한다는 말을 입에 달고 다니듯이 하는데 왜 새로운 리더의 변화를 받아들일 수가 없는지, 새로운 사상의 변화를 받아들일 수가 없는지 모르겠습니다."라고 말했다.

심지어 회의에서 마윈에게 도전한 직원도 있다. "만약에 마 회장님의 결정이 확실히 잘못되었다면 누가 견제할 수 있습니까?"라고 묻자 마윈은 침착하게 "첫째, 회사에서 나를 견제할 수 있는 사람은 없다. 둘째, 만약 내가 결정을 내렸다면 착오가 있더라도 집행해야 된다. 셋째, 당신들이 다 틀렸다고 생각한 결정이 반드시 틀린 것은 아니다."고 대답했다.

마윈의 말처럼 그 후 얼마 지나지 않아 금융 위기가 온 세계를 휩쓸었다. 마윈은 거의 모든 고위급 간부들이 반대한 가운데 '광풍행동(狂風行動)' 집행을 단행하여 어려운 상황에 놓인 중소기업들에게 대폭적으로 이윤을 양보했다. 그 결과 알리바바는 중소기업들의 호응을 받아 거래처의 주문량이 급속하게 늘어났다. 비록 단가가 떨어졌지만 총 수익은 오히려 증가했다. '광풍행동'이 큰 성공을 거두었던 것이다.

그 회의가 나를 놀라게 했다면, 이틀 후의 B2B 싼야 판매 회의는 나를 감동시켰다. 전에 리더를 도발했던 지역의 간부들이 이제는 리더의 결정에 대해 굳건한 지지를 보여주고 있었기 때문이었다.

이제야 알게 되었다. 매번 열리는 조직 부문의 회의는 자기의 생각을 솔직하게 이야기하는 자리라고 할 수 있다. 회의 중에는 다들 자기 마음속의 생각을 이야기하지만, 회의가 끝난 후에는 시시콜콜 따지지 않는다. 어떤 직원들은 회의 석상에서 마윈의 신랄한 비판을 받았는데도, 저녁에는 다시 마윈의 집에 가서 차를 마시며 이야기를 한다. 마치 아무 일도 없는 것 같았다.

올림픽 전날 ABAC회의가 항저우에서 열렸다. 폐막 파티는 강남회에서 거행했는데, 마윈은 이 자리에서 노래도 하고, 춤도 추고, 각국의 대표들에게 새로 배운 마술도 보여 주었다. 각국 대표들은 마윈의 주도에 따라 아주 재미있고 즐겁게 놀았다.

2008년 12월 15일, 마윈이 베이징에서 열린 회의에 참가하고 나서, 우리는 시얼한(西二環)에 있는 징야(淨雅) 식당에서 저녁을 먹었다. 이곳은 산둥 지역 해산물 전문 음식점인데, 베이징에 여러 체인점이 있다. 이 호텔의 사장부터 직원까지 모두 마윈의 팬이었다. 우리가 저녁 식사를 마치자 직원들이 우리를 위해 준비한 선물을 보여주겠다고 했다. 이때 텔레비전에서는 '길에서'라는 배경 음악이 나왔다. 파워포인트 화면의 내용은 바로 마윈이 여러 곳에서 강연한 사진과 설명들이었다. 그리고 우리의 '육맥신검(六脉神劍)'이라는 6개의 가치관도 같이 나왔다.

직원들이 보내 준 과일은 오렌지인데, 오렌지 위에 '102'라는 숫자가 새겨져 있었다. 이는 알리바바가 적어도 102년은 지속될 것이라는 상징이었다.

마윈이 전 세계의 대표들에게 마술을 보여 주고 있다.

나는 회사에 돌아가서 회사 인터넷망에 〈만찬의 감동〉이라는 글을 써서 올렸다.

12월 13일, 베이징대학교 저우치런(周其仁) 교수가 알리바바를 방문하였다. 저우 교수는 '믿음 판매점'과 같은 알리바바의 문화에 관심이 많았다. '믿음 판매점'은 회사 내 여러 곳에 있는 무인상점이다. 판매원이 없고 직원들은 표시된 가격에 따라 자발적으로 돈을 낸다. 몇 년 동안 '믿음 판매점'이 운영되고 있었는데 적자였던 경우는 단 한 번도 없었다.

ABAC 회의 폐막 파티에서 노래 부르고 춤 추는 마윈

10주년 축제

2009년, 알리바바 10주년 축제가 다가오자 각 계열사들은 여가 시간을 이용해서 각각의 프로그램들을 급하게 준비했다. 모든 사람들이 기대하고 있는 '고위 경영자들의 쇼'라는 프로그램이 계속 공지되었다. 왜냐하면 9명의 고위 경영자들이 한자리에 모이는 것은 극히 어렵기 때문이었다.

마윈은 축제에서 '라이온 킹'이라는 팝송을 부르기로 되어 있었다. 사실 이 노래에 관해서는 작은 에피소드가 있었다. 몇 달 전 마윈은 타오바오의 한 프로젝트 토론에 참가했는데, 이 프로젝트의 이름이 '심바 플랜'이었다. '심바'는 애니메이션《라이온 킹(Lion King)》의 주인공 사자의 이름이기도 했다. 회의 중간 쉬는 시간에 어떤 사람이 《라이온 킹》의 주제곡을 불렀는데 마윈이 이 노래가 괜찮다고 해서 결국 축제에서 부르기로 했던 것이다.

내가《라이온 킹》의 주제곡이 담긴 CD를 마윈의 차에 두고서 시간이 있을 때마다 듣게 했다. 그렇지만 마윈은 너무 바빠 노래에 조용히 집중하지 못하였다.

9월 6일 밤은 9명의 고위 경영자들이 모여서 리허설을 하는 날이었다. 그때까지 마윈은 이 노래를 완벽히 부르지 못했다. 리허설에서 마윈이 맡은 부분은 일단 내가 대신 불렀다. 프로그램 기획팀의 모든 사람들은 이 공연을 망칠까 손에 땀을 쥐었다.

9월 7일도 마윈의 스케줄이 가득 차 있었다. 내가 회사 근처의 노래방을 예약하고는 억지로 마윈을 데리고 가서 연습을 하게 했다. 몇 번 부르고 나서 마윈은 "이 노래 가사는 외우기기 너무 힘들다. 다른 노래로 바꿀까? 저 노래는 내가 부를 줄 아는데." 그러면서 마윈은 'You are so beautiful to me'를 몇 번이나 불렀다.

다음 날 내가 밴드에게 마윈이 곡을 바꾸려 한다고 알려주었을 때 감독과 고위 경영자 몇 명이 강하게 반대를 했다. 마윈이 바꾸고자 하는 노래는 한 미국 영화에 삽입

됐다고 한다. 그 영화의 내용이 갱단의 두목이 어떤 여자를 사랑하게 되는데 갱이라는 신분 때문에 함께 하지 못하였다는 것이다. 그런데 마윈은 이 노래가 별 문제 없다고 생각했다. "이 노래는 내가 모든 직원들에게 불러주는 노래인데, 내 마음속에는 모든 직원이 다 똑같이 아름답게 보이기 때문이야."

결국 공연 당일 마윈은 두 곡을 다 부르기로 결정했다. 그가 까먹을까봐 가사도 미리 인쇄해주었다.

그날 밤 공연은 대성공을 거두었다. 3만여 명의 직원과 그 가족들이 같이 왔을 뿐만 아니라, 많은 기업가 친구들도 마윈이 공연을 한다는 소식을 듣고 찾아왔다. '고위 경영자들의 쇼'라는 프로그램이 공연의 클라이막스를 장식했다. 회사의 고위 경영자들이 무척이나 야릇한 펑크 룩 의상을 차려 입고 밴드의 형식으로 무대에 등장하자 체육관이 끓어올랐다. 특히 마윈이 머리에 깃털을 꽂고 진한 화장을 한 채로 'Can you feel the love tonight'를 부르면서 무대에 나타나자 체육관은 괴성과 환호로 분위기가 극에 달했다.

그날 밤 위단은 늦게 도착했는데, 그가 체육관에 들어가 무대를 지날 때 마침 펑크 룩을 입은 마윈이 무대 위로 오르는 모습을 봤다. 그 순간 관객들이 물 끓듯 떠들썩했던 반면에 그는 무척 놀라며 "오 마이 갓, 마윈이 미쳤구나."라고 중얼거렸다고 한다.

현장에 있던 관객들은 모두들 마윈이 노래를 상당히 잘한다고 생각했다. 하지만 마윈은 무대에서 내려오면서 "저는 노래 가사조차 잊어버리는 리드 싱어에요. 선글라스를 끼고 있으니 가사가 안 보이네요."라며 웃었다. 하지만 이것도 그의 눈부신 매력에는 영향을 미치지는 못했다.

쇼를 마친 마윈은 옷을 갈아입고 다시 무대에 올라 강연을 시작했다.

"앞으로 10년 동안, 우리는 1,000만 개의 기업이 생존, 성장과 발전하도록 도움을

알리바바 10주년 축제에 분장을 하고 노래를 부르는 마윈

줄 것이고, 1억 개의 일자리를 만들어낼 것이며, 10억의 중국인들에게 저렴하고 품질 좋은 사이트 플랫폼을 제공할 것입니다." 이번 강연은 마틴 루터 킹 목사의 "I have a dream."과 비교될 정도였다. 이번 강연에서 마윈이 내세운 알리바바 미래 10년의 경영 계획은 사람들의 마음을 뒤흔들었다.

그날 밤에는 양즈위안도 자리를 같이 했는데, 그는 참 재치 있는 사람이다. 공연이 끝나고 오늘 밤 어땠느냐는 질문을 받자 "참 재미있었어요. 오늘 밤에는 두 번만 잠 들었던 걸 보니, 하하."라고 대답했다.

그날 밤이 지나고 나자 항저우의 몇몇 유명한 기업에서 교류하자는 연락이 왔다. 그들 기업의 사장도 기업 문화를 매우 중시하지만 직원들이 적극적이지 않다고 했다.

내가 "'중시'한다는 것이 뭐죠? 사장이 직접 참여하는 것으로 기업 문화를 중시한다고 할 수 있습니다. 솔선수범의 힘은 끝이 없습니다. 입으로만 하는 말은 언제나 힘이 없기 마련입니다."라고 대답해주었다. 그들도 맞는 말이라고 인정을 했다.

아무리 아파도 신의와 성실은 지켜야 한다

2011년 2월 21일 오후, 회사에서 전체 조직부 회의가 열렸는데, 이는 유일하게 직원들이 미리 회의 내용을 알지 못하는 회의였다.

회의 전에 우연히 B2B 사업부의 웨이저 사장이 마윈의 사무실에서 나오는 걸 봤다. 당시 그는 전에 없이 무척이나 피곤한 표정이었다.

회의가 시작되자 마윈은 B2B 사업부의 웨이저 사장이 올린 사직서를 수락할 거라는 발표를 했다. 무대 아래의 모든 동료들이 상당히 놀란 표정이었지만 아무런 말도 못했다.

이어서 새로 취임된 그룹의 수석 인력관인 펑레이가 무대에 올라 취임 인사를 하였는데, 그는 말하다가 북받쳤는지 자기도 모르게 눈물이 흘러내렸으나 닦지도 않고 고개도 돌리지 않은 채 그저 눈물만 흘렸다. 아무 소리도 없이 정지된 듯한 15초의 시간이 마치 기나긴 한 세기처럼 느껴졌다.

회의가 끝난 후 나는 마윈을 수행하여 공항으로 갔다. 같은 시각 이 소식은 전 세계로 알려졌다. 공항으로 가는 도중에 마윈은 많은 기업가 친구들로부터 전화를 받았다. 나는 마윈의 옆에 있어서 우연히 통화 내용을 듣게 되었다. 어떤 사람은 "마윈, 이것은 대단한 결정이야"라고 했고, 다른 사람은 "너무 시끄럽게 하는 거 아니야? 부사장 하나를 해고하는 것으로 충분히 네 결심을 보여줄 수 있었는데 왜 굳이 웨이저를 해고한 거야?"라고 했고, 또 어떤 사람은 "역시 마윈이야!"라고 하는 등 반응이 다양했다.

마윈이 전화를 마치고 나서 나에게 "천웨이! 전쟁터에서 칼을 들고 싸우면서 손발이 적에게 찔리는 것은 그다지 아프지 않아. 하지만 집에서 자기 손 하나를 베면, 그 아픔이……." 라고 했다. 마윈의 피곤한 얼굴에는 표정이 복잡했다.

같은 날 알리바바의 모든 직원들은 마윈에게서 메일 한 통을 받았다.

지난 한 달 동안 저는 무척 힘들고 착잡하고 화가 났습니다.

하지만 이것은 우리 회사가 성장하는 과정에서 겪어야 할 고통이고, 발전해 나가면서 반드시 치러야 할 대가였습니다만, 상당히 아팠습니다! 하지만, 우리에게는 다른 선택이 없습니다! 우리가 실수를 안 한 기업도 아니고, 경영에 있어서 미래 발전에 대한 판단이 틀릴 수도 있지만 절대로 원칙과 타협하는 실수를 해서는 안 됩니다.

만일 우리가 오늘 이러한 현실을 직면하면서 살을 도려내는 듯한 아픔과 고통을 감당할 용기가 없다면 알리바바는 더 이상 알리바바가 아니게 될 것이고, 102년 동안 지속하기로 한 꿈과 사명은 한낱 사람들의 웃음거리가 될 것입니다!

이 시대에는 인터넷 기업 하나가 더 필요한 것이 아니고, 돈을 잘 버는 기업 하나가 더 필요하지도 않습니다.

이 시대에는 더욱 개방적이고 투명하며, 나눌 줄 알고 책임질 줄 아는 기업이 절실합니다. 이런 기업은 역시 세계적인 기업이 될 수 있습니다.

이 시대에는 사회에서 지원을 받고 사회에 환원하며 미래 사회의 발전에 대한 책임을 담당할 수 있는 기업 하나가 필요합니다.

이 시대에는 일종의 문화, 정신, 신념, 책임이 필요합니다. 왜냐하면 우리가 어렵게 창업하는 중에 이런 정신을 바탕으로 해야 더 멀리, 더 높이 갈 수 있기 때문입니다.

벌거벗은 '몽골인'

2010년 1월 마윈은 베이징에서 조각품 두 개를 운송해왔는데, 하나는 벌거벗은 남녀 한 쌍이 연꽃 위에 앉아 있는 모습의 청동 동상이었다. 일부러 낡은 효과를 주기 위해 청동색을 입힌 이 작품은 높이가 2.2m에 달하며 지금 원구(園區) 안에 있는 스타벅스 옆에 자리 잡고 있다. 다른 하나는 이름이 '몽골인'으로 건장한 벌거벗은 남자의 입상이다. 높이가 3.6m에 달하는 이 작품은 정문 맞은편 잔디밭에 서 있다. 마윈의 의견에 따라 작품을 더욱 돋보이게 하려고 잔디밭에 있던 나무 몇 그루를 다른 데로 옮겼다.

조각품이 자리를 잡자 직원들의 반응이 나의 상상을 뛰어넘을 정도로 강렬했다. 회사 인터넷에는 비난하는 소리가 첸탕강(錢塘江)의 거센 물결처럼 일었다.

어떤 사람은 알리바바에서 일하는 것을 자랑스럽게 여겼는데, 지금은 매일 회사에 올 때마다 커다란 알몸의 남자가 보여서 창피하고 부끄러워서 견디기 어렵다고 했다.

어떤 사람은 스타벅스 옆에 누드의 녹슨 남녀 커플이 있어 커피를 마시러 가는 것도 쑥스러울 뿐만 아니라 마시는 커피마저 녹슨 것 같다고 했다.

또 어떤 사람은 몽골인의 사진을 포토샵으로 합성해서 여러 옷을 입히면서 조각품들을 다른 데로 옮기거나 옷을 입힐 것을 강하게 요구하기도 했다.

그때 마윈은 해외에 있었는데도 많은 말들을 들었다. 하지만 아직 직접 현장을 보지 못해서 내게 "동상이 원구에 어울리지 않는가?"라는 문자를 보내기도 했다.

예전에 마윈과 함께 베이징대학교와 798예술구-베이징 조양구 다즈 구역에 위치한 예술 거리. 옮긴이-에 같이 갔었는데, 거기서 많은 세련된 조각품들을 본 적이 있다. 그래서 내가 직접 현장에 가 본 뒤에 마윈에게 "이 조각품들은 화룡점정이기에 없어서는 안 된다."는 문자를 보냈다.

나는 주변의 동료들에게 "3개월 후에는 오늘 너희들이 말한 생각을 창피하게 여길 것이다."고 말했다. 그때 나와 같은 의견을 가진 사람은 B2B 행정 업무를 책임지고 있던 완용매(王詠梅)였던 것으로 기억하고 있다(나와 함께 직접 조각품들을 설치하는 일을 맡았었다.).

과연 시간이 지나자 대부분 조각품을 좋아하게 되었고 쑥스러운 느낌도 사라졌다. 많은 사람들이 몽골인을 배경으로 사진을 찍기도 하고, 점심 식사 후에는 몽골인의 주변을 둘러보며 산책하기도 하였다.

하지만 접대를 담당하는 직원들에게는 문제가 하나 남아 있었다. 그것은 방문한 사람들이 자꾸 몽골인 조각이 어떤 의미를 담고 있느냐는 질문이었다. 결국 직원들이 조각품들의 의미에 대한 이야기를 지어냈는데, 벗은 몸은 개방적이고 투명한 알리바바의 사업 원칙을 담고 있고, 튼튼한 몸은 알리바바의 강렬하고 지속적인 기업 문화

벗은 남자 '몽골인'과 '축소 모형'

를 뜻한다고 했다.

이것은 마윈에게 웃을 수도 울 수도 없는 상황이었다. 그는 “내가 거기에 나무를 심었으면 누가 와서 무슨 의미가 있느냐고 물었겠어? 그것은 그냥 동상일 뿐이야. 사람들이 좋아한다면 다행이고, 좋아하지 않아도 나하고 무슨 상관이 있겠어? 같이 일하는 동료가 못생겨서 일을 안 하는 것일까?”라고 했다. 이어 웃으면서 “이 동상의 높이는 3.6m인데, 나중에 타오바오성 등이 좋아졌을 때 6.3m의 여자 누드 동상을 앉혀 놓고 사람들이 무슨 말을 할 건지 보자고.”라고 말했다.

2010년 말, 사내에 가장 인기 있었던 선물은 바로 ‘게이리(給力)’이라는 별칭이 붙은 오스카상 트로피처럼 생긴 몽골인의 축소 모형이었다.

끊이지 않는 ‘연예계’와의 인연

알리바바에 들어온 후에 동료들은 나에게 연예계에 관한 일을 자주 물었다. 그중에 흔히 나오는 질문은 연예계와 IT 분야 중 어느 것이 더 재미있느냐는 것이었다.

나는 “둘은 비교할 수가 없는 것이지. 그래서 5는 3보다 크고, 3는 5보다 굵다는 ‘오대삼조(五大三粗)’–기골이 장대하다는 의미로 풀어 말하면 두 손, 두 발, 머리는 커야 하고, 허벅지, 허리, 목은 굵어야 한다는 뜻이다. 옮긴이–라는 철학적인 사자성어가 생긴 것이 아닐까?”라고 대답하곤 했다.

낚시를 좋아하는 세스황(謝世煌)은 그 얘기를 듣고 낄낄 웃으면서 “오대삼조라는 사자성어가 원래 이렇게 철학적이었어? 하하!”라고 했다.

자주 받는 질문이 또 하나가 있었다. “제일 예쁜 여자 연예인이 누구라고 생각 하느냐?”는 것이었다.

나는 “모든 촬영팀의 신인 여배우들이다.”라고 대답했다. 정말로 그렇게 생각하고 있으니까 말이다. 남송대의 신기질(辛棄疾) 시인도 이름 없는 꽃이 제일 예쁘다는 시구를 남겼다. 사실 대부분의 여배우들이 다 예쁜데 유명해질수록 여배우를 보는 시선도 까다로워져 억지로 흠을 잡으려고 하니 억지 흠이 생기는 것이다.

2009년, 그룹의 사무부 송년회가 열렸을 때 마윈이 소부문에 대한 평가를 했다. 나에 대한 이야기를 할 때는 정면으로 평가하지 않고 특별한 방식을 사용하였는데, 마윈은 "전에 내가 장지중 감독에게 전화를 하면 감독님이 아주 기뻐하셨는데, 요즘 전화를 하면 자꾸 짜증나 죽겠다고 합니다. 천웨이에 대해서는 더 이상 다른 평가는 안 하려고 합니다."라고 했다.

2009년 3월, 장지중 감독의 《의천도룡기(倚天屠龍記)》가 우이산(武夷山)에서 촬영하고 있었다. 어느 주말에 나는 회사 내 '오빠 부대' 세 명과 같이 촬영장을 찾았다.

촬영장에 있었던 이틀 동안에 회사 동료들은 떵차오(鄧超), 안이쉬안(安以軒) 등 많은 배우들을 가까이에서 봤고, 또 배우들과 식사를 하면서 얘기도 나눴다.

타오바오 사이트 얘기가 나오자 대화 분위기는 한층 더 좋아졌다. 배우들은 촬영지가 주로 대형 마트가 없는 외진 지역이기 때문에 불편한 점이 많다고 했다. 그래서 항상 타오바오에서 인터넷 쇼핑을 한다고도 했다. 회사 여직원들도 업무 수준이 매우 높아서 인터넷 쇼핑에 대한 배우들의 질문에 답변을 잘해주었다.

후에 내가 디디(笛笛)에게 "그들의 질문은 다 잘 알고 있는 내용이지?"라고 물었다. 그녀는 자신만만하게 "회사의 업무는 무엇이든 다 잘 알고 있습니다."라고 대답했다.

이튿날 촬영 팀은 〈노란 옷을 입는 여인〉 장면을 찍었다. 장 감독은 내가 동료들과 같이 구경하러 왔다는 소식을 듣고 임시로 배우 두 명을 바꾸었다. 회사 여직원 두 명은 고대 복장으로 차려 입고 '노란 옷을 입는 여인'의 시녀 역할을 맡았다. 동료들은 촬영장을 실컷 구경했을 뿐 아니라 배우로도 나서게 되었다.

2009년 4월, 환경 보호대사 저우쉰(周迅)은 아직 화이 브라더스를 떠나지 않고 항저우에 있었다. 많이들 알다시피 영화 보는 것을 좋아하는 마윈은 화이의 대주주 중의

〈노란 옷을 입은 여인〉에 시녀로 특별 출연한 알리바바 직원들

《풍성(風聲)》의 시사회에서 주연 배우 저우쉰과 함께 사진을 찍은 직원들

한 사람이다. 저우쉰은 인터넷을 통해 환경 보호를 알리기 위해 마윈과 이야기를 나누려고 했다. 마윈 역시 환경 보호 운동에 줄곧 힘쓰고 있었는데, 그날 마침 용푸찬쓰(永福禪寺)에서 타오바오 사이트의 고위급 회의가 있었기에 저우쉰과는 그 절에서 만나기로 약속을 했다.

나는 2001년, 《사조영웅전(射雕英雄傳)》을 찍을 때 저우쉰을 알게 되었다. 저우쉰이 도착했을 때 마윈은 아직 회의 중이어서 내가 먼저 저우쉰 일행과 차를 마시면서 이야기를 나누었다. 나는 그들과 어떻게 협력을 해야 할 지 생각을 해본 적은 없지만 이런 것들이 나의 큰소리치는 열정에 어떠한 영향도 주지 않았다. 비록 그녀의 다리에 성불 수련을 하면서 산모기에 물린 많은 붉은 자국은 없었지만 저우쉰도 즐거워하는 것 같았다.

마윈은 타오바오 회의를 마치고 저우쉰 일행과 식사를 하면서 이야기를 나누었다. 절에서 제공한 음식을 먹었는데 너무 맛있어서 마윈과 저우쉰 모두 칭찬이 끊이지 않았다.

다음 영화는 《풍성(風聲)》이었는데 영화 시사회는 항저우에서 진행되었다. 저우쉰이 마윈이 참석해주기를 요청했지만 시간이 안 맞아 내가 대신 갔다. 다른 계열사에서 선발된 젊은 여직원 4명과 함께 출발하기 전에 저우쉰의 비서인 아미(阿美)에게 조금은 지나치다고 볼 수도 있는 두 가지 요구를 하였다. 시사회 전 기자회견 때 지정한 알리바바의 여직원의 질문에 대한 답변과, 함께 사진 촬영을 하는 것이었다. 어려운 부탁이었을 텐데, 저우쉰은 모두 허락해주었다.

한번은 내가 마윈을 수행하여 베이징에서 회의를 참석하였는데 호텔 로비에서 몇 년 전 《벽혈검(碧血劍)》에 출연해 '아구(阿九)' 역을 맡아 연기한 배우 쑨페이페이(孫菲菲)를 우연히 만났다.

타오바오 사이트 이야기를 하자 쑨페이페이는 굉장히 흥분을 했다. 그녀는 타오바오 사이트에 대해 나보다 더 많이 알고 있었고, 거의 모든 화장품과 일상용품을 타오바오 사이트에서 구매하는데 많은 배우들도 그녀와 같다고 말했다. 그녀는 촬영 기간 동안에는 쇼핑할 시간이 없어 "타오바오 사이트가 있다는 것은 몸에 상점을 휴대한 것과 같다."고 말했다.

또한 쑨페이페이는 전문가의 솜씨라고 해도 손색이 없을 만화를 한 편 그려서 자신의 타오바오 공략과 소감을 소개했다.

나는 항저우로 돌아온 후에 잡지 《타오바오 천하》의 편집장에게 쑨페이페이에게 연락하게 했다. 주간 잡지여서 아주 빠른 시간 내에 손비비와 그녀의 만화가 소개되었다. 표지는 마치 오드리 햅번의 클래식 느낌이 나는 예쁜 쑨페이페이의 사진이었다.

2009년 12월, 잡지 《시상(時尚)》의 송년식이 국립 체육관에서 열렸는데, 마윈과 스위주 등은 '올해의 패션 리더'로 선정되었다.

그날 저녁에 참석한 스타가 아주 많았는데 장쯔이(章子怡), 쑨홍레이(孫紅雷) 등등 계속되는 스타들을 보면서 딸꾹질이 멈추지 않았고, 소화될 시간도 없었다. 영화의 황제 황보(黃渤)가 무대에 올라 "기어 기어서 80층에 올라왔다고 생각했는데 고개를 들어보니 나는 아직 지하실에 있더라."고 한 말을 이해하지 못했다.

《시상》 지의 편집진과 마윈은 아주 친하다. 한번은 그들의 중간급 간부들과 생각을 교류하였는데 마윈은 그들의 혁신적인 사고에 대해 매우 칭찬을 했다. 교류 후 마윈이 농담 삼아 "여러분들과 교류하면서 이 잡지를 볼 사람이 없다는 걸 분명히 알게 되었습니다. 여자들은 환상 속에서 삽니다. 스타와 같은 옷을 입으면 스타처럼 예뻐진다고 여기는 것입니다. 사실 여자는 남자보다 똑똑합니다. 현실도 좋고 환상도 좋지만 행복이 확실한 도리라고 생각하기 때문입니다." 라는 말이 기억에 남는다.

주진조우(橘子洲)의 두상

인타이 그룹의 회장 선궈쥔(沈國軍)은 마윈의 가장 친한 친구 중의 한 명이다. 많은 사람들이 모두 나와 같은 관점을 가졌는데, 선 회장이 기업가 중에서 외모가 괜찮아서 스타의 대열에 있다고 본다. 그는 정말 잘생겼고 겸손하다. 나는 줄곧 선 회장이 전형적인 재벌 2세는 아니라고 생각했지만, 《시상》에 실린 그의 창업 역사를 보니 내가 이전에 생각했던 것과는 전혀 다른 사람이라는 것을 알게 되었다. 정말 대단하다!

선 회장은 말수가 적다. 인타이 그룹의 성과가 이미 모든 것을 말해주고 있기 때문에 말할 필요가 없는 것이다. 우리와는 달라서 줄곧 '큰소리'로 자기의 존재감을 증명해야 하는 10인에도 포함되지 않는다.

2009년 말, 나는 마윈과 함께 창사(長沙)에 갔다. 이번이 마윈의 첫 번째 후난성(湖南省) 방문이었데 그는 내내 마오쩌둥의 흉상을 더할 바 없이 존경스럽게 바라보았다. 우리는 가장 먼저 악록서원(岳麓書院)을 참관하고, 다시 마오쩌둥의 전성기였던 시절에 지은 시 '파도가 나아가는 배를 가로막는다(浪遏飛舟)'의 배경이자 그의 두상을 만들어 놓은 주진조우(橘子洲)–후난성 창사시에 있는 중국 국가 공인 관광지. 옮긴이–로 갔다.

주진조우의 두상은 최근에 마오쩌둥의 얼굴을 거대하게 조각한 것이다.

마윈은 주진조우의 두상에 새겨져 있는 마오쩌둥의 《심원춘(沁園春)·창사(長沙)》를 읽고는 "마오 주석의 시를 보면 천하를 가슴에 품는다는 것이 무엇인지를 알 것 같다. 마오 주석의 글씨를 보면 무엇이 그를 자신의 뜻대로 종횡무진하게 만들었는지 이해할 수 있을 것 같다."라고 말하였다.

그날 저녁 우리는 후난 위성TV의 어우양(歐陽) 국장을 만났다. 그는 중국 TV 프로그램의 전설적인 인물로 작품으로는 《초녀(超女)》, 《쾌남(快男)》 등이 있다.

또한 과거 마윈과 아주 친밀한 관계였던 왕한(汪涵)이 이번에 타오바오와 후난 위성TV와의 합작 프로그램인 《살수록 더 재미있다(越淘越開心)》를 함께 기획하고 주관하였다.

그와 마윈 사이에는 서로에게 보고를 해야 하는 규칙이 있다. 그가 항저우에 올 때면 반드시 마윈에게 연락을 했고, 마윈 또한 창사에 갔을 때는 반드시 그에게 알렸다.

이튿날 저녁 식사에는 많은 사람들이 참석했다. 마윈은 그중 키가 크고 마른 한 남자와 서로 의기투합하여 이야기를 나누었다. 그는 후난 사람으로 식사 중간에 "내가 먼저 준비하고 있을 테니 다시 만납시다!"라고 하며 자리를 떠났다.

식사가 끝나고 우리는 다같이 '탄둔(譚盾) 신춘음악회'에 가서 음악회를 즐겼다. 음악회가 시작되고 나서 나는 무대 위에서 좀 전에 만났던 키 크고 마른 남자를 발견했다. 그를 무대에서 본 순간 나는 그가 예전에 이름을 들어봤던 탄둔(譚盾)이라는 것을 알게 되었다.

마윈의 취미

많은 사람들이 알듯이 마윈은 어렸을 때부터 무협을 아주 좋아했으며, 영어와 태극권을 배우는 것에도 각별한 애정을 보였다. 사실 마윈의 취미는 여기서 멈추지 않고 있다.

마윈은 다양한 장르의 영화 보기를 좋아한다. 특히 제2차 세계대전 당시의 영화를 즐겨본다. 어떤 영화는 한 번 보는 것으로 만족하는 것도 있고, 한 편을 며칠 동안 계속 '복습'하는 것도 있다. 어느 날 마윈이 내게 "천웨이, 아이젠하워와 버튼의 영화 정품 디스크를 살 수 있게 좀 도와줘. 제목에 Dawn이라는 단어가 들어 있고, 예전에 봤던 작품인데 다시 보려고 해."라고 말했다.

마윈은 연극도 무척 좋아한다. 한번은 베이징에서 친구와 메이바오지우(梅葆玖)의 고택 식당에서 만나기로 했다. 식당 안에서는 젊은 남녀들이 식사를 하는 손님들을 위해 경극을 공연해주었다. 마윈은 한 마디 한 마디 음미해가며 불시에 계속해서 "좋아! 좋아!"라고 외쳤다.

아쉬움이 남았던지 항저우로 돌아온 후 다양한 종류의 경극 고전 음반을 사서 들으면서 "○○○의 ○○ 부분은 정말 좋아, 그러나 난 XXX는 별로야. 부르기 어려운 음악은 듣기도 어려워. 천웨이, 그렇지 않아?"라고 평하였다.

"회장님, 죄송한데 저에게는 다 똑같이 들려요."라고 사실대로 말했다.

마윈은 서양의 성악도 좋아했다. 그중에서도 특히 파바로티의 노래를 좋아했는데, 그는 집에서 파바로티의 음악을 들으면서 심취하여 눈을 감고 따라 부르기도 했다. 이런 음악 감상을 좋아하지 않았던 나는 마윈에게 "회장님, 다른 사람을 불편하게 하지 않고 노래로 즐거움을 얻을 수 있는 곳은 노래방뿐이에요. 지금도 아름다운 소리가 들려요."라고 말했다. 그 후로도 나는 다양한 클래식 음악을 들어야 했고, 나중에는 나도 클래식 음악을 좋아하게 되었다.

마윈은 항저우에 있으면서 시간이 있을 때면 우리와 같이 월극(越劇)을 보거나 곤극(昆劇)을 보러갔다.

한번은 타이완의 연극 《보도일촌(寶島一村)》을 재미있게 보았는데, 복잡하지 않고 단순한 배경, 말을 통해 이야기를 전달하는 배우들의 생동감이 아주 인상적이었다.

마윈 부부와 월극 명배우 마오웨이타오(茅威濤)는 친한 친구 사이이다. 마오웨이타오는 자신이 출연하는 모든 작품을 마윈에게 알렸다.

2009년 5월, 나는 마윈과 함께 마오웨이타오의 《양축(梁祝, 량쭈)》을 보러갔다. 공연이 끝나고 난 뒤 마윈은 무대 뒤로 가 마오웨이타오에게 꽃을 전달하고 함께 저녁을 먹었다. 허사이페이(何賽飛) 등이 함께 있었는데 CCTV의 유명한 희곡 프로그램 진행자인 바이옌성(白燕升)도 있었다. 그들은 우리에게 많은 원로 예술가들의 주변 이야기와 에피소드 등을 이야기해주었는데 여간 재미있는 것이 아니었다.

그 후 예술가의 강연 요청이 쏟아졌다. 마윈은 나를 대표로 보냈다. 나는 조금 재미있는 이야기를 엮었는데, 삼장법사가 화과산(花果山)에서 휴가 중인 손오공에게 써

보낸 편지를 인용하여 들려주었다. "오공아, 네가 가고 나서 우리는 이사를 했어. 그러나 주소는 그대로야. 왜냐하면 우리가 문패도 가져왔기 때문이야. …… 오공아, 네가 가고 나서 저팔계는 철이 들었어. 내가 일러준 어떠한 비밀도 바로 마을 사람들에게 다 퍼뜨려. 그가 말하길 아는 사람이 많으면 그만큼 힘이 커지기 때문이라고 해. 모든 사람들에게 함께 이 비밀을 지키자고 하면서! 사오정 역시 전보다 더 예의를 알게 되었어. 그는 항상 정중하게 모든 여성들을 그의 앞으로 오게 만들고, 특히 벼락이 치는 곳을 지날 때…… 여자의 나라는 정말로 미인이 구름처럼 많은 곳이야. 누구도 본 적

《양축》에 엑스트라로 출연한 여직원들

이 없어. 왜냐하면 그곳은 구름 한 점 없는 맑은 하늘이야, 구름이 없는……"

이 이야기를 바이옌성이 듣고 나서, 과장된 어조로 말했다. "아~! 인터넷 업계엔 정말 숨은 인재가 많구나!" 그가 몸을 돌려 마오웨이타오에게 말했다. "우리는 너무 일찍 보여줬어!"

그 일 이후 마윈은 "이 방법도 괜찮은데, 어떤 스토리도 엮을 수 있겠어. 다음 송년회에는 내가 손오공이 삼장법사에게 보내는 회신을 읽어야 겠어, 하하하!"라고 말했다.

사실 마오웨이타오와 나는 2000년 《소오강호》에서 그녀가 '동방불패(東方不敗)'를 연기할 때 알았으니, 역시 오래된 친구이다. 2010년 《양축》을 찍을 때, 마윈은 항저우에 없었고, 내가 회사 여러 부서의 아리따운 여직원들을 데리고 가서 엑스트라로 출연시켰다. 이에 대해 마윈은 "네가 가서 전통극을 구원했어."라고 우스갯소리를 했다.

2008년 올림픽 기간에 마윈의 추천과 요청에 의해 《She's the one(非誠勿擾)》을 항저우의 시시(西溪) 습지에서 촬영을 해서 시시의 지명도를 크게 높였다. 촬영 기간 동안 나는 마윈을 수행하며 여러 차례 촬영 팀을 방문했다. 펑샤오강 감독과 자주 차를 마시며 얘기를 나누었으며, 지근거리에서 펑 감독식의 유머를 공유하고, 거요우(葛優), 수우치(舒淇), 팡중신(方中信), 쉬로우슈엔(徐若瑄) 등의 스타들을 만났다.

2008년 11월의 어느 날 저녁, 마윈은 나를 데리고 펑샤오강의 집에 갔다. 그의 집은 예술적으로 장식되어 있었고, 몇몇 조각품은 아주 특이했다. 거의 798거리의 물건에 가까웠다. 그날 그의 집에는 몇몇 스타 손님이 왔었는데 그중 루이(陸毅)가 가장 기억에 남는다.

루이는 정말 잘생겼다. 펑 감독 집의 복도에는 기다란 거울이 하나 있었는데, 나는 루이와 앞뒤로 나란히 걸어갈 때 거울 속의 두 사람을 보게 되었다. 이전에 자칭 '훈남'

으로 우쭐거리던 나는 자신감이 완전히 사라졌다. 키가 183㎝로 그보다 조금 큰 것 외에는 어디 하나 내세울 게 없었다. 이것은 신 중국 설립 이래로 내가 거울 속의 내 모습에 가장 실망한 날이었다.

나중에 우리는 펑 감독의 집에서 《She's the one》의 '원판'을 감상했는데, 아직 음악이 더빙되지 않았고 자막도 없었다.

영화를 보고 나서 펑 감독은 원래 극중에서는 친펀이 친구를 만나는 장면이 있었다고 했다. 한 섹시녀의 몸 위로 한 마리 희귀한 아메리카 도마뱀이 기어오르자, 친펀이 묻기를 "이거 어디서 났어? 구하기 힘들었을 텐데?"라고 하자, 여자가 "촌뜨기야, 요새 구하기 어려운 것이 어디있어? 타오바에서 샀지."라고 대답하는 대사였다. 펑 감독은 "시대의 대세여서 상영될 수는 있으나, 또 광고라는 말들이 나올까 봐서 마지막에 가서 괴롭지만 잘라냈어."라고 했다.

며칠 전 《She's the one 2》를 봤는데, 과연 시대 흐름의 요소가 있었다. 예를 들면, "타오바오에서 구매한 휠체어가 도착했어."라는 대사 부분이 그렇다.

그날 펑 감독의 집에서 영화를 보고 나서 사실 나는 조금 걱정스러웠다. 내가 보기에 《대왕(大腕, 따완)》 등은 그 전의 몇몇 영화만큼 좋지 않았다. 하지만 1개월 뒤에 극장에서 상영되었고, 관객 실적을 보고는 내가 틀렸다는 것을 알았다.

그래서 나는 스스로를 되돌아보았다. 《She's the one》의 스토리 유형은 내가 좋아하는 스타일이 아니었기 때문이었을 것이다. 그중의 '유머' 부분은 촬영 기간 중에 이미 들었었다. 어쨌든 거물은 거물이다. 이 영화는 어떤 집단을 위한 것이라기보다는 '최대의 광범위한 대중의 근본 이익'을 위한 영화였다.

그날 영화를 보고 나서 호텔로 돌아왔을 때 시간이 많이 늦었다. 마윈이 "만약 장잉이 묻지 않으면, 오늘 우리가 늦게 온 것을 말하지 마. 안 그러면 그녀는 또 내가 쉬지 못했다고 얘기할거야."라고 말했다.

"만약 내일 그녀가 물으면요?"

"그럼 네가 한마디 덧붙여. '영화 보는 것도 쉬는 것입니다.'라고 말이야."라고 마윈은 당부했다.

2009년 5월 22일, 마윈과 함께 상하이 회의에 참석했다. 회의가 끝나고 차를 몰아 항저우로 돌아와서는, '산와이산(山外山)'에서 펑샤오강 일행과 저녁 식사를 했다.

펑 감독은 《당산대지진(唐山大地震)》--1976년 7월 28일 허베이성에서 진도 7.5 규모로 발생한 대지진. 옮긴이--의 일부 장면을 항저우에서 촬영하기로 결정했다. 극중 여주인공이 대학교를 다닌 지역이 류허타(六和塔) 근처의 저따쯔쟝(浙大之江) 캠퍼스였는데, 바로 내가 다녔던 대학이다. 내가 대학교 다닐 적에도 캠퍼스 안에서 《유망대학(流亡大學)》이라는 영화를 촬영했었다. 스토리는 항전 시기 축가정(竺可楨) 교장 재직 시절의 이야기였다.

펑 감독의 스토리 전개는 무척 감동적이다. 그가 얘기하는 《당산대지진》의 스토리 전개는 현장의 모든 사람들을 감동의 도가니로 몰아넣으며 환호하게 했다. 듣기로 펑 감독이 《당산대지진》을 제작하기로 결정한 것은 이 지진 당시 여러 사연 중 마음을 울린 한 사연 때문이라고 한다.

한 엄마가 큰 시멘트 더미에 깔려 있는 두 자식을 마주하고 있다. 하나는 아들이요, 다른 하나는 딸이다. 단지 한 명만 구해야 하는 상황에서 그녀는 어떤 선택을 할 수 있을까? 이것은 세상에서 가장 잔인한 선택이다. 그러나 스토리 전개라는 측면에서 말하자면, 이것은 최악의 상황에서 인간의 심리를 건드리는 것이다.

펑 감독이 선택한 하이라이트의 시각은 아주 정확하다. 그렇기 때문에 그의 영화가 대중의 사랑을 받고 있는 것이다.

펑 감독은 마윈을 역시 높이 평가한다. 2010년 11월 8일 저녁에 베이징의 인타이

중신에서 거행된 '양란방담록(楊瀾訪談錄)' 10주년 기념 행사에서 마윈과 펑 감독은 동시에 '2010년의 진취적인 인물'로 선정되었다. 펑 감독은 무대에 오르자마자 "마윈은 예언자예요. 5년 전 그가 나에게 말하기를 '중국의 한 영화가 5년 내에 창구 판매 금액이 5억 위안을 넘어설 것'이라고 했습니다. 《She's the one》이 그것을 달성했고, 엔터테인먼트 회사가 상장되었고, 화이가 해냈습니다."

9

색다른 마윈,
색다른 알리바바

기발한 달걀 프라이

마윈의 어머니는 나에게 에피소드 하나를 들려주었다. 아주 어렸을 때에 집에서 형제 간에 요리대회를 연 적이 있었다. 마윈은 삼 형제 중 요리를 제일 못하지만, 달걀 프라이를 해서 결국 그가 이겼다고 했다. 달걀 프라이에 땅콩으로 하트 모양을 만들어 넣었기 때문이었다. 이와 같은 단점은 버리고 장점만 취하는 마윈의 남다른 성격은 타고난 것이다.

초등학교와 대학교

비록 현행 교육 제도에 대해 수많은 의문을 표하지만 스승을 공경하고 교육을 중시하는 마윈 태도에는 변함이 없다. 어느 날 마윈이 졸업한 초등학교의 50주년 기념식 초청장을 받았다.

초등학교 선생님과 함께

마윈이 너무 바쁠 때여서 나는 그가 가지 못할 거라고 생각했다. 하지만 마윈은 "갈게, 바빠도 가야지."라고 했다. 그는 그때까지도 초등학교 재학 당시 담임 선생님과 영어 선생님의 성함을 기억하고 있었다. 마윈은 "당초 다른 학교에는 영어 수업이 없었어. 우리 학교만 영어 수업을 1년간 시범적으로 진행했어. 그런데 우리 영어 선생님은 러시아어를 배운 분이라 영어를 잘 몰랐지. 그녀는 매일 오전에 따로 교육을 받고, 오후에 우리에게 가르쳐주셨어."라고 했다. 바로 이 선생님 덕분에 마윈은 영어를 좋아하게 되었다. 교육은 물을 주는 것이 아니라 불을 지피는 것이다.

기념식 당일 마윈을 본 두 선생님의 눈에는 어머니와 같은 자애로운 눈빛이 가득했다. 마윈 역시 마치 오랫동안 집을 떠났다가 어머니 품으로 돌아온 아이처럼 "선생님, 제가 머리를 빡빡 밀었어요. 머리 위의 상처 잘 보이시나요? 아직도 그때의 일을 기억하세요?"라고 물었다.

선생님께서는 그 일이 마치 어제 일어났던 것처럼 생생하게 기억하고 있었다. 고학년 학생에게 괴롭힘을 당하는 반 친구를 위해 안 되는 줄 알면서도 뛰어들어 다투다가 결국 둘 다 머리가 터져 거의 열 바늘을 꿰맸다고 했다. 담임 선생님은 피투성이가 된 마윈을 부축하고 병원에 갔다. 머리를 꿰맬 때도 마윈은 울지 않았다. 선생님은 이 일로 마윈을 나무라지 않았다. 그녀는 마윈의 머리를 꿰맬 때 곁에서 수없이 "마윈은 착한 친구야, 정말로 착한 친구야."라고 속삭였다고 한다.

나무라지 않았다고 해서 선생님이 그에게 도리를 말하지 않은 것은 아니다. 대부분 좋은 학생은 칭찬에서 비롯되기 때문이다.

하느님은 모든 가정에 들어갈 수 없어서 어머니를 창조했고, 하느님은 모든 아이들을 가르칠 수 없어서 선생님을 창조했다.

기념식이 끝난 후 마윈은 모교에 백만 위안 대에 달하는 금액을 기부했다. 마윈은 자신이 공부했던 대학인, 항저우사범대학에도 그렇게 했다. 모교와 공동으로 알리바바 경영대학원을 설립했을 뿐만 아니라, 여러 차례 입학식에도 참석하여 학생들에게 격려사를 했다. 마윈은 전 세계 어디를 가더라도 "항저우사범대학은 세계 최고의 대학"이라고 말한다.

2011년 9월, 마윈은 또 항저우사범대학 입학식에 참석했다. 사회적 책임과 재난 지역을 위한 기부금에 대한 자신의 견해를 밝혔다. "기부금이 변화시키는 것은 재난 지역이 아니라 당신 자신입니다!"

마술

마윈은 마술을 좋아한다. 2008년 한 국제 회의 중 식사 시간에 참석한 외국 대표들에게 그가 마술 한 가지를 보여주기도 했다. 그는 류첸(劉謙)의 마술을 특별히 좋아한다. 마윈은 "가까운 거리에서 그의 마술을 보았는데, 조금의 흠도 찾지 못했어. 나는 그가 특별한 재능을 가지고 있는 것은 아닌가 의심했어."라고 했다. 어떤 이는 마윈을 위해 류첸 마술의 비밀을 풀려고 했지만, 매번 마윈이 말렸다. "그러지 마, 나는 그가 진짜라고 믿는다니까."

2012년 춘절 전에, 류첸의 초청으로 마카오에서 열린 그의 공연을 보기 위해 마윈은 많은 친구들을 데리고 갔다. 프로그램은 대단히 화려했고, 공연이 끝난 후 류첸의 초대로 마윈은 무대 뒤로 방문했다. 그곳에는 류첸의 어머니가 함께 있었다. 그녀와 류첸의 직원들은 모두 마윈의 팬이다. 그래서 우리는 서로 '우상'을 바꿔가며 기념 사진을 찍었다. 내가 류첸에게 "3개의 반지가 함께 연결되는 마술은 정말 신기했어요. 특별한 기술이 있는 거죠?"라고 물었다. 류첸은 신기한 동작으로 검지손가락을 입에다 대며 "천기를 누설할 수 없어요."라고 조용히 말했다.

마윈이 항상 마술을 좋아하는 것은 아니다. 하지만 어떤 날은 아침부터 저녁까지

한 세트의 트럼프를 가지고 다녔다. 2013년 야부리 회의 기간 내내 그랬다. 비행기를 타고 가면서부터 내내 기업가 친구들에게 마술 시범을 보였다. 다른 사람들이 눈이 휘둥그레져서 쳐다보는 것을 마윈은 즐겼다. 설령 어떤 마술은 다른 사람에게 들통이 날지라도, 마윈은 낙담하지 않고 끊임없이 어떻게 개선할지를 연구했다. 일이 즐겁다면 피곤할 줄을 모르는 사람처럼.

지금까지 마윈이 제일 잘하면서 모든 사람들의 눈을 휘둥그레하게 하는 마술은 바로 알리바바와 타오바오이다. 우리는 대부분 10여 년 전에 인터넷은 전자 매체일뿐이라고 여겼다. 그러나 마윈은 인터넷이 추구해야 할 최고의 가치가 전자상거래라는 생각을 고집했다. 이것은 결코 마지막 마술이 아니라 계속해서 새롭게 '업데이트' 될 것이다.

피아노

2011년 어느 날, 마윈과 함께 미국 출장에서 돌아왔는데 마침 자정이 넘어 그의 집에서 묵게 되었다. 다음 날 일어나보니 어디선가 피아노 소리가 들려왔다. 1980년대의 흘러간 노래였는데, 거실에서 피아노를 연주하는 사람은 다름 아닌 마윈이었다. 내가 마윈의 집을 여러 번 왔었는데 집 안에 배치된 것 중에서 유일하게 싫어하는 것이 바로 피아노이다. 비록 말로 표현하지는 않았지만, 내 마음속에는 '정말 촌스러운 사람이구만. 쓸모도 없는 피아노를 가져다놓고 교양 있는 척하려 하다니?'라고 생각이 계속 들었었다.

이전까지 마윈이 피아노 치는 것을 본 적이 없었다. 나는 피아노를 모른다. 하지만 듣고 나니 마윈이 치는 것은 랑랑(郎朗)—중국의 세계적 피아니스트. 옮긴이—과 별 차이가 없었다. 단지, 머리를 흔들지 않을 뿐이다.

피아노 치는 마윈

내가 이 비밀을 회사 여직원들에게 알려주자, 피아노 10급의 리양(李楊)이 "천 아빠, 다음 송년회 때에는 내가 마 회장님과 겨뤄볼게요!"라며 흥분했다.

살쾡이로 태자를 바꾸다 – 사소한 사건이 운명을 바꾼다.

개에 대한 마윈의 사랑은 유명한데, 특히 독일 셰퍼드를 좋아한다. 그의 영향으로 많은 기업가들이 개를 기르기 시작했다. 2011년 초, 마윈의 순종 혈통 셰퍼드 암컷이 새끼를 여러 마리 낳았다. 사람들은 서로 달라고 예약을 했고, 마윈은 자신을 위해 한 마리만을 남겨뒀다.

많은 사람들이 아는 것처럼 스위주는 어느 국가의 대통령과 이름이 같은 셰퍼드를 기르고 있는데, 거기에는 숨은 일화가 있다.

2011년 3월 초, 스위주는 사람들을 데리고 위풍당당하게 전에 예약했던 셰퍼드를 맞이하기 위해 마윈의 집을 방문했다. 그런데 그 개는 전날 새로운 주인을 맞이하려고 애견샵에서 목욕을 하다가 부주의로 다리가 부러졌다. 새 주인을 만났을 때는 이미 다리에 붕대가 감긴 채였다.

스위주는 마윈의 집에서 점심을 먹다가 아쉬운 감정을 토로했다. 마윈은 긴 망설임 끝에 자신이 남겨두었던 가장 애지중지하던 강아지를 스위주의 것과 바꿔주기로 했다. 스위주는 뜻밖의 결과에 기뻐서 어쩔 줄을 몰라 했다. 이 강아지가 바로 대통령과 이름이 같은 개이다.

식사를 마치고 나서, 마윈은 스위주 일행을 데리고 아직 건설 중인 타오바오성을 방문했다. 마윈이 공정의 품질에 대해 묻자, 한 직원이 이 건물은 진도 9의 지진에도 견딜 수 있다고 했다. 마윈이 듣고는 웃으면서 "정말? 만약에 진도 9의 지진에 견딜 수 있다면, 내가 들어온 후에 매일 지진이 오도록 해야겠네."라고 말했다.

결국 일주일 뒤 진도 9의 지진이 정말로 왔는데 항저우가 아니라 일본 후쿠시마였다.

다시 말해서, 다리가 부러진 그 개는 경솔해서 다친 것이 아니다. 병원 치료를 받았지만 후유증은 남았고, 나중에 용푸찬쓰(永福禪寺)의 이에젠 법사에게 보내졌다. 마윈은 차를 마시러 절에 갈 때마다 매번 그 녀석을 만난다.

사람의 운명은 이렇게 사소한 일로 큰 변화를 겪는다. 개 역시 그렇다. 대통령과 이름이 같은 개는 매일 좋은 음식을 먹으면서 지내고 있다. 털은 미녀들이 잘 단장해 빛을 발하는 반면, 용푸찬쓰의 개는 매일 소박한 음식을 먹고, 확실히 대통령 개만큼 튼튼하지는 못하다. 지금은 우는 소리조차 측은하고 슬퍼보인다. 아미타불! 그 녀석이 언제나 즐겁게 지냈으면 좋겠다.

마윈은 베이징 출장이 잦아 일을 끝내고 두 시간 이상 여유가 있으면 우선적으로 개를 보러간다. 2012년 말, 기업을 운영하는 한 친구가 마윈을 위해 13개월 된 챔피언 개를 독일에서 가져왔다. 마윈은 기뻐서 어쩔 줄 몰라 했다. 지금도 마윈의 집에 가면 사람보다 먼저 그 개를 만날 수 있다.

마오타이 묵보(墨寶)

마오타이주(茅台酒)를 만드는 공장의 지커량(季克良) 회장은 마윈의 오랜 친구이다. 그가 방문을 요청한 지 2년이 지난 2011년 '노동절' 휴가 기간 동안 마윈은 나를 비롯한 몇 사람을 데리고 산 넘고 물 건너 전설 속의 마오타이 진(鎮)에 도착했다.

지 회장은 술 공장과 술 문화 박물관을 비롯한 전 과정을 직접 보여주었다. 참관이 끝날 무렵 탁자 위에 놓인 화선지 한 장을 보고는 마윈이 크게 웃음을 터트렸다. 그것은 마윈이 제일 두려워하는 일이다. 붓글씨를 남기는 것 말이다.

마윈은 거절해도 소용없다는 것을 알고는 당당하게 '천하량주(天下良酒)'라는 네 글자를 썼다. 내가 용기를 내어 살펴보니 생각보다는 괜찮았다.

지 회장은 회의실에서 자신이 수년간 소장해온 80년 된 마오타이주를 꺼내서 우리에게 맛보게 했다. 내가 대충 계산해보니 작은 잔으로 한 잔이 나의 한 달 월급과 맞먹었다. 세 잔을 마시고 나니 일 년치 보너스를 받은 기분이었다.

저녁 만찬주가 세 순배를 돌고 나니 우리의 대화는 더욱 자연스럽게 이어졌다. 지 회장은 마윈이 태어난 해에 대학을 졸업하고 마오타이 공장으로 왔다. '호랑이 나드는 문으로 개 며느리가 드나들지 않는다.'라는 말이 있는데, 주변 직원들의 말로는 지 회장의 며느리가 알리바바의 직원이고 출근한 지 오래되었다고 했다. 우리는 그녀가 누군지 모르고 있었다. 우리가 어떻게 묻든 지 회장 부부는 며느리가 얘기하지 말라고 했다면서 대답을 꺼렸다. 정말 자립심이 강한 직원이다!

저녁 식사 후 호텔로 돌아오니 마오타이 진 전체가 술 향기로 덮여 있는 것을 깨달았다. 호텔의 엘리베이터가 제대로 작동되지 않아서 마오타이 공장에 함께 온 마윈의 친구가 밀치며 엘리베이터에 들어서자 인원 초과가 되었다. 그는 바로 내려서 발길을 돌려 120kg(200근)이나 되는 거구를 이끌고 계단으로 올라왔다. 마윈은 올라와서 헐떡거리는 그의 등을 두드리며 취기를 빌려서 "자신을 잘 아는구나! 이렇게 작은 엘리베이터에 같이 껴서 타려고 하다니. 혼자 타도 인원 초과될 텐데!"라며 농담을 했다.

마윈은 앞으로 '친필 서명'을 남기는 어색함을 극복하기 위해서, 마음속으로 열심히 서예를 해도 일시에 효과가 나타나지 않으니까 스스로 '마윈체'를 개발하였다. 사실상 글자를 그리는 것이다. 그래서 회사 내부의 '펑칭양(風淸揚)' 반에서 《손자병법》을 강의하면서 쓴 '지신인용엄(智信仁勇嚴)'은 약간의 감각이 살아 있다.

글자를 그리는 마윈

마윈의 취미는 직원들을 찾아가는 것

마윈이 가장 편안하게 여기고 기뻐하는 일은 직원들을 찾아가 만나는 것이다. 다만 사업이 갈수록 바빠져 이 일은 점점 사치로 변해갔다.

한번은 마윈이 엘리베이터에서 즈푸바오의 여직원 두 명과 마주쳤다. 여직원은 "마 회장님! 오랫동안 즈푸바오 사무실에 오지 않으셨죠? 지금은 방송실뿐만 아니라 발설실도 있어요."라고 말했다.

마윈이 웃으며 "아~, 발설실까지 있어요? 내가 불시에 가서 봐야겠어요. 발설실 안에 내 얼굴이 놓여 있는지 확인해야 겠네요. 펑레이가 놓여 있으면 괜찮아요."–펑레이는 당시 즈푸바오의 사장이었음. 옮긴이–

마윈이 다른 곳으로 출장을 가서 그곳에 우리 회사가 있으면, 그는 바로 가서 직원들을 보고 싶어 했다. 기억하기로 2012년 9월에는 광저우에 도착하자 마윈은 바쁜 중에도 주변 사업장의 오래 근속한 직원들을 식당으로 초청하여 함께 저녁 식사를 했다. 오래 근무한 직원들은 모두 명절을 쇠는 것처럼 즐거워했다.

마찬가지로 항저우에서도 마윈은 기회가 닿으면 여러 곳을 둘러보며, 그들과 함께 기념 사진도 찍고 사인도 해주었다. 만약 누군가 탁구를 치고 있으면 함께 치면서 한편으로는 대화를 했다. "나는 실력이 보통이고, 내 친구가 있는데 아마도 여러분이 이길 수가 없어요. 그 친구 이름은 류궈량(劉國梁)-1999년 세계 선수권 우승자이자 탁구 국가 대표 감독이었던 중국 탁구 영웅. 옮긴이-이에요."라고 하자, 직원들이 일제히 웃음을 터뜨렸다.

아래 사진은 마윈이 빈장(濱江) 사업장에서 직원들과 함께 찍은 것이다. 마윈을 제외한 직원들의 활짝 웃고 있는 데 입 모양이 모두 같다. 왜냐하면 내가 사진을 찍을 때마다 "마 회장님이 잘 생겼어요?"라고 물어보면, 직원들이 한 목소리로 '잘생겼어요(솨이-帥)'라고 대답하는데 바로 "솨이"라고 외칠 때의 입 모양이다. 내가 보기에 '남을 칭찬하는 것이 자신을 즐겁게 한다.'는 것의 전형적인 사례인 것 같다.

'솨이'라고 외치는 직원들과 함께

천사강림

2011년 7월 초, 우리 회사의 직원인 우쥐핑(吳國萍)이 10층에서 떨어지는 어린아이 뉴뉴(妞妞)를 받으면서 팔이 부서지고 정신을 잃었다. 그녀와 뉴뉴는 서로 다른 병원에서 치료를 받았다.

마윈이 소식을 듣고는 웨이보에 아래의 메시지를 남겼다.

"2차 세계대전 종전 후에 아이가 '할아버지, 전쟁 중에 영웅이셨어요?'라고 묻자 할아버지는 '나는 아니야. 할아버지는 영웅들과 함께 싸웠고, 함께 일했어.' 우쥐핑이라는 동료와 함께 한 7년은 영광입니다. 아이와 당신이 빨리 낫기를 기원합니다."

마윈은 아주 섬세한 사람이다. 그는 내가 먼저 그를 대신해서 가서 우쥐핑과 중환자실 밖에서 대기하고 있는 뉴뉴의 부모를 만나보도록 했다.

내가 "많은 지도자들이 가서 우쥐핑을 만났는데, 회장님은 왜 직접 가지 않으세요?"라고 물었다.

"지금 이렇게 많은 기자가 현장에 있는데, 내가 가면 더 혼란스럽지 않겠어? 그들이 우쥐핑의 일을 취재할까? 아니면 나의 방문을 취재할까? 사람들이 적어지면 내가 다시 갈게."라고 마윈이 말했다.

그래서 내가 마윈을 대신해서 먼저 가서 우쥐핑을 만났고, 사람의 발길이 뜸해진 오후에 마윈을 수행하여 몰래 다시 병실을 찾아갔다.

마윈이 사람을 띄워주는 방법은 아주 특별했다. "쥐핑, 당신이 학교 다녔을 때 물리학은 잘하지 못했을 거야. 뉴뉴가 당신 손에 떨어지는 속도는 우사인 볼트가 100m를 뛰는 속도의 두 배야. 물리학을 잘하는 천웨이였으면 벌써 도망갔을 거야."

쥐핑이 웃으면서 말했다. "그도 받았을 거예요. 누구라도 다 받았을 거예요."

마윈과 우쥐핑이 대화를 하는 중에, 나는 병실에 종이와 펜을 가져와 우쥐핑에게 물리학 강의를 보충했다. 자유낙하 30m 후의 속도는 기본적으로 초당 25m이다.

"내가 방금 후룬베이얼(呼倫貝爾) 초원을 둘러보고 왔는데, 그 곳의 환경이 잘 보호되어 있었어. 나중에 많은 직원들이 가서 볼 필요가 있겠어." 마윈이 농담조로 말을 이었다. "일 잘하는 직원은 여름에 가고, 부족한 직원은 겨울에 가서 영하 40~50도를 경험하고 돌아오면 일도 열심히 하고 착실한 직원이 될 거야."라고 하면서 마윈과 우쥐핑은 한가로이 수다를 떨었다.

계속되는 대화에 우쥐핑은 웃음이 멈추지 않았고, 기뻐 입을 다물지 못했다.

뉴뉴의 부상 정도는 아주 심각했다. 골절 외에 내장 손상이 심하여 생명이 위태로웠다.

나는 마윈의 지시에 따라 뉴뉴의 부모에게 용기를 북돋아주었다. 이미 눈물마저 말라버린 부모에게 "뉴뉴의 모든 세포는 당신들이 준 것이기 때문에, 그녀는 반드시 당신들의 강인함을 이어받았을 거예요. 당신들이 포기하지 않으면, 뉴뉴는 꼭 견뎌낼 거예요. 기적이 있다는 것은 모두 서로 믿기에 존재하는 거겠지요." 그들은 울면서도 계속 고개를 끄덕였다. 나는 또한 마윈의 다른 의사도 전달했는데, 만일 의료비 문제가 생기면 반드시 알려달라는 내용이었다.

나중에 뉴뉴는 기적처럼 이겨냈다. 게다가 당초 걱정했던 후유증이 조금도 발생하지 않았다. 지금도 나는 가끔 뉴뉴의 가족을 데리고 함께 식사를 하곤 한다. 식사를 할 때마다 나는 허풍을 떨며 당시 내가 그들에게 했던 격려의 말을 반복했다. 마치 뉴뉴가 살아 돌아온 것이 내 덕분인 것처럼. 내가 보기에 그들도 듣기를 원하는 것 같았다.

우쥐핑과 뉴뉴 모녀

선양 철학

2013년 3월 10일, 마윈은 "2013년 5월 10일부터 회사의 회장직은 맡지 않고, 이사회의 의장만 유지한다."고 발표했다.

2013년 3월 22일, 화샤(華夏) 동창회 제20차 회의가 우리 회사에서 열렸다. 화샤 동창회 중 일부는 장강(長江) 상학원에서 과목을 들었고, 일부는 중유럽 상학원의 과목을 들었다. 어떤 사람은 양쪽을 다 수강했었다. 이렇게 서로 알게 된 동창들이 자유롭게 조직해서 오늘날의 화샤 동창회가 구성되었다.

구성원 중에는 마윈 외에 완통(萬通) 그룹 회장인 펑룬(馮侖), 중국관대자본기금(中國寬帶資本基金) 회장 티엔수닝(田溯寧), 멍뉴유업그룹 창업자 뉴건성, TCL그룹 회장 리둥성(李東生), 베이징회원음료식품(北京滙源飮料食品) 회장 쥬신리(朱新禮),

텅쉰(騰訊)사 이사회 의장 겸 수석집행관 마화텅(馬化騰), 바이두(百度) 회장 겸 수석집행관 리옌훙, 롄샹(聯想)그룹 회장 류촨즈 등이 있다.

오후 회의는 청시(城西)의 타오바오왕 본사에서 열렸다. 마윈이 CEO 이양에 대한 질문에 다음과 같이 대답했다. "잘 생각해보면 우리는 이 세상에 일하러 온 것이 아니라, 사람이 되기 위해 온 것입니다. 젊은이들이 우리보다 더 능력이 있을 텐데, 다만 이들이 빛을 볼 수 있을지는 그들을 발굴하기를 원하느냐 아니냐에 달려 있습니다. 나는 마화텅, 리옌훙 등 동료들에게 영원히 은퇴하지 않고 싶다면 모르겠지만 먼저 길을 찾아보라고 했습니다. 몇 년 전 나는 펑룬 등과 함께 '공기마저 달콤한 국가'라고 불리는 부탄에 갔을 때, 민간기업대학 하나를 설립하고 싶어 이에 대해 논의를 한 적이 있습니다. 내가 보기에 이것은 의미 있는 일일 뿐만 아니라, 젊은이를 계도하는 일이기 때문입니다. 나는 CEO를 안 하고 CKO, 즉 '수석개도관(首席開導官)'이 되겠다는 것인데, 이것은 정말 좋은 일입니다. 전에 내가 회장이었을 때 직원들에게 "Don't love me, listen to me.라고 말했습니다. 지금은 CEO를 안 하니, 반대로 요구할 것입니다. Don't listen to me. Please love me."

회의장에는 박수 소리가 끊이지 않았다.

다음 날 오전, 항저우의 포시즌 호텔에서 마윈은 이번 화샤 동창회를 위한 마무리 발언을 했다. 그때 발췌한 생각의 단상은 아래와 같다.

'노(老)'는 선생님이고, '판(板)'은 규칙이다. 따라서 노판은 직원들에게는 선생님이면서 규칙을 설정하는 사람이다.

사람을 쓸 때는 의심을 하고, 의심스러운 사람은 써야 한다, 그렇지 않으면 당신은 자신감이 없는 것이다.

화샤 동창회에서 발언 중인 마윈

신임(信任)은 두 글자인데, 사람을 믿은(信) 후에 사람을 쓰라(任)는 말이다.

'장(將)'은 성격이 필요하고, '수(帥)'는 성격이 없어야 하는데, 마음은 만물을 포용한다.

전문가와 학자는 서로 다른 개념이다. 학자는 듣고서 해도 되지만, 전문가는 반드시 자기가 해내야 하는 것이다.

마지막으로 한 가지 예를 들자면, 폭스콘 과학기술 그룹의 창업자 궈타이밍(郭台銘)은 전 세계에 140만여 명의 직원이 있고, 그의 회사는 수입액과 수출액 모두 중국의 점유율에서 4% 이상을 차지한다. 이 거대하고 복잡한 회사의 자금을 관리하는 CFO는 명문 학교를 졸업하지 않은, 17세에 그를 따라 창업을 시작한 먼 친척이다.

펑칭양(風清揚)반

마윈은 인재 양성을 매우 중시한다. 인재의 중요성은 모두가 알고 있다. 만약 당신이 기업의 총수인데 마윈과 같은 CEO가 있다면 당신은 걱정할 필요가 없다는 것이다. 그렇지 않은가?

타오바오의 동료는 모두 무협에서와 같은 '예명'이 있는데, 마윈의 예명은 '펑칭양'이다. 마윈은 회사의 젊은 핵심 부서와 일부 부사장들을 중심으로 '펑칭양'반을 별도로 구성하여 자신이 직접 강의를 했다. 기본적인 내용은 이론 학습이고, 강의는 인간의 도리를 위주로 진행되었다.

그중 한 그룹 강의에서 다음과 같은 강연을 했다.

"우리는 성격과 인품을 분명하게 구별해야 합니다. 성격이 같지 않다고 하여 다른 사람의 인품까지 의심해서는 안 됩니다. 포용을 배워야 합니다. 예를 들어 우리 그룹의 경우 모든 사람의 성격은 같지 않습니다. Joe(蔡崇信, 차이충신 / 영어명 : 조 차이 Joe Tsai)는 눈이 빛나고 세심해 모든 세부 사항들을 잘 포착하고 있습니다. 쩡밍(曾鳴) 교수는 거시 전략과 미래를, 펑레이는 결코 포기하지 않을 가치관을, 라오루는 실천에 대해 이야기합니다. 이들은 여러 말할 것 없이, 그것들을 내게 보여줍니다. 개개인은 자기만의 성격이 있는데, 이런 것이 팀을 더욱 완벽하게 만들어줍니다. 만약 전체 직원이 모두 나와 같다면 매일 몽상을 이야기할 것이며 결국 회사는 망할 것입니다."

2013년 3월 중순, 마윈이 펑칭양 1반과 펑칭양 2반의 합반 수업을 진행하였는데, 장차 CEO를 사직할 때에 대한 이야기에 이르자 그는 "지금은 각 분야에서 상태가 가장 좋은 때이기에, 후계를 정하는 것은 규율과도 같습니다. 가장 건강할 때가 바로 아이를 낳을 때입니다. …… 7, 80세에도 매일 회의를 주관하는 CEO는 내가 생각하는 우상이 아닙니다. 그것은 회사의 비애입니다. 48세 이전에는 일이 나의 생활이고, 48세 이후에는 생활은 곧 나의 일입니다. 나는 여러분들에게 좋은 시작이 될 테니, 여러분들도 후세의 젊은이들에게 좋은 시작이 되길 바랍니다. 여러분들이 45세에 일을 그만둘 수 있으면, 알리바바의 젊은 인재는 희망을 가질 것입니다. 이후에 여러분들이 일이 없다면 나를 찾아와 함께 이야기하고, 일이 있다면 CEO를 찾기를 바랍니다."라고 말했다.

풍청양반 이론 학습

세계종말

2012년 12월 21일, 마윈은 오후에 '오년진(五年陳)'에게 반지를 수여했다(알리바바 직원은 입사한 지 만 5년이 지나면 '오년진'이라고 불리며, 회사에서 제작한 반지를 받는다.). 당시 우스갯소리로 "들리는 말에 의하면 세계의 종말은 오늘 오후 3시이다. 중국 항저우와 남미의 마야 사이에는 시차가 있기 때문에 지금 이미 3시가 넘었다. 어떠한 일도 발생하지 않아 유감이다. 종말이 오지 않으면 어떻게 할 것인

종말의 날에 함께할 남자, 마윈

가? 이미 알리에서 5년이나 일하고 있는 오년진들은 더욱 열심히 일이나 하여라."라는 말이 돌았다.

명절이 되면 마윈에게 연하장을 보내는 사람이 매우 많은데, 그중에는 여성 팬들도 적지 않다. 2012년 춘절에 마윈은 조그마한 방주(方舟)를 받았는데 위쪽에 '마 선생님, 당신은 종말의 날에 나와 함께 배에 오를 남자에요!'라고 적혀 있었다.

마윈을 대신한 '허풍'

마윈은 마이자--중국 추리소설 베스트셀러 작가. 옮긴이--의 첩보 전쟁 소설을 좋아해, 이전에 마이자의 책에 추천의 글을 써준 적도 있다. 또 마이자가 나의 책 《이것이 마윈이다》를 웨이보에서 홍보를 해준 적이 있어 비교적 사이가 좋은 편이며, 가끔 룽징(龍井)에서 함께 식사를 하기도 한다. 마이자는 2011년 새로 집필한 《칼날(刀尖)》을 우리 회사에서 먼저 발행하기를 원해 동시에 타오바오에서 판매를 시작했다.

이때 나는 마윈의 비서였는데, 당시 회사의 네트워크 안전 부문이 마침 해적판 네트워크로 인해 타격을 받았다. 지적재산권 보호를 골자로 한 '양조행동(亮照行動)을 위한 발표회'는 회사의 빈강원구(濱江園區)에서 열기로 했다.

하지만 발표회 당일, 공교롭게도 마윈은 출장을 가야 했다. 그래서 내가 강단에 올라 발언을 하였는데, 심하게 허풍을 떨었다.

"사람들은 모두 한 쌍의 꿈의 날개를 갖고 있는데, 소수의 날개만이 하늘로 자유로이 날아갈 수 있고 대다수는 날지 못합니다. 따라서 꿈을 실현하는 사람은 많지 않습니다. 아인슈타인 이전의 사람들은 '물질 불멸'을, 이후의 사람들은 '질량 보존'을 믿지만 진정으로 사라지

지 않는 것은 정보입니다. 정보는 사라지지 않으며 세상에서 일어나는 모든 사정은 공중으로 떠올라 구름 속으로 숨습니다. 이것이 우리 회사에서 만든 '알리운'의 근원이기도 합니다. 하느님은 여러분들이 믿지 않을까 두려워하여 가끔 바다 위에서 보여주는데, 이것이 바로 '신기루'입니다.

만약 이후에도 이해가 되지 않는다면 하느님은 '나는 더 이상 당신을 도울 수 없다.'고 말할 것입니다. 성인이 말하기를 '글은 원래 자연스럽게 나오고, 묘수는 우연히 얻는다.'고 했는데, 이는 이야기란 작가의 의지로 쓰는 것이 아니라 소위 영감을 받았을 때, 즉 신호가 비교적 강할 때에 나옵니다. 신호를 받는 것은 피부인데, 이것이 어떤 작가의 경우 벌거벗어야 비로소 영감이 받을 수 있는 이유이기도 합니다. 그것은 신호의 면적을 넓히기 위해서입니다."

회의를 마친 후 우리는 단지 내의 서점에서 마이자를 위한 사인회를 열었는데, 반응이 아주 뜨거웠다.

타오광쓰(韜光寺) 잠언

마윈은 전략적인 토론과 이론적인 회의를 열고 싶어 했다. 여전히 영푸찬쓰나 타오광쓰에 가는 것을 좋아했다. 두 절은 링인사의 서쪽에 위치하고 있으며, 중간에는 쭉 이어져 있는 산간 도로가 놓여 있다. 이 안에는 큰 숲이 우거져 있어서 도시의 시끄러움과 번화함에서 멀리 떨어져 있다. 만일 결정에 착오가 발생하면 부처가 나뭇가지나 보리수 열매 같은 것을 내게 내려 보내와 잘못을 깨우쳐줄 것 같은 기분이 들었다.

2011년 햇살이 따뜻한 어느 겨울 날, 마윈은 타오광쓰에서 쩡밍 교수 등과 다른 회사와의 합작 건에 대해 의논을 했다. 타오광쓰의 테라스는 풍수적으로 항저우의 가장 좋은 위치에 있으며, 동쪽으로 보면 두 산이 부채꼴의 형상을 하고 있다. 부채꼴 안쪽의 아래쪽은 시후이고, 위쪽은 도심이다.

그날 마윈이 말한 것 중에서 나는 아래의 세 문장을 기억한다.

"이른 바 협동이란 자기를 바꾸어 다른 사람에게 적응하는 것을 말한다."

"나쁜 것을 두려워 말고, 자신이 좋다고 여기는 것을 두려워하라."

"전략은 모두 도박이지만, 도박이 모두 전략은 아니다."

'11월 11일'의 바겐세일 열풍

11월 11일이 예전에는 '솔로의 날'이었지만, 최근 몇 년 사이에 타오바오에서는 바겐세일의 날로 바뀌었다. 이날을 선택한 이유는 국경절과 크리스마스의 중간에 해당하며 계절이 바뀌는 좋은 시기이고, 할인 판매를 하기에도 좋은 시기였기 때문이다. 중국에서 11월 11일은 1이 4개가 있어 꽝군지에(光棍節, 솔로의 날)이라고 불렸다. 꽝군(光棍)은 '빛나는 막대기'라는 뜻으로 짝이 없는 사람을 가리키기 때문이다. 1990년대 처음 생겨난 단어로, 커플들을 위한 날인 밸런타인데이에 대한 반감으로 등장했다. 2009년 알리바바의 타오바오에서 이 날을 맞아 대대적인 '싱글데이 할인' 행사를 시작한 이후 최대 매출을 기록하며, 중국판 블랙프라이데이로 탈바꿈했다. 옮긴이

2011년 11월 11일, 타오바오의 거래액은 약 50억 위안이었다.

따라서 2012년 11월 11일 전날, 이 날의 타오바오의 하루 거래액이 100억 위안을 넘어설 것이라 확신하고, '윈펑(雲鋒) 펀드'의 여러 동문들을 초청하였는데 그날 회사에서 직접 눈으로 확인하였다. 마윈과 위펑(虞鋒)이 공동으로 설립한 '윈펑 펀드'에는 많은 기업가들이 참여하고 있다. 그날 참가한 기업가는 '11월 11일'에 큰 참여사인 메이방(美邦), 치피랑(七匹狼), 이원(依文) 브랜드의 사장들이었다.

11월 11일 당일, 유동량이 너무 커서 각 대형 상업은행에서 모두 지불 오류의 정황이 나타나기는 했지만 역사적인 기록은 계속해서 깨지고 있었다.

정오에 마윈이 '윈펑 펀드'의 동문들과 함께 룽징에서 식사를 했는데, 오후 한 시가 지나서도 자리가 끝나지 않았다. 마윈은 "모두에게 좋은 소식 하나와 나쁜 소식 하나를 알려드리려고 합니다. 좋은 소식이란 지금 매출이 100억 위안에 도달했는데, 우리는 이 '조산아'를 환영한다는 것입니다. 나쁜 소식도 이와 같은 소식입니다. 애당초 저는 저녁 식사를 전후해서 100억 위안에 도달할 것으로 예상하여 작은 의식을 준비했는데, 지금 모든 계획이 혼란스럽게 되어버렸습니다."라고 선포하였다.

모두 잔을 들어 기뻐하고 축하하라!

오후와 저녁에 많은 사람들이 알리바바, 즈푸바오와 타오바오의 매출 현황을 참관했는데, 몇몇 '임시 작전실'을 중점적으로 살펴보는데 감회가 남달랐다.

'11월 11일'의 총 거래액은 191억 위안이었는데, 이전에 가장 비슷하게 예측한 사람은 잡지 《영재(英才)》의 미녀 사장 송립신(宋立新)으로, 그녀의 예측은 188억 위안이었다.

한 번도 성공하지 못한 나눔

2013년 3월 23일, 마윈은 화샤동창회에서 폐막 연설을 하였다. 연설 전 그는 나에게 십여 분 정도 알리바바의 기업 문화에 관한 강연을 하라고 했는데, 무대 아래에 앉은 사람들이 모두 나의 우상이었던 관계로 긴장하여 종이를 들고 말했다.

"우상 여러분, 수고하셨습니다. 저는 마 회장님의 비서 천웨이입니다. 저는 어제 회사 업무를 소개했던 비서와는 다릅니다. 그는 본업이 아닌 다른 일에 종사하는데 그 이유는 그가 그 업무에 정통하기 때문입니다. 비서란 무엇입니까? 비서는 마치 보검의 칼집과도 같아서, 직책은 칼의 '날카로움'의 상태를 보호하는 것이며, 자신의 '무딤'을 안심시키는 것입니다. 칼의 '날카로움'으로 상처를 받는 것은 자기 자신입니다.

저는 업무에 온 힘을 다 쏟지는 않았지만 다행스럽게도 알리바바가 여전히 업무와는 큰 관계가 없는 일이라는 것입니다. 제가 말씀드릴 알리바바의 기업 문화는 다음과 같습니다. 첫째, 알리바바만의 기업 문화가 있는데 매년 5월 10일의 '알리데이'입니다. 이 날은 10년 전으로 거슬러 올라가서 '사스'의 퇴치와 동시에 타오바오의 설립을 선포한 날입니다. 그날 가장 중요한 행사는 알리바바의 합동 결혼식으로, 최근까지 매년 500여 명이 넘는 신혼부부가 참가했습니다. 이들에게 회사는 항저우 왕복 항공권과 숙박을 제공합니다. 저녁에도 대형 연회가 이어지고, 연회에 참가하는 사람은 만 명이 넘습니다. 하지만 저는 유감스러운 내용을 모두에게 알립니다. 매년 마 회장님이 혼인 증명을 한, 신혼부부 개개인이 모두 산과 바다처럼 변하지 않을 거라고 맹세하지만 몇몇 신혼부부는 이듬해에 이혼을 합니다. 또한 이 날에 직원들은 부모님이나 집안 어른들을 모시고 회사 참관이 가능한데, 접대 규모는 총리가 왔을 때와 같습니다. 또 코스도 훨씬 길어 정오에 회사에서는 간단한 식사를 제공합니다.

6월 1일은 '알리 어린이날'입니다. 직원들은 아이들을 데리고 출근이 가능하고, 행정 부서에서는 아이들과 각종 게임을 하고, 그날은 모든 회사 구역이 마치 어린이를 위한 놀이공원 같습니다. 회사는 각종 흥미로운 행사를 진행하기도 하는데 예를 들면 '알리 기네스'는 알리바바 회사에서 눈이 가장 큰 사람이나 머리카락이 가장 긴 사람 등을 선발합니다. 여자 동료 아두(阿斗)는 '가장 큰 목소리 대회'에 참가하였습니다. 데시벨 측정기를 차고 진행되었는데, 대회 사진이 해외로 유출되기도 하였습니다. 이를 보고 호의적이지 않았던 국외 매체가 '중국의 학생들은 스트레스를 너무 크게 받아 그들은 이러한 방식으로 해소합니다.'라고 설명하였습니다.

일상적인 활동에는 '알리 십파(十派)'가 있는데, 사실 현재는 20여 개의 유파가 있습니다.

각종 구기 종목은 물론이고, 노래 부르기를 좋아하는 '음악 공동체' 춤추는 것을 좋아하는 '정무문(精舞門)', 먹기를 좋아하는 직원들은 '미식파(美食派)'에 참여합니다. 알리바바는 더치페이가 가장 보편적인 회사입니다. 모두 즈푸바오(支付寶)를 이용할 수 있어 한 사람분의 계산이 가능합니다. 다른 사람은 그에게 별도로 지불해 편리할 뿐만 아니라 정확하게 나눌 수 있습니다. 현재 가장 좋아하는 활동으로는 '독신파'인데, 첫째는 이성친구를 사귀고픈 마음과 둘째는 '맞벌이 부부'를 얻기 위해서 입니다. 결국 풍부한 물을 다른 사람의 밭에는 대지 않겠다는 것입니다.

어떤 사람은 태극권이 알리바바 기업 문화의 하나라고 말합니다만 저는 정반대입니다. 알리바바의 태극권 문화는 인터넷 시대의 야만적 성장에 대응하기 위한 보호막입니다. 지금 우리에게는 6명의 코치가 있는데 전부 전국 챔피언들이며, 18명의 직원 보조 코치를 양성했는데 그중에는 부사장도 포함되어 있습니다. 올해부터 알리바바 신입 사원들은 태극권을 필수 과목으로 훈련해야 하며, 이는 신체를 강하게 단련할 뿐만 아니라 더 중요한 것은 태극권의 정신을 배우는 데 있습니다.

다음은 알리바바의 공익 사업에 대해 소개하겠습니다. 알리바바 그룹의 영업이익 중 3%는 사회 공익 사업을 위해 쓰이는 데 이는 적은 액수가 아닙니다. 회사는 전 직원이 참여하는 선거를 통해 10명의 직원을 뽑아 '직원공익위원회'를 만들었습니다. 이 위원회는 토론과 심의 등을 통해 공익 항목을 결정합니다.

우리는 700만 명의 타오바오 판매자와 함께 공익 활동에 참여를 권장합니다. 현재 타오바오에는 이미 많은 '공익보물'이 있는데, 매출 한 건당 한 개의 '공익보물'이 있습니다. 설정한 기금을 통하여 지정된 공익 항목에 기부할 수 있습니다.

회사는 각종 '행복 단체'를 조직하여 장애인이나 독거노인을 돕습니다.

가장 감동적인 것은 타오바오와 즈푸바오에 각종 가상 단체가 있다는 것입니다. 업무 외 시간

에 애플리케이션을 이용하여 '음성 안내기'에 연결해 인도 타오바오에서 물건을 구입할 수 있도록 하였습니다. 현재 이미 맹인대학 학생들이 타오바오에 상점을 개설하였는데, 매우 놀라운 일입니다."

기업 문화에 관한 설명을 마치고 '타오뉘랑(淘女郎)'에 대해 소개를 했다. 이것은 타오바오의 의류 판매자가 비 전업 모델에게 무대를 제공하는 것이다. 당시 나의 설명이 명확하지 않아 우상 기업인들도 확실하게 이해하지 못했다. 그래서 나는 "젊고 예쁘지만 정규 직장에는 출근하기 어려운 여성에서 제공되는 하나의 직업의 무대입니다."라고 설명했다.

끝나고 난 뒤에 마윈은 나의 이번 강연에 대해 "강연이 좋지 못했어. 평소 너의 말투가 나오지 않았는데 가장 큰 문제는 요점을 적은 그 종이에 있었어. 긴장을 했기 때문에 그 종이에 기대게 되고, 종이에 기대게 되니 다른 때보다 빨리 잊어버리게 되어 계속 종이를 읽은 것이야. 또 문화를 강의하면서 꼭 문화를 설명하려고 하지 마. 진실되고 생동감 있는 이야기는 다른 사람으로 하여금 문화에 대해 느껴서 받아들이게 할 수 있어."라고 평했다.

마윈의 평가는 나에게 큰 도움이 되어, 후에 저장성의 소백화 월극단(小百花越劇團)에서 태극권 강연을 할 때에는 종이를 지니지 않았을 뿐 아니라 마음에 기억하는 글조차 준비하지 않았다. 생각나는 대로 말하다보니 두서없이 뒤죽박죽이었다. 하지만 개인적인 생각으로 결과는 괜찮았던 것 같다.

신년 인사말

작은 기업 문화는 기업의 정신으로 만들어진다. 정신이 강한 회사가 진정으로 강한 회사라고 할 수 있다. 외부 사람이 볼 때, 알리바바는 최근 몇 년간 매우 순조롭게 발전한 것으로 판단할 수도 있다.

사실 십여 년 간 회사는 많은 시행착오를 저질렀다. 마윈이 "사람들은 '백년노점(百年老店)'에서 범했던 모든 착오를 알리바바가 단 한 번도 요행으로나마 벗어난 적이 없다고 한다. 단지 우리는 다른 사람들보다 잘못의 수렁에서 빨리 발을 뺄 수 있었고, 이것은 기업 정신 덕분이다." 라고 말했다.

2012년 알리바바는 내부적으로 큰 변동이 있었다. 그룹을 '칠검(七劍)'에서 25개의 사업군으로 바꾸었다.

마윈은 잡지 《알리인》에서 알리의 가족들에게 〈신년 인사〉를 다음과 같이 전했다.

알리의 가족들,

새해 복 많이 받으세요!

2012년은 이미 지나갔고, 새로운 한 해가 시작되었습니다!

예년과 마찬가지로 2012년 알리에는 많은 변혁이 있었습니다. 매번 변혁마다 진통이 함께했는데, 심지어는 심장이 찢어지고 허파가 터지는 것 같은 고통도 있었습니다. 나와 모두는 빈번한 변혁을 싫어하지만, 그러나 오늘 변하지 않으면 내일은 더욱 고통스러울 것입니다. 세계는 지금 거대한 변화가 일어나고 있습니다. 그래서 나는 모두에게 미안한 말을 전하려고 합니다. 알리의 변혁은 일시적이 아니라 오히려 계속될 것입니다. 다행스럽게도 알리인의 마음속에는 이러한 변혁을 감당할 수 있는 충분한 능력이 있습니다.

2012년을 저는 매우 기쁘게 보냈습니다. 역량있는 젊은 알리인들이 많이 성장했고, 그들이 각 분야에서 이룬 발전은 상상을 뛰어넘었습니다. 그 뒤에는 많은 알리 가족들의 신뢰와 지지, 격려가 있었기에 가능한 것이었습니다. 저는 알고 있습니다. 정말 감사드립니다!

발전, 혁신, 진보 모두 도리가 있습니다. 다만 저는 여러분들에게 간청하니 꼭 기억하시길 바랍니다. 확실한 진보를 위해서는 확실한 건강이 있어야 합니다. 건강이 모든 것입니다. 성실하게 생활하고, 즐겁게 일하십시오! 우리가 기대하는 모든 일들이 실제로 일어날 것입니다!

새로운 한 해, 우리는 여전히 함께 합니다!

10 마원과 각계의 인물

뜻밖의 찬조금

2011년 6월, 나는 마윈을 수행하여 홍콩에서 회의에 참석했는데, 가끔 마윈, 위펑이 같이 식사를 했다. 위펑과 마윈은 '윈펑 펀드'를 함께 창설했으며, 그 둘은 사이가 좋은 친구이다. 위펑은 이 펀드의 대표이고, 내가 알고 있는 기업가 중에서 가장 품위 있는 사람이다. 외모가 잘생겼을 뿐만 아니라 완벽한 체형을 갖추었는데 키가 185㎝이다. 평소의 옷차림은 고급 브랜드이지만 수수한 서양식 평상복과 청바지, 캐주얼한 가죽 구두를 즐겨 착용하였다.

식사 중에 마윈은 마치 무엇인가 생각이 난 것처럼 "위펑, 예전 천웨이에게 출판을 위해 돈을 지원한다고 했었잖아."라고 말했다. 《이것이 마윈이다》를 출판하기 전 마윈이 초고 일부를 그에게 보여준 적이 있었다. 그때 그 말을 한 적이 있다.

그러자 위펑이 "맞아, 내가 그때 출판사가 없어서 천웨이에게 다시 보내며 만약 출간할 곳을 못찾으면 내가 돈을 준다고 했었지. 하지만 지금 이미 시간이 지났고, 게다가 다른 출판사에서 앞다투어 내려고 하잖아."라고 말했다.

위펑의 말이 끝나기도 전에 마윈이 "책임을 회피하고 싶은 거야?"라고 했다.

"난 책임을 회피하지 않아."

마윈은 바로 고개를 돌려 나에게 "천웨이, 위 회장은 책임을 회피하지 않을 거야. 계좌번호를 그에게 보내."라고 했다.

이제야 위펑이 웃으며 "알겠어. 천웨이, 계좌번호를 나에게 보내."

나는 확실히 무슨 일이 일어난 것인지 이해가 되지 않았다. 당시 웃으며 "알겠습니다!"라고 했을 뿐이었다.

식사가 끝나고 나는 얼떨결에 계좌번호를 위펑에게 보냈고, 다음 날 6자리 숫자의 큰 돈이 이체되었다.

"감사합니다. 위 회장님!" 사실 책임을 회피한 일은 원래 없었는데, 단지 마윈과 위은 나를 기쁘게 해주고 싶어 한 말이었다. 이후 위펑에게 투자금을 환급하고 '위펑 펀드'의 모든 부서에 《이것이 마윈이다》를 한 권씩 보냈다. 다시 재판을 낼 때 위펑은 나에게 추천사를 써주었다. "사실대로 말하자면, 이 책은 내가 유일하게 끝까지 읽은 마윈의 책이다."라고 하면서.

그 후로 만나는 작가마다 나를 모두 비웃기 시작했다. "책 하나 집필하는 데 이곳저곳에서 도움이나 청하고 다니는데다, 유명 인사의 서문이나 추천사만 원한다. 또 그저 본인이 쓴 것에 유명 인사의 동의만 거칠 뿐이었다. 최소한 나는 나를 도와준 다른 작가의 추천서도 써주고 하는데 말이다. 하하!"

선궈쥔(沈國軍)

인타이 그룹의 회장 선궈쥔은 마윈이 특별히 좋아하는 친구로, 둘은 중국 스마트 물류기간망을 기획하였다.

앞서도 언급했지만 선 회장은 나의 우상이며, 쉽게 다가갈 수 있는 우상이다.

처음 우리가 함께 미국에 갈 때 길이 너무 멀어 이동 시간 동안 선 회장과 나는 그의 과거에 대해 이야기를 나누었다.

그는 어릴 때부터 많은 고생을 했다. 아버지를 도와 미역 싹을 묶는 일을 했는데 작은 손은 얼음같이 차가운 바닷물 속에서 새빨갛게 마비되었다. 주말에는 바닷가 갯벌에서 대나무 낚시를 이용하여 튀어오르는 물고기를 잡아서는 길에서 팔아 학비를 벌었다. 눈물을 머금고 계속해서 자신의 체중보다 무거운 해산물들을 바닷가에서 언덕으로 지고 가서 말렸다.

이후 아버지가 교통사고로 세상을 떠나자 상황은 더욱 힘들어졌다. 어머니는 한 과부와 함께 마을 입구에 아침 식사를 파는 식당을 열었다. 매일 새벽 두세 시에 일어났지만 손님은 아주 적었다. 지금 생각하면 와주었던 손님도 모두 그녀를 안쓰럽게 여겼기 때문이었다. 그는 어머니가 1위안 이상의 '큰돈'을 가지고 있는 것을 본 적이 없었다.

어머니는 그들 오누이에게 빈부에 상관없이 사람은 모두 기개를 펼칠 수 있다는 것과 다른 사람의 도움을 받으면 반드시 보답을 해야 한다는 것을 가르쳤다.

가장 감동적이었던 것은 어머니가 중병을 앓았을 때 종려나무를 꼬아 만든 침대보에서 자는 것을 완강하게 거부했다고 한 일이다. 그 침대보는 집에 있는 것 중에서 유일하게 값이 나가는 물건이었고 어머니는 그 위에서 죽음을 맞고 싶지 않다고 했다. 만일 그렇게 하면 이후에 팔 때 가치가 떨어질 것을 염려해서였다고 했다.

선궈쥔은 성공한 이후에 고향으로 가서 모든 사람들에게 식사를 대접하고, 집마다 선물을 주었다. 한 끼 식사를 대접하기 위해서는 모든 마을에서 적어도 일 년의 의논이 필요하다. 마을에서도 도시에 있는 선궈쥔을 도와줄 방안을 찾았는데 청명절이 되면 모두 선궈쥔 부모의 무덤으로 간다. 왜냐하면 그날 선궈쥔 오누이가 찾아올 것이기 때문이다.

하나하나의 이야기들이 모두 나를 감동시켰고, 한 사람의 품성이 어떻게 형성되는 것인지에 대해 생각하게끔 했다.

개인적인 생각으로는 한 사람이 성공하기 위해서 필요한 것 중 총명함, 기회, 꾸준함 등은 드러나는 요인이다. 하지만 깊은 곳의 잠재적인 요소와 성장 과정에서 생기는 논리적인 연결은 연속적으로 섬세하게 쌓이는 것이기에 몇 가지로 선택하여 이해할 수 없다.

마윈 이외에 내가 가장 글을 쓰고 싶은 인물은 바로 선궈쥔이다. 귀국 이후 베이징 인타이의 식당에서 한 여류 작가를 만났었는데 선궈쥔의 어릴 적 이야기를 반 정도하

우상 선궈쥔 회장

자 그녀는 눈물을 흘리기 시작했다. 내가 어쩔 수 없이 이야기를 멈추어야 했는데, 이 장면을 주변 사람들이 보았기 때문이다. 남자는 끊임없이 말하고, 여자는 얼굴 가득히 눈물을 흘리고, 그녀가 진향련(秦香蓮)의 공주라 한다면 나는 진세미(陳世美)--중국의 희극 《찰미안(鍘美案)》에서 조강지처인 진향련을 버리는 남자 배역. 옮긴이--였던 것이다.

궈광창(郭廣昌)

태극권에 대해 이야기를 시작하면 마윈의 다른 친한 친구인 푸싱그룹의 회장인 궈광창을 그냥 넘어갈 수 없다.

마윈은 대학 시절에 항저우 학생연합회의 대표였고, 궈광창은 푸단(復旦) 대학 학생회의 대표였다. 그들은 대학 시절 공부할 시간을 희생하며 각종 활동을 조직하고 전개하였다. 고장난 녹음기를 들고 주말 무도회를 조직하기도 하고, 학년별 농구대회 등을 준비했다. 표면적으로 이 일들은 많은 수고가 필요해보이지 않는다. 하지만 이러한 과정에서 문제에 부딪히게 되고, 문제를 해결한 경험은 그들도 알지 못하는 사이에 크게 효과를 발휘했다. 그들의 성공은 대학 이후 '두 번째 달리기' 선상에 있는 것이다.

마윈은 3년 전에 궈광창에게 태극권 수련을 권했다. 궈광창은 흔쾌히 골프채의 유혹을 뿌리치고 태극권에 매료되었다. 그는 태극권에 조건과 제한이 없고 수련하고 싶을 때 언제든지 가능해서 정말 좋다고 말했다.

궈광창은 실행 능력이 매우 강한 사람으로 자신의 손 위에 건강한 회사가 있다고 여겨 빠르게 베이징과 상하이 등지에서 그의 '쉬운 태극권'을 선보였다. 게다가 기업가들과 유명 인사들을 자신의 '궈유파' 태극권으로 끌어들였다. 2년 동안 그는 여러 대형 행사에 참여하였는데 모두 친히 팀을 이끌고 무대에 올라 태극권 공연을 하였다.

마윈과 궈광창이 비록 태극권에 관한 가장 기본적인 이념에 있어서는 일치하지만 태극권 수련에 있어서는 오히려 '문파'가 같지 않다. 현재 기업가들은 '마파'와 '궈파'로 나뉘는데, 당연히 마윈과 리롄제 대표의 '마파'가 사람이 많으며 또 앞으로 더욱 많아질 것으로 나는 믿고 있다. 마윈은 가끔 '궈파'의 기업가들에게 농담으로 "어떤 잘못도 저지를 수 있지만, 노선의 착오는 저지르지 마라."고 한다.

유사 이래로 양 유파 간에 언쟁이 그친 적이 없다. '마파' 중에는 전국 챔피언이 아주 많으며, 그 중 몇몇은 격투 기술 챔피언으로 소림의 고수와 견줄 수 있을 정도이다.

'궈파'의 일원이 "우리가 태극권을 수련하는 이유는 신체를 건강하게 함이지 싸우

태극권을 수련하고 있는 궈광창

기 위함이 아니다."고 말하였다.

'마파'의 일원이 "우리 역시 신체를 튼튼하게 하기 위함이다. 그러나 태극권은 태극 사상을 무술에 구현한 것이다. 격투 기술에 반드시 철학적 이치가 있다고 할 수는 없지만, 만일 격투 기술에 능하지 않다면 그것은 사상이 부족한 것이기에 권술이 아니라 체조이다."고 말하였다.

언쟁은 앞으로도 계속될 것이며, 태극권을 널리 알리는 길은 아직도 멀었다. 모두 관심을 가져주길 바란다.

리롄제(李連杰, 이연걸)

마윈과 리롄제는 태극선(太極禪) 국제문화발전유한회사를 공동으로 설립했다. 의의는 태극권의 강렬한 중국적 상징과 전통사상을 널리 확장하기 위해서다.

리롄제는 태극은 음과 양, 즉 하늘과 땅을 가리키는데 '태극선'은 바로 하늘과 땅 사이에는 한 사람의 사고가 있고, 모두에게 건강과 기쁨을 가르쳐주는 것이라고 했다.

리롄제는 무술이 뛰어날 뿐만 아니라 말솜씨도 아주 좋았다. 함께 있을 때면 나는 그와 많은 이야기를 나눈다.

리롄제의 《소림사》가 농촌에서 개봉했을 때, 농촌의 아이들은 돈이 없기에 두 푼이나 하는 영화표를 살 수 없었다. 그래서 촌장은 아이들에게 벽돌을 가져오면 입장권을 주었는데 그 때문에 다음 날 농촌 화장실의 벽은 반이 뜯겨져 나갔다.

저우쉰이 리롄제를 처음 보았을 때 "여름 방학 두 달 내내 《소림사》를 봤습니다. 매일 봤지요."라고 말했다.

리롄제가 듣고는 감동을 받자 저우쉰이 이어서 "저희 아버지가 그때 당시 영화관에서 영화를 상영하는 일을 하셨는데, 저는 여름 방학 때 갈 곳이 없어 계속 봤는데 물릴 정도였습니다."라고 답했다.

어느 해인가 리롄제가 한국에서 활동을 하였는데, 50명의 경찰도 구름같이 몰려온 수천 명의 영화 팬들을 막지 못하였다고 한다. 경찰 한 명이 리롄제를 데리고 도망을 쳤는데, 뒤따르던 웨딩카의 신랑 신부를 내리게 하고 리롄제를 태워 현장을 벗어났다는 전설 같은 이야기도 있다.

리롄제는 불교 철학 연구를 좋아한다. 그 계기가 2004년 쓰나미 이후라고 생각하는 사람들이 많은데 사실 불교에 대한 리롄제의 인연은 모두가 생각하는 것보다 훨씬 더 깊다. 리롄제의 형인 리롄셩(李連勝)은 나의 좋은 친구인데, 베이징에서 있었을 때 한동안 우리는 매일 함께 식사를 했다.

그의 외할머니는 평생 염불을 하였으며, 매일 저녁 앉아서 잠을 잤다고 했다. 1962년 어느 날, 외할머니가 동베이(東北) 집에서 심장이 심하게 쿵쾅거려 안정되지 못하고 무슨 일이 생길 것만 같은 느낌이 들었다. 밤을 새다시피 하여 계속 차를 타고 베이징에 있는 딸의 집으로 향했는데, 다음 날 집에 거의 다 와서 딸과 사위를 길에서 만났다. 사위는 딸과 인공 유산을 위해 병원으로 가는 길이었는데, 배 속의 아이가 훗날 리롄제였다고 한다.

당연히 나와 우상인 리롄제는 도가와 태극권의 사상에서 아직도 관점이 많이 다르다. 예를 들면 《도덕경》 제42장 '도는 하나를 낳고, 하나는 둘을, 둘은 셋을, 셋은 만물을 낳는다. 만물은 음을 지고 양을 안아 기운을 모아 조화를 이룬다(道生一 一生二 二生三 三生萬物, 萬物負陰而抱陽 沖氣以爲和.).'는 부분도 그렇다. 리롄제는 '셋'은 사람을 가리키며, 사람이 없다면 '만물'도 의미가 없다고 생각한다. 하지만 나는 이것은 약간 편향적인 유심주의라고 본다. 철학에는 옳고 그름은 없고, 인정하느냐 인정하지 않느냐만 있을 뿐이다. 나는 '셋'이 가리키는 바는 '기'라고 여기며 '기운으로 조화를 이룬다'는 음과 양이 만물에 존재한다는 것을 말한 것으로 본다. '기'의 개입이 있기에 화해와 안정을 이룰 수 있게 된다. '기'는 넓은 의미이며, 세상의 음양은 물질의 공기이며, 남녀의 음양은 '사랑'을 느끼는 것이다. 그리고 태극권의 '기의 형태를 빠르게 하는 것'과 중국 의학(中醫)에서 말하는 '기와 신을 자세하게 한다(精氣神)'의 '기'는 에너지와 의식의 혼합체이다.

마윈의 관점은 아주 통속적인데, '태극선'을 일종의 생활 태도로 본다.

잘 살고 싶으면 많이 움직이고, 오래 살고 싶다면 적게 움직여야 한다. 오래 잘 살고 싶다면 서서히 태극권을 하면 된다.

덩야핑(鄧亞萍)

2011년, 탁구 여왕 덩야핑(鄧亞萍)이 우리 회사가 주관하는 상업네트워크 대회의 여성 포럼에 초청을 받았는데, 그때 그녀는 인민 포털 사이트를 맡은 지 얼마 되지 않았을 때이다. 그녀는 전날 마윈과 이야기를 나누었다. 덩야핑은 입담이 매우 좋으며, 여전히 예전 세계 챔피언의 기개가 엿보였다. 그녀가 인터넷에서 일어나는 일에 관심이 많고, 마윈이 탁구에 흥미가 큰 관계로 두 사람의 대화는 매우 즐거워 보였다.

마윈은 그녀에게 탁구를 칠 때 만약 상대방의 공이 회전되어 잘 보이지 않을 때는 어떻게 하느냐고 물었다. 덩야핑은 "때로는 공을 보면 꺾이는 방향을 판단할 수 있습니다. 또 공에 있는 상표의 움직이는 방향을 보고 회전 방향을 판단하기도 합니다. 만약 둘 다 불가능하다면, 라켓을 이용하여 속도로 회전을 제어합니다."라고 했다.

'속도로 회전을 제어한다.'는 표현법에 나는 감동을 느꼈다. 사람들은 종종 복잡한 환경 속에서 어떻게 결단해야 할지를 잘 알지 못해 혼란을 느끼곤 한다. 사실 이때는 신념이 매우 중요한데, 신념이 너무 강하면 그것은 '라켓'이 될 것이고 일은 '라켓'을 누르는 방향을 따라 나아가게 될 것이다. 이것은 불교 철학에서 '마음에 두고 잊지 않으면 반드시 울림이 있을 것이다.'와 비슷한 의미가 아닌가?

둘째 날 덩야핑이 무대에 올라 연설을 하기 전에 다시 마윈과 만났다. 마윈은 그녀에게 준비는 어떻게 했느냐고 묻자 그녀는 "아직 좀 긴장이 됩니다. 알리바바의 문화에 대해 이해하지 못했을까봐 걱정이 됩니다. 그래서 어제 저녁 특별히 당신 비서가 쓴 책을 봤습니다."라고 답했다.

저우리보(周立波)

마윈과 저우리보(周立波)는 한 행사에서 알게 되었다. 이 두 사람은 양쯔강 이남에서 말솜씨가 가장 좋은 사람으로, 서로 이제야 알게 됐음을 유감스러워하며 친구가 되었다. 상하이에서 저우리보는 그의 집에서 마윈과 점심 식사를 함께 하며 공익 활동에 대해 의논을 하기로 약속을 했다. 그런데 마윈이 회의 시간이 늦어진 데다가 차가 너무 막혀 서둘렀지만 저우리보의 집에 도착했을 때는 이미 한 시간이나 지난 뒤였다. 저우리보가 직접 문을 열어주었는데 비록 집안에 있었지만 머리는 여전히 빛이 났고 바지는 반듯하게 줄이 서 있었다. 문을 열리자 그는 과장된 얼굴 표정으로 두 손을 펼치면서 마윈에게 농담조로 "난 이미 잔소리하는 마누라가 되었다네."라고 했다.

마윈도 공격으로 방어하며 "나도 이미 잔소리하는 마누라가 되었네. 도대체 당신은 상하이의 교통을 관리하는 거요? 안 하는 거요?"라고 되받아쳤다.

저우리보가 "교통이 이런 것은 처음이 아니잖소. 당신도 모르는 게 아닐 텐데요."라고 했다.

마윈은 "가장 시간을 잘 지키는 것은 퇴직한 사람들이라네. 당신이 아침 7시에 공원에서 집회를 열려면 그들에게는 5시 정각에 이미 반 이상이 도착해야 한다고 알려주시오. 다음에 내가 퇴직을 하고 당신과 약속을 한다면, 나는 이틀 전에 당신 집에 도착해 있을 걸세."라고 했다.

공익에 대해서는 대화를 시작도 안 했는데, 두 사람의 입술은 이미 촉촉해져 있었다.

판청(范曾)

판청(范曾)은 뛰어난 서화가인데, 왕리펀의 소개로 우리 회사를 참관하기 위해 항저우에 왔었다. 그는 마윈과는 서로의 사상을 교류하는 사이이다. 판청의 비서가 컴퓨터를 가져와서 판청의 그림을 보여주었는데 보통이 아니었다. 판청은 그림을 잘 그릴 뿐만 아니라 국학에 대한 지식 또한 매우 깊다. 나는 그가 그림 그리는 사람 중에서 국학에 대해 가장 잘 알고, 국학을 연구하는 사람 중에서 그림을 가장 잘 그린다고 생각한다. 그의 이러한 사상과 관점 덕에 나는 적지 않은 도움을 받았다. 예를 들어 판청은 "지도자들은 본연의 일 이외의 것을 매우 좋아하며, 추앙하는 데 보수적이어야 한다. 그렇지 않으면 실수가 있게 된다."고 하였다. 역사적으로 보면 제왕은 사슴을 좋아했고, 산호를 좋아하며, 귀뚜라미 등의 이야기를 좋아했다. 하나같이 교훈적이었다.

그때 그는 마윈의 책상에 있는 근육질 남자의 조각을 보고 물었다. "이 조각은 누구입니까?"

마윈이 웃으며 "그것은 저입니다."라고 했다.

판청이 "당신이라고요? 이 근육은 ……"이라고 하자,

마윈이 "이 조각은 미래의 저입니다. 지금 저는 나이가 어리지만 몇 년 후에는 저렇게 성장할 것입니다."라고 응수했다.

훗날 마윈은 판청이 그 조각을 매우 좋아하는 것을 보고는 그에게 주었다.

궈타이밍(郭台銘)

궈타이밍은 마윈과 인연이 깊다고 할 수 있다. 그가 중국 대륙에서 처음으로 무대에 올랐을 때가 마윈과의 대화였는데, 광둥(廣東)에서였다. 그 후에 그가 항저우를 방문하자 마윈은 시후에서 배를 함께 타기 위해 그를 초청했다. 배에서 내렸을 때 시후의 어린 여자아이가 그를 따라와 꽃을 팔았다. 장미 한 송이에 10위안이었다. 그는 주머니를 뒤졌지만 돈이 없었다. 이때 샤오황(小黃)이 10위안을 꺼내 아이에게 주려고 하자, 궈타이밍이 어린아이처럼 돈을 빼앗으며 "내게 돈을 주세요. 내가 직접 값을 치를게요. 이래야 아내에게 꽃을 선물하는 셈이 되니까요. 돌아가면 꼭 돈을 갚을게요." 그런데 이 일이 6, 7년은 지났는데도 아직 10위안은 갚지 않았다. 다음에 궈타이밍을 만나는 사람이 있으면 아직도 우리 샤오황에게 10위안의 빚이 있다고 알려주기 바란다.

2012년, 궈타이밍은 날이 갈수록 더욱 인터넷의 위력을 느꼈다. 그래서 그는 여러 차례 팀을 이끌고 우리 회사에 와서 토론을 했다. 그는 매번 자신의 호칭을 '막 인터넷으로 뛰어든 희고 작은 토끼'라고 했다.

최근에 한번은 저녁 무렵에 왔는데, 마윈은 한 고위 관리의 결혼 증명을 간 탓에 늦게 돌아왔다. 서둘러 회의에 들어갔을 때는 이미 삼십 분이나 지난 뒤였다. 마윈이 문을 들어서자 궈타이밍이 먼저 "마윈이 우리 티엔마오(天猫)--티몰(T-mall), 알리바바가 운영하는 온라인 쇼핑몰. 옮긴이--를 이끌어주기 위해 온 것을 환영합니다."라고 하자 모두들 웃었다. 마윈이 "뜻하지 않게 제가 결혼 증명을 했기에 그가 마침내 결혼을 했습니다. 남자는 쇠고, 여자는 물입니다. 결혼한 남자야말로 쇠인데, 물에 담가두었기 때문입니다."라고 했다.

2013년 춘절 이틀 전에 궈타이밍은 마윈을 초청하여 타이완에 있는 그의 회사 본부로 가서 교류를 했다. 이날이 전 세계 공장의 임원들이 모두 본부에 모이기 때문이다. 두 시간 반에 걸친 마윈의 연설은 아주 훌륭했으며, 끝났을 때 모두 일어나 박수를 쳤다. 궈타이밍이 마윈을 보내며 이렇게 말했다. "당신이 말한 것이 어찌 비즈니스입니까? 당신이 말한 것은 철학입니다. 당신은 기업가가 아니라 철학가입니다. 다른 사람들은 듣고 모두 기뻐했는데, 유일하게 기쁘지 않는 사람은 저였습니다. 원래 저는 회사에서 넘버원이었는데, 지금은 넘버투로 변했습니다."

저우싱츠(周星馳, 주성치)

저우싱츠(周星馳)-영화배우이자 감독인 주성치의 중국식 발음. 옮긴이-도 나의 우상인데, 아주 오래 전에 저장 텔레비전 방송국에서 한 번 만난 적이 있다. 2012년 저우싱츠가 《서유기(西遊記)》, 〈항마편(降魔篇)〉을 찍을 때, 중국 시장은 화이에서 배급을 맡았다. 마윈은 화이의 대주주 중 한 사람이었기 때문에 화이 회장 왕중쥔(王中軍)이 영화 상영에 앞서 마윈과 저우싱츠가 대담 자리를 마련하였는데, 이는 영화 홍보를 위한 계산이 깔려 있었다.

그들의 대화는 중국매체대학에서 진행하였다. 마윈과 저우싱츠는 이전에 만난 적이 없었기에 어색함을 없애고자 행사 전에 대학 식당에서 함께 식사를 하였다.

둘은 만나자마자 서로 농담을 했다. 마윈이 "저는 당신의 영화를 보며 자랐습니다."

마윈과 저우싱츠, 황보 등과 함께

라고 먼저 말을 건넸다.

저우싱츠는 "저는 당신이 텔레비전에서 강연을 하는 것을 보고 자랐습니다. 당신이 내 눈앞에 있다는 것이 믿어지지 않습니다."라고 대답했다.

저우싱츠가 표준어에 익숙하지 않은 관계로 말의 속도가 빠르지는 않았지만 가끔 무의식적으로 저우싱츠식의 유머가 나왔다.

행사가 시작되자 비록 기말고사가 코앞이었지만 현장에는 학생들로 인산인해를 이루었다. 대화의 분위기는 매우 뜨거웠으며, 저우싱츠는 마윈을 따라 현장에서 태극권의 몇 가지 자세를 취했다.

그 날은 황보(黃渤)와 차이징(柴靜)도 함께 있었다.

이발

마윈은 머리 회전이 매우 빨라서 그런지 머리카락도 빨리 자란다. 2012년 국경절 기간에 마윈은 환경 보호 프로젝트를 위해 국제 자연보호협회(TNC)를 따라 스코틀랜드의 원시림에 가서 조사를 했다. 여행 동안 불편하지 않도록 출발 전 마윈은 머리를 박박 밀었다. 스위주는 비록 가지 않았지만, 함께 간 친구들이 그에게 사진을 보냈다. 스위주는 웨이보(微博)에 그 사진을 올렸다.

마윈의 이발한 모습을 스위주가 올린 것에 대해 여러 매체에서는 갖가지 추측을 하였는데, 그 중 비교적 '공통된' 의견은 다음과 같다. '예전에 두 개의 작은 전자상거래 사이트가 있었는데 가격 경쟁이 매우 대단했다. 마윈과 스위주는 누가 이길 것인지에 대해 내기를 했는데, 결국 마윈이 져서 머리를 깎았다'는 내용이었다. 한 친구가 마윈에게 내막을 알려달라고 했을 때, 마윈이 "정답이 내 호주머니에 있지 않으면 나는 누구와도 내기를 하지 않는다."고 말했다.

마윈과 스위주가 조그마한 사이트를 두고 내기를 한다는 것은 말이 되지 않는다. 나도 웨이보에 "당신은 상급생이 하급생의 일을 두고 내기하는 것을 본 적이 있는가?"라고 글을 올렸다.

치아오즈(喬治)는 마윈의 '어용' 이발사이자, 우리들의 친구이다. 그는 가끔 유일한 혹은 '유이'한 중국 심사위원의 자격으로 러시아, 독일, 일본 등에서 열리는 헤어스타일 경연대회에 참가했다. 치아오즈의 고향은 장쑤성(江蘇省)의 쉬이(盱眙)인데, 우리는 종종 그를 칭찬하며 쉬이는 역사상 세 가지를 세상에 내었는데, 주원장(朱元璋), 샤오롱시아(小龍蝦)-민물가재. 옮긴이-와 치아오즈라고 한다.

마윈에게 있어 이발은 좋은 휴식 시간인데, 머리를 감고 자를 때까지 한 시간 반 정도의 시간 동안은 전화를 걸 수도, 신문을 볼 수도 없기 때문이다. 마윈은 이발할 때 들었던 많은 흥미로운 이야기와 경전의 어구들을 우리에게 들려준다. 예를 들면 "귀머거리가 벙어리가 하는 말을 듣는 것은 장님이 귀신을 보는 격이다." 등이다. 편안해진 마윈은 종종 크게 웃어 때로는 이발 부스 밖에 있는 사람들을 놀라게 한다. 이발할 때 가끔 어떤 사람이 들어와 "마윈 씨, 저를 기억하십니까?"라고 묻기도 한다.

보통 이와 비슷한 상황이 일어나면 마윈은 "낯이 익습니다. 만약 당신의 이름에서 세 자만 알려주시면 당신이 누구인지 알 수 있습니다."

"저는 8년 전 제2회 상업 네트워크 대회에 참가했던 류위펑(劉玉風)입니다. 당신과 악수도 했습니다." 그들은 마윈의 기억력이 좋다고 평가할 것이다.

당시 몇 개월은 머리를 자를 때에도 매우 바빴다. 한번은 우샤오리의 프로그램인 저장 위성TV의 《탁월함과의 동행(与卓越同行)》 촬영 현장에서 마윈이 머리를 잘랐지만, 사람들은 그것을 볼 수 없었다. 또 한 번은 기업가 클럽 송년회에서 프로그램이 있어 마윈은 현장에서 머리를 잘랐다. 또 '올해의 경제인물상'을 받을 때 CCTV 방송국의 '다쿠차(大裤衩)'-CCTV 본사의 건물을 지칭. 옮긴이-에서 머리를 잘랐다. 마윈은 머리를 자르면서 농담으로 "요 몇 달 이발 비용을 적지 않게 절약했어."라고 했다.

우샤오리의 프로그램에 출연한 마윈

후회하는 투자자

2013년 3월 22일, 제20차 화샤동창회가 우리 회사에서 열렸다. 마화텅, 리옌훙, 펑룬, 선궈쥔, 천둥성, 리둥성 등 나의 우상들이 모두 참석했다.

오전 회의는 빈강원구에서 진행되었는데, 마화텅이 "저는 여기에 처음왔는데, 알리바바에는 전에 한 번 온 적이 있습니다. 10년 전, 서후논검에 참가할 당시 여러분들의 회사는 모두 작았습니다. 제 기억에 마윈은 낡은 차를 가지고 있었습니다."라고 말했다.

마윈이 웃으며 "확실히 좋은 차는 아니었습니다. 다만 흰색 혼다 차량인데 분명히 새 차였습니다. 하하!"라고 정정했다.

마화텅이 다시 "타오바오를 막 창립할 때, 마윈은 저와 이야기한 적이 있습니다. 그때 제게는 15%를 투자할 수 있는 기회가 있었습니다. 첫째는 제가 잘 파악하지 못했고, 둘째는 점유율이 너무 적다고 생각해서 50%는 투자해야 한다고 했습니다. 지금 저는 후회하고 또 후회하고 있습니다."라고 했다.

이때 다른 기업가는 "저도 같습니다. 그때 저는 5억 위안이 있었습니다. 어떤 사람이 제게 텅쉰에 투자하라고 했습니다. 저는 마화텅을 자주 만났었는데도 그는 한 번도 제게 텅쉰이 무엇인지를 설명하지 않았습니다. 만약 그러지 않았다면 지금 저는 자선사업을 하면서, 하고 싶은 일을 모두 할 수 있었을 것입니다."라고 한탄했다.

사업이 커져갈수록 길을 잘못 따라가는 경우도 더욱 많아지고 커질 것인데, 이것이 분별이다.

비록 기업의 지도자들이지만 함께 나누고 즐길 때는 편안하게 표현하여 듣는 사람으로 하여금 미소 짓게 만들었다. 하지만 사실 내 생각에 이 약간의 '착오'는 그들의 마음속에 영원한 아픔일 것이다.

월극(越劇)의 진흥

저장성 성저우(嵊州)는 월극(越劇)의 고향이다. 뤼청(綠城) 그룹의 쑹웨이핑(宋衛平) 사장이 성조우 출신이다. 마윈은 성조우의 자랑이다. 마오웨이 타오(茅威濤)는 월극의 일인자로, 세 사람은 월극의 발전을 위해 종종 만났다.

마윈과 쑹웨이핑은 이미 월극에 공동 투자하는 프로그램을 만들었는데, 다른 사람들 생각에는 아직 충분하지 않았다. 투자의 방식에 오락성이 부족했다. 따라서 최근의 모임에서 그들은 새로운 의견을 제시했다. 마윈과 쑹웨이핑은 2013년에 10번의 카드게임을 했다. 매번 서로 다섯 명씩을 보내어 진 쪽에서 일정 기금을 이 프로그램에 기부한다. 모두가 뜻이 좋다고 여겼다. 하지만 시작도 하기 전에 언쟁이 시작되었다.

마윈은 "이런 카드게임을 3년 동안 했더니, 세상에는 상대가 없습니다."고 했다.

쑹웨이핑도 "2, 3년밖에 가지고 놀지 않은 사람들이 이런 착각을 합니다. 우리는 50년 가지고 논 사람과 3년 가지고 논 사람의 차이가 얼마나 큰 지를 당신이 알도록 해 줄 것입니다."고 대꾸했다.

마윈이 "카드 나이와 연령은 같습니다. 크다고 좋은 것은 결코 아닙니다. 어릴 적에는 '소변이 바람을 타고 10척이나 간다.'면, 나이가 들면 '머리를 숙여 신발이 젖는 것을 살핀다.'고 합니다."라고 했다.

마지막으로 많은 사람들이 매번 진 쪽에서 월극에 돈을 기부하는 것 외에 연말 총점수에서 만일 마윈이 지면 뤼청에 가서 1주일간 보안 요원을 하고, 쑹웨이핑이 지면 알리바바로 와서 1주일간 보안 요원을 할 것을 제안했다. 또한 반드시 보안 제복을 입어야 하며 만약 누군가가 본다면 춘절에 하는 드라마와 같이 고개를 들어 허난 말로

"나는 스스로 자부심을 느낀다."라고 말해야 한다로 결론이 났다.

마윈은 이 건의를 듣고는 더없이 흥분하여 두 주먹을 쥐고 계속해서 식탁을 두드렸다.

11

마윈과 함께 가다

타오바오의 얼굴

미국에서의 회사 업무가 계속 확장되어 자본 운영에 대한 수요가 생겨났다. 2011년부터 마윈이 미국을 가는 횟수가 점점 많아졌다.

우리는 통상적으로 알래스카를 통해 들어갔는데, 마윈은 이렇게 사람이 적은 곳을 좋아했다. 매번 알래스카에 갈 때마다 "다음에 우리 꼭 알래스카에서 이틀을 머물면서 바닷가에 가서 고기를 잡자."라고 했다. 나는 이미 '다음'이라는 말을 너무 많이 들었으며, 바다에서 고기를 잡을 시간이 없다는 걸 알고 있다. 하지만 나는 아직도 '다음'을 기다리고 있다.

알래스카는 북극권에서 매우 가까워서 여름날에는 저녁 9, 10시에도 여전히 날이 밝다. 매번 우리가 공항 세관을 지나는데, 큰 홀은 매우 깨끗하고 안에는 두세 명의 직원만 있었다. 그들은 몸에 총을 지니고 있어 위협적이지만 일을 할 때는 항상 미소를 띠고 있다. 벽에는 눈에 잘 띄게 "We are the face of America(우리는 미국의 얼굴이다)."라는 문구가 적혀 있었다. 마윈은 그들의 마음가짐을 높이 평가했는데, 훗날 타오바오의 '종을 울리는 회의(敲鍾會)'에서 한 마윈의 발언 중에 이러한 생각이 묻어났다. "…… 우리는 이론 연구 모임을 열어야 하지만 최종 목표는 실무적인 사업을 수행하기 위해서 입니다. 우리가 운영하는 것은 전자상거래가 아니라 신뢰와 경험입니다. 물론 전자상거래가 없다면 우리는 아무 것도 아닙니다. 스타벅스에서 파는 것은 커피가 아니라 경험입니다. 타오바오는 현대인의 제2의 생활공간입니다. 타오바오는 하나의 자신(自信) 없음에서 시작하여 자신에 이르고, 그런 다음에 자부(自負)에 도달했습니다. 어떤 직원은 심지어 오만하기까지 하다고 합니다. 우리가 도시를 관리하지는 않지만, 미소를 띤 채 총을 가지고 있는 경찰입니다. We are the face of Taobao(우리가 타오바오의 얼굴입니다)."

캘리포니아주의 햄버거

2011년 5월 말, 우리는 로스앤젤레스에 도착하여 바닷가에 거처를 정했다.

다음 날 양즈위안(楊致遠)을 만났는데, 그는 2009년 항저우에 왔을 때보다 더욱 검게 탔고, 말랐으며, 머리도 길어졌지만 더 멋있어져 여전히 '나이스'했다. 아마도 몇 년 동안 말을 키우고, 포도를 심고, 술을 빚는 그의 생활 환경과 관련이 있을 것으로 짐작된다. 이번에 마윈이 그를 찾은 것은 옛 친구와의 만남뿐만 아니라 당연히 야후의 환매에 관한 일까지 이르렀다. 구체적인 담화의 내용은 말하지 않겠다. 말하지 않는 것이 아니라 내가 모르기 때문이다. 그들은 협상을 위한 회의를 시작했고 나는 해변을 거닐었다.

캘리포니아의 햇빛은 명불허전이고, 해변은 정말 아름다웠다. 우리 이웃에 머물고 있는 사람은 일본에서 일부러 여기까지 와서 결혼 사진을 찍은 한 쌍의 신혼 부부였다.

다음 날, 우리는 디즈니 본사와 헐리우드 산을 둘러보았는데, 백발이 성성한 한 직원이 집안의 보물을 헤아리듯 속속들이 회사를 소개해주었다. 회사 창립 때부터 함께 해 왔다는데 회사에 대한 그의 무한 열정을 엿볼 수 있어 마윈이 매우 좋아하였다.

점심 때, 함께 갔던 외국인 직원인 존(John)은 우리를 헐리우드의 한 유명한 햄버거 가게로 데려가 그곳에서 밥을 먹기로 했다. 기다리는 줄은 매우 길었고, 가격 또한 다른 곳보다 배나 더 비쌌다. 30분이 지난 뒤에야 우리는 햄버거를 받을 수 있었는데, 마윈과 나는 햄버거를 다 먹은 후에도 이 집의 햄버거가 무엇이 특별한 것인지를 알 수 없었다. 마윈이 존에게 묻자 그도 이 집이 유명하다는 말을 들었을 뿐이라고 대답했다. 나는 "특별한 것이 하나 있기는 합니다. 사람이 많은 비싼 햄버거이지요. 하하!"라고 했다.

디즈니랜드의 직원과 함께

D9 콘퍼런스

그날 저녁 우리 회사의 미국 고문이 마윈을 만나러 왔다. 아주 잘생긴 미국인이었는데, 매우 긴장한 것처럼 보였다. 왜냐하면 마윈이 다음 날 《월스트리트 저널》이 주최하는 D9 콘퍼런스에 참가하기 때문이다. D9는 저명한 기업 CEO들의 회견으로, 참가자들은 모두 세계 각 투자기관의 수장들이다. 예전에 많은 세계적으로 저명한 회사의 CEO들이 투자기관 수장들의 맹공에 어떻게 대답해야 할지를 몰라 강단을 내려오지 못했다고 한다. 마윈은 이 회의에 참가하는 첫 번째 중국인이다. 우리 고문은 아주 세심하게 일을 처리했는데, 실례를 들면서 각종 가능성에 대비했다. 마윈은 긴장하지 않고 이미 여러 예측 가능한 상황에 따라 적절한 대책을 준비한 것처럼 보였다.

다음 날 회의장에는 회견에 참석하는 CEO들의 사진이 걸렸는데, 그중 마윈의 사진이 가장 컸다. 마윈에 앞서 오른 사람은 노키아 대표였다. 단상에서 내려오면서 내 옆을 지날 때 나는 그의 이마에 땀이 맺힌 것을 봤다.

마윈이 마지막으로 단상에 올랐는데, 대답이 흐르는 물처럼 매끄러웠다. 내려올 때는 사방에서 박수 소리가 들렸다.

회의를 마친 후에 어느 유명 투자자가 마윈을 불러 잠깐 동안 이야기를 나눴다. 마윈에게 저녁에 그의 집에서 차를 마시자고 초청했는데, 그들은 좋은 친구가 될 것처럼 보였다.

저녁에 우리는 그의 집을 방문했다. 언덕 위에 집 한 채만이 있었는데, 거대한 흰색의 별장을 푸른 산림 속에 끼워놓은 것 같았다. 하늘에서는 비가 약간씩 내렸는데,

로스앤젤레스 D9 콘퍼런스 포스터의 마윈

검은 제복을 입고 키가 2m 이상인, 체중은 대략 180kg 정도 되는 흑인이 얼굴 가득 웃음을 지으며 손에 아주 큰 검은색 우산을 들고 문을 열어주었다. 마치 영화 속의 한 장면처럼 느껴졌다.

그날 저녁, 이 투자자는 이미 중국의 한 기업에 투자하기로 결정했다고 했다. 마윈은 "당신이 이미 결정했으니 행운을 빌겠습니다!"라고 말했다.

1년 후, 이 투자자는 마윈에게 전화를 걸어 "그날 저녁 당신은 왜 저를 막지 않았습니까?"라고 했다 한다. 보아하니 그가 투자한 기업의 성과가 그다지 좋지 않았던 것 같다. 마윈이 웃으며 "모든 교훈은 피의 대가를 치러야 합니다."라고 대답했다.

조우마관 '사람'

GE의 전 회장 잭 웰치(Jack Welch)는 마윈의 오랜 친구이다. 그는 1년 전에 그가 주최하는 G100--전 세계 주요 기업 CEO 100여 명이 모여 국제 정세, 경영 환경 등을 논의하는 세계 최고의 경영자 모임. 옮긴이--에 마윈을 초청했다.

나는 그때 처음 잭 웰치를 만났는데, 예전에는 사진으로만 봤다. 그는 눈에 띄게 늙었고 말하는 음성도 떨렸다.

회의에 참석한 사람은 3~40명 정도로 많지 않았지만, 대부분 미국 대기업의 회장들이었다. 모든 사람들이 짙은색 양복을 입었는데, 마윈만 스웨터를 입어 눈에 띄었다. 회의 중 잭 웰치는 중국의 잭--마윈의 영어 이름이 Jack Ma이다. 옮긴이--에게 강연을 부탁했고, 강연의 내용은 기억나지 않지만 몇 번 박수 때문에 중단되었던 기억만 있다.

그날 오후, 우리는 월스트리트의 본부에서 루퍼트 머독(Rupert Murdoch)--오스트레일리아 출신의 미국 언론 재벌. 옮긴이--을 만났다. 머독의 부회장이 건물 아래에서 우리를 맞이했다. 올라가자 머독은 얼굴 가득 미소를 머금은 채 마윈을 환영하며 맞았다. 얼굴에 주름살이 가득했지만, 정신은 또렷해보였다. 나는 밖에서 TV를 보며 마윈을 기다렸는데 공교롭게도 방송에서는 중국 장쑤성의 성이 첸(錢)인 한 여성이 알리바바를 통해 수출 사업을 하는 것이 소개되었다. 영어 자막이 매우 웃겼는데 "Her family name means dollar(그녀의 성은 달러를 의미한다)."라고 나왔다.

2011년 9월, 마윈은 나를 데리고 워싱턴으로 갔다. 백악관을 지날 때 입구에서는 사람들의 집회가 있었고, 연설을 하는 사람도 있었다. 모두 정부에 반대했지만 질서가 정연했다. 이때 머리 위로 시끄러운 소리가 났는데 한 무리의 군용 헬리콥터가 백악관에 착륙했다. 우리는 오바마 대통령이 돌아왔다는 것을 알 수 있었다.

차이나타운

정오에 워싱턴의 차이나타운에서 밥을 먹었다. 워싱턴의 차이나타운은 그리 크지는 않지만 뉴욕이나 샌프란시스코의 차이나타운보다는 정갈하다는 느낌을 받았다. 우리는 비교적 사람이 많은 식당을 들어갔는데 식당에 있던 중국인들이 모두 마윈을 알아봤다. 앉지도 못한 상태에서 사람들에게 둘러싸이자 우리는 재빨리 나와 사람들이 적은 식당을 찾았다.

식사를 마치자 식당의 종업원들이 마윈과 함께 사진 찍기를 원했는데, 마윈은 흔쾌히 동의했다. 그중 한 젊고 예쁜 여성이 마윈에게 한 장의 종이쪽지를 전했는데, 그녀는 유학생이고 2년을 더 공부해야 귀국할 수 있다는 내용이었다. 그녀의 남자친구는 이미 귀국을 했는데, 남자친구가 아주 우수한 인재니 마윈이 그를 알라바바로 불러들이길 바란다고 했다. 그녀의 눈빛에서 남자친구에 대한 무한한 애정을 엿볼 수 있었다. 돌아오는 길에 마윈은 "봤지? 아내를 얻으려면 이런 사람을 찾아야 해."라고 했다.

해외의 중국 음식점에는 한 가지 공통된 특징이 있는데, 식사 후 모든 사람에게 포춘쿠키를 준다는 것이다. 기름에 튀긴 속이 빈 훈툰을 주는데, 안에는 글자가 적힌 작은 종이가 있다. 종이에 써 있는 내용은 비록 보고 즐기는 것이지만 나는 그것이 정확하다는 것을 여러 번 확인했다. 이번에 내가 뽑은 것에는 "This weekend will bring you a surprise(이번 주말에 당신에게 깜짝 놀랄 일이 있을 거야)."라고 되어 있었다. 나는 미국에서의 생활에 대해 잘 알지 못하는데 무슨 놀랄 만한 것이 있을까? 하는 생각이 들었다. 주말에 외국인 동료인 존이 상점에서 물건을 사던 중 나에게 잘 어울릴 듯한 신발을 봤다며 나에게 선물로 주었다.

주민(朱民)의 육아관

어느 날 마윈은 국제통화기금(IMF) 부총재인 주민(朱民)과 함께 한 저녁 식사에서 금융이 현대 기업에 미치는 중요성에 대해 이야기하며 "한 회사의 시장 가치 평가는 절반 이상 신용에 좌우됩니다."라고 덧붙였다.

주민은 아이를 키우는 관점도 독특했다. "세상에서 성공한 사람은 부족함이 없습니다. 아이는 곧 당신입니다. 이것이 매우 중요한 사실입니다. 아이의 성장과 함께 나 또한 많은 것을 배울 수 있고, 아이도 나에게 많은 것을 가르칠 수 있습니다."

그는 우리에게 자신이 젊었을 때 했던 일의 경력에 대해서 이야기했는데, 자신은 늘 두터운 문서의 한 항목 한 항목, 한 글자 한 글자를 아주 자세하게 심사한다고 했다.

모든 성공한 사람들에게는 부지런히 땀 흘린 과거가 있다는 것을 알았다.

귀족 '차이(蔡)'

인재에 대한 마윈의 견해는 다른 사람들과 같지 않다. 그는 명문 대학의 석, 박사 졸업장은 한 장의 종이에 불과하다고 생각한다. 기업의 철학과 맞아야만 기업에도 가치 있는 것이며, 이것이야 말로 도리에 맞는 것이다. 마윈은 "개인 소득세 납부가 많은 사람일수록 인재이다. 한 명의 노련한 경영자가 없다면 당신의 박사 학위(고액 영수증)만 보고는 바보처럼 300만 위안을 줄려고 할 것이다." 이럼에도 불구하고 마윈은 '차별'을 하지 않는데, 진짜 인재 중 '조심하지 않아' 명문 대학을 졸업한 사람, 즉 우리의 '차이(蔡)'(차이충신)의 능력은 높이 샀다.

2011년 10월 초의 이른 아침, 마윈과 손정의(孫正義)는 투자 은행들과 실리콘밸리에서 회의를 했는데, 차이 역시 참석했다. 옛말에 "삼대가 벼슬을 해야 옷을 입고 밥을 먹는다."고 했다. 그리고 최근에는 다른 말로 "삼대가 예일대학을 가야 비로소 귀족이다."라고 했다. 차이의 집은 삼대에 걸쳐 예일대학을 졸업했고, 그는 우리 회사의 귀족이다. 그는 가까이하기 아주 쉬운 유머가 넘치는 사람이다. 한번은 내가 그의 등 뒤에서 모니터 화면을 봤는데 숫자와 곡선만이 빽빽하게 가득 차 있었다. 나는 농담으로 그에게 "회사의 최고급 기밀은 모두 봤다."고 하자, 그는 "잘됐네, 보고 이해했으면 나에게도 알려줘. 걱정하고 있었던 참이었어."라고 대답했다.

한번은 차이와 같은 비행기로 미국에 갈 때 '출발점'과 '결과'라는 주제에 대한 이야기를 하면서 내가 "이것은 마치 여자가 가슴 수술을 하는 것 같아. 출발점은 괜찮지만, 결과는 크기가 같지 않은 것, 모양이 같지 않은 것, 크지 않은 것, 크기가 다른 것 등의 4 종류가 있지."라고 했다. 차이는 듣고 웃음을 멈추지 못하며 "다시 한 번 더 말해주게. 펜으로 적어서 기억해야 겠네." 하고 말했다.

스티브 잡스의 무지개

그날 아침 비가 그치고 날이 개었다. 우리를 태운 차가 회의가 열리는 호텔에 도착했을 때 하늘에 하나는 길고 하나는 짧은, 두 개의 동심원으로 이루어진 무지개가 떠올랐다. 이후 짧은 것은 서서히 사라졌고, 긴 것은 더욱 길어지면서 또렷해지더니 결국 반원으로 변했다. 30분 뒤에 소식 하나가 전해졌는데 스티브 잡스가 세상을 떠났다는 것이다. 그 무지개는 그를 마중하러 하늘로 간 것일까? 그러길 바랄 뿐이다!

캘리포니아 주지사

며칠이 지나서 마윈은 캘리포니아 주지사 제리 브라운(Jerry Brown)의 초청으로 그의 집에서 식사를 하였다. 이전에 그는 미국에서 가장 젊은 주지사였지만, 지금은 미국에서 가장 나이가 많은 주지사이다. 우리 차가 입구에 도착했을 때 품격 있는 모습의 할아버지가 마침 개를 데리고 산책 중이었다. 위아래로 흰 옷을 입은 그는 미소를 띤 채 마윈을 안으로 안내했다. 전에 듣기로 예전에는 한 사람이 6, 7년 동안 주지사를 했는데, 급여도 받지 않고 오히려 2,000만 달러가 넘는 개인 돈을 기부했지만 캘리포니아 주의 적자는 오히려 100억 달러가 넘었다. 보아하니 주지사가 아니라 공무원들의 청렴함이 부족했던 듯하다. 사실 이러한 평가가 이전의 주지사에게는 공평하지 않을 수 있다. 7년 동안 주지사를 다른 사람으로 바꾸면 적자가 더욱 많아질 수도 있는 것이고, 어쩌면 운이 안 좋을 수도 있다.

마윈은 새로운 주지사에게 중국의 역사와 중국의 진보에 대해 소개하였다. 물론 고향이 항저우임을 주지시켰다. 이전에 그는 중국에 항저우가 있는지, 항저우에 시후가 있는지 몰랐다고 했다. 이렇게 주지사의 가슴속에 시후의 씨앗을 뿌렸던 것이다. 2013년 4월, 주지사가 중국에 왔는데, 그는 시간을 내어 조용하게 항저우를 찾았다. 마윈

캘리포니아 주지사 부부와 함께 시후에서

은 주지사 부부에게 아름답게 장식한 놀잇배를 타고 시후를 즐기게 했으며, 배에서 항저우 음식을 대접했는데 주지사 부부는 항저우의 풍경과 맛있는 음식에 대해 칭찬을 아끼지 않았다.

엉겁결에 무협과 얽힌 사연

미국에서 마윈은 저녁에 우리에게 종종 이야기를 들려주었는데 자신이 지은 무협 이야기였다. 그는 한편으로는 느릿느릿 벽난로에 장작을 채우며, 다른 한편으로는 흥미진진하게 이야기를 이끌었다. 이야기의 줄거리는 이와 같다.

어렸을 때부터 음악, 바둑, 서예, 그림 등에 능했던 왕야(王爺)는 뼛속 깊이 새긴 사랑 때문에 어쩔 수 없이 여기저기 각지의 무림 고수를 찾아다니면서 왕조의 돌아올 수 없는 길을 뒤집을 시도를 했다. 왕야를 세상 사람들은 '칠야(七爺)'라고 불렀는데, 서열이 일곱 번째가 아니라 그의 왼손 손가락이 일곱 개였기 때문이다. 그는 왼손에 항상 장갑을 끼고 있었는데, 그의 손을 본 사람도 없지만 봤다는 사람은 모두 죽었다고 한다. 줄거리가 흥미진진하여 의외로 무척 재미가 있었다. 마윈이 이야기를 할 때 마치 그가 직접 겪은 것처럼 보였고, 어떤 부분의 줄거리는 다음 날 저녁이면 바뀌기도 했는데, 당신도 마윈의 어제 저녁 기억이 틀렸다는 것을 알아차릴 것이다. 미국에서의 시간은 매일 아침 일찍 일어났다가 모두들 날이 어두워지기만을 기다렸다. 마윈의 다음 이야기가 듣고 싶어서…….

어떤 사람은 나에게 마윈이 CEO를 그만두면 무엇을 할 수 있을지를 묻는데, 나는 마윈이 이 무협 책을 출판했으면 하는 바람이 있다.

후룬베이얼(呼倫貝爾) 초원

2011년 7월, 대자연보호협회 조직은 후룬베이얼(呼倫貝爾) 초원에 가서 현지 조사를 했는데, 초원의 보호와 발전에 대해서도 연구와 토론을 하였다.

우리와 같은 비행기에는 다른 기업가와 부인도 있었다. 그중 몇몇은 아이가 해외에서 공부하고 있었는데, 그런 이유로 아이가 그들 대화의 주제가 되었다. 한 부인이 "학교가 정말 예뻐요. 기숙사의 복도도 너무 정갈하지만, 방에 들어서면 다른 세계가 펼쳐집니다. 엉망진창인 그 곳에서 당신은 어디에 서 있어야 할 지 모를 정도예요. 매번 방을 정리하러 가면 대청소를 하는데 아이가 잘 허락하지 않습니다. 방 정리가 깔끔하게 되어 있으면 모두 동성연애자로 생각하기 때문이라고 하네요!"라고 했다.

어떤 기업가는 마윈과의 좋은 관계를 이유로 회사의 업무상 기밀에 속하는 내용을 물어보기도 하는데, 마윈은 정면으로 대답하지 않고 "한 사람의 무게는 그의 관의 무게로 결정됩니다. 관의 무게는 그가 가지고 가는 비밀에 의해 결정됩니다. 만약 한 사람이 죽었을 때 어떠한 비밀도 갖고 가지 않는다면 그는 헛된 삶을 산 것입니다."라고 말했다.

후룬베이얼에 도착했을 때 주최측인 뉴건성은 모두를 열정적으로 맞이했다. 뉴건성은 후룬베이얼이 7개의 영국에 1개의 스위스를 합한 면적만큼 크다고 설명했다.

우리는 먼저 초원습지 보호구역을 참관했고, 이후 길에서 초원의 노래를 들으며 중앙러시아 국경지대의 한 조그마한 지역으로 갔다. 길을 따라 초원을 제외하고 다른 숲도 있었고, 서로 다른 종류의 말 무리가 있었다. 7월인데 유채꽃이 활짝 피어 있었다.

나는 우리가 구체적으로 어디인지는 알 수 없지만 칭기즈칸의 무덤을 지났을 거라고 생각이 들었다. 칭기즈칸이 사망하자 그의 군대는 망망한 초원으로 7일 낮 7일 밤을 가서 그곳에 매장하였다. 길에는 어떠한 표시도 남기지 않고 다만 어미와 새끼 낙타 두 마리만이 있었다. 초원에서는 낙타만이 길을 아는데, 매장할 때 새끼 낙타를 함께 묻었다. 이렇게 해야 다음에 다시 무덤을 찾을 때 슬픔에 겨운 어미 낙타가 새끼를 묻은 곳을 찾아오기 때문이다. 인간은 참으로 잔인하다!

국경지대의 작은 도시에 도착했을 때는 이미 저녁이었다. 식사를 할 때 나는 길에서 현지인들에게 들은 문제를 기업가들에게 냈다. 그중 하나의 문제는 "젖소는 젖꼭지가 몇 개입니까?"였는데, 정확한 답을 알고 있는 사람이 없었다. 이때 뉴건성이 와서 수수께끼의 답을 풀었다. "젖소의 우유 주머니 한 개에는 4개의 젖꼭지가 있습니다. 당신은 젖소와 암퇘지, 암캐도 동일하게 '더블 버튼'이라고 생각하십니까?"

저녁 식사를 할 때 마윈과 나는 같은 테이블이 아니었는데, 술잔은 세 순배 돌았다. 누가 어깨를 치는 느낌이 들어 돌아보니 술 취한 모습이 역력한 마윈이 "사람들이 네가 노래 부르기를 기다리고 있어. 너도 히틀러를 모방한 레퍼토리를 준비해."라고 했다. 나는 순간 긴장이 되었는데, 그 레퍼토리는 이미 몇 년간 선보인 적이 없어서 대사

후룬베이얼 초원에서 모두 함께

도 다 잊었다. 그래서 나는 화장실에 가서 여러 차례 리허설을 했다.

기업가와 직원들이 모두 무대에서 공연을 했는데, 마윈의 순서가 되어 무대에서 '초원의 노래'를 불렀다. 잠시 뒤에 뉴건성이 어린 손녀를 안고 무대로 올라와서 "나는 마윈이 1등임을 선포합니다. 심사위원은 나의 손녀입니다. 장유(張幼)가 노래를 부를 때 그녀는 집 바깥에 있었는데, 마윈이 노래를 부를 때는 무대에 오르고 싶어 했기 때문입니다."고 했다.

한바탕 박수갈채를 받은 후에 마윈은 나의 공연을 완전히 잊었다. 사실 그것이 나의 소망이기도 했다.

초원 경기

이튿날 우리는 초원의 중간지역에 도착했다. 양고기 구이를 먹기 전에 공연을 관람하고, 활쏘기를 하였는데 백발백중이었으며, 레슬링 경기도 있었다. 8명의 레슬링 선수는 모두 기골이 장대했다. 개인 토너먼트 방식으로 맨 마지막에 한 명을 선발하는 방식이었다. 이때 레슬링 선수가 다음 경기는 관중과 하자고 제안하면서 3:1도 가능하다며 매우 얕보았다! 황누보(黃怒波) 등 몇몇이 레슬링 복장으로 갈아입고 그들과 1:1로 대결하였는데, 결과는 그들에게 아주 빠르게 넘어졌다. 하지만 그들은 마윈이 준비를 하고 이곳에 온 줄은 전혀 예상하지 못했다. 마윈은 태극권 챔피언을 데리고 온 것이다. 그 챔피언은 조용히 대기하고 있는 8명의 레슬링 선수 중에서 가장 강력한 상대를 골라 몇 번 겨룬 뒤에 상대를 넘어뜨렸다. 상대가 불복하여 다시 겨루었는데 또 넘어지고 말았다. 기업가들은 환호성을 질렀다!

오후에 네 개 조로 나누어 줄다리기 경기를 했다. 결승전 때 양측에 모두 외부의 '도움'이 있어 재경기를 했는데 여기서도 어떤 사람이 이긴 쪽의 '외부의 도움'을 고발하였다. 심판장 뉴건성이 "저는 매우 공정한 심판입니다. 한 쪽이 불복하면 계속해서 시합을 진행시킬 것입니다." 네 번을 하여 마지막에는 모두 '복종'하여 양 팀이 나란히 우승을 했다. 경기가 끝난 뒤 우리는 팔뚝이 예전보다 굵어진 것을 확실히 느낄 수 있었다.

저녁을 먹고는 캠프파이어를 하였다. 마윈은 별이 가득한 하늘 아래에서 모두를 모아놓고는 귀신 이야기를 했다. 귀신 이야기는 대부분 내용이 비슷하고 어렸을 때 모두 들어봤지만 마윈이 이야기를 하면 생생해 소름이 끼치게 된다.

코골이

그날 기업가들의 절반은 몽골 파오-몽골 유목민 텐트, 옮긴이-에서 지냈는데, 7월의 초원은 아직도 쌀쌀하고 매우 습했다. 마윈, 선궈쥔, 태극권 챔피언과 나를 포함한 네 명은 같은 몽골 파오에서 지냈다. 밤늦도록 조용했는데 벌레 울음소리조차 듣지 못했다.

다음 날 이른 아침, 우리와 다섯 채나 떨어져 있는 원지아(聞佳)가 와서 말하기를 "어제 밤에 이 방향에서 어떤 사람이 코를 골았습니다."라고 했다.

내가 "진짜요? 저는 전혀 듣지 못했는데요."라고 하자, "너는 당연히 못 들었을 거야. 바로 너가 골았으니까!"라고 마윈이 말했다.

다섯 채나 떨어진 곳에서 코 고는 소리를 들었다니 나는 몹시 부끄러웠다. 어제 저녁 마윈과 선궈쥔의 생존 환경이 얼마나 척박했을지 상상이 되었다.

퇴직에서 상장까지 | 12

퇴직 선언

2013년, 알리바바의 사회적 영향력이 날로 커져감에 따라 마윈은 더 이상 회사의 실무에 얽매여서는 안 되고, 사회에 도움이 될 만한 일을 해야 겠다는 결심을 했다.

그는 CEO를 사직하고 이사장만 맡기로 하였다. CEO가 바뀌며 회사 경영에 혼란이 있었던 다른 회사들의 사례를 교훈 삼아 마윈은 평온하게 양도되기를 희망했다.

2013년 1월과 3월, 2개월 사이 마윈은 전체 알리바바 직원들에게 두 편의 이메일을 보냈다.

제1편

알리인 여러분!

저는 이런 이메일을 쓸 수 있기를 아주 오랫동안 기다렸습니다. 마침내 그날, 그 시간이 되었습니다.

저는 2013년 5월 10일부로 알리바바 그룹의 CEO직을 맡지 않고, 그룹 이사회 의장 업무에 전력을 다하고자 합니다.

지금 이 순간, 저는 가족, 동료, 친구, 협력 파트너 그리고 여러분들께 감사의 말씀을 드립니다. 14년 동안 저를 지지해주셔서 감사합니다. 저는 제 성격과 일을 하는 스타일을 잘 알고 있습니다. 여러분들의 관용과 신뢰, 특히 최선을 다하는 창의력 덕분에 저는 인생에서 제일 귀중하고 잊지 못할 14년을 지냈습니다.

9년 전에 타오바오를 창립할 때 어느 투자가 친구와 이야기를 나눴는데, CEO를 두 번은 맡지 말라고 했습니다. 그는 저를 표준에 적합한 CEO가 되지 않을 것으로 여긴 겁니다. 저도 이 견해에는 동의합니다. 하하! 하지만 저는 그때 저와 회사 모두 준비가 되어 있지 않다는 것을 알았습니다. 그때부터 저와 제 팀은 이 날을 위해 노력하기 시작하였습니다. 우리가 가장 성공한 회사가 아닐 수는 있지만, 그리고 최고의 지구력과 활력을 가진 회사이길 바랍니다.

14년 동안, 알리바바가 이룬 업적은 저를 뿌듯하게 합니다. 그리고 저로 하여금 더욱 기쁘게 하는 것은 알리인들의 성장입니다. 알리의 특별한 문화가 독특한 매력을 지닌 많은 알리인을 만들었습니다. 회사를 창립한 CEO로서 CEO의 직위에서 물러나는 것은 대단히 쉽지 않은 결정이었습니다. 오해를 낳기 쉽기 때문입니다. 특히 저 같은 나이에, 아직 통상적인 의미에서 한창 힘을 쓸 나이라고 할 수 있는 시기에 말입니다. 저는 절대 게으름을 피울 생각이 없습니다. 알리바바의 CEO를 맡는다는 것이 결코 쉬운 일이 아니었습니다. 저는 알리 젊은이들의 꿈이 저보다 더 아름답고 찬란하다는 것을 알기 때문입니다. 그들은 저보다 더 강한 자신만의 미래를 만들 수 있는 능력을 가지고 있습니다.

14년의 창업 경력은 다행히 저로 하여금 제가 하고 싶은 것, 할 수 있는 것과 반드시 내려놓아야 하는 것이 각각 다르다는 걸 알게 했습니다. 마음 깊은 곳으로부터 저는 오늘의 젊은이들에게 탄복합니다. 인터넷 업계에서 48세인 저를 '젊다'고 할 수 없습니다. 알리바바의 다음 세대들은 저보다 인터넷 시스템을 운영하는 데 더욱 장점을 가지고 있습니다.

인터넷 세계는 젊은이들의 세상입니다. 올해 알리의 절대다수를 차지하는 60년대생 임원들은 관리와 집행의 역할을 그만둘 것입니다. 우리는 장차 미래를 선도하는 책임을 70년대생, 심지어 80년대생에게 맡기려고 합니다. 우리는 그들이 미래를 더 잘 알고, 앞날을 창조할 능력이 있다고 믿기 때문입니다. 그들에게 더 다양하고 큰 무대를 제공해주는 것이 저희들의 책임이자, 영광입니다. 이것이야말로 저희들이 회사의 미래에 창조적으로 기여할 수 있는 가장 큰 공헌이 될 것입니다.

많은 사람들이 미래의 CEO가 누가 될지 궁금하실 겁니다. 창업자를 이어 CEO를 맡는 것은 어려운 일입니다. 특히 저처럼 성격이 분명하고 'ET'에 속하는 사람의 뒤를 이어 CEO를 맡는다는 것에는 큰 용기와 희생정신이 필요합니다. 다행히 알리에는 이런 류의 지도자들이 몇 명 있습니다. 개개인이 모두 보기 드물게 지도자로서 매력과 개인의 품성을 갖추고 있습니다. 그들은 장차 미래의 알리에 색다른 요소와 기질을 불어넣을 것입니다. 하지만 그들에게 이런 큰 희생과 헌신을 하도록 설득하는 일이 결코 쉬운 일이 아닙니다. 이것도 제가 1년 내내 고민한 일입니다. CEO를 그만두는 것을 몇 달 앞당겨 선포함으로써 젊은 동료들이 나와서 맡는 것에 대해 용기를 주고자 합니다. 여러분들은 걱정하지 마십시오. 저는 5월 10일에 신임 CEO를 선포할 자신이 있습니다.

알리인 여러분! 알리는 102년의 지속적인 발전이라는 뜻을 세웠습니다. 우리는 아직 88년의 길을 더 달려야 합니다. 건강하고 우수한 젊은이들을 선발하는 제도가 없이 우리가 그날까지 간다는 것은 생각하기 어렵습니다. 오늘은 단지 앞으로 있을 많은 지도자 교체와 부서 이동 중의 첫 번째입니다. 오늘의 알리바바는 이미 그런 좋은 후계 제도를 구축할 수 있는 능력과 실력, 책임을 갖추고 있습니다. 또 우리는 그런 능력이 반드시 있어야 합니다.

다시 여러분들의 신뢰에 감사를 드립니다. 앞으로 몇 년 동안 저는 주로 알리바바 이사회의 전략 정책을 책임지고, CEO를 도와 보다 나은 조직 문화와 인재 양성에 힘쓰겠습니다. 아울러 여러 사람들과 만나면서 알리의 공익 사업을 더욱 강화하고 완비하도록 할 것입니다.

저는 자기가 좋아하는 것, 자기가 할 수 있는 것, 그리고 저보다 더 강한 사람의 일을 돕는 것이 오늘의 제가 마땅히 해야 할 일이자 올바른 일이라고 믿습니다.

알리인이여! GO!

마윈

2013. 1. 15

제2편

알리인 여러분!

그룹 이사회의 결정으로 루자오시가 알리바바 그룹의 CEO로 임명된 것을 대단히 기쁜 마음으로 여러분들에게 전합니다. 그는 저의 직무를 이어받아 알리 금융서비스 그룹–초판 출간 당시 준비 중이던 금융 서비스가 출간 후 'ANT FINANCIAL'로 바뀜. 옮긴이– 외의 모든 업무를 전면적으로 책임질 것입니다. 아울러 2013년 5월 10일, 타오바오 10주년 기념일까지 전체 업무의 인수인계가 완성될 것입니다.

루자오시와 저는 13년 동안 같이 일을 했습니다. 그는 알리바바 B2B 광둥(廣東) 판매 창업자, 알리페이 창립 사장, 타오바오 사장, 알리바바 B2B 상장사 CEO, 그룹 수석 데이터 책임자(CDO), 그리고 알리윈 OS 사장 등의 직무를 역임했습니다. 그는 그룹의 업무를 좋아하고 익숙하며, 알리의 문화와 조직 건설에도 참여했고, 많은 인재를 양성했을 뿐만 아니라 스스로도 지도자로서의 독특한 스타일과 매력을 가지고 있습니다.

루자오시가 갖춘 새로운 일에 대한 관심과 학습 능력, 주요한 문제에 대한 판단과 결단력, 그리고 강력한 실천력이 사람으로 하여금 깊은 인상을 가지게 합니다. 이보다 더 중요한 것은 알리에서 일한 13년 동안 그는 낙천적이면서도 꺾이지 않는 강인함을 길렀고, 중소기업과 소비자에 대한 충성과 감사할줄 아는 자세를 갖췄습니다.

알리바바그룹의 CEO를 맡는 것은 도전성을 갖추어야 하는 아주 힘든 일입니다. 특히 저와 같은 창업자 CEO에게서 일을 물려받기 때문에 루자오시에게 부여되는 책임과 각종 스트레스는 상상할 수 없을 정도입니다. 이에 저는 이를 맡아준 루자오시의 크나큰 희생과 헌신에 대해 감사하고 있습니다. 저는 여러분의 도움과 지지로 그가 알리 그룹을 이끌어 비즈니스 생태 건설에 더 큰 기적을 만들 것으로 굳게 믿고 있습니다.

이것은 알리바바가 처음으로 CEO 후계 제도를 실행하는 것입니다. 앞으로도 이런 기회는 많이 있을 것입니다. CEO와 지도자는 각자 해야 할 사명과 책임이 있습니다. 여러분들의 지지와 협조, 믿음과 포용이 없었으면 제가 14년간 창업자 CEO로서의 임기를 마무리할 수 없었을 것입니다. 마찬가지로 루자오시가 알리바바그룹의 CEO로, 펑레이는 ANT FINANCIAL의 CEO로 일하는 데에는 앞으로 여러분들의 전폭적인 지지가 우리 공동 사업의 성공을 결정짓는 관건이라 하겠습니다. 알리바바의 사업은 이전부터 CEO 한 개인의 사업이 아니라 우리들 모두의 사업인 것입니다.

5월 10일부터 저는 그룹 이사회 의장으로 전심전력을 다하겠습니다. 이것이 저에게는 새로운 도전입니다. 저는 여러분의 기대를 저버리지 않고, 합격점을 받는 의장이 되기 위해 노력하겠습니다.

알리인 여러분! 14년 동안 우리는 무수한 도전을 겪었습니다. 우리는 알리가 사회의, 사회에 의한, 사회를 위한 진정한 사회적 기업이 되기를 희망합니다. 어제에 대한 감사와 내일에 대한 경외심을 가져야, 자기가 사회를 진정으로 아름답게 만들겠다는 책무가 있어야, 알리의 기운을 수많은 창업자들의 기운으로 바꿀 수 있어야, 우리들은 앞으로의 88년을 완성해갈 수 있을 것입니다!

마윈
2013. 3. 11

사회 활동 참여

'퇴직'을 선포하고 나서 마윈이 사회 활동에 참가하는 횟수가 더욱 많아졌다.

2013년 4월 12일, 마윈은 《영재》지와 태극선이 공동으로 주최한 강호회(江湖會)에 참가하기 위해 베이징에 있었다. 리롄제와 런즈창(任志强) 등 많은 옛 친구들을 만나 즐거운 이야기를 나눴다.

마윈과 런즈창은 마음속으로는 서로를 인정하지만 얼굴을 대하면 거의 '빈정거리는' 수준이다. 예를 들어, 반년 뒤에 타오바오의 '11월 11일'의 판매액이 350억 위안을 넘어 역사적인 기록을 세웠을 때 런즈창은 자기의 웨이보에 '350억, 겨우 건축 부지 몇 개일 뿐'이라고 했다. 그리고 마윈이 '라이왕(來往)'--카카오톡에 해당하는 중국 인스턴트 메신저. 옮긴이--을 홍보할 때에도 런즈창은 '짜뒤(扎堆)--중국의 SNS 프로그램. 옮긴이--'를 만들었다. 매일 짜뒤에서 옛날 노래를 불렀는데, 내 생각에 중국에서 그보다 노래를 못 부르는 사람을 찾기는 힘들 것이다.

그날 '강호회'에서 마윈은 기분이 좋아서 무대에 올라 태극권도 보여주었다.

바로 이 모임에서 마윈은 "태극선은 일종의 생활 태도다."라는 생각을 피력했다. 그는 선(禪)을 모든 지혜와 자비가 들어 있는 결정체라고 생각한다. 지혜와 자비만이 진정한 즐거움을 안겨줄 수 있다. '태극선'이 추구하는 것이 바로 건강과 즐거움이다.

4월 22일은 '지구의 날'이다. 매년 이날 중국 기업가 클럽이 한 도시를 선정하여 '그린 컴퍼니(Green Companies) 연차 총회'를 여는데, 이번에는 쿤밍(昆明)이 선정되었다. 총회 기간 중에 마윈의 야간 발표가 있었는데, 주제는 '비즈니스의 미래'였다.

마윈의 야간 발표는 당일 가장 늦게 시작했지만 와서 들은 사람은 가장 많았다.

그 동안 마윈은 마술 관련 책 몇 권을 사서는 시간이 날 때마다 몰래 연습을 해 그날 발표 시작 전에 친구들에게 솜씨를 보여주었다. 왕중쥔이 발표 사회를 맡았는데,

그는 "'비즈니스의 미래'라는 주제가 마윈과 아주 잘 어울리는 것 같습니다. 마윈은 미래에 사는 것 같거든요. ……"라는 말로 개막사를 시작했다.

총회의 마지막 행사는 모든 기업인들이 참여하는 패션쇼였다. 류촨즈를 비롯하여 기업인들은 모두 진지하게 그리고 멋지게 포즈를 취했다.

5월 1일, 나는 마윈과 로스앤젤레스에 갔는데, 위펑 사장도 같은 비행기를 탔다.

비행기 안에서 GE부터 JP모건, 그리고 JP모건에서 분리되어 나온 모건 스탠리까지 많은 글로벌 회사에 대한 이야기를 해주었다.

구체적인 내용은 기억나지 않고, 들으면서 계속 고개를 끄덕였던 것만 생각이 난다. 그런데 고개를 끄덕였던 것이 내가 다 알아들어서가 아니다. 그저 말하는 사람의 적극성을 방해하고 싶지 않았을 뿐이었다.

당시 마윈의 친구 한 사람이 LA에서 집을 사서는 마윈을 집으로 초청했다.

화원이 무척 예뻤지만 오래 앉아 있자니 다들 심심해했다. 마윈이 "자연 환경도 중요하지만 사람 환경이 더 중요하다. 이웃이 모두 외국인이라 '사국대전(四國大戰)'을 하려고 해도 못 하겠다. 나는 더 이상 못 참겠다. 하하!"라고 말했다.

'사국대전'은 일종의 군기 게임인데 아주 오래되었지만 재미있는 놀이다. 알리바바 초기에 많은 직원들이 마윈의 집에서 이 게임을 한 적이 있다. 그때 마윈은 이 게임을 통해 직원들과 관계를 돈독하게 했을 뿐만 아니라, 때로는 게임을 통해 직원들의 성격을 판단하여 어떤 업무를 배당하면 적합한지 결정하였다.

그날 저녁에 미국에 있는 위펑의 한 여자 동창이 모두에게 밥을 사겠다고 했는데, 이곳에서 아주 유명한 식당이라고 했다. 도착해서 보니 과연 빈자리가 없었는데, 미리 자리를 예약해서 다행이었다.

식당의 사장은 이전에 유명한 요리사였다고 했는데, 우아한 의상을 입고 있었다. 식당 안을 천천히 둘러보았는데, 식당의 손님들은 대부분 그를 아는 듯했고 그는 미소로 여러 사람들에게 화답을 했다. 마윈이 "저 사장을 보니 나의 옛날 꿈이 되살아난다. 항저우에 돌아가면 마윈식 만한취안시(滿漢全席)-만주족과 한족의 요리 정수를 하나로 묶어 만들어 낸 연회상. 옮긴이-를 열 거야. 하하!"라고 했다.

위펑은 예전에 푸단대학 대학원학생회 회장이었다. 게다가 키도 크고 인물도 좋기에 나는 그 여자 동창이 위펑의 좋은 면을 얘기할줄 알았다. 하지만 그녀는 당시 위펑의 망가진 일화를 말해주었다. 예를 들면 어떤 여학생이 위펑을 좋아해서 전시회 입장권 2장을 사서 위펑과 같이 전시회를 가자고 했는데, 위펑이 "입장권을 나한테 한 장 주는건 되지만, 나는 너랑 나란히 걸을 수 없어."라고 말했다고 했다. 미국의 여자 동창은 매우 쾌활하게 웃으면서 이야기했는데, 위펑이 어떤 느낌을 받았을 지에 대해서는 전혀 신경을 안 썼다.

래리 엘리슨(Larry Ellison)과의 만남

5월 3일, 마윈은 LA에서 열린 TNC(The Nature Conservancy, 국제 자연보호협회)에 참가했는데, 중국 TNC의 이사-TNC는 1951년 설립 이후 세계 35개국에 걸쳐 활동하고 있는 비영리 환경 단체로, 100만 명의 회원들과 600여 명의 과학자들을 보유하고 있다. 마윈은 TNC의 중국 프로그램 신탁 관리자로 이 협회의 국제 이사회 일원 및 중국측 이사회 회장을 역임했다. 옮긴이-들은 모두 참석했다.

첫 일정은 야외 칵테일파티였는데, 조직위는 실외에 아주 심플하면서도 아름다운 공간을 조성하였다. 칵테일파티에 이어 포럼이 있었는데, 마윈은 이사로 공익 사업에 참여하는 것에 대해 "호소도 중요하지만 보다 더욱 중요한 것은 실천하는 것이다."라는 생각을 표명하였다.

회의가 끝난 후 우리는 아주 입지전적인 사람인 오라클(Oracle Corporation)의 CEO 래리 엘리슨(Larry Ellison)을 그의 호화로운 유람선에서 만났다.

엘리슨의 경력은 상당히 전설적이다. 여러 차례 대학교를 다니면서 어떤 학위도 못 땄지만, 세계 일류의 회사를 창립하였다.

70세에 가까운 엘리슨은 여전히 멋스럽고, 또 풍채가 늠름하였다. 그는 유람선에 있는 모든 사람들과 웃으며 사진을 찍었다. 키가 매우 커서 사진을 찍을 때는 늘 긴 두

마윈과 엘리슨

팔로 다른 사람의 어깨를 감쌌다.

엘리슨은 천천히, 귀찮아하지 않고 유람선의 각종 설비와 기능을 설명해주었다. 지금은 환경보호가 주요 업무라고 했다.

그는 얼마 전에 자신의 유람선으로 하와이를 다녀왔다고 했다. 하와이에서 아주 크고 아름다운 섬을 하나 샀는데, 그 섬에 담수가 없다고 했다. 그는 중국의 태양 에너지 기술과 이스라엘의 해수를 담수화하는 시스템으로 섬을 개조하고 있다고 했다. 마윈에게도 시간이 나면 그 섬에 와달라고 초청했다.

LA에서 IT 업계의 신과 같은 엘리슨을 만나고 나서 우리는 비행기로 샌프란시스코로 향했는데, 그 사이 일고여덟 명의 기업가들이 동행하였다. 저녁에는 한 투자자의 집에 저녁 식사를 초대받았는데, 그곳은 2년 전에 마윈을 수행하여 한 번 가 본 적이 있었다.

집주인과 기업가들은 같이 정찬을 하고, 나와 다른 두 명의 수행원들은 별도의 작은 방에서 식사를 했다.

대략 1시간이 지나자 마윈이 그들의 방에서 나와 통화를 하고는, 우리가 밥을 먹고 있는 곳으로 왔다. 그는 우리가 먹는 음식들을 보고는 목소리를 낮추어 "와! 여기 요리가 우리 먹는 것보다 훨씬 좋네! 난 거기에서 아무것도 못 먹었어."라고 했다.

말을 하면서 마윈은 옆에 있던 포크 하나를 집어 재빨리 음식을 입에 넣고는 또 바람처럼 사라졌다.

내 생각에 전 세계에 널리 있는 문제의 하나는 많은 정성을 기울이고 열심히 만든 요리가 종종 제일 맛없는 요리가 된다는 것이다.

대학생들과의 교류

마윈은 늘 교육에 큰 관심을 가지고 있어서, 학교를 방문해 학생들과 교류하는 것을 즐겁게 여긴다.

5월 4일, 마윈은 스탠퍼드대학교에서 강연을 하였는데, 핵심은 실리콘 밸리에 있는 중국 유학생들이 귀국해서 창업을 하거나 알리바바에 입사하기를 희망한다는 내용이었다.

좌석 수에 맞춰 주최측에서 사전에 입장권을 나눠줬는데, 온 사람들이 예상을 훨씬 뛰어넘었다. 마윈을 명성을 듣고 흠모하여 몇 백 킬로미터 밖에서 찾아온 사람들도 많았다. 결국 입장권이 없는 사람들도 입장을 시켰기에 통로까지 사람들로 가득하였다.

청중들이 대부분 중국인이었기에 마윈은 여러 차례 중국어로도 강연을 했다. 장점은 발휘하고 단점은 피해야 한다고 이야기하면서 마윈은 "마이클 조던과는 농구를 해서는 안 되고, 바둑을 두어야 합니다."고 했다. 어떤 학생이 모바일 인터넷의 전망에 대해 질문을 했는데, 마윈은 "PC는 우리가 일하는 방식을 바꾸었고, 모바일 인터넷은 우리의 생활 방식을 바꿀 것입니다. 그래서 더욱 철저히 준비해야 합니다."라고 답했다.

마윈은 늘 모교인 항저우사범대학교에 대해 특별한 관심을 가지고 있어서, 가서 한 연설도 제일 많다. 2013년 7월 마윈이 초청을 받아 항저우사범대학의 알리바바 경상대학 졸업식에서 연설을 하였는데, 일부 내용은 아래와 같다.

이 세상에서 기회는 매일 생기는데, 여러분들이 어떻게 그 기회를 파악하느냐에 달려 있습니다. 여러분들은 가장 좋은 일자리를 찾지 말고, 자신에게 가장 잘 어울리는 일자리를 찾아야 합니다. 제일 위대한 일이 아니라, 제일 즐겁다고 생각하는 일을 해야 합니다. 즐거움은 인생에 있어서 그 무엇보다 더 중요합니다. 즐거움은 여러분의 교수님, 친구들, 부모님, 나아가 미래의 아이들조차 여러분이 가지

스탠포드대학에서의 마윈

기를 바라는 것입니다. 즐거운 일만 있어도 다른 사람이 따라할 수 없는 재능을 이루는 것입니다. 우리는 언제까지나 낙관적으로 이 세계를 봐야 하고, 항상 진실한 이야기를 하고, 계속해서 자신의 머리로 사고를 해야 합니다. 사람들이 모두 일자리가 없다고 할 때에도 저는 여러분들이 진실하게 구하면 반드시 맞는 일자리가 있다고 믿습니다. 여러분이 하루 동안 그 일을 하면 사랑도 하루만큼 얻어지고, 그래서 다른 기회가 되면 다시 다른 일을 선택하게 될 것입니다. ……

몇 년 동안 줄곧 많은 유명대학에서 마윈에게 명예 교수 혹은 명예 박사를 주겠다고 요청하였지만, 마윈은 전부 받지 않았다. '퇴임' 후에 마윈은 처음으로 홍콩과학기술대학의 요청을 받아들였다.

명예 박사 학위 수여식은 11월 8일, 해당 학교의 졸업식에서 하기로 했는데, 학교 측은 마윈에게 졸업식 강연을 부탁했다. 이는 홍콩과학기술대학 역사상 처음으로 명예 박사가 졸업식에서 강연을 하도록 요청한 것이었다.

학교 측은 세심하게 졸업 가운과 모자를 항저우에 있는 마윈에게 입어보도록 미리 보내왔다. 입어보고 난 마윈은 아무래도 이상하다고 했다. 그가 농담으로 "이래야 돼. 학교가 학생들에게 제공하는 졸업복은 당연히 몸에 안 맞을 거야. 이것은 학교가 학생들에게 하는 마지막 수업이며, 학생들에게 학교에서 배운 것은 이후 사회에서 전부 적용하지 못하고 새로 배워야 한다는 것을 마지막으로 일러주는 거야."라고 했다.

졸업식 날에 마윈은 영어로 연설을 했다.

만일 마윈의 영어 강연을 들어본 적이 있다면, 당신은 그의 중국어 강연이 최고라고 생각하지 않을 것이다.

명예 박사 마윈

행사가 끝난 뒤 항저우에 돌아오자, 마윈의 부인인 장잉은 웃으며 "박사 남편이 돌아오셨네! 환영합니다!"라고 농담을 했다.

2014년 6월 29일, 마윈은 초청을 받아 칭화대학(清華大學) 경제경영대학의 졸업식에서 다음과 같이 강연을 했다.

오늘 많은 학생들은 머리 위의 모자가 마음에 안 들었을 것입니다(몇몇 학생들의 학사모가 떨어졌기 때문이다.). 여러분의 머리에 딱 맞는 모자는 없을 것입니다. 그 모자는 학교가 여러분에게 주는 것이기 때문입니다. 저는 졸업한 지 26년이 되었는데, 저의 모자를 제외하고는 제 머리에 딱 맞는 모자는 없습니다. 각자의 지위에도 맞아야 합니다. 매일 탐구하여 자기에게 적합한 모자를 찾아야 하고, 자기만의 모자를 만들어야 합니다.

저는 여러분들에게 한 가지 주의를 환기시킬려고 합니다. 오늘 여러분은 중국 최고의 영예라 할 만한 졸업장을 받았습니다. 하지만 그것은 4년, 6년 어떤 사람은 8년 동안 부모님들이 여러분들을 위해 많은 학비를 내었다는 것을 증명하는 한 장의 종이일 뿐이고, 한 장의 등록금 통지서일 뿐입니다. 그렇게 많은 학비를 내고, 그렇게 많은 시간을 쓰고서 많은 시험을 통과했다 하더라도 그것은 모의고사일 뿐입니다.

여러분들에게 조언도 하나 하려고 합니다. 여러분들이 만일 칭화대학에서 졸업을 한다면 여러분은 감사하는 눈빛으로 항저우사범대학의 학생들을 보기를 바랍니다. 만일 여러분이 항저우사범대학에서 졸업을 한다면 감사하는 마음으로 자기를 보길 바랍니다. 사회에는 끊임없이 채워지는 변화와 계속해서 일어나는 기적이 있기 때문입니다.

좀 전에 회계학과 학생이 말한 것처럼, 오늘 아무리 성공했다 해도 사람의 일생은 죽을 때가 되어서야 이익을 본 것인지 손해를 본 것인지를 알 수 있습니다. 저는 우리가 겨우 걸음마 단계에 있다고 생각합니다. 저는 오늘 이 자리에 계신 많은 분들이 졸업 후에 대해 각양각색의 근심에 휩싸여 있다는 것을 잘 알고 있습니다. 예를 들면 경영대학을 졸업했는데 졸업 후에 사장이 될 수 있을까? 아니면 좋은 사장을 찾을 수 있을까? 좋은 회사에 취직할 수 있을까? 사실은 이런 걱정은 누구에게나, 매일 있습니다. 갓 창업을 했을 때 저는 먹고살 수 있을 지 날마다 걱정했습니다. 그 후에는 이 회사가 성장할 수 있을 지를 걱정했습니다. 지금은 회사가 커졌는데 무너지지 않을까를 걱정하고 있습니다. 오늘의 걱정은 이전에 비해 훨씬 많아졌습니다. 우리는 시시각각 모든 곳에서 이러저런한 걱정으로 살고 있습니다. 걱정하는 것이 정상이고 안 하는 것이야말로 비정상입니다.

이것이 제가 여러분들에게 하고 싶은 조언이자, 저 개인의 솔직한 심정입니다. 30년 동안 스스로 노력하지 않을까 봐, 스스로 닥친 재난을 해결하지 못할까 봐, 스스로 좋은 기회를 잡지 못할까 봐, 재앙을 당하지 않을까 봐, 좋은 기회를 잡지 못할까 봐 저는 매일 걱정을 했습니다. 하지만 걱정과 상관없이 여러분들은 눈물, 억울함, 오해, 불행 등 각종 사건을 반드시 만나게 됩니다. 그것들은 걱정할 필요도 없이 조만간에 만나게 될 것입니다.

지금 저는 여러분들과 제 마음속의 느낌을 나누고 싶습니다. 앞으로 30년 동안 중국의 변혁과 기회는 더욱 커질 것입니다. 제가 있는 산업에서 보자면, 지금 세계는 IT에서 DT로 바뀌고 있습니다. 이 두 글자의 차이 이면에는 사실 사상, 문화, 사회 등 여러 방면의 많은 차이가 있습니다. 지금 대다수의 사람들은 IT(Information Technology)의 관점에서 세상을 보고 있습니다. IT가 무엇일까요? IT는 나를 위주로, 내가 관리하는 데 도움이 됩니다. 그럼 DT(Data Technology, 데이터 기술)는 무엇일까요? 다른 사람을 위주로 하고, 다른 사람을 강화하고 지지합니다. DT의 사고는 다른 사람이 성공해야 당신이 성공할 수 있다는 것인데, 이는 거대한 사상의 전환입니다. 이 사상으로 말미암아 생산 기술의 변화와 전환이 이루어질 것입니다.

제가 여러분에게 드리고 싶은 말은 모든 변혁의 시대는 젊은이들의 시대라는 것입니다. 물론 고민거리도 더욱 많아질 것입니다. 하지만 저는 오늘 여러분들을 보고 나니 이 자리에 있는 대다수의 학생이 알리바바의 직원이 되었으면 좋겠다는 생각입니다. 저는 그렇게 걱정을 안 해도 될 것 같습니다. 정말입니다. 앞으로 30년 동안 저는 여러분을 따라다니고 싶습니다. 여러분들이 장차 이 세계를 바꿀 것입니다. 여러분들이 장차 이 기회를 잡을 것입니다. 규합과 변혁은 젊은이들에게 기회가 될 것이고, 이 시대에도 기회가 될 것입니다.

변혁의 시대에 저는 특별히 여러분들과 저의 경험을 공유하고 싶습니다. 30년 동안 저는 세 가지 사항을 굳게 지켜 왔습니다. 오늘은 이 세 가지가 여러분들에게 도움이 될지 안 될지를 생각해주시길 바랍니다. 첫째는 영원히 이상주의를 지키는 것, 둘째는 책임 의식을 지키는 것, 셋째는 낙관적 긍정 에너지를 지키는 것입니다.

타오바오 10주년 기념 행사

2013년 5월 10일은 타오바오의 창립 10주년 기념일이자, 마윈이 CEO를 그만둔 날이다.

그날 오후 마윈은 기업가 친구들과 같이 먼저 태극선원에 현판을 거는 의식에 참가하였고, 저녁에는 황룽체육관에서 타오바오 10주년 기념 파티에 참석했다.

2009년 알리바바 10주년 기념식과 마찬가지로 이번에도 마윈이 어떤 프로그램을 할지를 정하는데 자못 우여곡절을 겪었다.

나는 한달 전에 노래 10곡을 선정하여 CD로 만들어 마윈의 차 안에 두고 차에 탈 때마다 들려주었다.

나는 마윈에게 "회장님! 회장님의 프로그램은 축제의 하이라이트이기에 일반 사람들은 다른 프로그램은 기억하지 않고 회장님이 어떤 노래를 불렀는지, 잘 불렀는지 못 불렀는지만 기억할 것입니다."라고 말했다. 그때 우리가 이미 싸미(蝦米) 음악을 인수했기 때문에 마윈을 '유혹'하며 "회장님께서 잘 부르시면 그 노래를 '싸미'에 올리고 유료 다운로드로 번 돈은 공익 사업에 기부하면 됩니다. 아마 이번이 가수가 될 수 있는 마지막 기회입니다."라고 말했다.

그전에 마윈에게 몇 번의 리허설을 하자고 했지만 시간이 없어서 못 했다. 유일하게 빈장에서 리허설을 한 번 했는데, 마윈은 우리가 일전에 골라준 노래를 부른 후 반주 없이 '사랑한다, 중국'을 불렀다. 마침 회사를 참관하러 온 관리자가 있었는데, 노래를 듣고는 마윈에게 "회장님이 부르신 것이군요? 우리는 누가 핑안(平安)의 음반을 튼 줄 알았습니다."라고 말했다.

《보이스 오브 차이나》라는 프로그램에서 핑안은 이 노래를 부르고 하룻밤 사이에 스타가 되었었다. 마윈은 "정말? 좋아! 그럼 내가 이 노래를 부르겠어!"라고 했다.

5월 10일의 축제에는 태극의 요소가 많이 융합되어 있었는데, 무대 아래에 있던 어떤 기업가는 "이런 말이 있던데, 이른바 기업 문화는 사실 기업 대표의 문화이다."라고 말했다. 그들은 마윈이 태극을 좋아한다는 것을 알고 있기 때문에 한 말이었다.

마윈이 무대에 올라 노래를 부르고는 옷을 바꾸어 입고 다시 무대에서 다음과 같이 강연을 했다.

어떤 것이 우리로 하여금 오늘이 있게 했을까요? 무엇이 저에게 오늘이 있게 했을까요? 저는 성공할 이유가 없었습니다. 알리바바도, 타오바오도 그렇습니다. 하지만 우리는 명백하게 몇 년을 달려왔습니다. 아직도 지금껏 해온 이상으로 충만한 미래를 기다리고 있습니다. 저는 이 모든 것을 이끄는 힘을 일종의 믿음이라고 생각합니다.

사람들이 이 세상을 믿지 않고, 미래라는 시간을 믿지 않았을 때 우리는 신뢰와 믿음을 선택했습니다. 우리는 앞으로 10년 후의 중국은 더욱 발전할 것을 믿습니다. 우리는 내 동료가 나보다 더 잘 될 것을 믿습니다. 저는 중국의 젊은이들이 우리보다 더 잘 할 것을 믿습니다.

20년 전에도, 10년 전에도 저는 오늘이 있을 줄 상상하지 못했습니다. 제가 저 자신을 믿지 않았을 때 저의 동료들이 저를 믿어준 것에 대해 너무나 감사합니다. CEO는 힘듭니다. CEO의 직원이 되는 것은 더욱 힘듭니다.

오늘의 중국에서 타오바오는 매일 2,400만 개의 거래가 신뢰 속에 이루어지는데, 이는 중국에 2,400만 개의 믿음이 전달하고 있다는 것을 의미합니다. 이 자리에 계신 모든 알리인, 타아바오와 ANT FINANCIAL의 여러분, 저는 특히 여러분들이 자랑스럽습니다. 이번 생에 여러분들과 함께 일하였으니, 다음 생에도 같이 일을 합시다. 여러분 덕분에 이 시대에 희망이 보이고, 이 자리에 계신 여러분들은 중국의 모든 80년대생, 90년대생들처럼 새로운 믿음을 세우고 있습니다. 이런 믿음으로 세계가 더욱 개방되고, 더욱 투명해질 것이고, 더욱 나누게 되고, 더욱 책임감이 많아질 것입니다. 저는 진심으로 여러분들이 자랑스럽습니다. 여러분, 감사합니다. 저는 제가 좋아하는 교육과 환경 보호 관련 일들을 하려고 합니다. 우리의 본업 뿐 아니라 이외에 중국의 환경을 개선하고, 물이 깨끗해지도록 하고, 하늘이 맑아지도록 하고, 식량이 안전해질 수 있도록 같이 노력합시다. 잘 부탁드립니다.

모든 사람들이 저를 지지했던 것처럼 새 팀과 루자오시를 지지해주시고, 저를 믿어주셨던 것처럼 새 팀을 믿고 루자오시를 믿어주시길 간절히 부탁드립니다. 여러분! 감사합니다.

내일부터 저는 새로운 저만의 생활을 시작할 것입니다. 48세의 나이에 일에서 벗어날 수 있어서 저는 운이 좋습니다. 행운입니다. 여러분들도 이렇게 될 것입니다. 48세 전까지에 일이 저의 생활이었지만, 내일부터는 생활이 저의 일이 될 것입니다.

스포일러

: 영화 산업

《중국 합화인(中国合伙人, American Dreams in China)》—'신동팡'의 창시자이자 '교육의 아버지'라는 이름으로 불리는 위민훙의 성공 실화를 다룬 영화. 아메리칸 드림을 꿈꿨던 대학 동창 세 명이 힘을 모아 중국 최대 영어 학원을 설립한 성공 실화를 바탕으로 만들었다. 옮긴이—이란 영화가 상영된 후에 국내외의 많은 사람들이 계속해서 마윈을 찾아와서는, 그의 성공 실화를 내용으로 하는 영화를 찍고 싶다고 했다. 그들은 마윈의 창업 과정이 위민훙(俞敏洪)보다 더 재미있을 거라고 믿고 있었다. 마윈과 알리바바의 성장 다큐멘터리 《양자강의 악어》를 찍었던 우리 회사 전 국제 홍보 부문의 포터도 할리우드에서 제작자와 작가를 데리고 미국에서 항저우까지 와서 인터뷰를 했다. 마윈이 그에게 말하기를 "여러분들의 호의에는 깊이 감사를 드립니다. 하지만 집에 있는 리더(부인)가 동의하지 않아서요!"라며 거절을 했다.

나도 많은 전화를 받았다. 자기가 마윈과 닮았다고 하면서 영화를 찍게 되면 마윈의 역할을 다른 사람에게 맡길 수 없다고 했다. 그중에는 여자도 있었는데, 그녀는 뒤에 사진을 넣은 편지를 여러 차례 보내왔다. 그 속에는 자기의 명함을 넣었는데, 명함 위에는 '마윈 역'이라는 말도 직접 넣었다.

마윈이 이미 영화에 대해서는 명확히 거절을 하였지만, 일부 제작사들은 여전히 포기하지 않고 괜찮은 대본이 있으면 그 대본을 가지고 마윈을 설득할 수 있을 것으로 믿고 있다.

자신에 대한 영화는 잠시 방치하였지만, 중요 문화 매체인 영화 산업에 대한 마윈의 관심은 매우 크다. 2004년에 마윈이 이미 개인적으로 화이 브라더스의 주주가 되었다.

알리바바가 먼저 한 영화 제작사를 인수한 후에 그를 기반으로 해서 알리 영화를 설립했다. 영화 제작사를 인수할 때 외부에서는 비싸게 인수했다는 등의 뒷말들이 무성했다.

알리가 다른 회사를 인수하거나 다른 회사의 주주가 될 때마다 매번 비싸게 샀다는 이야기가 많았다. 또 어떤 사람이 여행을 다녀오면서 옥을 사오듯이 괜찮다고 하는 이야기도 있었다. 하지만 마윈의 관점은 "운영이 좋으면 인수가 가치 있는 것이고, 운영이 좋지 못하면 그것이야말로 가장 비싸게 산 것이다."는 생각이다.

2014년 8월 6일, 마윈은 다음의 담화를 통해 알리 영화의 직원들과 특별한 교류를 했다.

저는 여러분들에게 세 가지 사항에 대항 제 생각을 말씀 드리고 싶습니다. 즉 '알리는 왜 영화 산업에 진출했을까? 우리는 어떻게 영화 산업을 발전시킬까? 마지막으로 영화 산업에 대한 우리의 기대가 무엇일까?' 하는 것입니다.

…… 오늘날 중국과 중국의 젊은이들의 경박함은 상상을 초월합니다. 전체 중국 영화 시장은 현재 300억 위안 정도의 규모입니다. 앞으로 10년, 15년이 지나면 여러분들도 아시다시피 중국은 인구 중 10~15%를 중산층으로 보유하게 될 것입니다. 이는 1~2억 정도의 사람들이 중산층이 된다는 의미입니다. 먹고 마시는 것 외에 중산층이 가장 중요시하는 것은 문화의 향유입니다. 300억 위안 규모의 시장으로는 2억 중산층 소비자의 수요를 만족시킬 수 없습니다. 문화의 공급이 충분치 못하면 분명하게 이 나라의 정신적 식량은 공허해지고, 그때에는 골칫거리가 커집니다.

지금도 영화 제작사가 어떻게 돈을 벌 수 있는지에 대해 솔직히 저는 알지 못합니다. 하지만 제가 여러분들에게 말할 수 있는 것은 만일 지금의 300억 위안 규모의 시장이 2,000억 위안의 시장

규모에 도달할 수 있다면 반드시 돈을 번다는 것입니다. 타오바오 초기에는 완전 무료인데 어떻게 돈을 벌 수 있냐고 했습니다. 저는 타오바오의 거래액이 1조 위안에 이르렀을 때 반드시 돈을 벌 수 있다고 했습니다. 결국 이와 같이 됐습니다.

시장 규모가 2,000억 위안과 3,000억 위안을 넘는다는 것이 어떤 의미일까요? 중국은 곧 세계 최대의 콘텐츠 생산국이 될 것입니다. 세계가 필요할 뿐만 아니라 중국도 필요하기 때문입니다. 1~2억의 중산층은 높은 수준의 문화 상품에 대한 수요가 매우 큽니다. 2,000억 위안의 전체 규모가 없다면 이 나라의 미래, 즉 우리의 아이들, 우리의 손주들은 더욱 경박해질 것입니다. 제가 보기에 이것은 어려운 산업이지만, 여러분은 10배의 성장을 기대할 수 있고 동시에 아주 중요한 것도 볼 수 있을 것입니다.

……

우리는 10년 동안 기술과 젊은이들의 창의력, 글로벌 인재를 통해 중국의 영화 시장을 다시 새롭게 변혁시킬 것입니다. 우리가 영화 시장에 진출했는데 사람들의 환호가 없다면 환호를 이끌어낼 결과를 보여주면 됩니다. 그래서 우리는 일 년 동안 생각해봐야 할 것이 아주 많습니다. 우리는 도대체 어떤 영화를 찍을 것인가? 모든 상품은 문화 가치를 실천하는 구현체입니다. 여러분이 어떤 생각을 가지고 있는지에 따라 어떤 작품이 나올지 결정될 것입니다. 여러분이 어떤 능력을 가지고 있는지는 어떤 생각을 가지고 있는지가 관건입니다.

앞으로 다가와야 할 거대한 변화의 하나는 현재 감독과 배우가 주도하는 중국 영화의 경향은 반드시 제작자 위주로 바뀌어야 한다는 것입니다. 감독이 영화를 시작도 하지 않았는데 먼저 절반의 돈을 가져가서는 안됩니다. 하나의 산업에서 조직의 변혁과 전체의 성과가 없으면 살아갈 수가 없습니다.

이발사는 돈을 많이 벌었는데 그의 사장은 적자가 났습니다. 요리사는 돈을 많이 벌었는데 식당은 손해를 보았습니다. 같은 이치로 감독과 배우가 돈을 많이 버는 것은 당연하지만, 제가 보기에는 너무 많다고 생각합니다. 그래서 우리는 공평한 틀과 시스템을 만들어야 합니다.

두 번째는 새로운 대본과 분배의 새로운 방법입니다. 어떻게 해야 이 회사의 능력을 신속하게 확대할 수 있을까요? 미래에는 영화관뿐만 아니라 휴대전화, 컴퓨터, 뉴스크린 등을 연결하는 것이 필요합니다. 그래서 전체의 구조에 대해 다시 설계하고 생각해볼 필요가 있습니다.

: 금융 산업

몇 년 전 마윈은 거리낌 없이 "은행이 바뀌지 않으면 우리가 은행을 바꿀 것이다!"라고 말했다. 이에 대해 환호하고, 기대하는 사람도 있었지만, 웃고 넘긴 사람도 있었다.

2013년 6월, 마윈은 상하이에서 열린 금융 포럼에서 강연을 했는데, 다음과 같은 내용을 언급했다.

미래의 금융은 두 가지 큰 기회가 있습니다. 첫 번째는 금융 인터넷인데, 금융 산업이 네트워킹화 되는 것입니다. 두 번째는 인터넷 금융인데, 순수하게 비전문가가 들어오는 것입니다. 사실 많은 산업 혁신이 대부분 비전문가가 들어와서 유발된 것입니다. 금융 산업에도 훼방꾼이 필요하고, 또 들어와서 변혁을 이끌 비전문가들도 필요합니다.

금융 생태 시스템의 주요한 특성으로는 개방성이 있습니다. 중국의 금융 감독은 지나치고, 미국은 역부족입니다. 감독이 지나치면 생태 시스템은 하나의 농장으로 바뀔 것입니다. 심고 싶은 것만 심고, 심고 싶지 않은 것은 영원히 들어오지 못할 것입니다. 하지만 진정한 생태 시스템은 모두에게 개방적이어야 하고, 백화제방(百花齊放)–많은 꽃이 한꺼번에 흐드러지게 핌. 갖가지 학문과 예술 사상 등이 함께 성함. 옮긴이–이어야 합니다. 중국의 금융업에서는 영업 허가증을 많이 발급하는 것보다 많은 사람들이 유입되는 것이 더욱 중요합니다.

위험은 항상 있습니다. 다만 우리는 창의적인 방법으로 반드시 위험을 해결해야 합니다. 영원히 잊지 말아야 할 점은 우리의 목적이 생활 문제, 비즈니스 문제와 무역 문제를 해결하는 데 있다는 것입니다. 저도 다른 많은 사람들처럼 이전에는 불만이 많았습니다. 금융은 이것도 틀렸고 저것도 틀렸다고 했습니다. 많이 알게 된 후에는 그것이 어쩔 수 없는 것이라는 걸 알게 되었습니다. 중국의 금융 산업, 특히 은행업계는 단지 20%의 고객에게 서비스하고 있습니다. 제가 본 것은 서비스를 받지 못하는 80%의 기업이었습니다. 그들에게 잘 서비스한다면 중국 경제의 거대한 잠재력을 불러일으킬 수 있습니다. 우리는 그들에게 새로운 생각과 기술을 반드시 제공해야 할 것입니다. 이것이 중국의 미래 금융 산업 발전에 있어서 거대한 전망입니다.

마윈이 위와 같은 강연을 하고 같은 달, 알리의 샤오위진푸(小微金服, ANT FINANCIAL)가 인터넷 금융 상품인 '위어바오(余額寶)'를 출시했다. 예금 잔액이 금방 1,000억 위안을 넘어섰다. 그 후 계속해서 2,000억, 3,000억, 4,000억, 5,000억 위안을 돌파하였다. 각 대형 상업 은행들이 어쩔 수 없이 자기들의 이익을 보호하기 위하여 여러 방법을 동원하여 '위어바오'의 증대 속도를 억제하려고 하였다.

그 후 샤오위진푸는 '위어바오(娛樂寶)' 등 인터넷 금융 관리 상품을 추가로 출시했다. 멀지 않은 미래에 여러분들은 다음과 같은 광경을 보게 될 것이다.

조그만 식당에서 농민공-농민 출신 노동자. 옮긴이- 몇 명이 소라를 안주 삼아 맥주를 마시면서 그중 한 명이 "나는 장이머우(張藝謀)의 영화를 투자했어."라고 말할 것이다.

다른 한 명은 "나는 새로운 감독을 좋아하여 원장(文章)에 투자했어."라고 말할 것이다.

샤오위진푸의 뒤에 '짜오챠이바오(招財寶)'도 나왔다.

알리의 샤오위진푸가 은행의 각종 재테크 상품에 끼친 충격은 갈수록 더욱 커질 것이다. 국민들의 선택 기회도 갈수록 많아지고, 편리해질 것이다.

2014년 5월 9일, 샤오위진푸 연차 총회에서 마윈이 다음의 강연을 했다.

인터넷의 사상과 기술을 이용하여 미래 사회의 금융을 지탱할 것입니다. 지탱을 할 것인지 스스로 금융이 될 것인지에 대해 이 자리에 있는 모든 분들이 한 번 생각해볼 필요가 있습니다. 이 세상은 우리들로 인해 변화가 생긴 것인가 아니면 우리 스스로가 마땅히 변화되는 것인가? 우리가 어떻게 미래의 금융 시스템을 떠받치고, 나아가 보다 많은 사람들을 위해 더 나은 서비스를 할 수 있을까? 오늘날 샤오위진푸는 4,460명의 직원이 함께 일하고 있습니다. 여러분들 생각에 저희들이 전체 중국의 금융을 제대로 대체할 수 있을 것 같습니까? 저는 못할 것 같습니다. 어떤 사람이 저에게 알리바바가 왜 택배나 물류 사업을 자체적으로 하지 않느냐는 질문을 했습니다. 제가 추측하기로 10년 후 중국에는 적어도 1,000만 명의 택배원이 필요할 것입니다.

즉, 우리 회사가 100만 명의 택배원을 구했더라도 시장의 10%만을 차지할 뿐입니다. 100만 명이 있어도 우리는 이 100만 명을 관리할 수 있는 능력이 없습니다. 제가 보기에 우리 회사의 능력은 100만 명의 택배원을 관리할 정도는 안 됩니다. 100만 명의 직원들을 여러분에게 관리하게 하여 베이징, 상하이, 광저우, 선전에서는 잘 했지만 후난(湖南), 귀저우(貴州), 윈난(雲南), 시짱(西藏, 티베트) 등에서도 잘 할 수 있을지는 말하기 어렵습니다. 우리는 택배와 물류를 하지 않기로 최종적으로 결정했습니다. 다만 우리는 다른 사람들이 택배와 물류를 하는 것에 대해 지지합니다. 우리 때문에 중국에서 1,000만 명의 택배와 물류 일자리가 생겨났고, 우리 때문에 중국 어디서나 24시간 내에 인터넷으로 주문하고 곧바로 받을 수 있습니다.

타오바오도 마찬가지입니다. 만능의 타오바오, 유행의 티안마오는 모두 800만 판매자를 떠받치고 있는데, 물건을 판매하는 것은 그들이고, 우리 스스로는 물건을 팔지 않습니다. 우리가 줄곧 하고 싶은 것은 플랫폼인데, 이는 다른 사람이 성공해야 우리도 성공할 수 있다는 것입니다. 오늘의 금융도 마찬가지라고 생각합니다. 같이 생각해 봅시다. 향후 10년 동안 샤오위진푸가 어떤 모습으로 전통적인 금융 산업에 공헌을 할 수 있을까요? 우리가 있기 때문에 무수한 금융 기구에 변화가 생기고, 고객들에게 서비스를 잘 하게 될 것입니다. 최근 3, 4년 동안 우리는 계속 하나의 문제를 언급했는데, 어떻게 해야 우리의 고객을 도울 수 있고 우리가 고객에게 서비스하는 능력을 갖출 수 있도록 하느냐는 것입니다. 시장 경제가 무엇일까요? 바로 기업가들과 시장의 역량을 믿고 내가 모든 것을 다 할 수 있다는 것이 아닙니다.

지금 2012년 연말에 말했던 바를 다시 떠올리자면, 우리는 알리 샤오위진푸가 인터넷의 사상과 기술로 미래 사회 금융의 버팀목이 되기를 희망합니다. 우리가 사회를 떠받치고, 사회는 우리로 인해 변화가 일어날 것입니다. 그러나 우리가 전면에 나서서 스스로 물건을 팔거나 서비스할 필요는 없습니다. 현대 사회의 변화는 엄청나서 이후 헤아리기 어려울 것입니다. 이 사상 체계 이면에는 아주 중요한 한 가지 요소가 있는데, 바로 다른 사람이 성공해야 우리가 성공할 수 있다는 것입니다. 타오바오도 마찬가지입니다. 판매자가 돈을 벌어야 우리도 돈을 벌 수 있습니다. 만일 타오바오의 판매자가 돈을 벌지 못한다면 우리가 어떻게 돈을 벌 수 있을까요? 타오바오의 소비자들에게 혜택이 있어야 우리도 혜택이 있을 것입니다. 샤오위진푸도 마찬가지입니다. 미래의 비즈니스 모델이 어떻게 될지는 모르겠지만 우리는 스스로 하고 싶은 것, 마땅히 해야 하는 것은 알고 있습니다. 우리 때문에 금융업계가 바뀌었습니다. 많은 사람들이 시작부터 우리를 두려워하지만, 앞으로는 우리를 좋아하고, 안아 주고, 지지해줄 것입니다. 많은 사람들과 힘을 합쳐 중국 금융을 더 좋게 만드는 것이 우리의 사명입니다.

이 자리에 계신 여러분들과 우리는 모두 상인의 성공을 돕고 있습니다. 오늘 아침에 한 친구와 여러 생각을 이야기했는데, 사실 15년 전 대학에서 사직하고 나와 창업을 했을 때만 해도 상인이 대단하다고 생각한 적은 없습니다. 하지만 요즘은 갈수록 상인이 대단하다는 생각을 합니다. 구글 그리고 중국의 바이두(百度)와 텅쉰(騰訊)이 기술로 부단히 영역을 확장하기 위해 노력하고 있고, 사회의 가치를 만들고 있습니다. 그럼 알리바바는 무엇을 하고 있을까요? 우리는 부단히 기술을 통해 비즈니스의 영역을 넓히고 있습니다. 상업이 무엇인지 여러분들은 생각해 보셨나요? '사농공상(士農工商)' 중 '상(商)'은 최고의 영역인데, '상'은 효율과 투명함을 통해 성실하게 교역하고, 자원을 다시 새롭게 배치하고 조합합니다. 그래서 '상'은 '농'보다 어렵고, '공'보다 더 어렵습니다.

물론 제 생각에 동의하지 않는 사람들도 있을 겁니다. 중국과 세계가 이미 상업 시대에 접어들었는데도, 아직 많은 중국인들의 생각은 농업 시대에 머물러 있습니다. 오늘 우리는 사회의 자산을 창출하는 데 도움을 주고, 또 고효율의 방법으로 사회를 바꾸고 사회에 영향을 미치기를 희망하고 있습니다. 상인이 금융과 결제를 떠나고 금융의 변혁에서 멀어진다면 '상'은 더 이상 '상'이 될 수 없습니다. 우리는 이윤을 추구하지만, 이윤을 추구하는 최종 목적은 더욱 많은 자원을 얻고 전체 사회를 개선하는 것입니다.

: 축구

2014년 6월 5일, 마윈은 부동산 재벌 쉬자인(許家印)과 광저우에서 기자회견을 했는데, 알리바바가 12억 위안을 출자하여 헝다(恒大) 축구 클럽의 주식의 50%를 매입했다는 내용이었다.

그날 기자회견에서는 300여 명의 기자가 왔고, CCTV의 체육 채널도 현장에 와 생방송을 진행했다.

모두들 알리바바와 헝다가 '갑작스레 결혼'했다고 생각하는데, 사실 이 일은 오래된 연원이 있다.

알다시피 중국 축구 국가 대표팀은 줄곧 중국인들의 마음에 있는 상처이다. 그런데 중국의 프로 축구클럽이 어떻게 '아시아 컵'을 딸 수 있었을까? 마윈은 그것에는 이유가 분명히 있고, 그게 정신적 이유일 수도 있다고 생각하며 이에 대해 많은 관심을 가지고 있었다.

쉬자인은 여러 차례 마윈에게 축구 경기를 보러 축구장에 가자고 초청했다. 1차전 경기가 서울이라 한국으로 가는 것이라 나도 며칠 동안 흥분했었다. 비록 축구팬은 아니지만 마르첼로 리피-Marcello Romeo Lippi, 당시 광저우 헝다의 감독. 옮긴이-를 한번 만나고 싶었기 때문이었다.-2013년 AFC 챔피언스 리그 결승전에 FC 서울과 광저우 헝다가 맞붙어, 광저우 헝다가 우승하였다. 이 결승전이 서울과 광저우에서 홈&원정의 방식으로 치뤄졌다. 옮긴이-

하지만 경기 전날, 갑자기 다른 일이 생겨서 마윈이 한국으로 가지 못했다.

2차전은 광저우에서 열렸는데, 그날 마침 나와 마윈은 홍콩에 있었다. 쉬자인의 비서가 나에게 연락을 하여 광저우에서 우리를 마중할 차가 이미 출발했다고 했다. 애석하게도 마윈이 다시 다른 일이 생겨서 못 갔다.

연속해서 두 번이나 못 가서 마윈이 좀 미안해하는 것 같았다.

그 후 한번은 마윈과 쉬자인이 홍콩에서 만났는데 두 사람이 많은 이야기를 나누었다. 서로가 상대의 주량이 세다고 하는데, 그날은 본인이 많이 취했다고 했다.

물론 6월 이 계약은 저장성의 많은 축구팬들에게서 비난을 받았다. 마윈이 전에 쑹웨이핑(宋衛平)과 뤼청(綠城) 축구팀을 인수하는 것에 대해 대화했던 적이 있었는데, 신문 매체들이 이를 보도했었기 때문이었다.

사실 많은 사람들이 생각했던 것처럼 마윈이 '양다리'를 걸친 것은 아니었다.

마윈이 항저우의 포시즌스(Four seasons) 호텔에서 쑹웨이핑과 뤼청그룹의 두 고위층과 만났을 때 나도 현장에 있었다.

마윈은 아주 겸손하게, "뤼청그룹은 지난 10년 동안 저장성 특히 항저우 주민들의 거주, 의료와 교육 방면에 지대한 공헌을 하였습니다. 그 결과로 오늘날 우리들이 뤼청 교육, 뤼청 의료 그리고 뤼청 축구팀을 만날 수 있는 행운을 얻게 되었습니다. 저희들도 최선을 다하였지만."이라고 말했다.

만남 중에 우리는 축구에 대한 쑹 회장의 안타까움을 느낄 수 있었다. 그는 어쨌든 적어도 2년 동안 뤼청 축구를 전면적으로 관리하겠다고 했다.

결과적으로 이번 협상에서 양쪽이 의견 일치를 보지 못하였는데, 축구팀이 더욱 이견이 컸다.

마윈은 축구에 대한 자신만의 관점을 가지고 있었다. 그에 따르면 '먼저 축구는 하나의 운동 경기로 사람들에게 즐거움을 주어야지 전 국민들에게 혼란을 주어서는 안 된다. 그 다음은 축구는 '없어도 되는' 것이기에 멈춰서 고칠 수 있는 것이다. 만약에 축구에 대한 개혁도 실현할 수 없다면 국가가 계획하는 민생의 여러 개혁을 이룬다는 것은 더욱 불가능하지 않겠는가?' 라는 것이다.

: 의약 산업

마윈은 영화, 금융, 축구 이외에 의약 산업에도 발을 들여놓았다.

2014년 1월, 알리바바는 많은 돈을 들여 인터넷에서 판매할 자격을 갖춘 의약회사를 인수했다. 이에 대하여 2014년 4월 22일 난닝(南寧)에서 열린 '그린 컨퍼니 연차 총회'의 폐막 회의에서 마윈이 했던 언급을 통하여 우리는 그 내막을 엿볼 수 있다.

오늘 우리가 의약 산업에 진입하지만 제약 회사를 만들거나 의약품을 연구 개발하지는 않을 것입니다. 이것은 우리가 잘할 수 있는 것이 아니기 때문입니다. 다만 저는 이런 노력으로 중국의 전체 제약 회사의 수가 점점 적어지고, 중국에서 생산된 약을 질이 점점 나아지며, 의약에 대한 통제력이 더욱 강해지기를 희망합니다. 이것이 우리가 해야 하는 바입니다. 어떻게 돈을 버는지에 대해서는 저도 잘 알지 못합니다.

…… 전략에는 반드시 다음의 몇 가지 요소가 있어야 한다고 봅니다.

첫째, 전략을 세웠을 때 대부분의 사람들에게는 그 실체가 보이지 않는다.
둘째, 사람들에게 보여주더라도 무시당한다.
셋째, 사람들이 알아보지 못한다.
넷째, 사람들이 따르지 않는다.

우리의 경쟁이 모두 이렇습니다. 10년 후의 일에 대한 판단이야말로 우리가 전략을 세울 때의 출발점이자 버팀목이고, 그 다음은 어떻게 해야 일을 잘할 수 있는가를 생각하는 것이 필요합니다.

우리 회사가 바로 이렇습니다. 당신이 좋아하든 좋아하지 않든 상관이 없습니다. 우리는 스스로 무엇을 하고 있는지를 알기에 당당하게 나아갈 수 있고, 뒤돌아보지 않고 제대로 할 것입니다. 우리에게 무엇이 있습니까? 아무것도 없습니다. 그러면 우리가 원하는 것은 무엇입니까? 이전에는 알리바바와 타오바오는 조그만 시장을 만드는 방식으로 판매자와 구매자 모두에게 기회를 주었습니다. 지금 우리 스스로는 모든 사회가 상업, 기업가, 혁신, 상업 분야에 대해 가지고 있는 인식이 변화하기를 기대합니다. 우리는 인터넷이라는 도구를 이용하여 젊은이들을 도와주는 동시에 더 많은 사람들이 상업에 대한 인식을 새롭게 일깨우고자 합니다.

제 생각에는 지난 20, 30년의 중국 개혁개방 과정 속에서 많은 이익집단이 생겨났습니다. 그리고 이들이 많이 생겨나는 것에 대해 분명한 생각도 없었습니다. 지금 사회가 변혁하는 과정에 이르러서는 부딪힐 수 있는 힘이 필요하고, 새롭게 정리할 필요가 있습니다. 우리 회사뿐 아니라 어떤 조직이든 모두 이렇습니다. 오늘날 조직이 필요로 하는 것은 바로 조정이고, 그 가운데는 '메기'—여기서 메기란 메기효과(Catfish effect)를 말하는 것이다. 메기 한 마리를 미꾸라지 어항에 집어넣으면 미꾸라지들이 메기를 피해 다니느라 움직임이 빨라지면서 생기를 잃지 않는데, 이를 기업 경영에 적용한 것이다. 기업의 경쟁력 향상을 위해서는 적절한 자극이 필요하며 이를 '메기'에 비유했다. 옮긴이-가 있어야 하지 않을까요? 제가 보기에 혁신은 일종의 책임의식입니다. 바꾸고 업데이트하려면 대가를 치러야 합니다. 대가가 치르지 않아도 바뀌고 업데이트되는 기업은 없다고 말할 수 있습니다.

다른 한편으로 시장은 자원 배분의 결정적인 요소입니다. 그렇다면 시장의 핵심 요소는 무엇일까요? 그건 기업가 정신, 즉 사람입니다. 오늘날 민간 기업에 필요한 것은 바로 존중입니다.

: 임원 회의

마윈은 항상 임원 회의를 이용하여 팀을 구성한다. 2013년 8월 17일 회사의 협력 파트너들과의 회의가 황산시(黃山市)의 어느 호텔에서 열렸다. 일정 중 있던 일정 중 있던 여러 사람들이 같이 만두를 빚는 행사도 일차적으로는 팀의 구성을 계산에 둔 것이었다.

저녁을 먹은 후에 모든 사람들이 밖에 앉아서 차를 마셨는데, 마윈이 모든 사람들에게 왕년의 '영광스러운 역사'를 얘기하자는 제안을 했다.

루자오시는 자신이 초등학교 3학년이었을 때 손으로 벽돌을 깼다고 말했다. 어떤 사람이 의심스러워하며 "회장님이 초등학교 3학년이었을 때는 《소림사》가 아직 개봉하지도 않았어요!"라고 하자, 루자오시가 "《소림사》가 개봉되기 전에 《무림(武林)》이라는 잡지가 있었는데, 그때 우리 광둥 지역에서는 이미 열풍을 일으키고 있었어요!"라고 대답했다.

쩡(曾) 교수는 대학에 다녔을 때 권투 시합에 참가하였고, 상도 받았다고 했다. 다른 사람들이 모두 의구심을 표했다.

차이충칭이 "난 어렸을 때부터 농구를 잘 했어요."라고 했다. 그러자 어떤 사람이 "그러면 어렸을 때 싸움도 잘 했어요?"라고 물었다.

차이충칭이 "엄마가 제 손이 일자 손금이라고 남과 싸우지 할라고 했어요. 다른 사람을 한 대 잘못 치면 죽일 수도 있다고요."라고 대답하였다.

마지막에는 마윈이 정리하면서 "이렇게 보면 모두 진위가 혼란스러운 기억을 가지고 있네."라고 했다.

그날 저녁 마윈은 알리바바 농구팀과 축구팀을 다시 만들 것을 제안했다. 그는 "회사가 작았을 때는 항상 시합이 있었는데 회사가 커지면서 오히려 농구팀과 축구팀까지 없어졌어."라고 안타까워 했다.

많은 사람들이 이 일에 대해 누군가 책임을 져야 한다고 했다. 마지막에 마윈은 "지금 가장 바쁜데 누가 책임을 져. 내가 보기에 펑레이에게 맡기는 것이 좋겠어. 그녀에게 일을 더 시키지 않으면 바빠서 보러 오지도 않으니. 하하!"라고 말했다.

얼마 지나지 않아 9월 1일, 새롭게 만든 축구팀과 시나(新浪) 축구팀 간의 시합이 베이징에서 열렸다. 마윈은 유니폼을 입고 현장에서 응원을 했다. 시합이 끝나고 나는 시합 때에 썼던 축구공과 마윈이 입었던 유니폼을 가지고 마윈과 시나닷컴 CEO인 차오궈웨이(曹國偉)에게 사인을 부탁했다. 후에 이 두 물건은 타오바오에서 공익 경매로 거의 10만 위안에 팔렸다.

'라이왕(來往)'의 보급

: 경쟁은 즐거움이다

2013년, 몇 년 동안 인기가 있던 웨이보는 점점 떨어지고, 대신 웨이신(微信)의 기세가 맹렬해졌다.

알리바바 이전에도 몇 개의 통신 상품이 있었지만 주로 전자 비즈니스에 이용되었을 뿐 일상생활에서는 크게 보급되지 못했다. 이후 왕이(网易) 회사도 '이신(易信)'을 내놓았다.

하지만 '이신'에 대해 좋게 본 사람은 많지 않았다. 많은 친구들이 마윈을 보고 "네가 웨이신 같은 것을 만들어내지 않으면, 웨이신은 유료가 될 거야. 전국의 사람들을 도와줘."라고 농담을 했다.

마윈은 회사 내부의 통신 상품을 몇 개 검토한 뒤에 '라이왕(來往)'을 추진하기로 결정을 했다.

2013년 하반기에 만여 명의 직원들이 잇따라 항저우성 서쪽에 있는 시시(西溪) 단지에 입주하였다. 단지는 아주 크고 예뻤으며, 근무 조건도 세계 일류였다. 하지만 입사한 지 얼마 안 된 몇몇 직원들의 회사에 대한 불만은 날로 많아졌다. 심지어 이 식당의 음식은 좋고, 이 식당은 자기 입에 맞지 않는다와 같은 문제까지도 인트라넷에서 며칠 동안 토론이 되기도 했다.

안 좋은 회사에는 원망하는 직원이 많지 않다. 직원들이 아예 원망하지도 않고 그냥 가버리기 때문이다.

가장 좋은 회사에는 불만도 가장 많다. 직원들이 더 좋은 회사를 찾지 못해서 불만인 채로 그냥 남아 있기 때문이다.

나는 마윈의 생각을 알지 못하지만, 나 혼자의 생각으로는 원망하는 사병을 교육할 수 있는 가장 좋은 방법은 바로 그를 전투에 참여시키는 것이다.

마윈은 "통신 상품은 원래 우리가 강한 분야가 아니다. 우리가 남의 집에 가서 싸우는 것을 좋아하는 것은 비록 이기지 못하더라도 부서지는 것은 그 집에 있는 TV이기 때문이다. 그래서 경쟁은 일종의 즐거움이다."라고 말했다.

당시 타이완 등의 외국 매체들도 모두 알리바바가 '라이왕'을 출시하는 것이 중국의 인스턴트 메신저 산업의 발전을 가속화하고, 더불어 웨이신의 사용자 체험을 더 향상시킬 수 있다고 보도했다.

그때 많은 사람들이 우리에게 계책을 적은 편지를 보내거나 '라이왕' 팀에 참여하고 싶어 했다. 모두들 자기가 웨이신을 망하게 할 수 있는 좋은 계책이 있다고 했다. 심지어 그 중 어떤 사람은 '과일을 자르다'는 게임을 '펭귄을 자르다'는 게임으로 바꾸면 꼭 인기를 얻을 것이라고 했다. 만약 '펭귄을 자르다'는 게임이 너무 잔인하면 '펭귄 알을 자르다'는 게임으로 바꿔도 좋다고 했는데, 여하튼 펭귄들을 고향인 남극으로 돌려보내야 한다고 했다. –웨이신을 만든 게임회사 텐센트의 마스코트가 펭귄이다. 옮긴이–

또한 적지 않은 사람들이 나에게도 전화를 했다. 그런 사람들에게 "우리가 '라이왕'을 출시하면서 양쪽이 다 발전하고, 그 결과, 전국의 사람들이 혜택을 받기를 희망한다."고 대답했다.

내가 보기에는 마윈도 역시 이 같은 생각일 것이다.

: 경쟁은 분위기가 필요하다

기왕 경쟁을 하려면 분위기를 만드는 것이 필요하다. 마윈이 일찍이 한 내부 회의에서 "이번 프로젝트는 생사를 건 전쟁입니다. 죽는 사람은 모두 전쟁을 지켜보는 사람입니다. …… 알리바바는 이미 많은 전설을 만들었는데, 전설(웨이신)을 부수는 것 또한 우리에게 오늘날 필요한 전설입니다. 어떤 분야이든 우리는 원래 아무것도 가진 것이 없기에, 잃어버릴 어떤 것도 없습니다. …… 길에서 어떤 사람을 만나면 그의 휴대전화에 '라이왕'을 설치해주고, 만약 휴대전화가 없으면 먼저 좋은 휴대전화를 사주고 그 다음에 '라이왕'을 설치해줍시다."라고 말했다.

그때 나는 충칭에 있는 진윈산에서 휴가를 보냈는데, 마침 쯔항진인(慈航眞人)의 생일이었다. 그래서 '라이왕'에 아래와 같은 글을 올렸다.

진인에게 물었다. "올해 가장 기분 좋은 일이 무엇입니까?" 진인은 "'라이왕'을 설치한 일이었습

니다. 소통하지 않으면 친구가 없습니다."라고 답했다. 다시 물었다. "이신(易信)은요?", "이신은 가지고 놀 수가 없어요. 많은 공무원들이 '이성(異性)'—易信과 異性의 중국어 발음이 같은 것을 이용한 언어 유희이다. 옮긴이—**에 관심을 두기 때문에 타락하였습니다. 그런 일을 교훈으로 삼아야 됩니다." 다시 물었다. "그러면 웨이신(微信)은요?" "신앙이든 꿈이든 굳게 믿거나 아니면 아예 믿지 말아야 합니다. 당신이 조금만(微) 믿으면(信) 결과가 어떨까요?"라고 했다.**

의외로 적지 않은 기업가들이 내가 올린 '라이왕'의 글을 옮겼다.

2013년 11월 6일 국내 최초의 인터넷 보험기업–중안재선재산보험유한공사(衆安在綫財産保險有限公司)의 창업식에 마윈, 마밍저(馬明哲), 마화텅의 세 마씨가 함께 나타났다. 사회자가 궈광창이었기 때문에 그가 행사 장소를 그의 모교인 푸단(復旦) 대학으로 정했다.

궈광창은 유머 감각이 있는데 처음 시작하면서 "주최 측에서 저에게 오늘은 민감한 문제를 물으면 안 된다고 두 번, 세 번 거듭말했습니다. 예를 들어, 마윈에게 IPO(Initial Public Offering, 기업 공개) 문제에 대해 물어서도 안 되고, 또 라이왕과 웨이신이 서로 싸우는 사정도 질문하면 안 된다고 했습니다. 그렇다면 저는 아무 상관없는 문제 하나를 물어보겠습니다. 마윈에게 물어보고 싶은데요, 최근 당신이 태극신공으로 펭귄을 고향으로 돌려보낸다는 소문이 강호에 파다하게 퍼졌습니다. '펭귄과 다투게 된 이유가 무엇인지요?'"라고 물었다.

마윈은 "많은 사람들이 저에게 이것은 할 수 없고, 저것은 해서는 안 된다고 말합니다. 저는 그게 아주 궁금한데 왜 할 수 없고, 하면 안 되죠? 금융업계는 경영 위험이 있고, 인터넷 회사는 아예 충돌을 피해야 한다는 사람이 있습니다. 어떤 업종이든지 모두 위험을 회피하는 것이 중요하다고 봅니다. 금융업계만 그런 것이 아닙니다. 오늘날 금융업계의 인터넷 업계에 대한 이해가 인터넷 업계의 금융업계에 대한 이해에 미치지 못하다고 굳게 믿고 있습니다."라고 답했다.

궈광창이 또 "당신이 암시하는 의미는, 인터넷 업계의 규모가 이미 충분히 커졌으므로 양측 모두 서로에 대한 이해가 있어야 된다는 말입니까?"라고 물었다.

마윈이 "네, 반드시 양측 모두 서로를 이해해야 합니다. 우리가 어느 분야에 들어가더라도 꼭 물어볼 것이 있습니다. 우리가 지금 전자 비즈니스를 하는 것과 같이 끊임없이 우리에게 이런 질문을 던졌습니다. 우리가 어떻게 해야 하는가? 우리가 타오바오와 티몰을 만들 수 있었는데, 다른 사람들이 만들 수 없었을까요? 우리는 운이 매우 좋았지만, 행운이 영원히 우리 옆에 있을 거라고 말하기는 어렵습니다. 웨이신은 어떻게 텅쉰만을 위해서 존재할까요? 텅쉰도 이런 문제를 생각해본 적 있겠죠? 우리에게 타오바오와 즈푸바오가 있는데, 그들에게는 파이파이(拍拍)와 차이푸통(财付通, Tenpay)이 있습니다. 같은 방식으로 그들도 도전을 하고 있는데 그것만으로도 괜찮을까요? 저는 이동 인터넷에 웨이신 하나만 있으면 부족하다고 생각합니다. 우리가 있으면 크나큰 성과를 이루지는 못하지만 웨이신의 혁신을 촉진시킬 수 있고 또한 보다 나은 체험을 하

무대에 함께 있는 마윈, 마밍저, 마화텅

게 만드니 이 또한 재미있는 일이 아니겠습니까?"라고 대답했다.

귀광창이 이어서 "이번에는 마화텅의 차례입니다."라고 말했다.

마화텅이 이어서 "마윈이 아주 잘 설명했습니다. 저도 동의합니다. 사실 십여 년 동안 인터넷 업계에서 경쟁이 없는 곳은 없습니다. 다른 분야와 마찬가지로 이는 일상적인 일입니다. 저희도 편안한 마음으로 이 문제를 보고 있습니다. 웨이신도 우리 내부 경쟁의 결과입니다. 다른 사람에게 변혁을 당하지 않으면 자신에게 변혁 당할 것입니다. 우리들끼리 하는 얘기로 두 손이 서로 싸운다면 한 손이 이길 것입니다.

제 생각에 경쟁은 양 쪽 모두에게 좋은 일이라고 보는데, 확실히 사용자 체험의 발달을 촉진시키고 산업 발전에도 원동력이 됩니다. 그래서 우리는 경쟁을 환영합니다. 그리고 여러분들도 모두 각자의 위치를 찾을 수 있습니다. QQ--마화텅이 세운 텐센트QQ의 'QQ메신저'. 옮긴이--와 왕왕--旺旺, 타오바오가 만든 '왕왕(旺旺) 메신저'. 옮긴이--도 경쟁한 적이 있는데 결국은 다 자기의 위치를 찾았습니다. 사실 왕왕의 활동은 예전보다 많이 활발해졌습니다. 성공으로 가는 길에는 하나의 경로만 있는 것은 절대 아닙니다. 확실히 다른 방법이 있게 마련입니다. 사람들은 왜 많이 시도해보지 않을까요? 이리로 가든 저리로 가든 다 성공으로 통합니다. 어떤 이는 다른 위치로 갈 것입니다. 각 분야마다 세분화된 우위가 있을 것입니다. 여러분들은 자신의 우위를 잡아야 합니다. 웨이신과 라이왕은 역시 언론들이 좋아할 만한 그런 경쟁은 일어나지 않을 겁니다."

어느 정도 보급이 이루어지고 나자 '라이왕'을 쓰는 사람들이 많아졌다. 갈수록 라이왕을 좋아하는 친구들이 많아져서 나도 지금은 '라이왕'만 사용하고 웨이신은 사용하지 않는다.

마윈은 지인들의 공익 모임 중 가입자가 100만 명을 넘으면, 어느 '라이왕'이든지회사가 100만 위안의 공익 기금을 제공하겠다고 정했다.

마윈의 개인 모임 '강호정(江湖情)'이 100만 명을 먼저 돌파했고 다음은 리롄제였다. 리롄제의 공익 모임이 100만 명을 넘어선 후에 마윈은 자폐증 기금의 기부식에서 다음과 같은 말을 했다.

저는 이런 이야기를 본 적이 있습니다. 한 아이가 간디를 아주 숭배했습니다. 이 아이는 설탕을 아주 좋아했는데, 그의 어머니는 간디가 아이에게 더 이상 설탕 먹지 말라고 설득해주길 원했습니다. 이 어머니가 먼 곳에서 간신히 간디를 찾아 왔는데 간디는 한 달 뒤에 오라고 했습니다. 그 어머니가 "저희는 아주 먼 곳으로부터 와서 오는데 며칠이 걸렸어요. 지금 제 아이에게 한 마디 해주실 수 없을까요?"라고 말했다. 간디는 여전히 한 달 후에 오라고 했습니다. 한 달 후에 어머니가 아이를 데리고 먼 길을 어렵사리 도착하여 다시 간디한테 "이번에는 저의 아이를 위해 한 마디 해주시겠습니까?"라고 부탁했습니다. 간디가 "얘야! 설탕을 끊고 안 먹는 것이 어떨까?"라고 했습니다. 어머니는 "같은 말인데 한 달 전에는 왜 하지 않았습니까?"라고 물었습니다. 간디는 "저도 설탕을 좋아하기 때문에 이 말을 하기 위해 한 달 전에 끊었습니다."라고 말했습니다.

사실 한 사람이 다른 사람에게 끼치는 영향은 모두 조그만 것에서 비롯됩니다. 자기의 변화는 다른 사람에게도 영향을 끼칩니다. 저는 이번에 특별히 쉐샤오루(薛曉路) 감독, 리롄제 그리고 운장이 같이 찍은 《해양천국》에 감사하고 싶습니다. 전에는 자폐증이 이런 것이라는 것을 전혀 알지 못했습니다. 후에 어떤 친구는 이것은 아이의 잘못이 아니라 하느님의 잘못이라고 말했습니다. 마침 화사오(華少)가 말한 것처럼 우리는 관대하고, 이해하고, 도우려는 마음을 가지는 것이 필요합니다.

사실 저는 돈을 기부하는 것이 제일 쉽다고 생각합니다. 이번에 100만 위안을 기부했는데 이 숫자는 알리의 공익 기금에서 1년으로는 아주 작은 수치입니다. 부자들에게는 돈을 기부하는 것보다 더 쉬운 것은 없습니다. 오랫동안 저는 해마다 많은 공익 자선 활동에 참가해왔습니다. 다른 사람이 돈을 기부하는 것을 보니 확실히 저도 그들이 자랑스럽습니다. 하지만 제가 더욱 자랑스럽게 느끼고 감동을 주는 것은 한 달에 700위안을 버는 사람이 몇 위안을 기부하는 것입니다. 돈이 있는 사람에게 가장 귀중한 것은 시간이지 그의 돈이 아닙니다. 그래서 제가 스스로 모임에서 그때는 다만 몇 십만 명의 뛰유(堆友)--라이왕의 사용자를 이르는 말. 옮긴이--가 있었을 때인데, 만일 뛰유가 100

만 명에 이르면 100만 위안(기부금)을 내겠다고 말했습니다. 그 후 이것이 어렵다는 것을 알게 되었습니다. 웨이보에서는 많은 사람들이 수백 만 명의 팬과 사용자를 쉽게 얻을 수 있지만 (라이왕에서) 100만 명을 모으기란 진짜로 어렵습니다. 저는 꼭 뭔가를 써야 했는데, 사실 저는 글을 잘 쓰지 못합니다. 이 이틀 동안 저는 집안일을 했을 때처럼 아주 좋았습니다. 꾸준히 하니 자연스럽게 즐거움이 생겼습니다. 오랜 시간이 지나자 관심이 생기기 시작했고, 꾸준히 하니 즐거움이 생기고, 활력이 생기고, 행동이 생겼습니다.

저는 라이왕 짜뛰(扎堆)-라이왕 내 커뮤니티를 이르는 말. 옮긴이-의 뛰주(堆主)-라이왕 커뮤니티의 운영자. 옮긴이-가 매일 조금의 시간을 내어 뭔가를 쓰기를 바랍니다. 이렇게 쓴 것은 하나하나 다 공익이 되고, 매일 조금만 지속하기만 하면 됩니다. 어떤 일이라도 열심히 하는 것은 쉽지 않습니다. 하지만 꾸준히 한다면 반드시 달라질 것입니다.

당신이 웨이신만 쓰고 '라이왕'은 필요 없다고 해도 괜찮다. 하지만 만약 '라이왕'이 없다면 아마 여러분들은 이미 웨이신에게 돈을 내고 있을지 모른다!

태극선원(太極禪苑)

2013년 9월의 어느 날, 마윈이 나에게 "천웨이, 넌 평소에 할 일이 없잖아. 태극선원이라도 관리해 봐."라고 했다.

사실 나는 신경 쓰고 싶지 않았다. 알리에서 일한 몇 년 동안 나는 한 부서도 맡은 적이 없다. 하지만 마윈이 이미 말을 하고 난 다음이니 더 이상 거절할 수 없었다.

태극선원을 관리한 후에야 몇 년 동안 마윈을 수행하는 과정에서 그의 영향을 많이 받았다는 것을 알게 되었다. 하는 일마다 다른 사람들과 다르게 하고 싶다는 생각을 항상 했다.

태극선원은 태극 문화를 알리고 가르치는 것 외에 많은 공익 활동을 하고 있다. 태극선원에서 살 수 있는 서적과 기념품은 대부분 공익 성향의 상품이다.

나는 태극선원에 흘러든 고양이와 강아지, 그리고 사람들이 방생한 후에 찾아온 거북이 등도 모두 기르게 되었다. 나는 그들에게 계열사의 이름을 붙여주었다. 고양이는 '텐마오(티몰)', 강아지는 '가오더(高德, 오토 내비)', 거북이는 '라이디(快的, 택시 앱)', 마윈 집의 거위 3마리에게는 '차이냐오(菜鳥, 알리바바 물류 총괄)'라는 이름을 지어주었다. 귀저우(貴州)의 산에서 가져온 반점이 있는 양에게는 '타오디안디안(淘点点, 배달 앱)'이라는 이름을 지어주고는, 그들의 큰 사진을 벽에다 붙였다.

두 개의 건물 사이에 구불구불한 긴 복도가 있는데, 내가 '알리랑(阿里廊)'이라고 이름 붙였다. 복도 기둥에는 각 지역의 맛있는 음식 사진을 붙여 '혀끝의 타오바오'라고 명명했다. QR 코드를 스캔만 하면 타오바오에서 바로 주문할 수 있다.

나는 '알리랑'에 많은 '인문' 스토리를 덧붙였다. 예를 들면 스위주가 안후이성(安徽省) 화이웬(怀遠)에서 태어났는데 화이웬이 석류의 고향이다. '알리랑'의 '혀끝의 안후이성'에는 이렇게 쓰여 있다. "야사(野史)에 전하기를 일찍이 어느 화이웬 소년의 어릴 적

태극선원 현판식

이름은 '석류'였다. 7세에 입학하였는데 한 여학생과 이름이 같았기에 선생님은 석류의 투명한 알을 써서 여자아이를 위주(玉籽), 남자아이를 위주(玉柱)로 이름을 바꿨다. 소년이 드디어 '거인'의 뜻을 세우고 풍파를 겪으면서 마침내 복을 받아 시대의 '가장 한가한 사람'으로 성장했다.--한가한 사람이란 인터넷상에서 할 일없이 돈을 쓰는 사람을 말하며 여유 있는 사람들을 지칭하는 말로 쓰인다. 옮긴이--

또한 쉬안청(宣城)에서 한 요리의 이름은 '야쟈오바오(鴨脚包)'인데, 오리의 다리 위에 오리의 심장을 둘둘 감아 싸서 만드는 음식이다. 내가 '첫사랑의 별미'라고 이름 붙였다. 아울러 글을 "인간이 맛보는 첫사랑의 별미는 이 야쟈오바오와 비슷한데, 처음에는 마음을 모두 쏟았지만 결국에는 심장이 깨지고 장이 끊어지는 아픔을 겪는다."라고 썼다.

비슷한 이야기는 '알리랑'에 많이 있다.

매달 22일은 태극선원의 공익 진료를 하는 날이다. 태극선원에는 각 분야의 중국 전통 양생(養生) 전문가들이 있는데, 진맥, 쑥뜸, 괄사(刮痧)--기름을 묻힌 동전이나 숟가락, 사발 등으로 환자의 아픈 부위를 긁어서 몸 안의 염증을 없애는 중국의 전통 민간 치료법. 옮긴이-- 그리고 추나(推拿) 등의 시술을 해, 직원과 회원들은 모두 무료 체험과 치료를 받을 수 있다.

태극선원과 합작한 후에 '부양당(扶陽堂)', '팔월의 계화(桂花)', '태극추(太極錘)' 등의 기구도 유명해졌다. 지금 밤늦게 이런 중의(中醫) 양생관에 가는 사람의 반 이상은 수련을 위해 가는 알리바바 직원들이다.

나중에 LA 로드쇼 도중에 회사의 수석 고문인 쩡밍 교수가 나한테 이렇게 말하기도 했다. "너무 피곤하네요. 만약 지금 태극추가 옆에 있었으면 좋겠어요."

마윈도 중요한 회의와 활동은 태극선원에서 열도록 했다.

태극선원을 방문한 일본 기업 교세라(KDDI)의 창업자인 이나모리 카즈노

태극선원을 방문한 네덜란드 왕비

현재 알리바바의 전국 파트너는 늘 팀 단위로 태극선원을 방문해 태극 문화를 참관하고 체험한다.

파트너들은 모두 마윈을 보기 위해 온다. 마윈이 안 보이면 그들은 때때로 회의가 끝나고 차선으로 나에게 알리바바의 문화에 대해 알려달라고 한다.

사실 나는 알리바바의 문화와 업무에 대해 잘 알지 못한다. 다만 마윈을 따라다니면서 보고 들은 것을 이야기하고 큰 소리도 친다.

"다른 알리인들이 여러분들에게 강의하는 것은 알리의 정사(正史)이지만 제가 강의하는 것은 야사(野史)입니다. 이른바 야사는 유일하고 정확한 부분 역사입니다. 영어로 번역하면 YES입니다. 성공하지 않은 사람들은 모두 자신의 운이 안 좋아서라고 원망하고, 성공한 사람들은 자신의 운이 좋아서라고 말합니다. 마윈 회장님은 어렸을 때부터 많은 좌절을 겪었는데도 자신의 기운이 좋다고 해왔습니다. 그는 자기 인생의 갈림길에서 하느님이 사람을 보내어 다른 갈래길을 막고는 그에게 다른 선택의 여지없이 인터넷이란 길로 오늘까지 쭉 달려오게 하였다고 말합니다."

높은 곳의 '안개'

사람이 유명해지면 친척과 친구가 많아지지만, 미워하는 사람도 많아진다. 예로부터 예외가 없다.

: 이용당하다

어느 날, 친구가 나한테 전화를 해서는 "마윈이 진출하는 산업이 진짜 많네! 이제 창호 사업도 한다면서?"라고 했다. 나는 "아니, 안 해!"라고 대답했다.

그러자 그 친구가 "우리 도시의 한 거리가 전부 창호 광고인데, 광고 위에 마윈의 사진이 있더라."라고 했다.

또 한 번은 상하이에서 회의를 하고 있었는데, 호텔 문 앞에서 어떤 사람이 마윈을 만나자 흥분하면서 같이 사진을 찍자고 했다. 조금 뒤에 화장실을 가다가 그 사람이 통화하는 것을 들었다. "방금 내가 마윈이랑 회의를 했어. 안 믿어? 내가 바로 사진 보내줄게."

또 한 번은 어느 알리의 동료가 나에게 전화를 걸어 "내 아버지가 어떤 다단계 판매 조직에 걸려들었어."

나는 "그런데 왜 나를 찾아? 네 아버지는 연세도 있으신데 어떻게 꼬임에 빠지셨어?"라고 물었다.

그 친구가 "처음에는 우리 아버지도 안 믿으셨지. 안에 들어가 보니 벽에 온통 마윈의 말들이 붙어 있는 것을 보고는 믿으셨어. 혹시 우리 아버지를 구할 수 있는 방법이 없을까?"라고 말했다.

: 조롱당하다

유명해지면서 보통 사람들이 할 수 있는 많은 것을 마윈은 못 하게 되었다.

2013년 여름, 잡담을 하다 초능력이 있는 사람을 안다는 친구가 있었는데, 마윈은 믿지 않았지만 호기심도 있는데다가 친구의 두세 번에 걸친 '유혹'을 이기지 못해 마침내 한 번 가보게 되었다.

결국 마윈은 각 언론사에게 유치하고 미신을 믿는다는 공격을 받아야 했다.

마윈은 "내가 류첸의 마술을 몇 번을 봤어도 나보고 유치하다는 사람은 없었잖아."라고 자조했다.

미신에 관해서 마윈은 자신만의 견해를 가지고 있다. "맹목적으로 믿는 것이 미신이고, 맹목적으로 안 믿는 것도 미신이야. 즉 신앙을 잃어버리는 것이지. 과학이 뭐겠어?

미지의 세계에 대한 끝없는 탐구 정신이 바로 과학의 정신이야. 호기심은 인류를 진보시키는 원동력의 하나야. 인류의 많은 중대한 발명도 모두 호기심으로 인한 것이지."

당시 나도 현장에 있었다. 말하자면, 나는 대학교 때 전자학과를 다녔기에 현장에서 기본적으로 스마난(司馬南)-중국에서 가짜 물건과 사건을 밝히는 유명한 사람. 옮긴이-과 같은 심정으로 보고 있었다. 허점을 보면 그와 마윈 등 많은 사람을 비웃어주려고 준비했었다. 하지만 실망스럽게도 그 허점을 알아내지 못했다. 가령 마술이라면 류첸보다 더 대단했다. 류첸처럼 많은 도구와 도우미가 없었기 때문이다. 전에 마윈과 함께 류첸이 마술을 준비하는 현장에 가 본 적이 있어서 알 수 있었다.

: 곡해당하다

인터넷 회사와 전통적인 기업은 매우 많이 다르다. 전통적인 기업은 당신이 석탄을 캐든, 에어컨을 만들든, 의류를 제조하든 상관없이 한눈에 다 보인다. 인터넷 회사는 직원마다 앞에 컴퓨터 한 대씩이 있고, 명확하게 그들이 무엇을 하고 있는지 알기가 쉽지 않다. 어떤 인터넷 회사는 계속해서 CEO가 바뀌었는데도 회사 경영은 갈수록 나빠지기도 한다.

회사가 장기적으로 건강하게 발전하기 위하여 관리의 측면에서 마윈은 공동조합원 제도를 제정했다. 회사에서 장기간 일해 경험이 풍부한 직원들을 관리인으로 선발하여 회사 관리를 공동으로 하는 것이다.

처음에 알리바바를 홍콩에서 상장하려고 하자 일부 홍콩 언론들이 마윈을 공격하기 시작했다. 공동조합원 제도의 시행은 이사회의 통제에서 벗어나기 위한 것이기에, 이는 홍콩의 상장 규칙에 부합하지 않다고 했다. 결국 마윈은 홍콩을 포기하고 미국에서 상장하기로 결정했다. 떠날 뜻을 이미 세웠지만, 마윈은 많은 홍콩 언론을 회사로 초청하여 참관하게 했다. 아울러 회사의 어느 부서든지 방문하여 취재를 해도 좋다고 허락했다.

상장 규칙에 대한 질문을 받자 마윈은 "규칙은 원칙을 지키기 위해 쓰입니다. 홍콩은 스스로의 노력을 통해 개방과 투명함을 이룩하고, 시대와 더불어 현대화된 도시로 나아가는 것이 원칙입니다. 규칙이 원칙과 맞지 않을 때에 바뀌어야 하는 것은 규칙입니다. 원칙을 버려서 규칙을 지키는 것은 마땅하지 않습니다."라고 말했다.

미국 상장을 위한 로드쇼가 홍콩에서 있었을 때, 마윈이 자신은 여전히 홍콩이라는 도시를 좋아한다고 말했다. 그러자 또 어떤 언론은 마윈이 이미 홍콩으로 이민을 했다고 하여, 마윈이 웃을 수도 울 수도 없게 만들었다.

미국에 상장하기 3개월 전, 하루는 한 친구가 나한테 전화로 어느 외국 언론이 자기를 취재하면서 다음에는 나를 인터뷰하고 싶다고 했다. 나는 인터뷰를 못한다고 했다. 이틀날 그 친구는 다시 전화를 해서 인터뷰는 안 해도 괜찮고 대신 그 외국 언론이 태극선원을 보고 싶다고 하여 내가 승낙을 했다.

그 언론사는 태극선원에 와서 참관을 하고 대략 15분 정도 차를 마시면서 인터뷰가 아니라 몇 마디 한담을 했다. 그들은 마윈이 CEO를 안 하니 한가한지 아닌지를 묻기에 이전보다 더 바쁜 것 같다고 대답했다. 그들은 또 마윈이 보통 몇 시에 일어나느냐고 물어서 일정하지 않다고 대답했다. 만일 전날 일찍 쉬었으면 9시 전에 일어나고 늦게 자면 늦게 일어난다고 했다.

생각도 못하고 있었는데, 3개월 후 회사가 미국 증시에 상장하기 이틀 전에 갑자기 많은 보도들이 나왔는데 모두 내가 했던 말이었다. 마윈이 CEO를 물러났지만 권한을 놓지 않았고, 그러면서 일도 제대로 하지 않고, 항상 10시쯤 일어난다 등등 …….

그룹 홍보 업무를 맡은 왕솨이는 이 보도로 인해 상대적으로 더 불운했다. 미국 상장을 위해 미리 비행기 표를 샀는데 공항으로 가는 길에 갑자기 돌아와서 여론의 공격에 대응하라는 회사의 소환을 받았다.

상장 전날, 왕솨이는 지구 반 바퀴의 거리에 있는 나에게 계속 문자 메시지를 보내 회사가 신문에 부정적으로 실리게 된 것은 내 탓이라며 나의 책임을 지적했다.

나는 신경 쓰지 않았다. 그때 세계에서 많은 사람들이 알리바바가 잘 되는 것을 싫어하며 쏟아내는 부정적 소식을 여기저기서 볼 수 있었다. 나로 인한 부정적인 영향은 그저 함께 흥을 돋운 것뿐이다.

완벽한 사람이 없듯이 완벽한 회사도 없다.

만약 좋은 사람이 백마이고 나쁜 사람이 흑마라면 이 세상에는 단지 얼룩말만이 있다.

마윈은 극심한 스트레스를 받고 있었다. 다행스럽게도 그는 스트레스를 잘 버티고 이겨낼 수 있는 강한 사람이다. 그리고 앞날을 미리 예측하는 능력이 있다. 상장하기 반년 전에 마윈은 고위 관리자들에게 "상장하는 날이 가까워질수록 부정적인 소식이 모진 비바람처럼 많아질 것입니다. 경쟁자들은 거리낌없이 우리를 비방할 것이며, 아낌없이 우리의 약점을 지적할 것입니다. 우리는 그들의 분노로 일그러진 얼굴을 상상하면서 한편으로는 그들이 무엇을 말하는지를 살펴야 합니다. (잘못이) 있으면 고치고, 없으면 더욱 노력해야 합니다."라고 했다.

11월 11일(雙十一, 쌍십일)
: 2013년

2013년 '11월 11일'에 실제 성사된 타오바오의 거래액은 350억 위안이었는데, 2012년의 191억 위안보다 크게 늘었다. 그 전날에 중국 CCTV 기자 왕샤오야(王小丫)가 '11월 11일'에 대해 마윈과 인터뷰를 했다. 그때 마윈이 이렇게 말했다.

'11월 11일'은 이미 5년이 넘었습니다. 작년부터 우리는 '11월 11일'을 전체 중국 소비자와 생산자들을 위한 감사의 날로 정하기로 했습니다. 진정한 소비자의 날로 만들어야 생각한 것입니다. '3월 15일'-중국의 소비자 보호의 날. 옮긴이-도 있지만, 이 날은 대체로 많은 기업들의 문제를 폭로하는 데 그치고 있습니다. 이러한 무차별적 폭로는 이것도 못 먹고 저것도 못 마시고, 결국 소비자들로 하여금 열정이 떨어지게 합니다. 사실 중국에도 좋은 제품과 좋은 서비스가 많은데 이런 것을 소비자들이 누릴 수 있도록 해야 합니다.

동시에 소비자와 생산자 관계는 대립적인 모순 관계가 아니어야 합니다. 우리는 '11월 11일' 행사를 하기 전에 대담한 생각이 있었습니다. 즉 생산자들로 하여금 소비자들이 일 년 동안 보내준 지지에 대해 감사의 의미로 최고의 상품을 가장 저렴한 가격으로 소비자들에게 되돌려주라는 것이었습니다. 그래서 우리는 '11월 11일'을 전 국민 소비의 날로 바꾸고 싶습니다. 사실 작년의 실험적인 시도가 틀리지 않았다는 것을 증명하고 있습니다.

저는 개인적으로 300억 위안이 큰 숫자라고 여기지 않습니다. 제 생각에 몇 년 더 지나면 '11월 11일'의 거래액이 1,000억 위안이 될 것으로 봅니다. 우리는 작년 '11월 11일'에 인터넷 쇼핑 상품뿐만 아니라 전체 전자상거래 회사와 오프라인 쇼핑몰도 참여할 수 있기를 희망하며 제안을 하였습니다.

미국에는 '블랙 프라이데이(Black Friday)'라는 대규모 세일 기간이 있습니다. 중국이 내수를 확대시키려면 하나의 이슈가 될만한 사건이 필요합니다. 현재 우리의 수요가 얼마나 큰 지를 보여줄 계기가 필요하기 때문입니다. 제가 지금 가장 걱정하고 있는 것은 수요에 대한 요구를 급속하게 열어나가는 것이 아니라 안정적으로 풀어가야 한다는 것입니다. 왜냐하면 그 외에도 물류와 전체 금융시스템의 구축과 판매 후의 서비스 등이 추가로 필요하기 때문입니다. 흐름을 조절하는 것이 아주 중요하기에, 올해는 안정적으로 300억 위안대를 유지할 수 있길 바랍니다.

중국의 물류는 2년 동안 이미 놀랄 만한 발전을 이루었습니다. 2년 전 중국 우정총국(郵政總局)의 마찌운성(馬軍生) 국장을 만났는데 당시 그는 중국의 택배 물량이 미국을 넘으려면 17~8년이 필요하다고 판단했습니다. 하지만 올해 우리의 전체 택배 물량이 이미 미국과 차이가 많지 않고, 택배 배달원의 수도 종전의 십만여 명이 지금은 이백만여 명으로 늘었습니다. 작년에 저를 제일 감동시킨 것은 모든 택배 배달원들이 아버지, 어머니, 이모, 삼촌들까지 모두 데리고 물건을 배달하는 것이었습니다. 이는 대단한 기업가의 창업 정신입니다. 저는 2, 3년이 지나면 중국의 택배 산업도 반드시 전 세계에서 가장 선진적인 것으로 발전하고 성공할 것이라고 굳게 믿습니다. 가식적 현상 그 뒤에 정신이 보이기 때문입니다. 택배를 제시간에, 안전하게 배달해 주는 것 자체가 대단한 것이라고 생각합니다.

: 2014년

2014년 '11월 11일'의 막이 내리자 많은 사람들이 아는 바와 같이 다시 한 번 새로운 역사적 기록을 만들었는데 그 판매액이 571억 위안에 이르렀다. 그 기록들을 열거하자면 1분 11초에 1억 위안을 돌파했고, 3분에 10억 위안, 38분에 100억 위안을 넘어섰고, 모바일 계를 통한 매매 비율이 42.6%였다. 최종 숫자가 집계되어 나온 후 마윈은 "중국의 주부들께 감사드립니다. 집안 살림을 망치는 여성들에게 감사드립니다. 저는 많은 여성들이 아이, 남편, 그리고 부모님을 위해서 구입했다는 것을 보증할 수 있습니다. 그들의 소비가 합리적이었다는 점도 자신합니다. 여자들은 남자들보다 훨씬 더 생각이 많고 대단합니다."라고 말했다. 이날 CCTV의 《대화(對話)》 프로그램이 스튜디오를 알리 본사에 설치했다. 마윈은 앵커 천웨이홍(陳偉鴻), 그리고 각 방면의 캐스터들과 뜨거운 이야기를 나눴다. 마윈이 '11월 11일'에 대해 솔직하게 말했다.

이전에 많은 사람이 숫자에 대해 관심을 갖지 않았을 때부터 저는 꽤 신경을 썼습니다. 이제 많은 사람이 숫자에 대해 관심을 갖는데 저는 오히려 숫자 이면에 있는 것에 대해 걱정하고 있습니다. 이전에 많은 사람들이 알리바바에 대해, 이것은 맞지 않고 저것은 좋지 않다고 말했을 때 사실 저는 우리가 그들이 생각하는 것보다 좋다는 것을 알고 있었습니다. 다들 좋지 않다고 할 때 사실 저는 아주 좋다는 걸 알았고, 지금 많은 사람들이 좋다고 하지만 사실은 그렇게 좋지 않습니다. 사

'11월 11일' 전에 타오바오를 방문한 데이비드 베컴

람들이 기대치가 아주 큰데, 그만큼의 큰 능력이 없고 그렇게 좋은 것이 없다는 것을 알기에 더욱 허무해집니다. 회사가 상장된 후 받는 가장 큰 스트레스는 사람들이 좋다고 생각하는 것을 가지고 있지 않다는 걸 우리 스스로가 알고 있다는 것에서 옵니다. 우리는 단지 15년의 역사를 가지고 있고, 산업도 새로운 것이고 기술도 날마다 혁신되어야 하고, 모든 일이 다 창의적이기에 거기서 받는 스트레스가 아주 큽니다.

올해 저의 관심은 국제화, 플랫폼화와 무선화(無線化)입니다. 무선화가 우리에게 주는 중대한 의의는 휴대전화를 통해 농촌 지역에 신속하게 진입할 수 있다는 점입니다. 농촌 지역 사람들은 컴퓨터를 자주 사용하지 않기 때문입니다. 중국 농촌 지역은 PC를 바로 휴대전화로 대체하는 단계에

와 있을 것입니다. 인터넷과 무선망을 통해 시골 지역에 깊숙하게 들어갈 수 있다는 데 커다란 의의가 있다고 하겠습니다.

두 번째는 글로벌화입니다. 제가 알기로 우리는 이미 외화를 260억 달러를 보유하고 있는데, 알리바바가 전 세계 중소기업에 도움을 줄 수 있는 모델을 마련해야 합니다. 예를 들면 베트남, 캄보디아, 심지어 아프리카의 소매점까지 어떻게 하면 그들의 물품을 아시아에서 판매할 수 있도록 돕느냐 하는 것입니다. 이것도 올해부터 처음 시도해보려고 하는데 그 과정이 아주 복잡하여 결제, 물류, 세관, 세금 등 크고 어려운 문제가 있습니다. 플랫폼화도 마찬가지로 다들 참여하고 다함께 발전하는 것입니다.

앞으로 우리가 국제화를 하려면 한 가지 문제를 생각해야 합니다. 우리가 다른 나라에 갔을 때 반드시 먼저 생각해야 되는 것은 현지의 소비자들에게 어떤 좋은 점이 있는가 하는 점입니다. 어떤 일을 현지인들이 하지 못하는 것인지, 어떤 특성을 가지고 있느냐 입니다. 이런 부분을 잘 생각해야 가치가 창조됩니다.

서구와의 비즈니스에 있어서 경쟁은 아주 중요한 요소입니다. 우리 동양의 비즈니스 경쟁에서 중요하게 여기는 것은 조화롭게 지내는 것이라고 생각합니다. 불교 사상은 포용, 도교 사상은 조화, 유교 사상은 규칙을 중요시합니다. 그래서 중국에 기업이 진출하려면 포용, 조화 그리고 전체의 규칙을 잘 지켜야 합니다. 그리고 또 장기적인 생각도 필요한데 이는 어떤 일을 하더라도 마찬가지일 것입니다. 알리바바는 몇 년 간의 경험이 있어서 늘 10년 이후 중국과 세계에서 어떤 문제가 발생할 지에 대해 생각하고 있으며, 만일 이런 문제가 발생한다면 어떤 방식으로 해결할 수 있을 지에 대해 고민하고 있습니다. 오늘 우리는 내일 성공할 수 있는 일을 하는 것이란 것을 알고 있습니다. 이전에는 우리들에게는 할 수 있는 기회가 없었습니다. 올해 하고 있는 일이 내년에 성공할 수 있다는 것에 대해 기본적으로 믿지 않았습니다. 다들 할 수 있는 일인데 당신만 하지 않을 것입니까? 후에 우리는 장기적인 작전을 준비하고 부단히 노력하여 그런 다음에 천천히 바탕을 다졌습니다. 국제화는 알리바바에 있어서 오늘 하면 내일 바로 성공할 수 있는 것이 아닙니다. 첫째는 불가능하고, 둘째는 헛생각을 버리고 한 걸음 한 걸음 나아가야 합니다. 이 회사는 102년을 가야 하는데, 이제 겨우 15년이 지나고 아직 87년이 남아 있습니다.

2014년 10월 말, 나는 태극선원 회원 중에서 10여 명을 뽑아 마윈과 함께 올해 상장 후에 첫 '11월 11일'을 지켜보기로 했다. 그런데 며칠 후 통지를 받았는데 올해 '11월 11일'은 이 상장 후의 침묵 기간이라 알리바바의 파트너들의 참가를 요청하지 않기로 했다는 내용이었다.

그래서 나는 그들을 10일 태극선원으로 초청하여 차와 밥을 대접했다. 다행스럽게 그날 리롄제가 있어서 많은 사람들과 사진을 찍었다.

《대화》 프로그램 녹화 당일, 황보(黃渤)도 드라마 촬영 현장을 떠나 참여했다. 천웨이홍 앵커가 "마윈을 처음 만났을 때의 기분이 어떠했느냐?"고 묻자 황보는 웃으면

《대화》 프로그램 녹화 현장

서 "기분이 아주 좋았습니다. 이 세상에서 저처럼 선천적으로 특별한 조건을 가지고 있는 사람이 노력하고 전력을 다하는 것을 처음봤기 때문입니다."라고 대답했다.

프로그램 녹화가 시작된 후에 나는 책상 위의 타오바오 인형인 타오꿍쯔가 뒤집혀 있는 것을 발견하고는 현장 감독에게 일러줬다. 그도 긴장하여 어떻게 할 줄을 몰랐다. 내가 안심시키며 "나는 "괜찮아요. 거꾸로 놓인 것도 보기 좋은데요. 태극 그림도 있잖아요."라고 위로해 줬다.

공익 자선

: '마화텅(馬畵藤)' 경매

마윈은 2013년 5월 CEO에서 물러난 후에 공익 자선사업에 많은 힘을 기울였다.

마윈이 지원하고 직접 참여하는 공익 프로그램이 아주 많다. 그는 중국에서 공익 기부를 가장 많이 한 사람이지만, '제일 갑부', '제일 모범'과 같은 호칭을 아주 싫어했다.

그는 전 세계의 유명한 기업가 몇 명과 함께 펀드 하나를 설치하고는 몇 년 동안 매년 수천만 위안을 의학의 중대 발전을 위해 기부했다.

2013년 12월, 마윈이 그의 '라이왕'에, 만일 친구가 일정한 숫자를 넘으면 한 폭의 그림을 그려 공익 경매를 할 것이라는 약속을 올렸다. 그러자 친구 수가 빠르게 넘어섰다.

12월의 어느 날 오후, 마윈은 태극선원에서 친구와 한담을 하다가 7시가 넘어서 나왔다. 그는 원래 집에 가서 밥을 먹기로 했는데 입구에 이르러 갑자기 몸을 돌려서는 그림 한 장을 그려야겠다고 했다.

직원들이 즉시 좋은 붓과 종이를 준비했다. 마윈이 그림을 아주 순조롭게 그렸는데, 십여 분만에 완성하였다. 하지만 무엇을 그린 것인지를 사람들이 알지 못했다. 그는 농담으로 "현대 미술 작품은 다 이래. 보는 사람이 스스로 이해해야 해."라고 말했다.

그림을 타오바오의 경매 채널과 라이왕에 올렸더니 여러 형태의 해석이 나왔다. 어떤 이는 태극도의 변형이라 하고, 다른 이는 외계인(마윈)이 지구로 오는 길이라고도 했다. 가장 창의적인 네티즌은 이것을 '마화텅(馬畵藤)', 즉 마윈이 그린 넝쿨이라고 설명했다.

마윈은 나에게 "천웨이! 이번 공익 경매는 전 과정을 관심을 가지고 지켜봐. 망하면 안 돼."라고 했다.

그래서 나는 경매 채널의 동료들과 경매를 어떤 방식으로 진행할 지에 대해 토론했다.

과거의 경매는 일반적으로 며칠의 예고가 나가고, 그런 다음 24시간 동안 경매를

마윈이 그린 넝쿨

하였는데 첫날 10시부터 다음 날 10시까지 진행했다. 이번에는 경매 시간을 약간 늘리면 어떻냐고 물었더니 경매 채널의 동료들은 이전의 경험에 근거하여 시작할 때와 마치는 시간에만 경매하는 사람이 있고 중간은 다 불필요한 시간이라고 했다.

이번 공익 경매의 영향력을 확대할 목적으로 우리는 48시간 동안 경매를 하기로 최종 결정했다. 중간의 불필요한 시간 문제를 해결하기 위해 이틀 사이에 7개의 시간대를 선택하여 경매 시간을 정했다. 7개 시간대 중 가장 근접하게 경매에 참여한 사람에게는 2,000위안 상당의 태극선원 차 시음권 1장을 보내주기로 결정했다.

12월 19일, 경매가 시작되었다.

경매를 참여자의 의욕이 아주 활발하여 1시간도 안 되어 30만 위안을 넘어섰다.

이때부터 우리는 다른 일로 걱정하기 시작했다. 경매에 참가하는 각자는 입찰 보증금으로 2만 위안을 냈는데, 처음에 우리는 이 그림의 가치가 20만 위안 전후일 것으로 예상했다. 그때 우리는 경매에 참가하는 사람이 2만 위안으로 장난을 치면 큰일이라고 생각했다.

그래서 우리가 생각한 가장 안정적인 방법은 입찰 보증금을 높이는 것이었다. 마지막에 낙찰 받은 사람이 돈을 내지 않을 경우 보증금을 몰수하여 공익사업에 기부하려고 했다.

첫날 경매 가격이 61만 위안에 도달했는데, 마윈도 생각하지 못했던 금액이었다.

둘째 날, 48시간이 거의 종료되는 시점에 금액이 180만 위안을 넘어섰다.

온라인 경매는 오프라인 경매와는 달리 마지막 2분 안에 금액을 제출하는 사람이 있으면 종료 시간이 자동적으로 5분 더 연장되는 방식으로 진행되었다. 결국 경매 시간을 예정했던 것보다 5시간이나 넘겼다. 마지막에 홍콩 '러우상(樓上) 그룹'의 후씨(侯氏) 형제가 2,428,988위안으로 이 그림을 낙찰 받았다.

스위주같은 마윈의 일부 친구들이 알고는 마윈에게 전화를 걸어서는, "치바이스(齊

白石)--중국 근대 유명 화가. 옮긴이--의 그림보다 더 비싸다니, 참으로 예술계의 비애로다!"라고 농담을 했다.

공익 사업에 참가한 사람들의 지지에 감사하기 위해 마윈은 특별히 그중 5명의 경매 참가자를 태극선원으로 초청하여 차를 마시고 같이 밥을 먹으면서 함께 공익 사업을 깊이 의논하였다.

경매로 얻은 돈은 '모더우마마(魔豆媽媽)' 기금에 기부하여, 160명의 빈곤한 도시 어머니들이 자신의 힘으로 생활할 수 있도록 도움을 줬다. 동시에 회사는 같은 금액(2,428,988위안)을 중국 장애인 기금에 기부했다.

그 후 타오촹(淘創) 벽지 브랜드인 미수(米素)의 사장은 또 그림을 복제하여 태극선원에 주어서 공익 자선 사업을 이어지게 했다.

2014년 6월, '중국 기업가 클럽'은 이사회를 태극선원에서 열었다. 30명의 이사들이 그중 한 폭의 복제품에 사인을 하였는데, 그것이 다시 35만 위안의 가격으로 낙찰되어 전액 '더 원 파운데이션(The One Foundation)'에 기부했다.

: 인터넷을 통한 공익광고

공익 사업은 누구나 할 수 있다고 생각하는 마윈은 여기에 인터넷 회사가 도운다면 공익 사업을 더욱 빠르게 발전시킬 수 있을 거라고 여겼다.

2013년 9월, 알리페이(支付宝)가 '더 원 펀드'를 위하여 '일행일선(日行一善)'--하루에 착한 일 한 가지 하기. 옮긴이--을 정식 개통했다. 리롄제(李連杰)가 수 년 동안 '모든 사람이 매달 1위안만'이라는 구호를 내걸고 공익광고를 만들어서 인터넷망을 통하여 여러 방편으로 진행하였다. 액수의 많고 적음에는 상관없이 매일 1위안씩을 기부하는 것도 가능하다.

개통식 날 리롄제는 직접 알리페이 현장을 찾아왔고, 원장과 천쿤(陳坤)도 함께 와서 성원해주었다.

2014년 6월 17일, 마윈은 베이징에서 특별히 중국의 기업가들과 빌 게이츠(Bill Gates)가 함께 토론하는 자선 및 공익 활동을 주선하여 많은 사람들이 상호 교류하고 중국의 공익 사업을 함께 추진할 수 있는 자리는 마련했다.

아래는 마윈이 자선 심야 담화에서 한 연설의 일부분이다.

친구 여러분들을 환영합니다. 그리고 멀리 미국으로부터 오셔서 많은 분들과 교류의 기회를 주신 빌 게이츠 회장님을 환영합니다. 저는 오늘 소프트웨어, 기업, 개인과 직접적인 관계가 없는 주제, 즉 '자선'에 대해 이야기하려고 합니다.

2010년 9월, 빌 게이츠와 워렌 버핏(Warren Buffett) 회장은 특별히 중국에 와서 자선 '강연'을 열었습니다. 그때 영향력이 굉장히 컸는데 베이징의 모든 기자들이 와서 들었다고 할 정도였습니다.

이번에 빌 게이츠와 우리는 자선의 새로운 방식을 시도하기도 하였는데, 바로 사교 모임입니다. 지인들을 초대해서 하고 싶은 이야기를 거리낌없이 하는 것입니다.

아시다시피 미국 자선사업의 시스템은 상대적으로 성숙되어 있고, 기부하는 방식도 아주 다양합니다. 연구 기관이나 교육, 건강 영역 등 비영리적 조직에도 기부가 가능합니다.

중국의 자선사업과 공익 사업은 그들만의 특성이나 방식이 있으며, 동시에 이전과 다른 거대한 기회가 있습니다. 우리는 과학기술이라는 수단을 이용하여 더욱 많은 사람들이 쉽게 공익활동에 참여하게 할 수 있습니다(예컨대 알리페이의 전자 지갑, 시나웨이보(新浪微博)의 '웨이궁이(微公益)'의 이념과 같은 기회들입니다.).

워렌 버핏이 지난 번 중국에 왔을 때 중국에 대해서 말하기를 지금 세대의 사람들은 '결정적인 세대'이기에 오늘날 성공한 기업가들이 후대의 사람들이 자선을 베풀고 자기에게 합당한 공헌을 하도록 이끌고 격려하는 기회를 가져야 합니다.

저는 버핏 회장의 관점에 동조합니다. 동시에 오늘의 교류가 '공통된 인식'과 관점을 달리하는 '충돌'을 동시에 낳아 우리에게 새로운 깨우칠 수 있도록 도와주시기 바랍니다.

: 모두의 공익 활동

마윈이 추진한 오바오망(淘寶网)의 상품 중 '공익 보물'이 갈수록 많아지고 있다. 상인들이 상품 하나를 팔 때마다 그중 몇 펀(分),—1위안의 100분의 1. 옮긴이— 몇 자오(角)—1위안의 10분의 1. 옮긴이— 또는 몇 위안(元)을 기부하도록 설정해, 기부 시스템이 자동으로 작동하도록 해놓았다. 현재 매달 타오바오에서 거두어지는 공익 기부금은 1억 위안을 넘어섰다.

마윈에게는 꿈이 하나 있는데, 바로 언젠가는 알리바바 플랫폼과 타오바오망의 모든 상품들이 '공익 보물'이 되어 한 번 판매될 때마다 한 번의 사랑을 전하였으면 하는 것이다.

주식 상장

주식 상장은 아이를 기르는 것과 같다. 다른 사람에게는 쉬워보이지만 그것이 매우 어렵다는 것은 오직 자신만이 안다.

주식 상장을 위한 전반 공정은 비교적 순조롭게 추진되었다. 2014년 6월, 마윈이 주식 상장을 맡고 있는 동료에게 진전 상황을 물었더니 8월 8일에 상장할 수 있다고 대답을 했다. 하지만 마윈은 "급하지 않아요. 일은 착실하게 해야 합니다. 9월 10일 알리바바 기념일을 전후로 잡으면 가장 좋겠네요."라고 했다.

시간이 임박해지면서 주식 상장의 추진은 오히려 갈수록 더 어려워지고, 회사 차원에서 문제에 대해 회답해야 하는 것은 더욱 많아졌다. 8월이 되자 9월 상장이 매우 어려워 보인다는 소식이 있었다. 이때 마윈은 파트너 회의에서 각자 관련 있는 파트에서 최선을 다해 반드시 때에 맞춰 9월에 상장해야 한다는 분명한 태도를 보였다.

그 일 이후 나는 '태도가 모든 것을 결정한다.'는 것이 무엇을 말하는지를 새롭게 이해했다. 나아가 명망 있는 리더가 회의 석상에서 보여주는 태도가 모든 결과를 결정한다는 것을 의미한다.

이번 회의에서는 많은 '파트너제(制)'의 규정이 통과되었는데, 그중 한 가지가 '파트너는 4명 이상 같이 이동할 수 없다.'는 규정이다. 이로 인해 주식 상장을 보기 위해 뉴욕에 가야 하는 파트너들도 시간을 달리하거나, 따로 상하이, 베이징, 홍콩에서 비행기를 타고 뉴욕으로 갔다.

이때 나의 먼저 출간된 책 《이 사람이 마윈이다》는 이미 영어로 번역이 끝나 본래 9월 초에 미국에서 발행하려고 했으나 주식 상장이라는 큰 매물에 밀렸다. 8월쯤에 회사의 법무 담당인 큰 키에 대머리인 미국인 팀(Tim)이 나에게 전화를 걸어왔다. 어조는 어릴 적 영화 속의 미 제국주의와 똑같았다. "듣자하니 당신의 영문판 책이 9월 초 미국에서 발행된다고요? 회사가 상장 이전에 발행한다고 하면 로드쇼 기간이 있을 수 있는데 미국의 투자자들이 많은 질문을 할 거예요. 모든 면을 고려하여 책 발행을 상장 이후로 연기했으면 합니다. 만약 출판사 측에 우리의 해석이 필요하면 언제든 저에게 연락주세요."라고 했다.

나는 마침내 '(둑이) 개미구멍으로 무너진다.'의 함축적 의미를 깨달았는데, 팀이 내 인생에서 그 개미구멍이었다. 미 제국주의의 개미구멍이란 말이다.

: 로드쇼

9월 7일 정오, 나는 마윈과 그의 몇몇 친구들을 수행하여 뉴욕으로 갔다. 마윈은 《황제내경(黃帝內經)》 4권을 손에 들고 비행기를 탔다.

뉴욕 공항에 도착하자 뉴욕시 측에서는 마윈에게 보디가드를 붙여주었는데, 한 사람은 대머리의 미국인이고, 한 사람은 케냐 출신의 금발 백인이었다. 무척 멋진 금발과 심지어 시원한 대머리인 이들은 모두 180cm가 넘었다.

첫날 저녁 식사 후에 마윈은 거리를 걷자고 제의했다.

마윈은 걸음걸이가 아주 빨라서 따라가기에 벅찼다. 마윈은 "빨리 걷는 훈련은 내가 진윈산에서 외부와 접촉을 끊는 폐관 수련을 할 당시에 연마한 것입니다. 지금 빠른 걸음으로 5㎞를 걷는 데 문제없습니다. 게다가 걷고 있을 때 여러 문제들에 대해 생각할 수 있고, 생각이 더욱 뚜렷해집니다."라고 말했다.

마윈은 시력이 매우 좋고 청각도 매우 예민한데, 내 생각에 이런 것이 그의 사업 성공에 많은 도움을 준 것 같다.

나의 이론은 '예민함이 성공을 부르고, 둔감함은 쾌락을 이룬다.'이다.

어떤 집 앞을 지나갈 때, 안에 아주 크고 시커먼 개 한 마리가 보였다. 아주 사나운 표정으로 밖을 바라보고 있었는데 그 모습이 신성하기까지 해서 함부로 건드릴 수 없는 느낌이었다. 마윈은 큰 개를 매우 좋아하는데 멈춰 서서 개를 한번 보고는 "큰 개들이 왜 이렇게 충성심이 강한지 아시나요?"라고 우리를 보고 물었으나 대답하는 사람이 없었다. 그가 계속해서 "아마도 개는 지능지수가 낮아서 그에게 두 번째로 먹이를 주는 사람을 기억하지 못해서일 겁니다. 하하!"라고 했다.

길가에 있는 애플 전문 매장을 지날 때, 문 앞에는 긴 의자가 놓여 있고 서양인들이 죽 앉아 있었다. 이유를 물어보니 그들은 3일 전부터 줄을 서서 기다리고 있었다고 한다. 아이폰6의 판매는 12일 뒤인 19일 오전에 시작할 예정이었다. 하지만 그들은 진정으로 충실한 아이폰 팬들이 아니라 돈을 받고 대신 줄을 서 있는 이들이었다.

애플 전문 매장 앞에는 전부 중국인들이 줄을 서고 있다는 신문 보도와는 결코 맞지 않다는 걸 깨달았다. 세상에는 중국의 고속 성장과 알리바바를 시기하는 사람들이 너무 많았다.

그날 저녁 늘어선 줄의 대열에서 중국인은 찾아볼 수 없었고, 모두 서양 사람들이었다. 줄을 서 있는 사람들은 19일에 1인 2대의 휴대전화를 살 수 있었다. 이후 19일

필자와 미국 보디가드들

오전이 되자 제일 앞줄에 있던 몇몇 서양인들은 미리 정한 가격으로 마윈의 친구들에게 휴대전화를 되팔았다.

강연 횟수와 지역이 너무 많아서 로드쇼를 홍팀, 황팀의 둘로 나누고, 상황에 따라 같이 하기도 하고 나누어서 하기도 했다. 마윈은 홍팀에도 황팀에도 속하지 않았다.

9월 8일, 첫 번째 로드쇼는 뉴욕에서 유명한 월도프 아스토리아 호텔에서 열렸다. 일반적으로 회사 로드쇼는 큰 장소를 필요로 하지 않는다. 매번 한 곳에 20~30명의 투자 의향이 있는 투자자들이 참석하여 기세를 북돋아주기만 해도 괜찮았다.

우리는 처음에 참석자를 대략 300명 전후로 예상했다가 나중에 500명 정도로 수정했다. 로드쇼 전날 저녁이 돼서야 최소 900명이 참석한다는 것을 알았다. 그러나 호텔의 가장 큰 홀에 500명의 인원만 수용할 수 있었기에, 밤을 새 옆에 있는 몇 개의 공간에 영상 설비를 설치해야 했다.

8일 오전, 마윈이 옷을 입는데 넥타이 색상이 어울리지 않는다는 것을 깨닫고는 곧바로 상점에 가서 넥타이 몇 개를 사왔다. 막 조합이 좋아지려는데 관련 부서에서 모두 양복은 입고 넥타이는 매지 않기로 통일했다고 전화를 했다. 마윈은 투덜대며 "일찍 말하지, 헛수고 했네."라고 했다.

로드쇼는 정오에 시작하는데 많은 투자기구 대표들이 몇 시간 전에 도착해 있었다. 엘리베이터가 크지 않아서 아래층에서 엘리베이터를 타려면 줄을 서서 30분 정도가 소요되었다.

그러나 질서 정연했고 또 언론들도 비교적 규칙을 지켰다. 호텔 외부에서만 사진 촬영이 가능하다는 언질이 있었기에 호텔 내부에서는 오직 나 한 사람만이 사진을 찍었다.

이윽고 로드쇼가 정식으로 시작되었다.

회사의 홍보 영상이 방송되고 왼쪽의 대형 스크린이 갑자기 검은 화면으로 바뀌었다.

차례가 되자 마윈은 비꼬듯이 "인생에는 예상치 못한 많은 일들이 발생합니다. 1분 전까지 환하게 비추던 스크린이 갑자기 검게 변했습니다. 15년 전 제가 뉴욕에 왔을 때 200만 달러를 융자 받고 싶었지만 여러분들은 빌려주지 않았습니다. 지금은 좀 더 많이 요구할 수 있을 것입니다."라고 말했다. 무대 아래가 폭소가 터졌고, 회의장의 분위기가 아주 좋았다. 마윈은 계속해서 말을 이어갔다. "사실 이번에 우리가 빌리려고 하는 것은 돈이 아니라 바로 믿음입니다. 미래에 대한 공동 신념 ……."

호텔을 떠날 때 외부의 모든 통로에는 언론 매체의 카메라로 가득했다. 또한 언론사의 차량들이 우리를 뒤쫓았다. 다행히 우리 보디가드와 기사들이 모두 경험이 풍부하여 낯선 차량이 뒤따른다는 의심이 들면 곧바로 차를 오른쪽 끝차선에 세우고는 뒤따르는 차를 우리보다 앞서가게 했다.

로드쇼

오후에는 다른 투자자들과의 만남에 참가했다. 이들과의 만남이 끝났을 때에는 이미 저녁 무렵이 되었는데, 우리는 곧바로 공항으로 가서 보스턴행 비행기를 기다렸다.

공항에서 마윈을 소개하는 기사가 실린 《월스트리트 저널(Wall Street Journal)》을 보았는데, 그중에는 마윈이 어렸을 적 형, 여동생과 함께 찍은 한 장의 사진이 있었다. 사진이 실린 지 몇 시간 뒤에 타오바오에 '마윈 스타일'의 아동복이 올라왔는데, 가격이 60위안이었다. 귀국 후에 이 사진에 대해 마윈과 그의 부모에게 물어보았다. 세 사람의 당시 세부적인 기억은 각기 달랐는데 다만 대략적인 상황을 이렇다. 1970년대 초, 마윈 형제는 초등학교에 다니고 있었고 누이동생은 학교에 다니지 않았던 때였다. 어느 봄날 오후, 학교를 마치고 온 가족이 모두 산에 가서 진달래꽃을 보았는데, 그때 아버지가 찍은 사진이라고 했다.

: 보스턴

그날 저녁 보스턴의 포시즌 호텔에서 머물렀는데, 텔레비전을 켜자 모두 알리바바에 관한 보도가 방송되었다. 한 방송국에서는 마윈에 관한 다큐멘터리인 《양쯔강의 악어》를 방영하였는데, 7일 동안 연속 방송된다고 했다.

우리들은 매우 피곤해했지만 체력이 유달리 좋은 마윈은 또 나가자고 했다.

현지 보디가드들과 함께 우리는 밤에 크게 한 바퀴를 돌았다. 한 건물 앞에 이르자 마윈은 갑자기 멈추어 서서 바라보면서, "2002년, 내가 여기서 웨이저를 알게 되었어. 그는 당시 이 안에서 회의를 열었었지."라고 했다.

우리는 길가에 있는 한 상점의 쇼윈도 안에는 각양각색의 연도별 재봉틀이 전시되어 있다. 마윈은 깊은 감명을 받아 "어린 시절엔 집에 재봉틀이 있다는 것은 굉장한 일이었어. 당시 사람들이 결혼을 할 때, 만약 '3좐(轉) 1시앙(響)'이 있으면 부자라고 생각했지. 재봉틀은 그중의 1좐에 해당했어."–'3좐(轉) 1시앙(響)'은 '4대 물건'이라고도 불리는데, 이것은 중국의 1950년

로드쇼 기간에 미국에 방송된 프로그램

대 후기에 유행하였다. 당시 중국은 생산 능력을 갖추어져서 각 가정에서는 라디오, 자전거, 재봉틀 그리고 손목시계 이 네 가지 가정물품을 갖기를 원했다. 옮긴이-

밤 산책에서 돌아와 호텔에서 루자오시를 만났다. 일일 로드쇼에서 받은 투자 의향 금액이 우리가 필요로 했던 투자액을 크게 넘었다는 얘기를 듣고는 루 자오시가 웃으며 "회장님! 우리 내일 귀국합시다."라고 했다.

둘째 날의 일정은 8시와 9시에 각기 다른 두 재단과의 회의가 있었고, 12시 반에는 점심 식사를 겸한 로드쇼가 열렸다. 시차가 원인이었던 데다가 전날 분주함이 더했던지 다음 날 일어나보니 이미 11시 반이었다. 다행히 사람이 많았기에 나는 '묻어가자'였는데, 나 한 사람 없다고 큰 문제가 아니었기 때문이다.

내가 마윈의 방에 도착했을 때 그는 이미 두 차례의 회의를 마친 뒤였다. 마윈의 한 친구가 이번 우리 일정을 모두 함께 했는데, 그는 영어 실력이 뛰어나서 점심 식사를 사서 벌써 방에 와있었다. 나는 미안한 마음이 들어 그에게 "이번에는 당신만 믿어요. 만약 당신이 안 왔더라면 마 회장님은 굶주림과 추위가 교대로 왔을 거예요."라고 말했다. 마윈도 "맞아. 이번에 차이를 느꼈어? 천웨이는 자기 집에서는 왕이잖아. 내가 보기에 이런 대접을 받으니 서비스 정신이 나아질 수가 없어."라고 말했다.

포장해서 사 온 음식은 모두 일고여덟 가지였고, 우리들 예닐곱 사람이 함께 먹었다. 먹기 전에 나는 몇 장의 사진을 찍어 '라이왕'에 올렸다. 이 사진에는 음식과 마윈 한 사람만 나왔는데 결과적으로 또 일을 저질렀다.

먼저 우리 타오바오의 일부 상인들이 올린 사진을 보고는 '마윈이 먹었던 고추 고기볶음', '마윈이 먹었던 청경채 돼지족발', 또는 '마윈이 마셨던 콜라' 등을 상품으로 내놓았는데, 이들은 동의 없이 마윈의 사진을 빌려 그들의 음식을 추천했다. 일부 속셈이 있는 사람들은 이 기회를 이용하여 아직 주식 상장도 안했는데 혼자서 그 많은 음식을 다 먹는다며 마윈을 과장되게 이야기했다. 사진을 올린 지 몇 시간이 안 되어 중국에 있는 동료가 나에게 전화를 했고, 곧 사진을 삭제했다.

보스턴의 점심 로드쇼에는 50명 정도의 참석을 예상했는데 100명 가까운 투자자가 참석했다.

회의 전 마윈은 조용히 우리에게 "오늘 온 사람이 어제보다 많지 않은 듯한데, 이 회의장에 온 사람들이 관리하는 돈이 2조 달러가 넘어."라고 말했다.

마윈의 연설과 질의응답 시간은 언제나처럼 박수 소리가 우뢰와 같았고, 우리는 모두 익숙해져 있었다. 회의가 끝나고 모건의 부회장은 마윈의 손을 잡으며 끊임없이 "Fantastic!"을 외쳤다.

삭제된 마윈의 밥 먹는 사진

마윈은 일과 휴식을 적절히 안배할 줄 아는 사람이다. 그날 오후 일정이 없었기에 마윈은 편안하게 음악을 들으며 쉬었다. 그가 좋아하는 프로그램 《보이스 오브 차이나》의 가수 천융신(陳永馨)의 '당신이 모르는 일'을 듣고 있었을 때 함부로 이야기하는 동료가 "천융신은 말레이시아 사람이에요. 이 노래 가사가 좋지 않아요. 그중 한 구절에 '나는 날고 있는데, 당신은 떨어지고 있어.'가 있어요. 결국 올해 말레이시아 항공기가 ……"라고 했다. 마윈이 "방정맞은 입!"이라고 말했다.

: 매사추세츠 공과대학(MIT)

늦게 우리가 비행기로 볼티모어로 이동할 때, 공항으로 가기 전 MIT(매사추세츠 공과대학)를 구경하기로 했다. 학교에서는 중국인 관계자와 부총장이 나와 우리를 안내해주었다.

중국의 대학과 크게 달랐는데 이 대학은 강의실이 매우 적고, 대부분이 실험실이었다. 우리는 캠퍼스 안에서 빌 게이츠 부친 명의의 기부금으로 지어진 건물을 발견했다.

학교에서 가장 큰 상징적 건축물은 거대한 돔 지붕의 본관 건물이었다. 소개한 사람의 말에 따르면 제2차 세계대전 때에 돔 지붕을 비행기 폭격으로부터 보호하기 위해 학교 측은 평평한 판자로 그 전부를 가렸다가 몇 년 전에 철거하여 제 모습을 찾았다고 한다. 이때 마윈이 익살스럽게 "그래? 그 사람들은 전쟁이 끝난 지 오래 되었다는 것을 몰랐나?"라고 말했다.

상장이 끝나고 중국으로 돌아간 후에 마윈은 MIT의 초청을 받았다. 2015년 MIT 졸업식에서 연설을 해달라는 부탁이었다. 이 대학이 설립된 지 150여년 만에 처음으로 졸업식 강연에 중국인이 초청된 것이다.

: 볼티모어

비행기가 볼티모어에 도착했을 때는 이미 늦은 밤이었고, 다음 날 일찍 일어나야 했다.

볼티모어는 그다지 크지 않은 도시이다. 둘째 날 오전, 우리는 회의가 시작되기 5분 전에 회의장에 도착했다. 그러나 아무도 보이지 않아 우리는 어떤 착오가 있었던 것은 아닌가 하는 불안한 생각이 들었다.

삼사 분 후에 모든 사람들이 도착했다. 마윈은 "마치 바로 옆방에 있다가 온 것 같네."라고 말했고, 그들은 정말 시간을 잘 지켰다!

: 뉴욕으로 돌아오기

볼티모어의 로드쇼가 끝나고 그날 정오 우리는 다시 뉴욕으로 돌아왔다.

뉴욕의 마지막 로드쇼는 역시 월도프 아스토리아 호텔에서 열렸는데, 전과 같은 층은 아니었다.

9월 10일은 마윈의 50번째 생일이었다. CNBC에서는 전날 '마윈의 생일을 축하합니다.'라는 화면을 내보냈다. 이는 CNBC 사상 전례가 없는 일이었다.

이 시각 뉴욕의 텔레비전과 신문은 온통 관련 있는 알리바바의 소식과 마윈의 사진으로 뒤덮였다. 몇몇 사진은 꽤 괜찮아서 내가 그중 한 장을 골라 '남자의 마음은 억울함으로 커지고, 남자의 모습은 사업으로 멋있어진다.'는 글과 함께 라이왕에 올렸다.

간소한 마윈의 생일 파티

로드쇼가 끝난 당일 몇몇 대형 투자은행에서는 별도 홀에서 간소하지만 의미 있는 생일 파티를 마윈에게 열어주었다.

케이크도 크지 않고 음식도 많지 않았지만 여러 투자은행에서 준비한 것이기에 누구도 이 역사적인 순간을 놓치고 싶지는 않았을 것이다.

로드쇼에서와 마찬가지로 매번 서로 다른 투자은행에서 사회를 맡겠다고 신청을 했다. 이것은 이후 그들이 '큰소리'칠 수 있는 자본이 될 것이다.

이어서 로드쇼에 참석했던 사람들이 여러 갈래로 나뉘어져서 로스앤젤레스, 실리콘 밸리, 영국 등지로 돌아갔다.

: 귀국

우리와 마윈은 먼저 귀국을 했다. 미국에 갈 때는 태평양을 건넜고, 돌아올 때는 대서양을 건너와 이렇게, 지구 한 바퀴를 돌았다. 계절풍의 영향으로 이렇게 해야 항공경비와 시간을 단축할 수 있기 때문이다.

비행기는 그린란드(Greenland)의 페어웰 곶(Cape Farewell)을 지나왔는데 풍경이 무척 아름다웠다. 다만 비행기의 흔들림이 심해서 무서웠는데, 기내의 몇몇 찻잔이 뒤집어지기도 했다.

비행기가 핀란드의 헬싱키에서 중간 급유를 위해 40분간 기착했다. 당시는 현지시간으로 새벽 1시 반이었고, 기온은 13도였다. 나는 공항에 있는 화장실에 갔었다.

나의 첫 번째 북유럽 여행은 이렇게 끝이 났다.

귀국 후, 마윈은 항저우에서 며칠간 쉰 뒤 홍콩, 싱가포르, 중동에서 연이어 로드쇼를 했다. 이번에 나는 동료들과 16일에 다시 뉴욕으로 가서, 상장을 위한 선발대로 준비를 해야 했다.

: 다시 뉴욕으로

9월 16일, 상하이에서 비행기를 타고 뉴욕에 도착하니 여전히 16일이었다.

17일, 우리는 미리 회사가 있던 고위층 간부 두 사람과 함께 귀빈들에게 제공할 복장을 준비했다. 일부 알리바바의 고객은 자발적으로 뉴욕에 왔는데, 주식 상장 전날 맨해튼의 호텔은 모두 만원이 되어서 일부 고객은 뉴저지주에서 숙박을 해결해야 했다.

: 뜻밖의 만남

18일 아침, 마윈은 또 온갖 고생을 겪고 뉴욕에 도착했다.

그날 오전에 투자자를 만나고, 오후에 호텔로 돌아가던 중 두 블록이 남았는데 교통체증이 매우 극심하자, 마윈이 "우리 내려서 걸어갑시다."라고 말했다.

보디가드를 대동하고 우리는 한 블록을 걸었다. 갑자기 뒤에서 "Jack! Jack!"하고 부르는 소리가 들렸다. 마윈은 고개를 돌려보니 잭 웰치였다!

잭 웰치는 세계에서 가장 위대한 CEO 중 한 명으로 인정받고 있는데, 그는 1981년에서 2001년까지 GE의 회장을 맡았다. GE는 당시 경영관이 가장 뚜렷하고 수익이 가장 많은 회사였다. 마윈은 스스로 창업 초기 그가 유일하게 본 경영 관련 책이 바로 《잭 웰치 자서전》이라고 말했다. 알리바바의 가치 체계는 잭 웰치의 사상을 참고로 하여 만들어졌다. 2년 전 마윈을 수행하여 잭 웰치가 주관한 회의에 참석한 적이 있어서 그를 알아볼 수 있었고 서둘러 몇 장의 사진을 찍었다.

하느님이 교통체증이란 방법을 이용해 동양과 서양의 가장 유명한 두 'Jack'을 알리바바 상장 하루 전날 뉴욕의 길거리에서 우연히 만나게 해주었다. 어떠한 의도가 있는지는 모르겠다.

마윈의 영어 이름인 Jack은 35년 전 외국의 한 중년 부인이 지어주었다.

당시 마윈은 시후에서 외국인들과 영어를 배울 때였는데, 한 중년의 외국인 부인과

뉴욕에서 우연히 만난 마윈과 잭 웰치

이야기하던 중 그녀가 "영어 이름 있어요?"라고 물었다.

마윈이 "없어요. 하나 지어주실래요?"라고 대답했다.

그녀는 한참을 생각하더니 "나의 아버지 이름은 Jack이고, 나의 남편 이름도 Jack이에요. 당신에게 지어줄 영어 이름도 Jack이에요."라고 했다. 이렇게 마윈에게 영어 이름이 생겼고 지금도 계속 사용하고 있다.

호텔로 돌아오자 다음 날의 주식 상장 일정을 마윈과 의논하기 위해 회사의 외국인 관계자 두 명이 먼저 와 있었다. 마윈이 조금 전 길에서 잭 웰치를 우연히 만난 일을 들려주자 그들은 듣고나서 아주 놀란 듯 "좋은 징조예요! 아주 좋은 징조예요!"를 외쳤다.

두 외국인의 업무 방식은 상당히 자세했고, 세부 항목에서도 빈틈이 없었다.

상장 관련 회의가 끝나고 마윈이 우리에게 "이 사람들이 일을 어떻게 하는지 보고 잘 배워두도록 하세요."라고 했다.

나는 마음속으로 '우리의 업무 스타일도 크게 다르지 않아요. 단지 두꺼운 서류뭉치를 준비 안 했을 뿐이에요.'라고 생각했다.

나의 가장 좋은 점은 쉽게 용서하는 것이다. 특히 나 자신을.

: 신규 상장 공모 가격

상장 일정 회의가 끝나고 잠깐 쉬고는 서둘러 시티은행 본부로 갔다. 시티은행 본부는 파크 애비뉴에 있었는데 우리가 머물던 호텔에서 멀지 않았다.

빌딩 아래에서 이미 어떤 사람이 마윈을 마중하기 위해 나와 있었는데, 얼굴을 보

시티은행 본부

자마자 영어로 "내일은 아주 중요한 날이에요."라고 말했다.

마윈은 웃으며 "매일이 아주 중요한 날이죠."라고 대답했다.

2층의 몇몇 회의실에서는 알리바바의 느낌이 물씬 묻어났다. 마윈이 도착했을 때 많은 투자기관과 상장을 책임진 알리바바의 동료들이 회의를 열어 내일 상장 시의 최종 공모가를 논의하고 있었다.

마윈이 들어오자 모든 사람들이 기립박수를 보냈다. 그들은 모두 얼굴 가득히 미소를 띠고서 각자 이번 상장의 영향력에 매우 흡족해한다는 것을 느낄 수 있었다.

다함께 기념 촬영을 한 뒤 마윈과 투자자들은 다른 회의실로 가서 회의를 했다.

40분 뒤에 한바탕 박수 소리가 나면서 회의는 끝이 났다. 이어 모두 줄줄이 파티장으로 와서 잔을 들어 축하를 했다.

이때, 시티은행 회장은 마윈에게 선물 하나를 건넸다. 선물은 빨간 종이로 포장되어 있었는데 그는 마윈이 현장에서 풀어보기를 원했다.

마윈은 대중의 기대 어린 시선을 받으면서 선물을 뜯었는데, 그것은 매우 깊은 뜻이 담긴 선물이었다. 왼쪽은 하버드 경영대학원이 2001년 알리바바에게 보낸 사례 보고서의 첫 장 사본이고, 오른쪽은 우리가 이번 주식 상장 투자설명서의 첫 장이었다.

하버드 경영대학원은 2001년부터 계속해서 몇 년간 알리바바에게 사례 보고서를 보내어 알리바바의 모델이 부적절하고, 다른 이러이러한 기업의 모델이야말로 인터넷의 미래를 대표한다고 했다. 하지만 결과적으로 전문가들이 좋다고 한 기업들은 도중에 하나씩 쓰러져 갔고, 오직 '적절하지 못하다고' 평가 받은 알리바바만이 지금까지 운영되고 있다.

하버드뿐만 아니라 중국 국내 '전문가'도 마찬가지였다. 몇 년 전 인터넷 공동구매가 장차 타오바오를 대신할 것이고, 작년에는 또 웨이신이 알리바바를 사라지게 할 것이며, 올해는 순펑(順豊)—순펑항공으로 중국의 화물항공사. 옮긴이—의 '해커'가 장차 어쩌고 하는 사람이 있다.

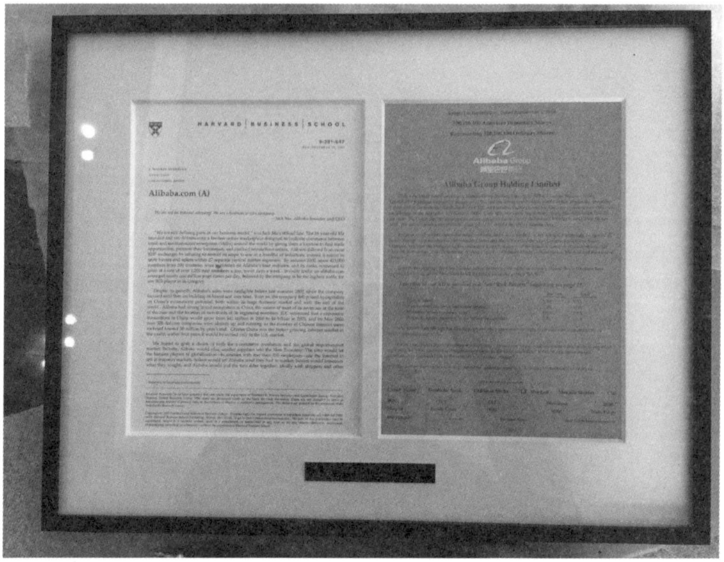

시티은행에서 마련한 선물

그래서 마윈은 "학자는 들은 것을 말할 수 있지만, 전문가는 반드시 자기가 경험한 것을 말해야 한다."라고 말해왔다.

오늘날 가장 합리적인 분야는 전문가, 특히 네트워크 전문가이다.

9월 18일 오후, 시티은행 본부에서 주식 상장 개시 공모가를 68달러로 최종 결정했다. 그 가격은 우리가 생각했던 것보다 많이 낮았지만 방법이 없었고 결정권도 없었다.

: 파트너들의 모임

이날 회사 파트너의 대부분이 뉴욕에 왔다. 저녁에 파트너들은 한 오피스 빌딩의 꼭대기 층에 모였다.

이 오피스 빌딩은 마윈의 친구 궈광창의 푸싱그룹이 작년에 구입한 60층 빌딩이다. 이 빌딩은 60년의 역사가 있지만 보기에는 굉장히 현대적이다. 일찍이 록펠러와 JP

모건이 사무실로 쓰기도 했다.

마윈이 회의를 하나 끝내고 이곳에 도착했을 때는 이미 저녁 11시가 가까웠다.

마윈을 보자 많은 사람들이 환호를 질렀다. 술기운을 빌어 많은 사람들이 마윈과 포옹하자고 하자 마윈이 큰 소리로 "여자는 괜찮지만, 남자는 넘어갑시다."라고 말했다.

현장의 간부들은 끝내 울음을 터뜨렸다. 평소 많은 사람들이 본 것은 모두 그들의 일부였던 것이다. 사실 몇 년 동안 그들은 많은 노력을 하였기에, 마음속에는 커다란 부담감이 자리잡고 있었다. 다만 다행스럽게도 그들은 사람을 선택하는 데에서 옳았던 것이다.

그날 궈광창은 없었는데 푸싱그룹의 부회장이 모임이 끝나고 마윈을 배웅했다.

마윈은 "이 빌딩 괜찮네요. 궈광창이 전에 나에게 1층을 준다고 말했는데, 지금도 가능한지 모르겠네요."라고 말했다.

부회장이 "마 회장님, 내일 회사가 증시에 상장이 돼요. 게다가 역사적으로 규모가 가장 큰 기업 공개인데, 알리바바가 이 빌딩의 이름을 지어주세요."라고 했다.

"그러면 알리바바에게 얼마를 줄 준비가 되어 있죠?" 내가 웃으며 말했다.

부회장도 웃으며 "천웨이, 계산이 심하네요. 우리는 아직 입도 열지 않았는데, 당신은 우리에게 벌써 돈을 요구하네요."라고 했다.

마윈도 듣고는 웃었다.

: 주식 상장 당일

9월 19일, 우리는 오전 6시도 안 되어서 마윈의 방에 모였다. 마윈의 기업가 친구들은 더 이른 시간인 5시 반에 정장을 입고 증권거래소로 출발했다.

마윈은 한편으로 아침을 먹으면서 다른 한편으로는 TV와 신문을 보았다. 그날은 스코틀랜드 독립을 위한 국민 투표의 무산, 아이폰6의 판매 개시, 오라클 창립자인 엘리슨의 퇴직 등 국제적으로 큰 사건이 많았다. 나는 농담으로 “엘리슨은 아주 총명해요. 오늘 퇴직을 했는데, 그는 우리가 상장을 한 후에는 오라클이 재미가 없다는 것을 아나 봐요.”라고 했다.

뉴스 주요 소식의 당연히 대부분은 알리바바의 상장에 대한 내용이었다.

뉴욕은 오전 6시에도 교통체증이 심각했다. 호텔에서 증권거래소까지 30분 정도가 걸렸다.

우리는 옆문으로 들어가서 한 회의실에서 잠시 휴식을 취했다.

잠깐의 시간이 흐르자 누군가가 다가와 마윈 등 상장의 주요 인사들을 모두 정문 쪽으로 안내했다. 실외에 공터가 나타나고 그때가 아침 7시 전후였는데 길에 행인은 드물었다. 하지만 증권거래소 입구에는 이미 사람들로 가득 찼는데, 전 세계의 언론들과 알리바바에 관심이 있는 인사들도 있었다. 질서 유지를 위한 뉴욕 경찰도 아주 많았다.

사진을 찍는 사람들 중에는 자발적으로 국내에서 비행기를 타고 뉴욕에 온 알리바바의 고객도 있었는데, 그들은 쉬지 않고 “마 회장님, 마 회장님! 이쪽 좀 보세요. 여기 좀 보세요!”라고 외쳤다.

이어서 초청된 기업가 친구들과 투자자들 그리고 회사 파트너와 알리바바 고객 대표들이 모두 증권거래소 입구 공터에 도착하여 서로 기념사진을 찍고 축하를 했는데, 모두가 꽤 흥분되어 있었다.

사진을 찍고 사람들은 증권거래소로 돌아왔다. 마윈과 회사 고위층들은 문 앞에 ‘ALIBABA’라는 문구가 붙은 휴게실로 갔는데, 그곳에서 제공한 아침 식사를 먹었다.

식사 후 마윈과 차이충칭, 루자오시, 세 사람은 상장 기념 티셔츠로 갈아입고 증권거래소 2층 복도 끝의 방송실로 향했다. 국내 방송국과 연결하여 마윈이 연설을 했는데 CCTV 경제 채널을 통해 현장에서 생중계가 되었다.

아침 일찍 증권거래소에 도착한 마윈

파트너들과 기념 촬영

뉴욕증권거래소 문 밖 풍경

: 꿈의 티셔츠

알리바바 상장 기념 티셔츠는 내력이 있다.

'타오꿍쯔(淘公仔)'는 알리바바의 마스코트이다. 매년 새로운 디자인들이 많이 생겨난다. 매년 대회를 여는데, 누구나 타오바오 플랫폼을 통해 대회에 참가할 수 있다.

상장 한 달 전, 마윈은 중국 전통 문화의 특색을 갖춘 타오꿍쯔를 보게 되었다. 그는 너무 맘에 들어서 티셔츠에 타오꿍쯔 도안을 새겨 알리바바의 고객에게 선물하기로 결정했다. 하지만 상장까지 10일 밖에 남지 않았던 시점이었다.

알리바바 광둥 고객이 일주일 내에 우리를 도와 13만 장의 티셔츠를 제작하고, 또 이틀 안에 티셔츠를 중국 전역에 있는 우리 고객에게 발송한다고 했다. 심지어 뉴욕까지도 보낸다고 했다.

티셔츠의 앞면에는 타오꿍쯔의 앞모습과 '꿈은 역시 있어야 한다.'라는 문구가, 뒷면에는 타오꿍쯔의 뒷모습과 '만약 이루어진다면?'이라는 문구가 새겨져 있다.

이 문구 역시 빠르게 유행처럼 퍼져나갔는데, 변형판이 나타나기도 했다. 예를 들면 '여신은 역시 따라다녀야 한다.', '만약 그녀의 눈이 멀었다면?' 같은 것들이다.

: 이 세상 둘도 없는 타종 행사

국내와 연결 방송이 끝나고 증권거래소 안에는 이미 사람들로 가득 찼다. 마윈은 양복으로 갈아입고 1층에 있는 거래소 홀을 비집고 들어가 참석한 친구들과 인사를 나눴다.

이어서 모두들 증권거래소에서 가장 화려한 대형 홀에 도착했다. 타종을 책임지는 증권거래소의 잘생긴 관계자가 먼저 뉴욕증권거래소의 역사에 대해 간략하게 소개했고, 아울러 흥분한 많은 사람들에게 "뉴욕증권거래소 200년 역사상 단지 2개의 물건만이 장차 영구히 저 대형 홀 안에 전시될 것입니다. 그중 하나가 바로 알리바바의 타오꿍쯔입니다. 알리바바가 역사를 창조했기 때문입니다."라고 말했다.

이어서 이 관계자가 마윈에게 연설을 요청했다. 마윈은 알리바바의 고객, 인터넷, 먼 길을 온 친구들에게 감사의 뜻을 전했다. 그는 마지막에 "우리는 타오꿍쯔와 같이 가는 팔과 가는 다리 그리고 큰 두뇌가 있어야 합니다. 근육을 팔다리가 아니라 머릿속에 키워야 합니다."라고 말했다.

알리바바가 이번 증권거래소에서 상장하면서 투자받은 금액이 사상 최대였을 뿐만 아니라 타종 행사도 가장 특별했다.

마윈은 주식 상장 타종 행사와 같은 신성한 일은 알리바바 고객에게 맡겨야 한다고 일찍이 결정을 했는데, 이것은 알리바바의 '고객이 제일'이라는 가치관에도 부합한다.

최종적으로 회사는 8명의 고객 대표를 선발하여 무대에서 종을 치게 했다. 그들은 타오바오의 농민 판매자인 왕샤오방(王小幇), 공직을 버리고 알리바바 플랫폼을 이용하여 창업한 올림픽 챔피언 라오리스(勞麗詩),-2004년 아테네 올림픽 여자 다이빙 챔피언. 옮긴이- 기꺼이 자폐아들의 교사가 된 '타오뉴랑(淘女郎)' 닝닝(寧兒), 타오바오를 통해 중국에 체리를 파는 미국 농작주 등이었다.

상장 전에 마윈은 그들을 만나 한명씩 격려해주었다.

종이 울리는 그 순간에는 전 세계가 지켜봤기에 증권거래소의 관계자는 8명에게 무대에 올라가 알리바바 고객 대표들에게 특별히 마지막으로 알려주었다. 알리바바의 미국인 동료가 통역을 도왔는데, "현재 뉴욕증권거래소는 이미 전자 종으로 바뀌었어요. 9시 30분에 정확히 종이 울립니다. 실제적으로 종을 칠 필요는 없어요. 여러분들이 무대에서 미소를 띤 채 9시 29분 30초에서 9시 30분 10초까지 40초간 박수를 치면 제가 여러분들에게 손짓을 할 겁니다. 현장에 이렇게 많은 사람들이 와있고, 전 세계의 텔레비전 앞에서도 역시 많은 사람들이 여러분들을 보고 있어요. 박수가 끝나면 여러분들은 손을 부딪치거나 서로 포옹하면서 축하하면 됩니다."

종이 울리는 상황은 우리가 예상했던 것과 같았다. 8명의 알리바바 고객 대표가 전 세계 주목 하에 뉴욕증권거래소의 타종 무대에 올라 박수를 치고, 기쁨의 미소를 짓고, 포옹을 하고…….

이후 '11월 11일' 《대화》 프로그램을 녹화하면서 진행자 천웨이홍도 이 독특한 타종 행사에 대해서 마윈에게 물은 적이 있는데, "알리바바가 상장될 때 종을 친 사람은 당신이 아니었는데, 출국 전에 계획된 일이었나요?"라고 했다.

마윈은 이에 대해 "예, 그것은 우리가 이번에 상장하면서 계획한 아주 중요한 의식이었어요. 우리는 파트너, 알리바바의 간부들과 종을 치는 것에 대해 누가 가장 적합한지를 가볍게 토론한 적이 있었어요. 그때 저는 여러 사람들에게 우리가 이렇게 노

뉴욕증권거래소의 회의실과 타오꽁쯔

위에서 내려다본 뉴욕증권거래소

첫 거래

력하고 운 좋게 15년을 달려왔는데 대체 무엇을 바라는지, 대체 누가 성공하기를 바라는지에 대해 각자의 의견을 물어봤어요. 그리고 우리는 완전히 하나의 이치를 깨달았어요. 우리의 고객이 성공해야 우리가 성공할 수 있습니다. 이렇게 노력하는 목적은 영세기업, 소상인, 소비자, 택배 기사가 성공하도록 하기 위해서 입니다. 그들이 성공하면 우리가 성공하는 것이니 성공의 의미가 있다고 하겠습니다. 뉴욕증권거래소의 이사장이 이들 8명을 데리고 입구에 도착해서는 무대에 오르기 1초 전 마지막으로 저에게 '정말 올라가지 않으십니까?'라고 물었을 때 저는 안 올라간다고 대답했습니다. 우리는 여러분들에게 보여주기 위한 것이 아닙니다. 우리는 진심으로 생각했습니다. 종을 한 번 더 치고 덜 치고는 우리에게 아무런 변화가 없습니다. 다만 이것은 그들의 인생에 있어서는 아주 큰 변화를 줄 수 있어요. 가령 우리가 일을 할 때 다른 사람의 인생에 좋은 변화를 준다면 모든 것을 돌아보지 않고 마땅히 해야 한다고 생각합니다."라고 했다.

: 기다림

타종 행사 후 2시간 30분 동안 마윈은 뉴욕증권거래소 안에서 가장 붐비는 거래장에서 끝도 없이 인터뷰를 했고, 끝도 없이 기다렸다.

일반적으로 아홉시 반에 타종 행사가 끝나면 한 시간 뒤에 첫 번째 거래가 종료된다. 그날은 달랐는데, 사려는 사람은 많고 팔려는 사람은 적어서 심각하게 거래가 형성되지 않았다. 알리바바의 주가가 계속해서 급등하여 11시 58분, 주당 92달러를 초과한 후에 겨우 기본적인 거래가 성공되었다. 첫 번째 거래가 끝났을 때, 마윈은 나무 망치로 종을 쳤다.

모두가 일제히 박수를 쳤고 거래가 정식으로 시작되었다.

마윈과 8명의 타종 위원들

: 갑부가 되다

이때 뉴욕증권거래소의 다른 로비에서는 국내 여러 언론 매체들이 이미 오랜 시간을 기다리고 있었다.

마윈과 루자오시가 무대에 올라 인터뷰를 했다.

조금 전에 주식 상장을 마쳤고, 또 주식 가격도 예상보다 높아서 언론들은 각자 그들만의 공식으로 마윈의 현재 재산을 산출했다. 그랬기에 이번 언론의 인터뷰의 주요 주제는 '갑부'였다.

마윈은 갑부에는 조금의 관심도 없다고 하면서 "중국 갑부라고 말하지 마세요. 저는 작은 마을의 갑부도 되기 싫어요."라고 했다.

인터뷰가 끝난 후에 나는 웃으며 마윈에게 "마 회장님, 만일 세계의 갑부가 당신이 사는 조그만 마을로 이사 오면, 당신은 조그만 마을의 갑부가 되지 않겠네요."라고 했다.

뉴욕증권거래소를 떠날 때는 오후 1시가 가까웠다. 오전 입구에서 사진을 찍을 때보다 6시간이 흘렀다. 증권거래소에 들어가지 못한 언론과 군중들은 여전히 문 앞에서 기다리고 있었다. 마윈이 문을 나서는 모습을 보자 그들은 한바탕 환호성을 질렀다. 마윈도 그들에게 손을 흔들어 감사의 뜻을 표시했고 'OK'의 수신호를 하기도 했다.

당일 오후, 마윈과 전 세계 언론들은 커피 타임을 가졌다. 보도되지 않을 성질의 자유로운 간담회였는데, 주로 언론들이 알리바바와 알리바바의 향후 계획이 어떤지에 대해 논의했다.

: 신뢰와 책임

그날 저녁, 500명의 사람들이 뉴욕 치프리아니 호텔에서 감사 파티를 열었다.

JP 모건의 부사장이 개막사를 했고 그 후 마윈이 무대에 올라 연설을 했다. 마윈의 이번 영어 연설은 아주 좋았는데, 애석하게도 가장 괜찮았던 몇몇 부분은 박수 소리에 파묻혀 정확하게 듣지를 못해서 생략한다. 내가 대충 번역을 했다.

우리의 마음을 울컥하게 만든 하루입니다. 여러분 감사합니다!

월스트리트 로드쇼 첫날 저는 900명의 투자자와 이야기를 나누었습니다. 15년 전 우리는 제대로 준비하지 못해서 투자자 30명에게 거절을 당했습니다. 15년 동안 우리는 끝내 포기하지 않았고 오늘 돌아와서 많은 것을 요구하고 있습니다.

당시의 우리는 이렇게 많은 금액을 오늘 손에 넣을지 상상도 못했습니다. 여러분 감사합니다! 다만 우리에 대해서 말하자면 오늘 제가 온 것은 돈 때문이 아니라 여러분들의 신뢰와 우리가 담당해야 할 책임 때문입니다.

어제 저녁 저는 잠을 잘 이루지 못했습니다. 줄곧 무엇이 우리로 하여금 여기까지 오게 만들었나 하는 생각을 했습니다. 15년 전 저는 오늘 이 자리에서 여러분들에게 강연을 할 것이라고는 상상도 못했습니다.

종전에 저를 믿어주는 사람이 없어 돌아갔을 때는 저도 제 자신을 믿지 않았습니다. 그러나 저는 인터넷이 세상을 바꾸고, 중국을 바꿀 것이라는 불변의 믿음이 있었습니다. 우리가 안 된다면 다른 사람이 성공하리라고 믿었습니다.

15년 동안 우리는 많은 노력을 했습니다. 우리는 운 좋게 중소기업을 도와주는 일을 선택하여 우리의 직책으로 삼아 왔습니다.

1994년, 저는 번역 회사를 차렸습니다. 3만 위안을 빌렸고 약 5개월의 시간을 소비했습니다. 또 창업 신청을 하고, 또 친구에게 돈을 빌렸습니다. 결과는 성공하지 못했습니다. 저는 중소기업이 얼마나 많은 어려움이 있는지를 알기에, 중소기업을 적극 지원할 것입니다.

당연히 저는 먼저 우리 팀에게 감사드립니다. 그들이 없었더라면 성공하지 못했을 것입니다. 항상 제가 하는 말이지만 우리는 102년을 가기로 결정했습니다.

1999년, 저는 우리 회사를 전 세계 10대 인터넷 회사 중 하나로 만들겠다고 말했습니다. 그때 우리의 회사 순위는 전 세계에서 뒤쪽이었기에, 사람들은 우리가 미쳤다고 했습니다. 다만 18명의 창립 멤버만이 '좋다'고 말했습니다. 그들은 내 말을 들어야 했고 선택권이 없었기 때문입니다.

저는 모든 사람이 다 꿈을 가지고 있다고 믿습니다. 오늘의 현실은 매우 참혹하고, 내일은 더욱 참혹하다면, 모레는 매우 행복합니다. 다만 대다수의 사람들은 내일 저녁에 죽습니다. 노력하지 않으면 당신의 미래는 없습니다.

우리는 지구촌에서 가장 운이 좋은 사람들이라 15년 동안 살아서 잘 버텨왔습니다. 많은 사람들이 우리보다 더 뛰어나고, 더 노력했지만 우리만큼 운이 있지는 않았습니다. 우리의 행운의 씨앗을 깊이 묻어 그 혜택이 다른 사람들에게도 미치도록 하고 싶습니다.

우리는 계속해서 중소기업을 도우고, 젊은이들을 도울 것입니다.

우리가 젊었을 때는 많은 도움을 받지 못했지만, 현재 우리는 아직 성공하지 못한 젊은이들을 도울 것입니다. 그들은 꿈이 있고 성공을 갈망합니다.

오늘 우리는 돈을 벌기 위해 온 것이 아닙니다. 우리는 다시 많은 파트너를 찾고, 나아가 많은 중소기업들을 도울 것입니다. 그들이 있는 한국, 필리핀, 태국, 아르헨티나, 뉴질랜드, 노르웨이 등지에서도 백만 개의 취업이 이루어지도록 도울 것입니다. 마찬가지로 우리가 생존을 기대고 있는 지구를 그들이 더욱 사랑할 수 있도록 지구를 살리는 환경 보호에도 힘쓸 것 입니다.

여러분들에게 너무나 감사드립니다. 동시에 오늘 자리에 참석하신 모든 젊은 기업인들은 자신이 내일 무엇을 할 것인지를 생각해보시길 바랍니다. 저는 많은 강연을 해왔고, 많은 젊은이들이 강연을 듣고 감격에 찬 모습을 숱하게 보았습니다. 하지만 그들은 이튿날 또 옛길의 흔적을 차근차근 밟아가는데, 그것은 반드시 바꾸어야 합니다. 오늘 우리의 행운이 내일 당신의 행운이 되기를 희망합니다. 자신에게 주어진 기회를 아름답게 하고, 나아가 사회가 아름다워지기를 희망합니다.

우리는 앞으로 예전과 다름없이 중소기업을 도울 것입니다. 작은 것이 아름답고 작은 것이 강합니다.

여러분 감사합니다!

부록

가장 탐구하지 않는 '알리인'

가장 탐구하지 않는 '알리인'

알리바바에서는 근무한 지 만 3년이 되는 직원을 '알리인'이라고 부르고, 만 5년이 되면 '오년진(五年陳)'이라고 부른다. 마윈은 자기가 45세가 되기 전에 '지천명(知天命)–하늘의 뜻을 안다. 옮긴이–'이었다고 했는데, 나는 지금 스스로를 '오년진'이라고 말할 수 있다.

나는 마윈과 함께 그룹 내부의 각종 고위급 회의에 참여할 기회가 있었는데, 다른 사람들에게는 얻기 어려운 기회로 회사 업무에 대해 이해하고 자신의 업그레이드할 수 있는 제일 좋은 방법이었다. 하지만 나는 자주 몇 분만 듣고는 슬쩍 회의장을 빠져나갔는데, 각종 전국적인 기업가들의 회의에서도 이와 비슷했다. 가끔 마윈이 "들어와서 들어봐!"라며 문자 메시지를 보내는 때도 있었다.

마윈은 내가 알리바바에서 가장 탐구하지 않는 사람이라고 말하며, 때로는 "너의 일은 탐구할 필요가 많이 없는 게 다행이야."라는 말을 덧붙였다.

나도 그렇다고 생각한다. 업무 부서와 혁신 부서는 더욱 탐구가 필요한데 내가 탐구해야 할 부분까지 그들에게 보낸 셈이 되었다. 나는 칼집의 임무가 칼의 '예리함'을 보호하는 동시에 자기의 '무딤'에 안심하는 것이라고 생각한다. 다시 말해 마윈의 연설을 여러 차례 듣고 나서 다른 사람의 말을 들으러 가는 것은 의자에 묶인 채 가는 것과 같았다.

마윈이 다른 장소에서 이와 유사한 말을 한 적이 있는데 "막 창업을 했을 때 나에게 꿈이 하나 있었는데, 아침에는 로마에서 모닝 커피를 마시고, 파리에 가서 점심을 먹으며, 뉴욕에 가서 저녁을 먹는 것이었다. 지금 실현되고 나서야 알게 되었다. 이것은 정말 재난이라는 것을."이라고 했다.

'큰소리'는 건강한 생활 태도

알리바바 경영대학원이 설립된 후, 나는 시간이 나면 경영대학원의 '초청'을 받아 가서 강의를 한다.

알리바바 경영대학원은 마윈의 모교인 항저우 사범대학과 우리 회사가 공동으로 운영하는 경영대학원이다. 2009년 10월, 학교에서는 나에게 강당에서 대형 강의를 해 주십사 요청하여 '스타의 뒤에서'라는 강의를 한 적이 있다.

대학원에 도착했더니 교문 입구에는 내가 특별 출연했던 《원숭환(袁崇煥)》의 대형 스틸 사진과 함께 과장된 소개가 붙어 있었다. 나는 그것을 본 순간부터 긴장하기 시작했다.

학교의 책임자와 함께 저녁을 먹은 후 나는 불안한 채로 강당으로 들어갔다. 무대 아래 좌석에는 빈자리가 없었는데, 나는 뻔뻔해지기로 마음을 먹고 강단에 올랐다.

먼저 시작하면서 "올해 여름휴가 때 어떤 음식점에 두 테이블의 손님이 모두 자녀의 대입 시험에 합격한 것을 축하하고 있었어요. 음식점 사장님이 축하주를 권하러 첫 테이블에 가서 '아가씨, 어느 대학에 합격했어요?'라고 묻자 그 여학생은 '항저우 사범대학이요!'라고 답했습니다. 사장님은 눈이 휘둥그레지면서 크게 기뻐하며 '정말 축하해요! 학생도 나의 우상인 마윈의 후배가 되었네요!'라고 말한 후에, 다른 테이블에 가서 '당신은 어느 대학에 붙었어요?'라고 물었습니다. 남학생이 '칭화(清華) 대학이요!'라고 말하자 사장님은 묵묵히 남학생 뒤에 가서 그의 어깨를 치며, '속상해하지 말아요. 어쨌든 거기도 대학이긴 하니까요.'라고 했다고 합니다." 내 말이 끝나자 온통 웃음바다가 되었고, 비로소 나도 긴장이 풀리게 되었다.

마윈의 창업 전 에 있었던 이야기와 장지중, 쉬커(徐克, 서극) 감독이 제작진들과의 에피소드도 이야기했다. 강연 중간에 몇 차례 상품을 걸고 퀴즈를 내기도 했는데, 상품은 마윈의 친필 사인이 있는 책이었다. 예를 들면 질문은 "제작 시 생기는 문제를 고

려할 때는 주도면밀해야 하는데, 때로는 아주 작은 것이 촬영 전체에 지장을 줄 수 있기 때문이에요. 《녹정기(鹿鼎記)》 중에는 웨이사오파오(韋小寶)가 7명의 아내를 데리고 물놀이를 하는 장면이 있는데, 배우도 모두 있었고 날씨도 아주 따뜻하고 물도 매우 깨끗했어요. 하지만 며칠이 지나자 이 장면은 촬영할 수가 없었어요. 왜 그랬을까요?"

학생들은 모두 정답을 말하지 못했고, 내가 "7명의 여인들이 같은 날 물에 있을 수 있는 확률이 매우 낮거든요."라고 말했다.

학생들이 동시에 크게 웃음을 터트리자, 모든 사람들이 연달아 폭소를 자아냈다.

다음 날 마윈을 만났을 때 그가 "어제 저녁 강연 괜찮았어?"라고 물었다.

나는 마윈의 말투에서 학교 사람들이 벌써 마윈에게 보고했다는 것을 알 수 있었다.

나는 "대충 얘기하자면"이라고 하면서, "보통 한 시간 반을 강연하는데, 회의장을 나가는 데 두 시간이 걸렸어요."라고 말했다.

마윈이 웃으며 "너를 밟아 뭉개는 데 그렇게 긴 시간이 걸릴 필요가 있을까?"라고 말했다. 내가 마윈 앞에서 큰소리를 쳐서 좋은 결과를 나올 리 없다는 것을 미리 예상은 했었다.

2010년 3월 3일, 내가 소속된 파트가 항저우에서 연례회의를 개최했다. 회의 직전에 나에게 발표할 것을 알렸다. 마윈과 함께 베이징에서 돌아왔을 때는 이미 오후였고, 돌아온 직후 마윈은 식목 현장 회의에 참가해야 했기에 비행기에서 내린 이후부터 회의장까지 내내 나만 재촉했다. 다른 동료에게 마윈을 수행하게 하고 나는 회의장으로 향했다. 만약 그날 30분만 늦게 회의장에 도착했더라면 그런 '큰소리'의 기회를 놓칠 뻔했다.

나의 발표는 주제가 없었다.

"최근 한 명사의 해석을 들었는데, 키스는 '두 영혼이 입술로 서로 만나는 것'이라고 합니다. 이곳에 있는 알리인 여러분 스스로에게 솔직히 물어보세요. 진정한 '키스'를 한 적이 있는지 없는지를. 한 마디 더 하자면, '모든 사람이 죽습니다. 하지만 모든 사람이 함께 살았던 적도 없습니다.' 여러분은 한번 생각해보세요. 어떤 것이 진정한 삶인지를.

2년 동안 마윈 회장님을 수행하여 각지를 돌아다니며 우수한 기업인을 알게 되었습니다. 펑룬의 강연을 들었을 때, 그는 '위대함은 인내에서 나온다.'라고 말했는데, 저는 바로 탄복을 했습니다. 그 후 옹정(雍正)-청 나라 세종(世宗)의 연호. 옮긴이- 황제가 일찍이 말했던 것을 책에서 보고는 '황제란 당연히 나오는 것이 아니라 인내에서 나오는 것이다.'는 것을 알았습니다. 이로부터 곰곰이 생각한 끝에 사실 '인내'는 그 자체가 바로 '위대함'의 축적이라는 것을 발견했습니다. 예를 들어, 탁자 위에 5위안짜리 유리잔이 있는데 그것은 어디에도 쓸모가 없습니다. 하지만 만약 800년을 '인내'한다면 그것은 500만 위안의 가치를 가질 것입니다. 궈장창이 "아름다운 삶은 낭비에서 나온다.'라고 했는데, 저는 곧바로 그를 존경하는 마음이 생겼습니다. 그 후 '허(虛)'와 '실(實)'에 대해 생각을 해보게 되었는데 가끔은 '허'가 '실'보다 더 중요할 때가 있다는 것을 발견했습니다.

다시 유리잔에 대해 말하자면, 우리가 사는 것은 유리에 대한 값이지만 우리에게 진정 필요한 것은 유리가 필요한 것이 아니라 유리잔 안의 빈 공간입니다. 우리는 저축해 놓은 돈 전부로 집을 사지만 철근, 시멘트, 벽돌에 대한 비용을 지불하는 것입니다. 하지만 이런 것들은 우리에게 영원히 필요 없고, 다만 우리가 사용하는 것은 마찬가지로 그 안의 빈 공간입니다.

나는 또한 회사 내부의 임원들에게서 흥미로운 점을 발견했습니다. 알리윈의 현 재무 담당 최고 책임자인 왕젠 박사는 해박한 사람이어서 그와 이야기를 나눌 때면 얻는 게 많습니다. 예를 들어 그는 당신에게 헬리콥터는 비행기가 아니라 단지 날 수 있는 운송 수단이라고 말할 것입니다. 이것이 모든 국가가 헬리콥터를 공군에 배치하지 않는 이유라고 합니다. 헬리콥터는 공군이 아니라 항공대 소속입니다. 왕 박사의 말을 대부분 이해하지 못하더라도 회사의 모든 엔지니어들은 그를 존경합니다.

제 말은 맞는 말인데, 20%만 알아듣고서도 당신은 어떻게 일을 해야 하는지 확실히 알 수 있다는 것입니다. 80%를 못 알아듣는데도 당신은 회사가 예상치 못하는 미래가 있을 것이라는 확신하게 됩니다. '참모총장' 쩡밍 교수는 '우리는 과거의 사람이 하지 않던 일을 하고 있고, 우리가 처음으로 한 상상이 반드시 맞는다는 환상을 버리고, 과감한 시행착오를 겪을 필요가 있다.'고 말했습니다. 다분히 철학적 이치가 느껴집니다! 그 후 저는 이것이 우리가 자주 말하는 '실패는 성공의 어머니'가 아닌지 생각했습니다. 쩡 교수의 훌륭한 점은 일찌감치 귀가 닳도록 들은 도리를 아름다운 구절로 바꾸어 당신에게 깊은 인상을 남긴다는 것입니다. 그리고 루자오시(陸兆禧)는 이름이 매우 특별한 의미가 있습니다. '루(陸)'는 6을, '자오(兆)'는 중국 문자에서 백만 또는 백만의 백만 즉 조(兆)입니다. '루자오시'는 연간 거래액이 '6조 원이 되어 내가 매우 기뻤다.'는 의미로 이 이름은 처음부터 '월마트'를 맞서기 위함이라고 볼 수 있습니다."

'흠차대신(欽差大臣)'과 무식

마윈은 보통 출국하기 전에 나에게 "가서 각 계열사 잘 살피고, 회사 업무를 잘 파악하여 문제가 있으면 나한테 바로 알려줘."라고 말한다.

이게 무슨 의미일까? 이것은 '구두 지시'이다! 며칠 동안 나더러 '흠차대신(欽差大臣)--상부에서 파견하여 중요한 일을 처리하는 사람. 옮긴이--'이나 하라는 것이다.

그래서 나는 이메일 확인과 '손님'을 접대하는 등의 '필수 과목'을 제외하고 계열사는 대충 둘러보았다. 하지만 알리바바그룹 계열인 B2B 수석 재무관 우웨이(武衛)--현재 알리바바그룹 수석 재무관-- 등을 포함한 몇몇 친구들은 반드시 만나러 갔다. '가장 탐구하는' 사람에게 가서 '가장 탐구하지 않는' 시간을 잠시라도 함께 보냈다.

우웨이는 내가 만났던 중에 가장 '분명'한 사람이었다. 재무를 담당했기 때문에 그녀는 모든 회사의 운영 상황에 대해 '분명'하였고, 내가 전에 전혀 알지 못했던 것에 대해 그녀는 두세 마디의 말로 '분명'하게 해준다.

그녀는 나의 '믿을 만한 친구'로 우리는 재미있는 글귀가 있으면 서로에게 보내준다. 그녀는 종종 나를 놀리면서 "너 같은 사람이 알리바바에 남아 있을 수 있다는 것은 정말 기적이야."라고 한다.

나는 "마 회장님이 알리바바는 양식장이 아니고 동물원이라 말했어. 동물의 '종류'가 점점 많아지는 생태계란 말이야."라고 대답한다.

우웨이의 사무실은 서쪽을 등지고 동쪽을 바라보고 있는데, 의자 뒤의 커다란 책장에는 내가 이해할 수 없는 책들로 가득했다. 하지만 그녀의 서랍 안에 있는 책들은 나도 이해할 수 있었는데, 그건 모두 만화책이었기 때문이다. 어느 날 점심시간에 그녀의 사무실에 갔더니 만화책 한 권을 펼쳐 웃고 있었다. 내가 기척을 하자 웃음을 그치지 않으며, 다른 한편으로는 더없이 기뻐하며 내가 혼자 읽을 수 있음에도 불구하고 '고집스럽게' 읽어 주었다. 마지막에 그녀는 그중 《다훙롄(大紅臉)》 한 권을 나에게 주며 무한한 감동과 아쉬움을 표현했다.

얼마 전 내가 그녀에게 "몇 해 동안의 비서 업무를 정리해서 준비했던 것을 책으로 냈어."라는 메시지를 보냈다.

그녀는 '비웃으며' "책을 쓰려면 교양이 필요한 거 아냐?"라는 답장을 보내왔다.

내가 다시 "네가 틀렸어! 책을 볼 때 교양이 필요한 거고, 책을 쓸 때는 필요 없어."라고 다시 보냈다.

생각해보니 나는 이것이 '불합리'한 '이론'이라는 것을 증명했다. 나는 우웨이를 찾아가 "책을 쓸 때 필요한 모든 지식은 초등학생 때 이미 다 배웠어. 그 예로 《도덕경(道德經)》 제64장 중에 이런 구절이 있어.

아름드리나무도 털끝만한 씨앗에서 나오고,	合抱之木 生於毫末,
9층의 누각도 흙을 쌓는 데서 비롯되고,	九層之臺 起於累土,
천리를 가는 것도 발 아래에서 시작된다.	千里之行 始於足下.

이 세 구절은 모두 같은 뜻으로 가장 좋은 것은 세 번째 구절이고, 초등학교에서

틀림없이 배웠던 것이야. 너는 책을 쓰기에 충분해. 앞의 두 구절은 그렇고 그렇지만 다른 사람도 아마 너를 흔들 만큼 써낼 수 있을 거야. 그래서 네가 초등학교에서 읽은 책으로는 부족하고 오히려 돌아가서 생각을 해야 해."라고 반박했다.

마윈은 비록 나의 생활 태도가 항상 큰소리치기 좋아하고, 평안함에 만족하고, 위로 나아가기를 추구하지 않는다는 것을 알지만, 내가 왜 '탐구하는 바가 없는지'에 대한 문제는 그도 가끔씩 물어본다.

기억하건대 한번은 베이징에서 바쁘지 않을 때 마윈과 '마당발' 진젠항(金建杭)--18 '방적'의 한 사람--과 나를 데리고 세 사람이 저녁 식사를 했다. 이 두 사람은 나를 이렇게 만든 심오한 원인 혹은 사건의 유무에 대해 교대로 '캐물었다'. 나는 당시 "어떤 사람이 1층에서 9층까지 올라간 후에 그가 경험할 수 있었던 것은 단지 9번째 층이지 9층짜리 건물이 아니잖아요. 그리고 매 층마다 자기만의 독특한 풍경을 가지고 있잖아요."라고 말했다. 사실 나 자신도 이 문제에 대한 해답이 없다. 단지 아무렇게나 말했을 뿐이었다.

마윈은 이어서 "가령 살면서 경제와 개인의 능력 면에서 문제될 게 없다면, 너는 어떻게 살기를 바라지?"라고 물었다.

나는 그때 무어라고 대답했는지 잊었다. 만약 지금 말하라면 "내 희망은 2013년 6월부터 항저우 '타오바오성'을 건립하고, 마야 신기원--마야의 예언에 따르면 2012년 이후 인류는 새로운 시대에 들어간다고 함. 옮긴이--이 시작되면 나는 타오바오성의 '경비원'이 되어 가고 싶은 부서가 있으면 그리로 가고, 어떤 큰소리가 치고 싶으면 누구에게든 큰소리를 치는 것이에요."라고 말할 것이다.

후천적 탈바꿈의 본보기 - 매

내가 이 글을 쓸 때 마윈은 72시간 동안 폐관 수련을 했지만 마치지를 못했다. 지난번 외부와의 접촉을 끊고 명상한 것은 개방 후 10년간의 새로운 상업 문명이었다.

이번에 외부와의 접촉을 끊고 한 첫 번째 일은 반년 동안 소모한 에너지를 보충하는 것이었고, 둘째는 2010년 알리바바의 구도와 추세에 대해 생각한 것이다. 마윈은 자신이 예술가로서 알리바바라는 예술품을 조각해 최고에 이르도록 만들기를 희망한다.

마윈은 폐관 수련을 할 때 틈틈이 우리는 얼굴을 볼 수 있지만 그는 말을 하지 않는다. 휴식 시간에 내가 매의 이야기를 써서 마윈에게 보여주었다.

대부분 동물의 생존 능력은 타고난 것이지만 매는 상당히 다르다. 만약 갓 태어난 매를 집으로 데려와 기른다면 성장 후에 그 매는 그냥 한 마리 닭이다!

매는 70년을 살 수 있다. 매는 한 번에 서너 마리의 새끼 매가 부화한다. 어미 매는 종종 새끼 매를 굶기어 견딜 수 없도록 하는데, 만약 쳐다보고 성을 내며 울면 어미 매는 그 새끼 매에게만 먹이를 준다. 매로서의 기질을 지녔다고 여기는 것이다.

매는 날개가 강하지 않게 태어나는데, 어미 매는 부리로 새끼 매의 날개를 부러뜨리는데 이때 새끼 매는 살아 있어도 죽는 것이 더 나을 정도이다. 일정한 시간이 지나고 부러진 뒤 다시 자라난 날개의 뼈는 이전보다 훨씬 굵고 강해진다. 또 다 낫지도 않아서 어미 매는 두려움에 떠는 새끼 매를 절벽 아래로 밀어버리는데, 떨어져 죽는 새끼도 있고 극심한 고통을 참으며 창공으로 날아오르는 새끼도 있다. 극심한 통증에도 날개를 퍼덕이기 때문에 날개 뼈는 자라면서 더욱 강해진다.

그 후 40년을 매는 대지를 내려다보며 모든 것들을 우습게 여기고, 천적도 거의 없다. 그러나 40년이 지나면 매는 부리가 너무 길어지고 굽어져 사냥을 하거나 먹이를 먹을 때 지장을 주고, 깃털이 엉망이어서 비행하는 데 지장을 주고, 발톱에 굳은살이 길게 자라 사냥감을 잡을 때 영향을 주는 등의 노화 증상이 나타난다.

매는 깊은 생각을 통해 불가사의한 결정을 내린다. 바로 머리를 들어 날아올라 절벽에 맹렬하게 부딪쳐 노화된 부리를 깨트리고, 먹지도 마시지도 못하면서 줄곧 새로운 부리가 자라길 기다린다. 그런 다음 새로운 부리로 낡은 깃털을 뽑아 새 깃털이 자라게 하고 동시에 부리로 발톱의 굳은살도 없애버린다.

이렇게 다시 태어나서 또 매는 30년의 수명을 더 얻게 되고, 30년을 비할 데 없이 존엄하게 산다.

이 이야기는 마 회장도 이전에 들은 적이 있고, 당신도 알지 모른다. 이것과 알리 문화는 매우 흡사하다. 바로 평범한 사람이 비범한 일을 하는 것이다!

어쩌면 당신은 매가 아닌데 만약 그런 탈바꿈을 견뎌낼 수 있다면 조만간 매가 될 수 있을 것이다! 만약 당신은 이미 매인데 현재 당신이 원하는 하늘이 없다고 한다면, 당신에게 러시아 속담 하나를 알려 주겠다. 매는 닭과 같이 낮게 날 수 있지만 영원히 이렇게 할 수는 없다! 지금은 비록 낮게 날더라도 언젠가 푸른 창공을 높이 날아오를 것이다.

지브란이 이렇게 말했다.

생명은 어슴푸레하다, 격려가 있는 것을 제외하고,
격려는 맹목적이다, 지식이 있는 것을 제외하고,
지식은 헛된 것이다, 일이 있는 것을 제외하고!

알리인은 지식이 있고, 열정이 있고, 꿈이 있다. 그래서 생명이 의미가 있다!

제1차 세계 인터넷 대회에서 마윈이 한 연설

좋은 아침입니다! 이렇게 이른 시간에 교류하자니, 여러분도 저처럼 완전히 깬 것 같지는 않습니다. 어쨌든 저는 아직 잠이 완전히 깨지 않았습니다. 우전(烏鎭)에서 전자상거래로 교류하며, 저는 전자상거래 'E-commerce'를 이후로는 E자 없이 'Commerce(상거래)'라는 단어로 하는 것을 생각했습니다.

상거래에 대해 생각해보면 늘 떠오르는 한 사람이 있습니다. 이 사람은 우리에게 좋은 본보기를 보여 주기도 했지만, 나쁜 본보기를 보여 주기도 했습니다. 그는 청나라 시대 중국 저장의 아주 유명한 상인이었던 호설암(胡雪岩)입니다. 저는 그의 말 중에서 '사업은 갈수록 하기 어렵다. 어려울수록 기회다. 다만 관건은 당신의 안목에 있다.'라는 말을 좋아합니다. 당신의 안목이 한 개 성(省)을 본다면, 당신은 한 개 성만을 위한 사업을 할 것입니다. 당신의 안목이 전 중국을 본다면, 당신은 전 중국의 사업을 할 것입니다. 당신의 안목이 전 세계를 향한다면, 당신은 전 세계의 사업을 할 기회를 가지는 것입니다. 당신의 안목이 오늘을 본다면 당신은 오늘의 사업을 하는 것이고, 당신의 안목이 10년 이후를 바라본다면 당신은 10년 뒤의 사업을 하는 것입니다.

그래서 사업을 하는 관건은 안목에 있는데, 이를 영어로는 비전(Vision)이라 부릅니다.

두 번째로 제가 생각하기로 호설암은 우리에게 나쁜 본보기를 보여주었습니다. 저는 《홍정상인(紅頂商人) 호설암》이라는 책을 읽은 첫날부터 이 말은 잘못된 방식이라고 생각했습니다.–처음에 홍정상인은 호설암을 가리키는 말이었지만, 뒤에는 관리와 상인을 겸하는 경우를 말함. 옮긴이– 왜냐하면 돈과 권력은 함께할 수 없기 때문입니다. 사업을 한다면 관리가 되어 정치를 하려고 생각해서는 안 되고, 관리가 되었다면 부유해질 수 없습니다. 이 둘의 관계는 마치 폭약과 뇌관으로 생각할 수 있는데, 이 둘이 부딪히면 터질 수 있습니다. '홍정'이 안 되듯, '흑정(黑頂)'–하급 관리를 지칭한다. 옮긴이–도 당연히 해서는 안 됩니다. 마땅히 무엇이 있고, 무엇이 필요하고, 무엇을 버려야 하는지를 스스로 알아야 합니다.

저장에 있는 이런 지방에서 대단한 상인들이 많이 나왔습니다. 하지만, 우리 개개인은 모두 일생동안 무엇이 있고, 무엇이 필요하고, 무엇을 버려야 하는지를 생각해야 합니다. 이것은 몇 년 전 숨은 고수로 제가 존경하는 한 선배가 해주었던 말이데, 그는 제게 지금까지 달려온 것을 멈추고 나는 도대체 무엇이고, 무엇이 필요하고, 무엇을 버려야 하는가 하는 하나의 문제에 대해 생각해 보라고 했습니다.

알리바바는 15년간의 발전을 통하여 오늘에 이르렀으니 말하자면 운이 좋은 회사라고 할 수 있을 것입니다. 우리의 행운은 무수히 많은 창업자들이 오늘날 우리에게 이르도록 한 것입니다. 우리는 많은 사람들과 함께 창업을 했고, 인터넷을 만들었습니다. 20년 전 10월, 저는 미국에서 인터넷을 접하고 우리도 관련 회사를 세울 필요가 있다는 생각을 항저우에 있으면서 처음 했습니다. 근 20년 동안, 많은 사람들이 인터넷에서 창업을 했지만, 많은 사람들이 실패하여 이제 우리를 포함한 몇몇만이 남았습니다. 아마 제가 중국에서 상업 인터넷 일을 가장 먼저 시작한 사람일 것입니다. '중궈황예(中國黃頁, 차이나 옐로우 페이지)'는 오늘날 많은 사람들이 이 이름을 잊어버렸겠지만, 1995년 우리가 창립한 회사입니다.

사람들은 알리바바가 오늘날 특별히 성공하게 된 이유가 무엇인지를 묻습니다. 사실 '중궈황예'가 없었더라면, 초기에 외국과 경제 무역 부분의 거래 경력이 없었다면, 무수한 실패가 없었다면, 우리는 오늘에 이르지 못했을 것입니다. 어떤 헐벗은 나무일지라도 밑에는 반드시 풍부한 영양분이 있기 마련입니다. 그 풍부한 영양분은 이 시대 수많은 사람들이 저지른 실패에서 나옵니다. 많은 사람들이 MBA를 졸업하고 창업자가 되는 것도 어렵고, 혹 창업을 하더라고 성공하기가 어렵습니다. 왜냐하면 MBA에서는 많은 사람들이 이렇게 하면 성공을 한다고 일러준 것만을 집중적으로 가르치기 때문입니다. 그래서 많은 사람들의 성공한 예시만을 보기에, 입학 후에는 성공한 사례가 현실적이지 않다는 생각을 하게 됩니다. 저도 이렇게 하면 성공할 수 있다고 여겼습니다.

사업을 시작한 지 10여 년 동안 가장 크게 깨우친 것은 다른 사람들이 어떻게 실패했는지, 실수에서 사람들은 어떤 잘못을 저지르는지를 끊임없이 생각해야 한다는 것입니다. 성공에서는 배울 수 없는 수많은 방법들이 있기 때문입니다. 예를 들어 당신이 아주 좋은 사람을 만났다면 운이 좋은 것이고, 아주 좋은 일을 잡았다면 적당한 시기에 합당한 일을 하면 됩니다. 하지만 실패는? 저는 대부분의 기업이 실패하는 이유가 기본적으로 비슷하다는 걸 발견했습니다. 이러한 실패의 요인들을 배울 수 있다면, 자연히 좋아지게 될 것입니다.

사업을 하고, 장사를 한다는 것은 아주 어렵습니다. 마치 전쟁을 치르는 것과 같아서 살아남은 자의 사례가 성공입니다. 전쟁터에서 살아 돌아오는 사람이 성공한 겁니다. 전장에서 어떻게 했었는가는 관계가 없습니다. 비즈니스맨도 마찬가지로 당신이 이 길을 걸을 때, 95%의 사람이 이미 실패했다는 것을 생각해야 합니다. 그러면 당신은 무엇에 의지하여 그 5%의 행운을 가지게 될까요?

당신이 성공한 5%의 삶이 되어야 한다고 생각한다면 기억하십시오. 실패한 사람이 어떤 실수를 저질렀는지를 반드시 배우고, 그런 실수를 당신은 범해서는 안 됩니다. 그런 다음에 괜찮은 미래의 규칙을 찾아야 하는데, 이것이 제가 몇 년의 시간 동안 가장 많이 생각한 일입니다. 중국의 인터넷 회사 중에, 아마도 전 세계의 인터넷 회사 중에서 제가 인터넷, 계산기, 과학 기술의 발전에 대해 잘 알지 못하는 유일한 CEO일 겁니다. 저는 지금까지 이러한 교육을 받아 본 적도, 비즈니스 교육을 받아본 적도, 심지어는 회계 교육조차 받아 본적이 없지만, 우리는 오늘 여기까지 왔습니다.

CEO는 자신의 강점과 미래에 대해서 생각하는 것이 필요한데, 이것은 제가 많은 시간을 할애하고 생각했던 문제였습니다.

몇 해 전 제가 포럼에 참가했을 때 많은 사람들이 제가 말한 것을 이상하다고 생각했습니다. 듣고 이치에 맞다고 한 것도 있지만, 듣고 많은 사람들이 받아들이지 않은 것도 있었습니다. 한 가지 지금의 알리바바가 좋은 가치를 인정 받아 상장에 성공할 수 있었던 요인들은 하루아침에 만들어진 것이 아니라 우리가 이미 15년 전에 생각했던 것입니다. 우리 각자는 일을 할 때에 반드시 생각을 해야 합니다. 만일 오늘 사업을 시작하여 오늘 만든 것으로 내일 성공하려고 생각한다면 당신은 반드시 성공할 수 없을 것입니다.

이 세상에는 똑똑한 사람이 참 많습니다. 우리 회사는 더 말할 것도 없습니다. 저는 때때로 회사에 앉아 우리의 젊은 동료들을 보면 놀랄 때가 많습니다. 이들은 어떻게 이렇게 똑똑할까요? 당신의 미래에는 똑똑해도 기회가 없고, 부지런해도 기회가 없을 수 있습니다. 저는 10년 후에 중국에서도 이런 인재가 나타날 거라 생각하는데, 반드시 그럴 것입니다.

당신이 10년, 15년을 지속하고자 한다면, 실패를 두려워해서는 안 됩니다. 긴 안목을 확실히 정한 다음에는 우수한 인재들을 찾아야 합니다. 당신이 기술을 모른다면, 기술을 가장 잘 이해하는 사람을 찾아야 합니다. 아울러 그가 당신과 함께 하는 것이 아니라, 어떻게 해야 그와 함께 할 수 있는지를 배워야 합니다. 당신이 비즈니스와 재무에 대해 모른다면 반드시 재무를 잘 이해하는 사람을 찾아야 합니다. 그런 다음에 그 일과 어떻게 해야 잘 맞는지를 생각하고 되돌아 보아야 이런 일이 하나의 기회가 될 것입니다.

예전부터 줄곧 알리바바와 다른 사람과의 큰 차이는 우리가 미래에 대해 굳게 믿으며, 10년, 20년 이후 이 세계에 알리바바가 반드시 있을 것이라고 확신한다는 것입니다. 저는 일찍부터 사람들과 무엇이 전략인지를 탐구하였습니다. 전략이란 당신도 아는 것처럼, 앞으로 반드시 이곳에 있을 것이므로 여기에 굴 하나를 파서 사람들이 뛰어 들어올 수 있게 하는 것입니다.

당신은 10년 이후 정부가 반드시 이 일을 할 것이라는 것을 판단해야 합니다. 당신이 먼저 그 일을 시작하고, 정부의 부름을 기다려야 합니다. 수많은 사람들이 치고 올라온다면 기회는 적어질 것입니다. 시장도 마찬가지인데, 시장에 출현하기 전에 미리 판단을 할 필요가 있습니다.

저는 알리바바의 여러 회사가 다른 곳과 같지 않는 이유를 생각해 보았습니다. 첫째, 우리는 미래에 대해 남들과 다르게 견지해나가며, 둘째, 알리바바의 창립자와 CEO는 기술도, 어떠한 것도 잘 모르기 때문에 반대로 그 부분의 많은 인재를 모을 수 있었습니다. 셋째는 충분한 인내심이 있다는 것입니다. 어떤 사람은 충분한 돈이 있어야 한다고 하지만, 아닙니다. 사실 미래에 대해서 끝까지 추구하면 되는 것입니다. 우수한 인재들이 있고, 실수를 두려워하지 않고, 실수에서 끊임없이 배워 영양분으로 만든다면, 돈은 자연스레 생길 거라고 믿습니다.

돈을 좇는 것은 의미가 없습니다. 돈이 사람을 좇는 것인데, 사람이 돈을 좇으려 한다면 아무런 미래가 없습니다. 우리가 벤처 투자를 지원 받으러 다닐 당시, 사실 저는 손정의를 만나러 갔습니다. 저는 그에게 돈 이야기를 할 생각이 아예 없었습니다. 단지 그가 인터넷 연구의 대가라는 생각이 들어 그에 대한 관심이 컸습니다. 당신도 만일 다른 사람이 돈을 요구한다면 눈빛이 달라질 것입니다. 벤처 투자를 요청할 때에, 당신의 자신감은 자기가 무엇을 하고 싶은지를 아는데서 저절로 나올 수 있습니다. 그래서 저 역시 돈을 요구하지 않았습니다. 돈을 요구하는 자리였다면 중간에 끝냈을 겁니다.

그래서 알리바바는 6, 7년 이전에, 어떤 것은 3, 5년 이전에 논쟁을 거쳤습니다. 알리바바의 근본이념에도 맞지 않고 어떻게 보면 모두 좋지 않았습니다. 사실 우리가 상장되기 두 달 전, 많은 사람들이 우리 회사는 아예 돈을 벌 수 없고, 돈을 벌 방법도 없다고 했습니다. 그때 저는 알리바바가 저들이 생각하는 것보다 훨씬 좋은 곳이라고 확신했습니다. 그들이 알리바바가 아주 부패했다고 말해도, 저는 우리가 괜찮고, 그들이 생각했던 것보다는 좋다는 것을 알고 있었습니다. 하지만 오늘 우리는 큰 어려움에 직면했습니다. 많은 사람들이 우리 보고 괜찮다, 매우 잘하고 있다고 여기며 못할 것이 없다고 말하지만, 사실 저는 우리가 그렇게 좋지 않다는 것을 알고 있습니다. 현재가 가장 위험한 시기입니다. 사람들이 당신에 대한 기대치가 아주 높고, 여러분이 회사 안에서 모두 신으로 여겨서 무엇이든 할 수 있고, 개인이 스스로 모든 것을 알고, 무엇이든 다 할 수 있다고 할 때 어려움이 닥칩니다.

우리는 각자 무엇을 하고 싶고, 무엇을 하고 싶은지에 대한 자신의 한계를 분명하게 해야 합니다.

두 번째로 제가 여러분과 나누고 싶은 것은 이른바 전자상거래입니다. 사실 알리바바는 전자상거래 회사라기보다는 다른 사람들이 전자상거래를 할 수 있도록 돕는 회사입니다. 알리바바의 생성 모델은 전 세계에서 쉽게 찾아볼 수 없습니다. 사람들은 아마존과 이베이도 있고, 이런 저런 것도 있는데 어떻게 중국에서 이런 것이 나올 수 있었느냐고 이야기합니다. 알리바바는 중국의 독특한 상황에서 탄생한 것입니다.

15년 전 우리가 인터넷 전자상거래를 하자고 확정했을 때 대기업을 위해 일할 것인가 아니면 중소기업을 위해 일할 것인가 하는 중요한 결정을 해야 했습니다. 만약 우리가 대기업을 위해 일한다면 좀 더 쉽게 돈을 벌 수 있었을 것입니다. 그때 가장 유행했던 말이 '전자상거래 솔루션'이었습니다. 만약 당신이 큰 공기업이나 글로벌 기업에게 전자상거래 솔루션을 제공했다면, 금방 돈을 벌었을 것입니다. 그러나 이것은 우리의 강점이 아니며, 우리가 할 수 없는 일이었습니다.

만약 인터넷이 21세기 최대의 기술 변화이며 변혁의 기술이라 말한다면, 어제는 할 수 없었던 일을 해야 하는 것입니다. 그러면 어제는 할 수 없었던 것이 무엇일까요? 중소기업을 도와서, 그중에서 어제까지 아무 소득이 없었던 사람을 선정하여 중소기업의 생산력을 높이고, 중소기업이 IT 능력을 갖출 수 있도록 만드는 것입니다. 그래서 우리는 15년 전에 중소기업을 위해서 일하고, 중소기업만 돕겠다고 결정했습니다. 이로부터 우리의 방향은 다른 사람과 완전히 다른 모습으로 바뀌었습니다.

중소기업은 매우 힘듭니다. 13, 4년 전 제가 《포레스트 검프》라는 영화를 보았을 때입니다. 저는 실리콘 밸리에 가서, 30여 건의 벤처 투자가를 만났는데 모두 우리에게는 관심이 없었으며, 이 모델로는 일을 할 수가 없고, 이 사업 모델은 반드시 성공할 수 없다고 했습니다. 왜냐하면 미국에도 없는 비즈니스 모델인데, 어떻게 중국에서 탄생할 수 있느냐는 것이었습니다. 그들의 말도 맞습니다. 왜냐하면 그때 중국에서 인터넷을 한다는 것은 미국의 모델을 복사해서 들여왔기 때문입니다. 그래서 우리가 중소기업을 위해 만든 것을 다른 사람들은 전혀 생각하지도 못했습니다. 모기의 다리에 살이 얼마나 있겠습니까? 파도 아무 것도 나오지 않는다는 말입니다.

《포레스트 검프》라는 영화가 제게 일러준 것은, 상어나 고래를 통해서는 돈을 벌 수 없지만, 작은 새우 살을 파내 돈을 벌 수 있다면, 사람들에게서 조금씩 꺼내 돈을 모으는 것도 가능하다고 생각했습니다. 그러나 그들로부터 조금씩 돈을 얻겠다고 말하려면, 당신은 매번 독특한 가치를 창조해내어야 합니다. 이것은 다른 기술회사가 할 수 없는 것입니다. 15년 동안 알리바바는 중소기업에만 집중했습니다. 하루 만에 지금 모델이 명확하게 나온 것은 아니며, 우리는 무수한 시행착오를 범했으며 7~8년 전에야 한 가지 분명한 가치에 이르게 되었습니다. 중소기업을 도울 수 있는 하나의 생태 시스템을 반드시 세우자는 것이었습니다.

때문에 지금 우리의 사업 모델은 분명 강제로 나온 것입니다. 아주 작은 일개 중소기업을 돕고자 한다면, 그 사람들로부터 3~40위안 정도 밖에 벌지를 못합니다. 당신은 사람들을 보내 어떻게 그들과 교류를 할 것인지, 어떻게 그들과 소통이 가능할지, 어떻게 그들에게 해결 방안을 줄 것인지요? 소기업에게 필요한 것은 매우 많습니다. 물류, 신용, 정보, 데이터, 지불 등 전체적인 시스템이 필요하지만 우리는 이것을 모두 완전하게 만들 방법이 없었습니다. 그래서 각 부문의 협력자를 찾아 모두 함께 와서는 각 개인이 이 안에서 아주 조금씩이라도 잡게 되면 당신도 성공할 기회가 있을 것입니다.

어떤 사업을 하든지 반드시 3Win, 즉 3가지 승리를 생각해야 합니다. 첫 번째 Win은 고객이 승리해야 합니다. 당신이 어떤 일을 하든지 고객이 먼저 이겨야 합니다. 두 번째 Win은 협력 업체가 승리해야 하며, 세 번째 Win은 당신의 승리입니다. 3가지 W 중에서 한 개만 부족해도 다른 2가지는 찾을 수 없습니다. 3가지 '승리', 그 중 어떤 하나의 '승리'라도 적으면 사업을 계속할 방법이 없습니다.

우리가 어떤 상품이나 서비스를 만들 때, 먼저 물어보아야 하는 문제가 있습니다. 고객에게 필요한 것인가 아닌가? 고객이 느끼기에 좋은가 안 좋은가? 두 번째는 얼마나 많은 사람이 참여하고, 참여하는 많은 사람들에게 기회가 있느냐? 입니다. 세 번째는, 이렇게 많은 일을 하면서 살아갈 수 있느냐는 것입니다. 만약 살아갈 수 없다면, 어떻게 굳게 지속할 것인가? 입니다. 이것이 제가 생각하는 알리바바만의 독특한 비즈니스 모델입니다. 중국의 수많은 중소기업은 이런 도움이 필요합니다. 우리의 출발점은 어디에서부터였을까요? 중소기업을 돕는 것에 대단한 사명이 있는 것은 아니지만, 우리는 많은 사람이 대기업을 도울 때 중소기업을 도왔는데 달리 선택할 길이 없었습니다. 1995년 혼자 창업을 할 때 돈이 있든 없든, 기술이 있든 없든 매우 힘들었습니다. 15년 전에 오늘처럼 되고 싶다고 말하는 것은 터무니없는 이야기였습니다. 그러나 지금 저는 15년 이후에 무엇을 해야 하는지를 확실히 알고 있습니다. 왜냐하면 지금은 인재도 있고, 기술도 있고, 데이터도 있으니 미래에 대해 더욱 분명하게 생각할 수 있습니다. 우리는 미래에 무엇을 할 것인지에 대해 반드시 생각해야 합니다.

알리바바든, 바이두든, 웨이신이든, 아마존이든, 구글이든 상관없이 우리는 모두 운이 좋으며, 적당한 시대에 적합한 선택을 했으며, 적합한 사람들을 만나 오늘에까지 왔습니다. 그러나 우리가 마땅히 생각해야 할 것은 다시 15년, 20년을 어떻게 굳게 지켜가면서 여전히 지금처럼 할 수 있을지가 최대의 도전 과제입니다.

과거에는 즐거움을 위해 살아왔습니다. 여러분들은 예전에 저희가 했던 많은 얘기들을 돌아보면 확실히 이랬다는 것을 아실 겁니다. 그 시절에 수입이 어디 있었고, 이윤이 어디 있었습니까? 거래액도 없었고, 이윤도 없었지만 저희가 매일 행복했던 것은 무엇 때문이었을까요? 이유는 매일 고객들의 감사와 조금씩 늘어나는 고객 때문이었습니다. 사실 10년 전 알리바바가 성공할 것인지 아닌지를 자체 평가하는데 있어서 중요한 요소는 우리가 성공할 수 있느냐 아니냐의 여부가 아니라 우리의 고객이 우리로 인해 성공할 수 있느냐 아니냐의 여부였습니다. 만약 우리가 일찍 성공했더라면, 고객은 성공하지 못했을 것입니다.

당연히 함께 성공하도록 하는 것이 가장 좋습니다. 하지만 하나의 길만을 선택해야 할 때 당신은 무엇을 포기하시겠습니까? 자신의 이익을 포기해서라도, 다른 사람이 먼저 성공하게 해야 합니다. 20세기에 기업을 이루려면 뛰어난 IT 기술이 필요했고, 21세기에 기업을 이루려면 빼어난 데이터 기술(DT)이 필요했습니다. IT 기술과 데이터 기술은 큰 차이가 있습니다. 데이터 기술의 핵심은 인터넷이 이 세기에 가장 감당할 수 없는 것, 즉 이타주의에 있습니다. 다른 사람이 나보다 중요하고, 나보다 똑똑하고, 나보다 능력이 있고, 다른 사람이 성공해야 당신도 성공할 수 있다는 것을 믿으십시오.

제가 오늘 이야기하는 이 말은 100년 후에 우리가 증명할 것입니다. 우리 모두 그때까지 살지는 못하겠지만, 100년 후에 보면 반드시 내가 중심이 되는 것에서 다른 사람이 중심으로 바뀌어 있을 것입니다. 내가 돈이 많아질수록, 내가 강해질수록, 사실 다른 사람은 약해집니다. IT 시대에는 무수한 거물들이 태어났지만, DT 시대에는 뒤바뀌어 다른 사람이 강해질수록 여러분도 강해질 것입니다. IT 시대에서 DT 시대에 이르기까지의 가장 작은 상징은 어떻게 하면 다른 사람의 성공을 도울 수 있을까 하는 당신의 생각입니다.

DT 시대에서 두 번째로 중요한 특징은 경험입니다. 경험은 많은 의미가 있지만 수용입니다. 우리는 20세기에 서비스를 많이 언급했고, 끊임없이 서비스 능력을 향상시켰습니다. 사실 고객이 원하는 것은 서비스가 아니라 수용입니다.

경험은 21세기에 아주 중요한 기능입니다. 이 기능은 엔지니어들이 가지고 있지 않고, 경영자가 가지고 있지 않습니다. 경험은 21세기 사람들의 감성지수–Emotional Quotient, EQ. 옮긴이–에 의해 만들어집니다. 20세기가 지능지수–Intelligence Quotient, IQ. 옮긴이–에 의해 움직였다면, 21세기는 EQ로 움직이는데, EQ는 사람을 편하게 하고, 고객을 편하게 하고, 협력사를 편하게 하니, 이보다 중요한 것은 없습니다. 경험 시대에는 여자들이 갈수록 더 대단해지는데, 아주 중요한 한 가지는 다른 사람을 생각할 때에 여자가 남자보다 생각이 많기 때문입니다. 여자는 남편과 아이를 보살핀 후 자신을 생각하지만 남자는 대체로–미안합니다, 저도 그 중의 하나입니다–자신을 중심에 둡니다.

여러분은 정계와 경제계를 불문하고 여성들이 점점 많아지는 것을 느낄 것입니다. 매우 흥미롭게도 알리바바는 전 세계 IT 회사 중에서 여성 직원이 가장 많은 회사일 것입니다. 일찍이 어느 미국 기자가 저에게 "당신 회사는 왜 이렇게 여성이 많습니까?"라고 물은 적이 있습니다. 저는 오히려 담담하게 "여성들이 많은 게 무슨 문제가 되나요? 그렇지 않았으면 이 상장도 할 수 없었을 겁니다. 우리 회사의 46%가 여성 직원입니다. 원래는 49~50%였는데, 후에 두 회사를 인수하면서 남자들이 많아지게 되어 비율이 떨어진 것으로 알고 있습니다."라고 대답했습니다.

우리는 관리자 중 36%가 여성이고, 고위 관리자 중 23%가 여성입니다. 알리바바에는 여성 CEO, 여성 COO, 여성 CFO가 있으며, 지금까지 저는 그녀들을 여성으로 대한 적이 없습니다. 먼저 그녀들도 사람이고, 그녀들만의 독특함이 있으며, 그녀들이 일을 확실하게 잘하는 것을 경험했기 때문입니다. 여성들은 다른 사람에게 어떻게 서비스해야 하는지, 다른 사람을 어떻게 이해해야 하는지, 다른 사람을 어떻게 지지해야 하는지를 잘 알고 있습니다.

이것은 매우 중요한 관건입니다. 21세기는 많은 것들에 아주 큰 변화가 일어났습니다. 서비스와 기술은 더 좋아졌지만, 만약 고객에게 좋은 경험을 줄 수 있는 방법이 없다면 좋지 않은 것입니다. 몇 년 전에 '미래를 상상하는 방'이 있었는데, 마이크로소프트에서 설계하여 21세기 최첨단의 방이라고 말하였습니다. 저는 큰 호기심을 가지고 들어갔다가 얼마 있지 못하고 나와 버렸습니다. 그곳은 좋지 않았는데, 엔지니어의 상상으로 되어 있었고 방안 전체가 컴퓨터의 컨트롤을 받았습니다. 예를 들면 약 먹을 시간이 되면 몇 분에 알약 2개를 떨어뜨리는 것과 같았습니다. 만약 과정 순서에 문제가 생긴다면 당신은 나오고 싶어도 나올 수 없을 것입니다. 여기에는 경험적인 감정이 없습니다. 어떤 것이 경험적인 감정일까요? 그것은 바로 편안함입니다. 만일 컴퓨터의 컨트롤을 받고 있다는 생각이 들고, 당신이 컴퓨터를 컨트롤할 수 없다면 갈수록 문제는 더욱 커집니다.

많은 사람들이 미래를 상상하면서, 대부분의 엔지니어들이 미래를 상상하면서, 가장 단순하게 그들은 그들의 아이들이 산 좋고 물 좋은 평안한 곳에서 살기를 바라는 것을 알 수 있습니다. 이런 생각이 바로 경험적인 사고입니다.

세 번째는 투명성입니다. 21세기에는 데이터와 인터넷의 출현으로 어떠한 일을 꼭꼭 숨기고자 하는 것이 아예 불가능합니다. 그래서 프라이버시가 매우 흥미로운 문제가 되었습니다. 오늘 프라이버시의 책임 문제에 대해 토론한 것이 20년 후에는 근본적인 개념으로 바뀌어져 있을 것입니다. 제가 기억하기로 1995년 중국과학협회가 처음으로 주최한 인터넷 관련 토론회가 베이징에서 열렸는데, 20여 명의 전문가가 함께 자리하여 미래의 인터넷에 대해서 토론을 하였습니다. 저도 초대받은 사람 중의 한 명이었습니다. 모두들 미래의 인터넷에 대하여 '이것은 틀렸다 저것이 틀렸다, 이것을 제어할 필요가 있다 저것을 제어할 필요가 있다, 제어하지 못하면 문제가 생긴다.' 등등을 토론하였습니다.

어쨌든 저는 당시 그렇지 않다고 여겼는데, 먼저 중국에는 그때 전문가들이 없었고, 둘째 그들이 걱정하는 문제는 쓸데없는 걱정이라고 생각했습니다. 오히려 저는 아직 나타나지 않은 것이 걱정되기 시작했습니다. 사실상 20년 전에 걱정했던 일들은 현재 모두 나타나지도 않았고, 오히려 걱정하지 않았던 일들이 나타났습니다.

IT 시대에서 DT 시대로 오면서, 중소기업이 관건으로 되었습니다. 알리바바의 발전에 대해서는 여기서 끝내고, 우리가 이야기하고자 하는 미래의 전자상거래로 돌아가겠습니다. 스스로 "우리는 누구를 위해 생존하며, 15년 전에 제출했던 '세상에 어려운 장사가 없도록 하자'는 문제를 해결했는지? 하는 질문을 하고 싶습니다.

이 세상에서 가장 비극적인 것은 유명하나 돈이 없는 것이고, 두 번째 비극은 돈이 너무 많은 것입니다. 많은 사람들은 이런 경험이 없지만, 저는 이런 경험이 있습니다. 남자들은 유명해지면 오히려 나쁜 일들이 생기고, 돈을 쓸 수밖에 없습니다. 당신은 돈이 무엇인지 분명하게 인식해야 합니다. 당신이 큰 상인이 되었다고 생각하면, 이는 당신이 다른 사람의 성공을 즐거워하고, 길거리의 많은 사람들이 당신에게 미소지으며, 참 잘했다고 칭찬해주고, 우리의 아내와 아이를 도와주기 때문입니다. 이런 즐거움은 돈으로 살 수 없는 것으로, 사람들은 마음에서 우러나오는 말로 정말 좋다고 한 것입니다. 비록 저런 것이 저하고는 아무 관계가 없다는 것을 알지만, 여태까지 한 번도 그런 시도를 해본 적이 없습니다. 이 일로 분명하게 생각할 수 있는 것은 이런 즐거움을 계속 유지한다면, 다른 사람이 즐거우면 당신도 즐겁고, 다른 사람의 경험이 즐거우면 당신도 좋은 느낌을 가질 것입니다.

우리가 알리바바에 대해 계속 생각해야 하는 한 가지 문제가 있습니다. 우리가 중국뿐만 아니라 전 세계를 포함해서, 많은 중소기업들을 어떻게 도우면 다시 성장시킬 수 있을까 하는 것입니다. 중국에도 여전히 우리가 해결하지 못하는 문제가 아주 많고, 오늘날 수많은 중국의 중소기업들이 좋지 않습니다. 많은 사람들은 전자상거래에 모조품 문제, 지적재산권 문제, 신용불량의 문제가 있다고 말합니다. 이런 일련의 문제를 해결할 때에 그 안에 즐거움이 있고, 그런 문제를 해결함에 당신의 존재가 요구됩니다.

이러한 문제는 기술, 사회, 교육, 문화 등 여러 분야를 모두 모아야만 해결될 가능성이 있는데, 그런 문제의 해결은 20년 이후에나 가능할 것입니다. 전자상거래는 이 사회에 거대한 공헌을 하였는데, 모조품의 문제와 중국의 불법 복제 문제를 해결했고, 중국 기업의 신용체계를 세우는 데 도움을 주었기에 이것이 우리가 이 시대에 크게 공헌한 바입니다. 그 문제들이 해결되고, 사람들의 경험도 풍부해졌으며, 문제들을 저는 즐거움으로 여기고 있습니다.

이전의 세계화는 사실 미국화였습니다. 미국이 '좋다, 안 좋다'를 말하지는 않겠습니다. 한 가지

긍정적인 것은 세계화의 핵심이 현장에서 가치를 창조하고, 일자리를 만들어내고, 세수를 확보하는 것입니다. 우리가 이전에 가지고 있었던 생각은, 우리의 상품을 어떻게 하면 다른 국가 사람들에게 팔고, 그들의 주머니에서 돈이 나오게 하느냐였습니다. 알리바바는 세계화에 있어서 어떻게 하면 다른 나라 사람들이 자신의 물건을 중국에 가지고 와서 팔 수 있도록 도와줄 것인가 하는 문제에 대해 고민했습니다. 중국에는 이런 큰 수요가 있었고, 중국의 중산층은 빠르게 성장하고 있었습니다. 제가 7~8년 전에 실리콘 밸리에서 강연하면서 중국의 인터넷의 사용자가 미국을 뛰어넘을 것이라고 말했을 때 사람들은 제가 헛소리한다며 한바탕 비웃었습니다. 그때 저는 데이터를 낼 수 있는 학자나 전문가가 아니었지만, 한 가지 이유를 찾았습니다. 미국의 인구는 거의 3억 명인데, 사람이 죽지 않는다고 해도 10년 뒤에는 여전히 3억 명입니다. 중국은 13억 인구인데 3억 명의 사람들이 인터넷을 하는 것은 손쉬운 일입니다. 우리는 10년 후 중국 중산층의 수가 미국의 전체 인구와 큰 차이가 없다는 것을 알았습니다.

중국의 공기, 환경, 물은 이미 미래 3, 4억 중산층의 다양한 요구와 서비스를 만족시킬 방법이 없습니다. 우리는 어떻게 해야 전 세계의 아주 좋은 물품을 들여와 중국의 중산층과 심지어 아시아 태평양 지역과 전 세계의 수요를 충족시킬 수 있을까요? 지구는 이미 하나의 공동체가 되었으니 제가 항저우에 있어야 할 필요가 없어졌습니다. 원래의 무역 방식을 인터넷이 철저하게 바꾸었기 때문입니다. WTO는 위대한 창조이지만, 이 시대에 있어서 WTO는 정부가 제정한 게임 규칙이며, 기업은 다만 집행할 뿐입니다. 정부가 제정한 게임 규칙이 기업의 집행을 매우 어렵게 하는 때도 있습니다. 각 나라 간의 정치적인 원인에서 나오는데 중국과 일본의 협상, 일본과 한국의 협상은 처음부터 함께 할 수 없습니다. 각 나라는 그들만의 생각이 있으며 반드시 시장에 영향을 미칩니다. 우리는 반드시 제대로 된 시장 경제를 세우고, 기업들을 통하여 올바른 비즈니스 사회를 건설해야 합니다. 이것이 오늘날 인터넷이 우리에게 준 기회입니다.

인터넷과 DT의 출현으로 인하여 전 세계의 중소기업들이 기술, 지불에 있어서 그리고 물류의 경계를 뛰어넘어 모두 하나가 되었습니다. 오늘날 타오바오 사이트에서는 칭하이(青海)와 저장, 저장과 하이난, 하이난과 광둥으로 모든 거래가 자유롭게 유통되고 있습니다. 만약 각 성(省)의 공무원들이 하나의 협의를 위해 회의를 했다면 결코 달성할 수 없었겠지만 모두 비즈니스맨들이었기에 합의를 이루었습니다.

세계 각 국의 의식 형태와 정치적 관점은 모두 다릅니다. 하지만 전 세계의 비즈니스맨들의 관점은 신용과 돈으로 같은데, 이것은 공통의 관심사가 통해야 하는 것입니다. 무엇이 돈일까요? 돈의 뒤에는 신용이 있고, 신용의 뒤에는 교역이 있으며, 교역의 뒤에는 여러 사람들이 믿고 거래하는 행위 규범이 있습니다. 이것은 장차 2, 30년 후에 구현되어 나올 것이고, 인터넷은 장차 전 세계 거래의 모든 추세와 시스템을 바꿀 것입니다. 갈수록 전자상거래가 증가함에 따라 거대한 기회가 여기에 있습니다. 우리는 오늘날 이탈리아든 프랑스든 아주 많은 중소기업들이 기회를 잡지 못하고 있는 것을 보아야 합니다. 프랑스와 이탈리아의 대형 브랜드들은 모두 중국에 있습니다. 그렇다면 소형 브랜드들은요? 예전에 대기업들은 돈도 있고 IT도 있었지만, 현재 중소기업들은 돈도 없고 IT도 없습니다. 이것은 사람들을 대신하여 우리에게 크나큰 기회를 주었습니다. 예전에 농촌 사람은 도시 생활을 누릴 방법이 없었고, 동경이나 뉴욕의 생활을 즐길 방법이 없었습니다. 만일 인터넷이 농민들로 하여금 산 좋고 물 맑은 곳에서도 생활을 누릴 수 있게 한다면, 이 창조는 기술 혁명을 가져올 수 있습니다.

앞으로 30~50년 사이에 인터넷의 힘을 막을 수 있는 사람은 없다는 것을 저는 믿습니다. 인터넷은 그 자체로 자기완성이 될 듯합니다. 이것에 대하여는 자세하게 설명할 생각은 없지만 한 가지만은 이야기 하고 싶습니다. 20~30년 내에 거의 대부분의 무역, 즉 해외 무역을 넘어 국내 무역의 형세, 방식, 참여하는 사람 등이 모두 변화가 일어날 것입니다. 알리바바가 지금 가장 흥분하고 기뻐하는 것은 미래 기업의 조성에 참여했다는 것입니다. 현재 전자상거래는 10년 이후 성공 기업의 필수요건이 되었습니다. 사실 오늘날 기업이 성공하려면 반드시 소비자로부터 가까워야 하고, 인터넷을 통하여 매출과 소비를 이해해야 성공할 수 있습니다. 즉 고객을 이해해야 성공할 수 있습니다. 원래 광둥성의 대부분 기업들은 다른 사람이 만든 것을 빌렸고, 다른 사람이 만든 것을 판매했습니다. 다른 사람이 만든 것을 모두 빌린다면 스스로 이룰 수 있는 기회가 없습니다. 소비자로부터 가까운 것이 전자상거래가 중소기업에게 주는 거대한 기회입니다.

어떤 기술혁명이든 그것에는 문명의 충돌과 사회의 충돌이 있습니다. 산업혁명은 아주 훌륭하게도 증기기관차를 만들었고, 문명의 충돌은 제1차 세계대전과 제2차 세계대전이었습니다. 오늘날 인터넷의 출현으로 인하여 저런 충돌, 즉 문명의 충돌은 의미가 많아졌지만 전쟁은 일어날 수 없습니다. 하지만 어제 성공한 사람과 오늘 성공한 사람 간의 충돌과, 어제의 이념과 오늘의 이념 간의 충돌입니다. 어제 제가 말씀드린 데이터의 격차는 기술 문제가 아니라 지식 문제이고 학습능력의 문제입니다. 앞으로 20~30년의 충돌은 우리가 어떻게 해결하느냐에서 옵니다. 모조품의 문제는 오직 인터넷에 의존해야 해결할 수 있다고 여겼습니다. 지금 타오바오와 알리바바 시장에 모조품이 많다고 말하는 사람이 많습니다. 그렇게 말하는 사람은 분명 지금까지 타오바오에서 물건을 사지 않았을 것입니다. 20세기에는 다른 사람이 무엇을 말하면 당신이 그것을 구매하였다면, 21세기는 당신이 자기 스스로 구매에 참여할 능력이 있는지 없는지의 여부를 결정하는 것입니다. 예를 들면 당신이 25위안으로 롤렉스 손목시계를 하나 사고 싶다면, 이것은 불가능하고, 욕심이 큰 것입니다.

만약 당신이 광둥이나 푸젠(福建)의 여러 모조품 생산 회사에 가서 조사를 해보면, 그들은 타오바오에서 팔리는 것을 가장 두려워할 것입니다. 아주 간단하게 우리가 신속하게 모조품을 누가 팔고, 누가 만들었는지를 조사하면 경찰이 바로 출동합니다. 오프라인에서는 누가 모조품을 파는지를 찾기가 매우 어려웠습니다. 최근 1, 2년에 중국의 모든 전자상거래가 발전하고 있습니다. 만약 모조품이 있다면 하루 판매액이 6, 70억 위안이 될 수 있을까요? 또 지적재산권과 신용 불량의 문제도 전자상거래에서 같은 방식으로 해결할 수 있습니다. 어떤 사람은 전자상거래로 돈을 벌 수 없다고 말하는데, 그것은 당신의 방식이 잘못된 것으로 당신이 이상하게 만든 것입니다. 지금 중국에서 돈 버는 전자상거래 기업의 90% 이상은 하나의 생태 시스템에 공존하는데, 그것은 알리바바의 생태 시스템입니다. 유동량과 다른 사람들의 물류와 지불 체계를 어떻게 잘 이용할 것인지를 배워야 합니다. 이것이 잘 해결되어야 당신도 돈을 벌 수 있습니다. 미래에는 전 세계 전자상거래가 반드시 사회화가 될 것입니다. 어떤 회사가 능력이 있어도 택배 회사를 세워 전 세계 각 지역으로 특급 우편을 보낼 수는 없을 것이며, 어떤 회사가 하나의 표준을 세울 능력이 있어도 모든 지불을 그들의 것을 사용할 수는 없을 것입니다. 어떤 회사가 전 세계의 상품을 두루 구매하여 전 세계의 소비자에게 판매할 수는 없을 것입니다. 그렇기에 사회화가 필요합니다. 전 세계 경제 일원화는 인터넷이 빨라지고 개선되어 이것이 제가 지금 여러분들과 교류하고자 했던 것입니다.

지금까지 돈을 버느냐 벌지 못하느냐의 문제는 오늘 만들어서 바로 돈을 모으겠다는 생각으로, 이는 불가능합니다. 강연을 마치기 전에 한 가지 이야기를 하겠습니다. 제가 이베이와 경쟁할 때인 2004년에, 상하이에서 한 젊은이들을 보았습니다. 모두 이베이의 대형, 초대형 판매자들이었습니다. 우리는 한 술집에서 이야기를 나누었는데 그날 비가 아주 많이 내렸던 것으로 기억합니다. 내가 각자에게 규모가 얼마만큼 크냐고 묻자 한 사람은 아주 크다고 하면서 한 달 거래액이 5만 위안이라고 대답했습니다. 그래서 저는 "당신은 일개 판매자라는 것을 좋지 않게 말하지만, 우리가 보건대 훗날 당신의 한 달 거래액이 100만 위안쯤 될 것입니다."라고 했습니다. 그가 제게 문외한이라고 하였습니다. 결국 사실로 증명되었는데, 자신을 좋지 않게 이야기했던 그 판매자가 타오바오와 알리바바의 생태 시스템에서 현재 한 달에 5,000만 위안을 파는 대형 판매자가 되어 있습니다. 알리바바는 전자상거래 기업이 아니라, 전자상거래의 기초 설비를 사업에 제공합니다. 어떤 이는 우리가 비즈니스의 기초 설비를 구축하여 모든 사람이 참여하고 성공하기를 희망한다고 말합니다. 창조된 모든 비즈니스 모델은 3W, 윈! 윈! 윈!입니다.

제가 여러분들에게 드리고 싶은 말은 지금까지 말씀드렸던 것에는 대부분 저의 개인적인 생각이지 어떤 체계를 갖추고 있지는 않습니다. 체계를 형성하는 것은 전문가의 일이니, 21세기 DT 시대의 가장 관건인 기능과 품질을 두루 누립시다.

여러분, 감사합니다!

2014년 11월 20일의 연설을 요약 정리함

진짜 마윈 이야기

1판 1쇄 발행 2016년 2월 28일

저　　자 | 천웨이
역　　자 | 박해남
발 행 인 | 김길수
발 행 처 | (주)영진닷컴
주　　소 | (우)08591 서울특별시 금천구 가산디지털 1로 24 대륭테크노타운 13차 10층

등　　록 | 2007. 4. 27. 제16-4189호

ISBN 978-89-314-4979-2

YoungJin.com Y.
영진닷컴